E. Franzke

Der Mensch und sein Gestaltungserleben

Psychotherapeutische Nutzung kreativer Arbeitsweisen

E. Franzke

Der Mensch und sein Gestaltungserleben

Psychotherapeutische Nutzung kreativer Arbeitsweisen

Geleitwort von Raymond Battegay

VERLAG HANS HUBER BERN STUTTGART WIEN

ISBN 3-456-80392-3

Skizzen gezeichnet von Vera Franzke
Druck: Lang Druck AG, Bern-Liebefeld
Printed in Switzerland

Inhaltsverzeichnis

Geleitwort

In Psychiatrie und Psychotherapie wurde man in den letzten Jahren vermehrt darauf aufmerksam, dass der Mensch nicht nur aufgrund seiner Worte, sondern noch umfassender aufgrund der – zusätzlichen – Berücksichtigung seiner gestalterischen, mimischen, pantomimischen und seiner spielerischen Ausdrucksmöglichkeiten verstanden und behandelt werden kann. Mit diesem Zugang zum Menschen wird ein Blick nicht nur auf ein Nebenprodukt der Psychotherapie, sondern auch auf das Kreative im Menschen und damit auf tiefere, im Unbewussten liegende oder schlummernde Bereiche der Persönlichkeit möglich. Das nicht-verbale Handeln, das durch die Psychoanalyse primär beinahe tabuierte Agieren, wird nicht mehr von der Psychotherapie ausgeschlossen, sondern im Gegenteil als ein wesentliches Mittel des Ausdrucks und als Objekt der Forschung betrachtet. Diese Mitberücksichtigung des Gestalterischen ist vor allem deshalb so wichtig, weil damit versucht wird, alle menschlichen Bereiche in die Psychotherapie und in den Weltvollzug einzubeziehen. In der Gegenwart ist es besonders wichtig, dass der durch vielfältige Normen von Gesellschaft und Technik in seinen Ausdrucksmöglichkeiten und seiner Individualität behinderte oder gar bedrohte Mensch, insbesondere in der Psychotherapie, Gelegenheit zu einer Entfaltung seiner verbalen, aber auch seiner vielfältigen anderen Ausdrucksmöglichkeiten erhält. Mit der Gestaltung seiner Phantasie gewinnt er gleichzeitig eine Möglichkeit der übenden oder spielerischen Vorwegnahme der später in der Realität auf ihn zukommenden Anforderungen.

Franzke vermittelt in seinen Ausführungen einen breit gefächerten Überblick über die verschiedensten, nicht-verbalen Verfahren sowie verbalen Gestaltungen und gibt dem Leser, indem er immer wieder über Patienten berichtet, wertvolle Impulse zu einem Versuch, es selbst mit gestalterischen Verfahren bei Patienten zu wagen. Wenn auch die Ausführungen von *Franzke* nicht eine in sich abgeschlossene Systematik beinhalten, so ist es dem Autor doch geglückt, klare Indikationen, Risikofaktoren und Behandlungskriterien herauszuarbeiten. Dabei geht das Buch weit über eine trockene wissenschaftliche Abhandlung hinaus. Es ist persönlich gehalten und lässt die Persönlichkeit des Autors erkennbar werden, so dass dem Leser bei der Lektüre stets eine Kommunikation und eine Diskussion mit ihm möglich ist. *Franzke* richtet sein Augenmerk auch auf praktische Gesichtspunkte der gestalterischen Verfahren, wie die Frage des Einflusses äusserer Faktoren – klinische und ambulante Psychotherapie, Raum und Material. Dass jede Psychotherapie wesentlich durch die Persönlichkeit des Therapeuten mitgeprägt wird, ist längst bekannt. Doch kommt dem Versuch *Franzkes,* den Einfluss der verschiedenen Therapeutenpersönlichkeiten auf die Gestaltungstherapie zu systematisieren, eine Originalität zu. Im Ganzen stellt das Werk *Franzkes* eine Bereicherung für die psychotherapeutische Literatur dar.

Prof. Dr. R. BATTEGAY

Vorwort

In der Gestaltungstherapie versuchen wir, kreatives (bildnerisches und darstellerisches) Tun für Behandlungszwecke fruchtbar zu machen. Das Gestaltungserleben soll den Zugang zur Emotionalität erleichtern und in der weiteren Folge Wegbereiter und Mittel indizierter Psychotherapie sein.

MATUSSEK hat in „Kreativität als Chance" [110] den umgekehrten Prozess beschrieben. Im Laufe gemeinsamer psychotherapeutischer Zusammenarbeit wird die Kreativität freigemacht und steht dann als ein wünschenswertes (Neben-)Produkt der Behandlung zur Verfügung.

Mir liegt nicht daran, ein Lehrbuch der Gestaltungstherapie anzubieten. Fertige Regeln und allgemeingültige Prinzipien würden eine auf das Individuum abgestimmte Anwendung verschiedenster gestalterischer Arbeitsweisen eher behindern als fördern. Was sich im Laufe jahrelanger Verwendung in der klinischen und ambulanten Psychotherapie als sinnvoll und brauchbar erwiesen hat, habe ich geordnet und biete es nun vorschlagsweise zur Überlegung – oder noch besser – zur Erprobung an. Nach einer kurzen Schilderung einiger immer wiederkehrenden Gesichtspunkte und allgemein interessanten Faktoren (Kap. 1) werden zugleich mögliche Betrachtungsweisen und verschiedene Bearbeitungsebenen angeführt und in ihrer jeweiligen Nützlichkeit für die Therapie herausgestellt (Kap. 2). Die Beschreibung einer Anzahl unterschiedlicher kreativer Verfahren und Arbeitsweisen (Kap. 3) ist nicht das Kernstück dieses Buches, sondern eine Voraussetzung für den therapiegerechten Umgang mit dem Gestalter und seinem Erleben. Anhand vieler Beispiele sollen deshalb (in Kap. 4) verschiedene Möglichkeiten des Umgehens mit den kreativen Prozessen aufgezeigt werden. Danach folgt eine Darlegung der bisher erarbeiteten Indikationskriterien und Risikofaktoren (Kap. 5) und zuletzt werden Zweck, Sinn und Wege gestaltungstherapeutischer Ausbildung und Weiterbildung aller – im weitesten Sinne – psychotherapeutisch Tätigen und Interessierten skizziert (Kap. 6).

Auf den persönlichen Hintergrund der vorliegenden Arbeit will ich nur andeutungsweise eingehen. Ohne den Blick meiner Mutter für Details und ihrer Liebe zu kleinen und kleinsten Dingen, ohne den Überblick meines Vaters, der sich erst aus der Kombination von Betrachtung aus der Distanz und Verstehen-Wollen ergibt und schliesslich ohne das Hingeführtwerden auf kreatives Tun durch meine Frau, wäre mein Arbeit und Freizeit umfassendes Engagement gar nicht möglich geworden. Eigene gestalterische Versuche zeigten eine nur geringe künstlerische Begabung, weckten aber zugleich mein Interesse für Zusammenhänge zwischen persönlichkeitsspezifischer Psychodynamik und dem Erleben während der Gestaltungsprozesse. Diesen gemeinsamen Nenner obiger „Wurzeln" habe ich erst (zum Teil viele) Jahre später gefunden und ab etwa 1960 verstanden.

Allen – meinen Lehrern, Kollegen und Anregern –, die zur Entwicklung des mir lieben (Gestaltungstherapie-)„Baumes" beigetragen haben, sei hier ausdrücklich und gerne gedankt. Bei weitem nicht alle von ihnen sind mir bekannt, manche „Wurzeln" mir nicht bewusst. Das zeigt sich daran, dass immer wieder einmal eine „Quelle" auftaucht, wo Ursprung oder Einfluss bisher nicht zu erkennen gewesen war. Ich wünsche den Lesern – und mir selbst –, dass sich die erste grössere „Frucht", die nun auf den Markt kommt, als genügend reif, „nahrhaft" und nicht allzu schwer verdaulich erweist.

Für die Realisierung des Vorhabens – ein Buch zu schreiben – waren das Verständnis meiner Familie für viele „entzogene Stunden", die effektive Schreib- und Korrekturarbeit meiner Frau *Vera* und die praktische Hilfe mit dem Manuskript durch Frau Dr. Monika *Kuhn* und Frau Renate *Besthorn* von entscheidender Bedeutung.

Herrn Prof. Dr. RAYMOND BATTEGAY habe ich – neben anderen „Dingen" – für den Anstoss zu diesem Buch und das Geleitwort zu danken, ausserdem für die Vermittlung des Kontaktes zu Verlagsleiter HEINZ WEDER, dessen „weiche Zügelführung" und praktische Hinweise meine Arbeit wesentlich förderten.

Zuletzt und vor allem bin ich aber den Gestaltern zu Dank verpflichtet, da mir ihr Vertrauen und ihre Offenheit erlaubte, Einsichten in die Zusammenhänge zwischen kreativen Möglichkeiten und therapeutischen Prozessen zu gewinnen und meine Erfahrungen im Laufe der Jahre zu verbreitern und zu vertiefen. Möge ihr Beitrag anderen (Hilfe-)Suchenden zugute kommen.

Växjö, im März 1976

Kapitel 1: Einführung und einige allgemeine Faktoren

Alle Aktivitäten, die ein schöpferisches Moment oder kreative Ansätze enthalten und dadurch etwas von der Persönlichkeit und den Erlebnis- und Reaktionsweisen des Gestalters oder „Schöpfers" ausdrücken und wiedergeben, können vorteilhaft als gestaltende bzw. gestalterische Verfahren bezeichnet werden. Wenn diese Verfahren nach gegebenen Indikationen und mit bestimmter Zielsetzung verwendet werden, ist es berechtigt, von Gestaltungs*therapie* zu sprechen.

Da die gleichen Aktivitäten auch in der Beschäftigungstherapie, bei künstlerischer Tätigkeit und als Begleiterscheinungen bei verschiedenen Arbeitstherapieformen eine Rolle spielen, ist eine Abgrenzung notwendig.

Im Rahmen der **Gestaltungstherapie** werden künstlerische Kriterien nicht als Massstab angelegt. Im englischen Sprachraum mag die Bezeichnung Art-Therapy (Jakab [78–80], Nell [115]) auch für gestalterische Verfahren mit therapeutischer Zielsetzung einigermassen treffend sein. Der wesentlich weniger weite Begriff des deutschen Wortes „Kunst" muss im Zusammenhang mit der Gestaltungstherapie zu Missverständnissen führen. „Education through art" hat Herbert Read [125] sein – für unsere Zwecke übrigens höchst lesens- und empfehlenswertes – Buch genannt. Eine Übersetzung des Titels in „Erziehung durch Kunst" geht am Wesentlichen vorbei. Jedes Kunstwerk mag unter anderem auch schöpferisch sein, aber nicht jede schöpferische Gestaltung ist Kunst. Sie braucht es auch gar nicht zu sein, *um als Mittel der Therapie* zu taugen.

Wir vermeiden die Bezeichnung **Kunsttherapie** aber nicht nur aus formalen bzw. begrifflichen Gründen, sondern auch um

a) den Ausflüchten des Patienten vorzubeugen („ich habe kein Talent, kei künstlerische Anlagen") und
b) das Interesse auf den gesamten Gestaltungsprozess zu lenken, statt auf dessen Resultat bzw. Produkt.

Die **Beschäftigungstherapie** hat wohl eher die Funktion, von den Konflikten abzulenken, durch lustbetonte Tätigkeiten das Interesse auf weiterentwickelnde, eventuell (re-)sozialisierende Möglichkeiten zu lenken und diese zu üben.

Hinsichtlich der **Arbeitstherapie** sind die sechs Kriterien Simons [146] immer noch gültig und in den meisten Krankenanstalten und anderen Institutionen bei weitem nicht erfüllt. Durch die Zentralisierung vieler Funktionen ausserhalb der Anstalten fallen gerade lebensnotwendige und damit *sinnvolle,* von den Dauerpatienten auch als solche erlebbare, Möglichkeiten weg (eigener Ackerbau und Viehwirtschaft, Wäscherei, Küche usw.). Die teilweise Industrialisierung der Therapieabteilungen fördert zwar das Einüben notwendiger Fähigkeiten, führt aber auch zu (manchmal noch verdeckten, manchmal schon offen deklarierten) Tendenzen, die Patienten bei dem einmal Erlebten festzuhalten. Somit wird die Simonsche Regel des *ständigen Fortschrittes,* der Verbreiterung und Erweiterung in *kleinen Schritten* ausser acht gelassen. Oft wird die für die Arbeitstherapie ebenso wie für die Pädagogik wichtige Regel des kleinschrittigen Vorgehens schon initial nicht berücksichtigt, indem die *Minimalforderungen* nicht dem *gegenwärtigen Leistungsniveau* und der *persönlichen Situation des Patienten* entsprechen, sondern den Vorstellungen und Zielsetzungen der Anstalt. Dabei gehen oft Intentionen und Anweisungen verschiedener Personalkategorien (Ärzte, Psychologen, Arbeitstherapeuten, Abteilungspersonal) weit auseinander, sind zum Teil sogar konträr. Die Behinderung verschiedener Tätigkeiten im Anstaltsbereich durch Berufsinteressegruppen ist auch deutlich im Zunehmen begriffen. So kann z.B. die Gewerkschaftssektion der Maler auf unlauteren Wettbewerb, genannt „Schmutzkonkurrenz", klagen, wenn Patienten nicht nur ihre eigene Abteilung, sondern auch die Arbeitstherapieräume ausmalen! Ein andermal behindert der unbewusste Wunsch der einen oder anderen Personalkategorie nach weiterer Überlegenheit, Führung, weiterhin Helfenkönnen und Gebrauchtwerden, die Weiterentwicklung der Fähigkeiten der Patienten.

Im Verhältnis zur Beschäftigungstherapie stehen jedenfalls bei der Arbeitstherapie die Verwendbarkeit der Produkte, ihre Nützlichkeit, ihr Gebrauchswert im Vordergrund. Wenn es also einerseits klar ist, dass Arbeits-, Beschäftigungs- und Gestaltungstherapeuten vielfach „dasselbe" tun bzw. ihre Patienten zu sehr ähnlichen Tätigkeiten anleiten, so sind doch der weitere Weg und die Zielsetzungen, somit also auch die Indikationen, verschieden. Im Rahmen der *Gestaltungstherapie* spielen also der Gebrauchswert der „Produkte", deren „Schönheit" und ihr künstlerischer Wert keine primäre Rolle. Auch der Lustgewinn bzw. die Befriedigung während der Tätigkeit oder aufgrund des Ergebnisses und die Möglichkeiten sich abzulenken, sowie blosse Katharsis sind nicht entscheidend. Der ganze Gestaltungsprozess, also das Erleben des Patienten während des gesamten Gestaltungsgeschehens und die – meist nachfolgende – Beschäftigung mit diesem Erleben und Geschehen, dient als Weg zu besserem Selbstverständnis und gibt Einblick in die eigene Erlebnis- und Reaktionsweisen. Dabei kommt der Patient zur Einsicht in Zusammenhänge zwischen eigener Entwicklung auf der Basis vorgegebener Anlagen, der derzeitigen inneren und äusseren „Situation" und der darin auftretenden Symptomatik. Diese kann dann eine überwiegende Charakter-, psychische und/oder körperliche (funktionelle Störungen und psychogene Organveränderungen) Symptomatik sein.

Der Gestaltungsprozess

Häufig wird darunter nur der Handlungsanteil – vom ersten Impuls zur Initiative bis zur durchgeführten Handlung – verstanden. Unter Berücksichtigung gestaltpsychologischer Erkenntnisse [85, 91, 119] besteht aber der Gesamtgestaltungsprozess aus einem afferenten und einem efferenten Anteil (MAASS [107]). Die Afferenz reicht von äusseren und inneren Stimuli bis zum *Er*leben, also bis zum Bewusstwerden mit den dazugehörigen Gefühlen. Von da an führt die Efferenz über innere Stellungnahme und konstruktive Ideen zu Handlungsimpulsen und deren Ausführung. Dabei fliessen individuelle und persönlichkeitsspezifische Ausdrucksformen immer mit ein. Bei enger Fassung des Gestaltungstherapiebegriffes sind also nur „efferente", ausdrückende, gestaltende und darstellende Verfahren gemeint. Hierzu zählen wir das Malen, Zeichnen, Modellieren, Psychodrama, Pantomime, Märchenspiel, kreative Musiktherapieformen und ähnliches. Wird jedoch die Afferenz mit einbezogen, so gehören alle jene Verfahren mit zur Gestaltungstherapie, die von der Imagination aus direkt im Gespräch bearbeitet werden. Wir haben dann mit Phantasien, Tagträumen, katathymem Bilderleben, cum grano salis auch Träumen zu tun. Bei Gedichten und Prosastücken sowie beim Erlebnisbericht (CLAUSER [17]) ist jedoch die efferente Seite auch während der Gestaltung – also vor der Bearbeitung – schon im Thema, in Wortwahl und Ausdrucksform wiederzufinden.

Spielerischer Zugang

In akuten Gefahrensituationen und schweren Lebenskrisen können Menschen zeitweilig gleichsam über sich selbst hinauswachsen oder auch unerwartet versagen. Aus der besonderen Leistung und der überraschenden Bewältigung ist keinesfalls zu schliessen, dass sich derselbe Mensch nun immer oder täglich ähnlich verhalten werde. Auch das Versagen in der Krise lässt keine sicheren Schlüsse auf zukünftiges Verhalten zu. Das *Was* der *Leistung* in der Krise ist weniger persönlichkeitsspezifisch als das *Wie.* Individuelle Erlebnis-, Verhaltens- und Reaktionsweisen, also Charakterzüge bzw. übliche Erlebnisverarbeitung, spiegeln sich deutlicher in der Art der Ausführung wider als in der Grösse des Entschlusses zu Tat oder Verzicht. Deshalb ist bei zeitweiliger Herabsetzung des äusseren oder inneren „Druckes" mit gehäuftem Aufscheinen persönlichkeitseigener Züge zu rechnen. (Vergleiche Geborgenheitssituation in der Psychoanalyse; impulsfreundliche, nicht wertende Haltung des Therapeuten in vielen anderen Psychotherapieformen.) In Spielsituationen fällt es den meisten Menschen viel leichter zu sagen: „Tja, so bin ich eben". Oft ist diese Äusserung von einem leicht betretenen Lächeln, oft aber auch von einem akzeptierenden, wiedererkennenden Schmunzeln begleitet. In ernsten Fragen, insbesondere wenn Ideologien (Moral-, Prinzip-, Wert- und Glaubensfragen, Welt- und Lebensanschauungen usw.) angesprochen werden, ist der Freiheitsgrad – auch sich selbst gegenüber – wesentlich geringer. Es ist daher z. B. leichter, einem Patienten nahezubringen, dass die Störung seiner Freizeitgestaltung für ihn typisch ist und er durch diese über sich selbst etwas erfahren kann, als dies bei einer eventuellen Konfrontation mit seinen Ideologien der Fall ist. Arbeitsstörungen sind für den „Träger" nach HEIGL [65] weniger narzisstisch kränkend als das Infragestellen eines von ihm akzeptierten und integrierten eigenen Charakterzuges. Die grosse praktische Bedeutung der FREUDschen Forderung [36, 44], von der Oberfläche her zu arbeiten und in der Zielsetzung die Arbeits- und Genussfähigkeit hervorzuheben, wird u. a. aus obigen Gesichtspunkten verständlich. Störungen in der Arbeitsfähigkeit und der Freizeitgestaltung sind nicht nur zur Beurteilung von Neuroseschwere (ALEXANDER [3], SCHULTZ-HENCKE [140], HEIGL [66]), Prognose und Wahl der Behandlungsform wichtig, sondern spielen auch in der Behandlung eine bedeutsame Rolle. Der sogenannte Desillusionierungsprozess wird dadurch vorerst nicht allzu schmerzlich. Mit Hilfe der Gestaltungen ist es dem Patienten anfänglich oder zeitweilig leichter möglich, Einsicht in eigene Wünsche, Bedürfnisse, Haltungen, Gehemmtheiten, auch in Vorurteile und dahinterstehende Ideologien, also in die eigenen Steuerungsvorgänge, zu gewinnen. Auf dem „spielerischen Übungsfeld" fällt es ihm weniger schwer, sich so zu erfahren, wie er wirklich ist und handelt. MORENO [112, 113] hat die psychotherapeutische Zweckmässigkeit des Spielens der eigenen und der Übernahme von anderen Rollen erstmals beschrieben (siehe Kap. 3, S. 113). Der Patient kann durch solche Hilfen auch leichter aufgeben, sich so zu sehen, zu geben und zu *ver*halten wie er sein möchte, sein will, sein soll oder sein muss. Aus diesen Gründen sind Wesenszüge und Handlungsweisen, die in der „Realität" nicht gewagt werden oder nicht erlaubt sind, im spielerischen Vorgang des Gestaltungsgeschehens sehr gut zu erkennen, zumindest jedoch klarer angedeutet.

Zwei Beispiele:

1) Ein sonst sehr schüchterner, 29jähriger, lediger Lehrer zeigt als *König Drosselbart* grausam-hämische Tendenzen der verwöhnten Prinzessin gegenüber. Dabei mag es sich zwar um kompensatorische, vielleicht sogar überkompensatorische Aktionen handeln, sicher ist jedoch, dass es ihm möglich wurde, aggressiv, auch destruktiv und schadenfroh zu sein. Dazu bedurfte es keiner Hinweise und Rückschlüsse, er selbst erlebte sich so, war dar-

über sehr erstaunt, zugleich aber war ihm die Tatsache seiner Schadenfreude und Vergeltungsgefühle evident.

2) Einem 19jährigen jungen Mann, in Halbstarkenkleidung und vorerst übertrieben grossspurigem Auftreten, wird in der dritten Stunde angeboten, mit dem Szenomaterial wie ein Regisseur eine Begebenheit aus seinem Leben auf einer „Bühne" zu inszenieren. Es wurde also *kein* Szeno-*test,* v. STAABS [149], durchgeführt. Der Patient „spielt" zuerst stumm, stellt Hütte und Bäume auf, plaziert den Fuchs, den Vater im Liegestuhl, nimmt die Jungenfigur in die Hand, stellt zuerst die „Mutter" hin und beginnt zu sprechen, während er die übrigen Figuren und Gegenstände plaziert und zuletzt „sich selbst" vor die Mutter stellt. „Ich erzählte dem Vater, dass ich einen *Fuchs am Waldrand* gesehen hatte, er hatte keine Zeit zuzuhören, da ging ich zur Mutter (Abb. 1), aber sie glaubte mir nicht, sagte nur (hier spricht der Patient mit besorgter, resignierter und leise vorwurfsvoller Stimme) ‚Du mit Deinen Phantasien, Du sollst nicht immer solche Geschichten erfinden'." Bis dahin hatte der Patient sehr wenig und nur „Gutes" von seinen Eltern berichtet. Auch während seiner Erzählung fiel ihm weder der vorwurfsvolle Ton der „Mutter" noch die offensichtliche Diskrepanz zwischen der Behauptung des Vaters (keine Zeit zu haben) und dessen „Nichtstun" im Liegestuhl auf. Die hier schon angedeutete Kritik, also das kritische Betrachten von Einstellungen und Handlungen der Eltern, konnte sich der Patient erst Wochen später gestatten. Dazu dürfte die ruhige Feststellung des Therapeuten: „Schade, dass der Vater nicht Zeit hat" und seine Frage: „Wie kommt es nur, dass Ihre Mutter Ihnen nicht glaubt? " beigetragen haben.

Unter allen gestaltungstherapeutischen Verfahren lassen sich mit Sicherheit auch für die noch so spezielle Situation, die noch so individuelle Schwierigkeit eine Gestaltungs- und damit Erlebnismöglichkeit finden. Die Variationsmöglichkeiten sind so vielfältige, dass dem vorurteilsfreien, ideologisch und von der Theorie hier nicht allzu eingeengten Therapeuten, die „Entdeckung" bisher nur rudimentär vorhandener Anlagen, Fähigkeiten, Erlebnis- und (Re-)Aktionsweisen relativ leicht gemacht wird. Beim Vergleich mit der Lebensgeschichte des Patienten stellt sich häufig heraus, ob es sich bei bestimmten Details eines Gestaltungsprozesses um persönlichkeitsspezifische (eventuell neurotisch fixierte) Verarbeitungen oder um Zeichen für in der Realität (noch) nicht Gewagtes und Gekonntes, also Gehemmtes oder Unentwickeltes handelt. Es ist dann Sache des Therapeuten, den Zeitpunkt, den Weg und das Ausmass der Bearbeitung nach dem Gesamtstand der Behandlung zu wählen. Dabei spielen die derzeitige Tragfähigkeit des Patienten und seine Beziehung zum Therapeuten eine grosse Rolle. Wenn zur jeweiligen Einsicht nur noch ein kleiner Schritt fehlt, sie nur noch ein „tertium comparationis" zu früher erarbeiteten Erkenntnissen ist, wird der Patient den Zusammenhang oft selbst als evident erleben. Vor grossen

Sprüngen, das heisst vorzeitiger Konfrontation des Patienten mit *Konstruktionen* (im FREUDschen Sinne [41]) durch den Therapeuten, ist selbst dann zu warnen, wenn diese in allen Details richtig sein sollten. Solche Tendenzen sind oft Ausdruck von Gegenübertragungsschwierigkeiten des Therapeuten, z. B. seiner „Entdeckerfreude", Ungeduld, Zeigenmüssen der Überlegenheit, besonders gut Helfenwollen usw. Der *Brückenschlag* vom spielerischen Gestaltungsgeschehen zu gleichsinnigen oder vergleichbaren Alltags- und Konfliktsituationen ist notwendig. Dabei ist es für den Vergleich ohne Belang, ob die „Realität" bewältigt wurde oder nicht. Für die Behandlung kann aber entscheidend wichtig sein, ob der Patient eine Erleichterung benötigt (Hinweis auf Gekonntes und/oder Einflussnahmen anderer) oder ob der Leidensdruck erhöht werden kann (Hinweis auf Fehlverhalten, ungünstige Steuerung, also Abwehrformen des Patienten). Wie jede Interpretation oder „Deutung" in der tiefenpsychologisch fundierten Psychotherapie, ist auch der oben erwähnte Brückenschlag zwischen Gestaltungserleben und Lebensrealität erst effektiv, wenn er zum passenden Zeitpunkt in richtig differenzierter und dosierter Form vorgenommen wird. (Siehe Kap. 4, S. 156 ff.)

Handeln – Probehandeln – Agieren – Üben

Je nach Psychotherapieform, -schule und -richtung ist die Einstellung zu introspektiver und expressiver Bearbeitung sehr verschieden. Die Beobachtungsmöglichkeit ist z. B. – aus guten Gründen – in der rite analytischen Situation auf die eigene Person (das gebrachte „Material" und die damit einhergehenden Körperempfindungen und Gefühle) und einen, meist gleichbleibenden, Ausschnitt des Raumes beschränkt. Die Introspektion ist stark begünstigt. Jede körperliche Aktivität wird, zumindest bevorzugt, unter dem Aspekt des „Agierens", statt Durcharbeitens in der Phantasie, im „verbalisierten Erlebnisstrom" gesehen. In anderen Therapieformen werden das Ausagieren und Abreagieren, also kathartische Aspekte, in den Vordergrund gestellt. Wie im folgenden Kapitel näher zu beleuchten sein wird, kann dabei diese Katharsis Hauptziel der entlastenden – eventuell immer wiederkehrenden – Behandlung sein oder als eine indizierte (Not-)Massnahme bei drohendem Zusammenbruch der Ichfunktionen ermöglicht werden, um eine zeitweilige Verminderung des primären Leidensdruckes möglich zu machen. Ausserdem können gerade vorerst unreflektierte Aktivitäten das Material für die weitere Bearbeitung in der Therapie liefern. Dies entspricht völlig der von FREUD [36, 44] angegebenen – und für alle tiefenpsychologischen, also einsichtsvermittelnden Psychotherapieformen auch heute gültigen – Notwendigkeit, das (allerdings weitgehend verbalisierte) psychische Material ohne Rücksicht auf Gefühlshindernisse, Bedeutung, Geheimhaltungsgründe und eventuelle andere „Bedenken" vorzubringen. In allen Therapierichtungen schliesslich, die das Üben und Lernen in den Vordergrund stellen, ist der Wert von wiederholten und – wenn möglich – schrittweise weiterführenden Aktivitäten unumstritten. Unter ***Handeln*** möchte ich dabei situations-, erlebnis- und persönlichkeitsgerechtes Aktivwerden und Aktivsein des Handelnden verstehen. Damit ist also der gesamte Erlebensprozess mit eingeschlossen, vom Bemerken auftauchender innerer Bedürfnisse und äusserer Möglichkeiten über die Auseinandersetzung damit in der Phantasie (einschliesslich zugehöriger Emotionen), nachfolgender Planung und bewusstem Übergang zur Handlung mit dem zugehörigen vollen Erleben und der Reflexion des Tuns während und nach der Aktion. Dass auch bei dieser „idealen" Form des Handelns viele nicht bewusste Faktoren hineinspielen und Eindrücke, Phantasie und Handlung färben und tönen, ist uns ja aus den tiefenpsychologischen Untersuchungen und der Ausdruckspsychologie wohlbekannt. Wenn wir also „Handlungen" (im obigen Sinn) durcharbeiten, haben wir einen realitätsnahen Zugang zum Erleben des Patienten. Wenn wir seine Aktivitäten sukzessiv aufbauen, können wir seine Handlungs- (und damit auch Erlebnis-)weisen nach und nach erweitern. Hier sei nur an das breite Feld arbeits- und beschäftigungstherapeutischer Möglichkeiten erinnert.

Das ***Probehandeln*** im analytischen Sinn – also die Durcharbeitung des verbalisierten Erlebnisstromes mit den zugehörigen „Gefühlsvalenzen" – ist ein Handeln, eine Arbeit mit geringen „Energiemengen" (Couchlage, Verbalisieren statt Tun und Bewegen usw.). Das *exakte Durchphantasieren* wird zu Beginn der Behandlung wohl häufiger nachfolgend, später mehr und mehr vorwegnehmend, möglich sein. Als ein Probehandeln mit einerseits etwas grösserem körperlichen Energieverbrauch und fast ebenso grossem Freiheitsgrad wie die reine Phantasie, andererseits der Möglichkeit der Hilfestellung und Anregung durch den Therapeuten, sind die verschiedenen gestaltungstherapeutischen Verfahren anzusehen. Das oben beschriebene „Spielfeld" und der dort gegebene „Spielraum" mit den zugehörigen Freiheiten sind für dieses Probehandeln von grösster Bedeutung. Der Umstand, dass zugleich – wenn auch scheinbar nur spielerisch – gehandelt wird, ist für die Erlebnisintensität mit Sicherheit ein Vorteil und begünstigt so nicht nur die *nachfolgende Bearbeitung im Gespräch,* sondern auch das ***Einüben und Lernen.*** Lern- und Übungsprozesse können einerseits bei bildnerischen Verfahren durch entsprechendes Material- und Themenangebot begünstigt werden, andererseits sind im Psychodrama und bei anderen darstellerischen Verfahren eigene „Techniken" dafür entwickelt worden. Von psychoanalytischer Seite besteht verständlicherweise eine beträchtliche Vorsicht gegenüber dem Risiko des ***Agierens.*** Da bei gestalterischen Verfahren viele Handlungsmomente naturgemäss dazugehören, sei auf diese Frage etwas näher eingegangen. Nach HAU [63] kommt im Agieren (*unbewusstes*

Verhalten im Sinne von *Handeln,* permanente *Fehlhandlungen* und Verhalten im Sinne der *Übertragung*) folgendes vor:

a) *Gehemmtes* (Verdrängtes wird – durchbruchsartig – agiert);
b) *Ersatz*-Objekte, -handlungen und -lustbefriedigung;
c) *Symptomatik* (ist Agieren von Latentem und Reaktivem);
d) *Handlungen im Sinne von Fehlhaltungen,* einschliesslich jener zur Überkompensation neurotischer Haltungen.

Wie sehr wertvoll es sein kann, wenn der psychoanalytisch Geschulte durch das Probehandeln (oder wenn jemand so will, durch das Agieren) in gestalterischen Verfahren Hinweise auf diese vier wichtigen und persönlichkeitsspezifischen Neurosefaktoren bekommt, ist leicht einzusehen. Zugleich besteht aber die Möglichkeit, dies auch dem Patienten erlebnismässig zugänglich zu machen. Interessant ist weiterhin die Tatsache, dass manche das *Agieren in Worten* (Vielreden, „Zuscheissen") oder im Schweigen, aber auch bei reichlichster, alles andere verhindernder Traumproduktion, sehr wohl als Widerstandsphänomen aber nicht als eine Form des Agierens bezeichnen. Ob die gestalterische Betätigung zum blossen Agieren wird (das heisst im Sinne des Verfassers: weder einen Übungszweck oder Lerneffekt hat, noch indizierte kathartische Entlastung oder reflektierendes Durcharbeiten ermöglicht), liegt weitgehend in der Hand des Therapeuten. Die Frage des Agierrisikos wird auch bei der Besprechung einzelner Methoden und bei der Indikationsstellung auf der Basis persönlichkeitsstruktureller Kriterien berücksichtigt. (Siehe Kap. 5, S. 236.)

Verbale und nonverbale Ausdrucks- und Kommunikationsformen

In allen Gesprächs-Psychotherapien – von der rite psychoanalytischen über die Gesprächstherapie bis zu den meisten Gruppenpsychotherapieformen – spielt der *verbalisierte Erlebnisstrom,* HAU [63], eine zentrale Rolle, obwohl averbalen Ausdrucksformen schon bei FREUD [33, 39, 42, 43], besonders aber seit REICH [126], grössere Bedeutung beigemessen wurde. C.G. JUNG [82, 83] hat dann Bildnereien denselben Stellenwert eingeräumt wie Träumen, nämlich den von „Produkten" aus dem Unbewussten. In den letzten Jahren wird sowohl der Frage: Psychotherapie und Sprache [104, 156 dort weitere Lit.] als auch nonverbalen Therapie- und Kommunikationsformen immer grössere Aufmerksamkeit geschenkt. ZULLIGER [161] stellt klar heraus: „Mit dem Erwachsenen haben wir in der Sprache des Erwachsenen zu reden. Aber es ist von Freud her die Regel bekannt, dass erst dann etwas gedeutet werden soll, wenn ein *Sinn* bereits bewusstseinsnahe – bereits vorbewusst – geworden ist und darum der Wortvorstellung nahesteht. Das heisst jedoch, dass in der Tiefe das Entscheidende bereits vor sich gegangen ist. Wir hängen ihm dann nur noch – mit der Wortvorstellung – die notwendige Etikette an, damit es auch unserem Bewusstsein verständlich werden kann."

Auf die Scheinexaktheit und -klarheit der Sprache soll hier nur am Rande (siehe kreative sprachliche Gestaltungen wie Erlebnisbericht, Gedichte, Phantasiegeschichten usw., Kap 3, S. 129) eingegangen werden. Die Schwierigkeit von klaren Begriffsdefinitionen und die individuell verschieden gefärbten Inhalte von scheinbar klaren Worten machen die Genauigkeit nicht grösser. Bei Beschreibungen in Worten sind immer verschiedene bildhafte Vorstellungen möglich, selbst das genauestens beschriebene Gesicht ist immer noch *ein* Gesicht, das gezeichnete oder gemalte aber ist *dieses* Gesicht. Abweichungen vom gewünschten Bild infolge unzureichender Begabung oder Technik können leichter angegeben werden, als wenn der Informationsempfänger nur glaubt, das gleiche „Bild" aufgrund einer blossen Beschreibung zu haben. Die oft recht grosse Überraschung, wenn ein Mensch sich erstmals im Film sieht oder seine Stimme vom Bandspieler hört, hängt unter anderem mit dem eben Gesagten zusammen. Man beachte auch den Ausdrucksgehalt von Gesten und gewohnten charakteristischen Bewegungen.

Somit ist es im Grunde ein Unding, ein *Buch* über gestalterische Möglichkeiten zu *schreiben.* Trotz Bildmaterial und teilweise textbuchartigen Beschreibungen spüre ich, wie ständig wichtigste Vorstellungen und Miterlebnismöglichkeiten verloren gehen oder verschlossen bleiben. Die „Übersetzungsschwierigkeiten" sind sehr gross!

Im ersten Satz des vorigen Abschnittes steht: *gestalterische Möglichkeiten,* was einem weitgehend offenen, unabgegrenzten Begriff entspricht. Der Ausdruck *Methoden* oder *Verfahren* wurde vermieden. Warum?

Methoden würde wohl für manche gestaltungstherapeutischen Techniken stimmen, ist aber als Sammelbegriff viel zu umgrenzend und festlegend; berücksichtigt das Eingehen auf und das Umgehen mit dem Gestaltungsprozess zu wenig.

Verfahren bedeutet wohl, wie *man* verfährt. Die Bezeichnung ist als solche auch einigermassen zutreffend. Oft handelt es sich aber bei der Gestaltungstherapie mehr um ein *Mitgehen* mit dem Gestaltenden, ein ihm *Folgen.* Es ist nicht nur ein Wortspiel oder ein Scherz, wenn wir sagen: *Gestaltungstherapie* nur als *Verfahren* verwendet ist schon *ver-fahren.*

Wie sehr gebunden an Sprache und Wort wir sind, zeigt sich unter anderem darin, dass als Sammelbegriffe für die „non-verbalen Kommunikationsformen" nur Negationen des Verbalen vorliegen. Im englischen Sprachraum ist *nonverbal* eine übliche Bezeichnung. Von anderen [16, 75, 107] habe ich den Ausdruck *a-verbal* übernommen. Der Ausdruck *prä-verbal* macht auf den Umstand aufmerksam, dass diese Kommunikationsformen schon vor den sprachlich-begrifflichen funktionieren. Zum Zweck klarer

Abgrenzung hat HAGEDORN [58] deshalb von *ausserverbaler* Kommunikation gesprochen. Es ist zu hoffen, dass verbale und a- (non-, prä-, ausser-) verbale Kommunikations- und Ausdrucksformen zusammen*spielen,* lebendig aufeinander einwirken und sich ergänzen. An sich richtige Feststellungen, dass *Bilderleben* vor dem Begriffserleben komme, ursprünglicher oder erlebnisnäher sei, oder dass *Begriffserleben und sprachliche Ausformung die „höchsten",* reifsten, im eigentlichen Sinne den Menschen auszeichnende *Kommunikationsformen* sind, führen – falls in Gegensatz zueinander gebracht – zu künstlicher Trennung. Beide Formen sind als Tatsachen vorhanden, beide von grösster Bedeutung. Sie sollten auch jede für sich erforscht werden, wenn darüber nicht ihr untrennbares Zusammengehören in der Praxis vergessen wird. Gelegentliche Streitgespräche um die prinzipielle Überlegenheit der einen oder anderen Kommunikationsform erinnern mich lebhaft an Argumentationen bei Geltungs- und Machtanspruchstendenzen (nicht nur Jugendlicher), wenn der Feststellung des einen „ich war zuerst da" vom anderen mit den Worten „ja, aber ich bin am wichtigsten" begegnet wird.

Anknüpfung an Tätigkeiten während der frühen Kindheit

Alle psychoanalytischen und tiefenpsychologischen Schulen sind sich über die entscheidende Bedeutung der ersten sechs Lebensjahre für die grundlegende Persönlichkeits- (Charakter-)entwicklung einig. Aus anderen theoretischen Gründen trifft dies ebenso auf lerntheoretische, interaktionelle und soziologische Modelle zu. Es scheint mir von grösster Wichtigkeit, dass fast alle kreativen, gestaltenden Therapieformen an Aktivitäten anknüpfen, die in der frühen Kindheit im günstigen Falle lustbetont, unbehindert oder entsprechend gefördert vorkommen. Dies ist vom intensiven und emotional getönten Erleben beim Anspüren von Gegenständen in der Konzentrativen Bewegungstherapie über das Zeichnen und Malen, das Schmieren mit Fingerfarben und das Kneten und Formen mit Lehm und Plastillin, das Probieren verschiedener Ausdrucksbewegungen in Pantomime und Psychogymnastik, bis zum Spielen ganzer Szenen im Psychodrama der Fall. Die Beschäftigung mit diesen Materialien und Rollenspielen eröffnet also ähnliche Möglichkeiten wie das Spiel der Kinder, und in diesem Sinne ist der Ausdruck *Bemächtigungstherapie* von DERBOLOWSKI [18–20] wohlgewählt. Leider führt er im englischen Sprachraum leicht zu Verwechslungen, weil „Occupational Therapy" und auch „Occupational Analysis" dort automatisch mit Beschäftigungstherapie, also von Konflikten und Problemen *ab*lenkenden Verfahren, in Zusammenhang gebracht werden. Wenn die oben erwähnten Tätigkeiten in der frühen Kindheit in typischer Weise durch Umgebungseinflüsse gebremst, behindert, fehlgesteuert, gehemmt, unterbunden oder zumindest nicht entsprechend breit gefördert wurden und nicht genügend „Spielraum" und Zeit zur Verfügung stand, dann wirkt es plausibel, dass ihre Wiederaufnahme gute Möglichkeiten zum Erkennen der Fehlentwicklungen bietet und entsprechend korrigierende Entwicklungsschritte erlaubt. Die Art der Behandlung und die Wahl geeigneter „Verfahren" ist nach den gegebenen Voraussetzungen beim Patienten und Therapeuten, wie nach äusseren Faktoren (Zeit, Behandlungsdauer, Abstand vom und Zugang zu einem Behandlungsplatz, klinische oder ambulante Therapie) zu entscheiden. Diese Faktoren werden bei der Beschreibung einzelner „Methoden" im Kap. 3 (S. 68ff.) und insbesondere bei der Besprechung der Indikationen in Kap. 5 (S. 221ff.) berücksichtigt.

Die gestaltungstherapeutischen Aktivitäten lassen sich mit verschiedenen Behandlungsformen gut kombinieren. So werden sie einmal die Einsichtsvermittlung in neurotisch fixierte Fehlhaltungen und Gehemmtheiten begünstigen, ein andermal – besonders bei Kindern und Jugendlichen – die Identifikation mit dem Therapeuten oder anderen weniger gehemmten Mitpatienten ermöglichen oder wieder ein andermal ein günstiges Lern- und Übungsfeld darstellen. Darüber etwas mehr bei der Besprechung gestalterischer Verfahren in verschiedenen Institutionen und Behandlungsformen (Kap. 4, S. 146ff.).

Es lohnt sich jedenfalls, den früheren Spielstörungen unserer Patienten ebenso sorgfältig nachzugehen wie den Störungen der Freizeitgestaltung beim Erwachsenen.

Ein Beispiel: Eine 32jährige Patientin mit Ordnungszwängen und leichtem Waschzwang baut mit dem Szenomaterial spontan ihr *Heim aus der Kindheit* auf. Der Deckel des Szenokastens entspricht dabei dem Haus. Ausserhalb stellt sie mit dem Auto und dem Zug die Strasse dar. Die „Mutter" steht in der Küche und bereitet das Essen zu. Die Patientin setzt eine Mädchenfigur in eine Ecke des Vorraums und sagt glücklich: „Hier durfte ich öfters spielen ... bis Vater heimkam." Therapeut: „Und in der Küche ... und im grossen Zimmer?" Patientin: „In der Küche, wo gekocht wird, kann man doch nicht spielen" (beachte die „man-Form" und die Selbstverständlichkeit der Feststellung) „und im Wohnzimmer waren wir nur, wenn Besuch kam oder zu den Feiertagen, man muss ja Teppiche und Möbel schonen." Therapeut: „Wie alt sind Sie denn hier?" (zeigt auf die Mädchenfigur). Patientin: „Sechs ... sieben." Therapeut: „Und wenn dann Ihr Vater heimkam?" Patientin: „Dann wurde gegessen." Therapeut: „Was haben Sie denn gerne gemacht als Kind, ehe Sie zur Schule kamen?" Patientin: „Gezeichnet, mit Buntstiften." Therapeut: „Und Farben." Patientin: „Oh nein, die machen doch so viel Dreck und gehen aus manchen Dingen so schwer heraus ... einmal bekam ich welche von Onkel N., da habe ich mein Kleid schmutzig gemacht, da kaufte mir Mutter viele schöne Buntstifte dafür und räumte die Farben weg für später ..." Therapeut: „Und später?" Patientin: „Ich mochte die Buntstifte lieber, die sind sauberer und es geht auch leichter am nächsten Tag weiterzuzeichnen, die Farben trocknen ja ein!"

Im fortgesetzten Gespräch stellt sich heraus, dass die Patientin nichts über Nacht oder auch nur über Mittag in ihrer zeitweiligen Spielecke stehen lassen durfte. Nur ein einziges Mal, im Spiel mit den Farben des Onkels, habe sie einen zaghaften Versuch unternommen, ein „kleines Stückchen in die Essenszeit hinein" weiterzumalen. Dies wurde ganz bestimmt und völlig selbstverständlich unterbunden, als „unmöglich" bezeichnet und trug zum raschen Kauf der Buntstifte bei. Die Patientin war auch jetzt ängstlich bedacht, nicht Finger oder gar die Schürze mit Farbe zu bekleckern. Sie war in der warmen, intimen Beziehung zu Tieren und Menschen gestört und in ihrer Freizügigkeit und Expansivität schwerst eingeengt. Es dauerte über 5 Wochen, ehe sie sich – unter anderem mit Hilfe anderer Patienten – über Wasserfarben bis an die Fingerfarben herangetraute. Ein 42jähriger, selbst etwas zwanghafter Staatsbeamter sagte einmal zur Patientin in einem sehr netten, aufklärend-vertraulichen, fast selbst noch verwunderten Tonfall: „Wissen Sie, man kann es ja abwaschen ... und es macht Spass, sehen Sie?", dabei tauchte er „zwei spitze Finger" in den Farbentopf. Nach den ersten sehr vorsichtigen Versuchen wusch sich die Patientin die Hände und meinte: „Sie hatten recht, es geht wirklich ab." Anhand eines Versuches, die Konsistenz der Farbe zwischen Zeige-, Mittelfinger und Daumen anzuspüren, fand sie das Gefühl zuerst schön, dann fiel ihr die entsetzte „aus allen Wolken gefallene" Mutter ein, von welcher sie im Vorschulalter beim Reiben von Nasensekret zwischen den Fingern angetroffen wurde. Sie hatte nach diesem Einfall das nicht zu unterdrückende Bedürfnis, sofort ihre Hände von Farbe reinigen zu müssen.

Unser Beispiel steht also für die damalige Spielstörung und die Zusammenhänge mit den jetzigen Fehlhaltungen und Gehemmtheiten. Die Möglichkeit, durch die Anknüpfung an die früher nicht erlaubten Aktivitäten eine (Wieder-)Anregung der damals behinderten Impulse zu erreichen und eine realitätsangepasste Steuerung anzubahnen, ist recht augenfällig. In der Kinderpsychologie und -psychiatrie gibt es viele Arbeiten über Spielstörungen, hier seien nur DÜHRSSENS lebensnahe Beispiele [22], ZULLIGER [161] und HARDING [59] genannt und auf die dort angegebene einschlägige Literatur verwiesen.

Formale – thematische Kriterien

Bei den verschiedenen gestaltungstherapeutischen Aktivitäten sind wiederkehrende Regelhaftigkeiten zu beobachten. Wenn in diesem Buch auch das Hauptgewicht auf den therapeutischen Umgang mit dem Gestaltungserleben gelegt wird, so müssen einige wichtige „Zeichen" doch erwähnt und auf weiterführende Literatur hingewiesen werden. Einige Kriterien werden auch an einschlägiger Stelle (Bearbeitungsebenen, Kap. 2, S. 25 ff., und Methodenbeschreibung, Kap. 3, S. 68 ff. sowie Umgang mit den Gestaltungen, Kap. 4, S. 146 ff.) näher beschrieben.

Bei diagnostischer und differentialdiagnostischer Verwendung von Gestaltungen und dem gesamten Gestaltungserleben spielen ***formale Kriterien*** eine grosse Rolle. Die Frage der Verteilung im ***Raum*** – gleichgültig ob auf einem Blatt Papier bei Bildnereien oder bei Gesten und Bewegungsabläufen in darstellerischen Verfahren – ist zu beachten. Sowohl Einengungen oder Grenzüberschreitungen, Nichtausnützen und Plazierung im Raum sind wichtig. Auch das Material, die verwendeten Hilfsmittel und die eventuellen therapeutischen Techniken eines Verfahrens grenzen die Möglichkeiten formal ein.

Die ***Zeit***einteilung ist ein weiterer wichtiger Faktor, und zwar nicht nur was die Dauer der Aktivität betrifft, sondern schon von der ersten – inneren und äusseren – Anregung an. Das Ausmass des imaginativen, afferenten Teiles des Gestaltungsprozesses im Verhältnis zu dem des Handlungsteiles und weiter zur Ausdehnung nachfolgenden, reflektierenden Erlebens ist zu beachten. Ebenso ist der *Reihenfolge* oder *Abfolge* in einem Gestaltungsgeschehen Aufmerksamkeit zu schenken.

Bei Bildnereien und Modellierarbeiten und natürlich bei den verbalen Gestaltungen (Gedichten, Geschichten usw.) ist es leichter, den formalen Kriterien zu folgen. Bei darstellerischen Verfahren ist dies mit Hilfe von audio-visueller Wiedergabe auch gut möglich, doch ist die eventuelle Störung des Erlebnisverlaufes durch die Aufnahmeprozedur zu bedenken. Anhand der fertigen „Produkte", der „Abfälle" nach DERBOLOWSKI können bei den formalen Kriterien *statische* und *dynamische* unterschieden werden. So wäre das Messen der Flächen verschiedener Farben ein statisches, die Getriebenheit oder vielleicht sogar Heftigkeit eines Pinsel- oder Bleistiftstriches ein dynamisches Zeichen.

Auch die Plazierung einer Figur oder eines Gegenstandes an einer bestimmten Stelle ist zum Beispiel ein statisches Zeichen, ein Weg von z. B. links unten nach der Blattmitte und dem rechten Rand kann ein dynamisches Zeichen sein. Damit ist über Bedeutung, Symbolik, Allegorie usw. natürlich noch *nichts* ausgesagt (siehe Kap. 2, Ausdrucksmöglichkeit, S. 28).

Von deskriptiver und diagnostischer Seite hat schon PRINZHORN [124] in seiner grundlegenden Arbeit wesentliches gesagt. Auf einige der wichtigsten Arbeiten auf diesem Gebiet wird bei den Bildnereien (S. 72) näher einzugehen sein. Schon hier ist es mir jedoch ein ernstes Anliegen, vor jeder Überwertung oder gar Verabsolutierung einzelner Kriterien zu warnen. Wenn ein Patient mit hellblauer Wasserfarbe unter anderem einen „See" malt, dann *ist* das Resultat natürlich ein messbarer Fleck eben jener Farbe, es *stellt aber* einen *See* dar! Was auch immer das im gegebenen Fall alles bedeuten oder beinhalten mag und was es therapiebegünstigend bringen kann, ist weniger auszuschöpfen, sobald „man" sich auf *eine* Interpretation, Aussageweise, Deutung (oder wie auch immer man es nennen mag) festlegt und andere Gesichtspunkte ausschliesst. Diese Fragen sollen im Kap. 4 über den therapiebezweckenden Umgang mit dem gesamten Gestaltungserleben (S. 146 ff.) eingehend bearbeitet werden.

Auch durch ***Themenangebote*** werden Arbeitsrichtungen begünstigt. Gelegentlich lockern freie Themen (siehe Kap. 3, S. 85 ff.) allzu enge Grenzen auf und ermöglichen es, die psychotherapeutische Arbeit auf bisher tabuisierte Gebiete auszudehnen. Auch in Kap. 4, Umgang mit dem Gestaltungserleben (S. 146 ff.), werden an einschlägiger Stelle thematische Kriterien berücksichtigt.

Kapitel 2: Die Bearbeitungsebenen des Gestaltungsprozesses

Jeder Gestaltungsprozess bietet einen Zugang zum Erleben des Gestaltenden. Das Gesamtgestaltungs*erleben* kann unter verschiedenen Aspekten betrachtet werden. Je nach Ausbildung und Einstellung des Therapeuten wird oft der eine oder andere Gesichtspunkt akzentuiert, manchmal leider sogar verabsolutiert. In der Gestaltung selbst treten auch (sowohl für den „Schöpfer" als für jeden beliebigen Betrachter) gewisse Elemente und Aspekte deutlicher hervor. Andere sind nicht so offenkundig, schwer und manchmal erst später zu sehen, wieder andere gar nicht zugänglich. In der Regel ist es der Behandlung – gleichgültig, ob einsichtsvermittelnd oder supportiv – dienlicher, wenn der Therapeut eigene Eindrücke nicht seinem Patienten rasch mitteilt oder gar aufdrängt in an sich verständlicher „Entdeckerfreude" oder aus dem Wunsch, die Behandlung zu beschleunigen. Er erschwert und verbaut sonst den Zugang zu anderen Betrachtungsweisen sowohl für sich selbst wie für den Gestaltenden. Beim Anbieten von Eindrücken kann die *gestalt*therapeutische Regel, das *oder* vorerst durch ein *und* zu ersetzen, eine gewisse Hilfe bringen. Wir sagen also anstatt: „liegt hier ein Ausdrucksphänomen *oder* eine Übertragungsaussage *oder* eine kathartische Reaktion vor" lieber: „hier zeigt sich ... *und* ... wird kathartisch abreagiert *und* übertragungsmässig sagt das Bild (die Darstellung) ... aus ..." Dazu kommt die praktische Frage: „Was kann dieses Gestaltungserleben unter Verwendung verschiedener Betrachtungsweisen und Bearbeitungsebenen für die Therapie und damit für unseren Patienten bringen?" Nach dem *Sammeln* des vielfältigen „Materials" sollte der Therapeut vor seiner – wie auch immer gearteten Intervention – entscheiden: „Was davon kann mein Patient jetzt (schon) assimilieren? Was bringt – unter Berücksichtigung des derzeitigen Behandlungsstandes – am ehesten einen Fortschritt?" (Siehe Kap. 4, S. 146ff.)

In jeder Gestaltung sind verschiedene Elemente enthalten. Je nach Betrachtungsweise können die einen oder anderen Aspekte und Bearbeitungsebenen in den Vordergrund rücken. Die folgenden sind psychotherapeutisch wichtig:

1) Ausdrucksmöglichkeit
2) Katharsis
3) Impulsmobilisierung und Konfliktaktualisierung
4) Einsichtsvermittlung (bis Evidenzerleben, *Aha-Erlebnis*)
5) Ich-Stützung – Ich-Stärkung
6) typische Impulsverarbeitung (Persönlichkeitsstruktur)

7) Hinweis auf aktuelles und „genetisches" psychisches Material
8) Übertragung – Gegenübertragung
9) Hinweise auf Symptome bzw. Symptomatik
10) Prospektive Zeichen

Um die grosse Bedeutung der parallelen oder – besser – simultanen Berücksichtigung aller dieser Bearbeitungsebenen nochmals zu unterstreichen, soll ein Beispiel dafür gebracht werden, wie dies in der Praxis anhand einer Gestaltung vor sich gehen kann.

Hand vor dem Mund: Die beiden Kohlezeichnungen wurden von einer 26jährigen Asthma-Patientin in direkter Aufeinanderfolge gezeichnet und von ihr selbst mit I und II numeriert (siehe Abb. 2 und 3).

Hier soll ausschliesslich berichtet werden, was das Gespräch um diese beiden Zeichnungen für die Patientin und die Behandlung bedeutete und welche Phantasien und Überlegungen beim Therapeuten angeregt wurden. Die Einteilung des Materials nach den obigen zehn Bearbeitungspunkten ist nachträglich vorgenommen, um einen klareren Einblick zu geben.

Das Zeichnen selbst hatte für die Patientin einen ausgesprochen *kathartischen* Effekt, ebenso die kurze, deutlich aggressiv getönte Art, wie sie die Bilder dem Therapeuten „vor die Nase" legte. Für die Patientin *drückt* die Maske *aus,* dass die Gesichtszüge versteckt sind. Die Hand sagt: „zurückhalten, verschliessen, verstopfen" (beachte besonders die „Handbewegung" von Bild I zu Bild II). Die Patientin war beim letzten Gespräch, am Tage vor dem Zeichnen, sehr zugewandt und gefühlshaft gewesen. Sie hatte erlebt, dass sie zuviel von sich selbst und ihren Gefühlen gezeigt und gesagt hatte. Ihr Bedürfnis nach Maskierung war offenkundig und auch das „Sichverschliessen" subjektiv notwendig. Ihr *Impulserleben,* sich gefühlsmässig stark engagiert zu haben, und die für sie unzureichend emotionale Antwort des Therapeuten führten zu ihrer Tendenz, sich zu verschliessen. Dadurch wurde ein für diese Patientin typischer und oft erlebter *Konflikt aktualisiert,* der sich früher häufig als Asthmaanfall konkretisierte bzw. „*symptom*atisierte". Die Patientin erwähnte während des Gesprächs um die Zeichnungen sowohl den üblicherweise beherrschten Gesichtsausdruck, als auch die ausdruckslosen Augen des Therapeuten, was mit Eigenschaften der „Maske" gut übereinstimmt. Auch das „Mund-Zuhalten" war ihr deutlich einfühlbar! Dagegen kam sie nicht spontan auf den aggressiven Aspekt der Zeichnung, der von I nach II auch einen „Schlag auf den Mund" ausdrücken kann. Hier finden sich also *Hinweise auf* die für die Patientin *typische* Art der *Impulsverarbeitung,* was Hingabe-, Wärme-, Zärtlichkeits- und aggressive Impulse betrifft. Eine Konfrontation mit dem aggressiven Aspekt wäre beim damaligen Stand der Behandlung verfrüht gewesen, hätte zu einer unnötigen Belastung der Beziehung zum Therapeuten, vielleicht zu deren Zusammenbruch geführt. Einige Monate später konnte die Patientin spontan über ihre Enttäuschung und die dadurch ausgelösten aggressiven Impulse sprechen. Das aggressive Element in der Zeichnung (und in der Art, diese auf den Tisch zu legen) war also zugleich ein *prospektives Zeichen* für die beginnende Möglichkeit der Patientin, ihre aggressiven Impulse zu kanalisieren. Die *Einsicht* der Patientin in das Ausmass eigener Wünsche und „Forderungen" nahm während des Gespräches zu, als sie spontan den grossen Mund der Maske bemerkte. Durchsetzungswünsche waren der Patientin vorerst nur in verneinter Form zugänglich. Sie sagte: „Natürlich darf man (beachte: ‚man', nicht ‚ich') nicht einfach alles sagen, aber schauen darf man." Die *Übertragungsebene* wurde bereits berührt, als die Enttäuschung der Patientin am Therapeuten beschrieben wurde. Die Stärke und Tönung ihrer Enttäuschungsreaktion ist dabei ein ziemlich sicheres Mass für den Grad und die Art ihrer Zugewandtheit. Für den Therapeuten wurde die eigene gefühlsmässige Stellung zur Patientin klarer, was der besseren Abschätzung seiner *Gegenübertragung* diente. Er konnte dies ablesen an:

a) seinem Bedauern, zum Verschliessen der Patientin beigetragen zu haben;
b) seiner Betroffenheit durch den „Schlag ins Gesicht";
c) der Freude darüber, dass die Patientin es sich gestatten konnte, ihre Enttäuschung auszudrücken; und besonders
d) dass es ihr mit diesen Zeichnungen erstmals gelungen war, in erlebnishafter Weise zu reagieren und nicht, wie bisher, körperlich symptomatisch mit einem Asthmaanfall.

Beim „Zuviel-gesagt-Haben" erinnerte die Patientin ihre Enttäuschung über den Bruder, der sich in den letzten Jahren verselbständigt und wenige Monate vor Behandlungsbeginn geheiratet hatte. „Seit er seine Frau kennt, versteht er mich nicht mehr, ich kann nicht mehr wie früher mit allem zu ihm kommen." Danach brachte die Patientin Beispiele aus der Kindheit und Jugend (sog. *genetisches Material*), die das Verständnis und die Hilfsbereitschaft des Bruders belegten.

Die *aktuelle Situation* war in diesem Fall teilweise mit der Übertragungssituation identisch, zeigte sich aber auch in der misstrauisch getönten Vorsicht der Patientin gegenüber ihren Mitpatienten und dem übrigen Personal.

Im Akt des Verschliessens (zwischen Bild I und II) kommt auch das *Symptom* der Patientin bildhaft zum Ausdruck. Auf *formale Aspekte* des Gesamtbildes und der Details wurde im Gespräch – das ja tiefenpsychologisch orientiert war – nicht eingegangen. Auch wurde bei der Bearbeitung vieles nicht erwähnt, was an sich diskussionswürdig gewesen wäre. So wurde weder die Wahl schwarzer Kohle noch die Plazierung von Hand und Maske auf den Blättern kommentiert. Ebensowenig wurde das Nichtübereinstimmen von Kontur und Schraffierung des kleinen Fingers auf Bild II aufgegriffen, obwohl dies im Hinblick auf den Ästhetizismus vieler Asthmatiker an sich aktuell gewesen wäre. (Die Patientin hatte auch eine Tendenz zum „Feinsein", was sich z.B. im abgestreckten Kleinfinger beim Halten einer Tasse zeigte.) Die Kontur des Fingers ist zuerst gezeichnet worden, war vielleicht spontaner und wurde durch die Schraffierung gemildert oder „korrigiert". Auch das Offensein des Mundes unter der verschliessenden Hand auf Bild II hätte im Gespräch zu interessanten Ergebnissen führen können. Schliesslich wurde auch der *ichstärkende* oder *-stützende Effekt* nicht verbalisiert. Es liegt aber nahe, anzunehmen, dass die weitgehend unvoreingenommene Besprechung der Gestaltung und des Erlebens während des ganzen Gestaltungsprozesses dazu führte, dass die Patientin sich mit ihren Schwierigkeiten und Möglichkeiten besser verstanden und angenommen fühlte. Dadurch wurde auch die Motivation zur weiteren Arbeit an sich selbst und zur Zusammenarbeit mit dem Therapeuten vertieft.

Bei der nun folgenden Darlegung der einzelnen Bearbeitungs- bzw. Betrachtungsebenen wird der aufmerksame – oder vielleicht besser: einfühlungs- und miterlebensbereite – Leser natürlich auch andere Aspekte als den jeweils hervorgehobenen finden. Um die spätere Arbeit mit den vielfältigen Bearbeitungsebenen zu ermöglichen, ist aber erste Voraussetzung, dass der Umgang mit den einzelnen Aspekten beherrscht wird. Erst dann wird die zweite Voraussetzung – das oft mühevolle Suchen nach weiteren Möglichkeiten – zu erfüllen sein und zu verbreitertem und vertieftem Verständnis führen.

Ausdrucksmöglichkeit

Beim Zeichnen, Malen, Modellieren und Darstellen können Dinge, Sachverhalte, Gefühle, Stimmungen u.v.a. oft besser in Farbe, in Ton oder mit Gebärden ausgedrückt werden, als dies sonst mit Worten möglich ist. Begabte und Unbegabte können dies im gleichen Ausmass, sobald künstlerische Werte und Schönheit des Produkts nicht angestrebt werden. Besonders in der analytisch orientierten, einsichtsvermittelnden Psychotherapie ist der Ausdruck von teilweise (noch) nicht bewusstem „psychischen Material" bedeutungsvoll. In der Praxis ist es vorteilhaft, von zwei Fragen auszugehen:

1) „*Was* drückt sich aus, *was* zeigt sich, *was* deutet sich an?" Das können bewusste oder unbewusste „Inhalte" sein. Es kann auch aktuelles oder „genetisches" Material sein, die Stimmungslage oder die Übertragungssituation betreffen. Häufig geschieht es, dass jemand etwas Bestimmtes in Bild, Plastik oder Gebärde ausdrücken will – und dies auch tut – und dass etwas für ihn selbst Unerwartetes „dazukommt". So hat während einer Pantomimestunde ein Patient von der Gegenspielergruppe eine Aufgabe erhal-

ten. Er soll: *„Ich bin böse"* darstellen und dies den eigenen Gruppenmitgliedern, die diese Aufgabe nicht kennen, vorspielen. Diese helfen ihm, indem sie sofort zu raten beginnen: „einsam ... im Stich gelassen ... auf sich bezogen ... abweisend ... verschlossen ... will mit niemandem etwas zu tun haben" usw. Da der genaue Wortlaut der Aufgabe nicht geraten worden war, gibt der Patient die Aufgabe an einen anderen weiter. Bei dessen „Spiel" gehen die Vermutungen der Ratenden in eine andere Richtung: „ich bin trotzig ... bockig ... beleidigt ... ich bin gekränkt ... eingeschnappt ... wie ein störrischer Esel" und ähnliches. Erst beim dritten Patienten kommen die Gruppenmitglieder über: „ich bin wütend ... brutal ... ein Berserker ... ich schlage alles kurz und klein ... bin furchtbar böse" zur formal richtigen Lösung der Aufgabe. Jeder der drei Spieler *wollte* also „ich bin böse" ausdrücken, es kam aber viel mehr – und was wichtiger ist: persönlichkeitsspezifische Zeichen – zum Vorschein. Beim zweiten Patienten wurde das in der anschliessenden Diskussion deutlich, als er sagte: „Das ist aber komisch, wenn ich auf meine Frau böse bin, dann behandelt sie mich immer wie ein trotziges Kind, was mich noch böser macht. Und ... (nachdenklich) jetzt sagt ihr mir, dass ich trotzig und bockig wirke, wenn ich zeigen will, dass ich böse bin."

2) Die zweite Frage hinsichtlich der Ausdrucksmöglichkeit ist folgende: „*Wie, in welcher Art, auf welche Weise* drückt sich etwas aus?"

Das kann ganz „direkt" geschehen, dem Gestaltenden und dem eventuellen Betrachter ganz offenbar erscheinen. Wichtiges kann aber auch in Details auftreten, z. B. in einem „Irrtum" beim Zeichnen, einem „Versprecher" oder „Verschreiber", oder auch in einer „Nebenbei-Geste". Bedeutungsvolle Informationen können also in einer (Therapeuten und Patienten überraschenden) Stimmung, einem „Bruch" im Bild oder einer Abweichung von Text oder Darstellung im Märchenspiel enthalten sein. Auch sind Sachverhalte und Zusammenhänge gelegentlich allegorisch, sinnbildhaft oder symbolisch ausgedrückt und nur zu verstehen, wenn an diese Möglichkeiten gedacht wird.

Auch dazu einige Beispiele:

Betende – Mutter mit Kind. Die 36jährige, verheiratete Patientin wollte eine Betende formen. Sie begann von der Basis her und arbeitete die Figur aus einem Stück (Abb. 4 und 5). Der Kopf war zuerst geradeaus gerichtet und leicht nach vorne geneigt. Die Patientin wollte die Hände in gefaltete Stellung bringen, doch hätten die Arme „von selbst eine bergende, aufnehmende Haltung" angenommen. Erst der leere Raum zwischen Armen und Körper löste in ihr das Bedürfnis aus, „etwas hineinzulegen". Sie formte ein ganz einfaches Lehmröllchen und legte der „Mutter" das „Kind" in die Arme. Jetzt habe nach ihrem Empfinden der Kopf nicht mehr dazu gepasst und sie habe ihn etwas nach links geneigt.

Ein Kinderwunsch war vorher von der Patientin in der – seit mehreren

Wochen laufenden – klinischen Gesprächstherapie nicht erwähnt worden. Erst während des Hinzufügens des „Kindes" sei ihr der erneute Kinderwunsch klar geworden.

Die Patientin war nach dem Schuleintritt ihres einzigen Kindes (7 Jahre) unausgefüllt, reagierte mit Passivität und gedrückter Stimmungslage. Dann entschloss sie sich, eine Spezialausbildung als Lehrerin für Sprachgestörte zu machen, um im Beruf mehr Erfüllung zu finden. Während dieser Ausbildung in der 300 km entfernten Landeshauptstadt, besuchte ihr Gatte sie nicht einmal, als er zusammen mit seinem Chef ganz in der Nähe zu tun hatte. Die Patientin wurde daraufhin von Selbstmordgedanken gequält, hatte Angst einen Suizidversuch tatsächlich zu machen und rief in ihrer Verzweiflung einen Kurskameraden an, der sofort kam und sie die ganze Nacht in den Armen hielt und ausschliesslich wiegte. In der weiteren Folge – Tage später – kam sie mit diesem Mann in ihr erstes Liebesverhältnis, das für sie an Gefühlstiefe und Erlebnisreichtum ergiebig war. Auch diese Episode berichtete die Patientin erstmals im Anschluss an die Modellierarbeit.

Auf der *Objektstufe* entspricht a) die „Mutter" der Patientin, das „Kind" dem gewünschten Kinde und b) das „Kind" der Patientin und die „Mutter" dem damals wiegenden Kurskameraden. Auf der *Subjektstufe* weist die „Mutter" auf die bergenden, aufnehmenden, tragen und versorgen wollenden Zuwendungs- und Zuneigungsimpulse der Patientin hin. Das „Kind" *verkörpert* ihre Geborgenheitsbedürfnisse, die Hingabe im Schutze des Bergenden, aber auch Abhängigkeitswünsche mit den zugehörigen Ängsten, eingeengt zu werden.

Als Übung für den interessierten Leser sei vorgeschlagen, die Abbildungen und obige Angaben der Patientin durchzuphantasieren. In einer Ausbildungsgruppe wäre eventuell die Frage aufzuwerfen: „Was kann der gesamte Gestaltungs- und Bearbeitungsprozess unter Berücksichtigung der anderen Aspekte (siehe Zusammenstellung zu Beginn dieses Kapitels) erkennen lassen und hergeben?"

Zu unserer oben gestellten Frage: „Wie drückt sich etwas aus?" trägt die eben besprochene Gestaltung folgendes bei: *beabsichtigt* war die „Betende", *entstanden* war (für Patientin und Therapeuten offenbar) die bergende, tragende „Mutter", was mit dem Kinderwunsch zusammenhing, den die Patientin akzeptierte. Die Identifikation mit dem Kinde (sich passiv geniessend hingeben) war ihr nicht evident und dem Therapeuten nur über das *Parallelbild* des Gewiegtwerdens durch den Kurskameraden verständlich. Symbolhaft steht das „Kind" zugleich für eine erfüllende Lebensaufgabe, die von der Patientin auch in Form der Spezialausbildung gesucht worden war. Im Hinblick auf die ursprüngliche Absicht – eine Betende zu formen – ist das „von selbst eine bergende, aufnehmende Haltung annehmen" eine Fehlhandlung und somit (wie alle „Fehlleistungen") zugleich eine *Rechtleistung,* was die Impulsseite, bzw. die Bedürfnislage betrifft.

Ferienlandschaft (Abb. 6). Die Bleistiftzeichnung eines 38jährigen, verheirateten Patienten mit chronisch rezidivierenden Zwölffingerdarmgeschwüren begann „ach, so schön!". Der See, die Berge, der Steg, das Schiff mit den Ausflüglern und alles andere passte, laut Patienten, in die Ferienstimmung. Ein Flugzeug für Rundflüge sollte das freudige Bild ergänzen. (Der Patient war im Zweiten Weltkrieg als Flugzeugbeobachter in Zweimannflugzeugen eingesetzt.) Zu seiner Verwunderung bekam das Flugzeug einen bedrohlichen Charakter, ohne dass er sagen konnte wodurch. Erst auf die Frage des Therapeuten, der zugleich auf das Nationalitätszeichen zeigte: „Was ist das?" ging dem Patienten „ein Licht auf". Er sagte: „Natürlich! Dass ich das gezeichnet und doch nicht gesehen habe (schüttelt überrascht den Kopf), das ist ja eine Kokarde, blau-weiss-rot oder rot-weiss-blau, wie ich es von Franzosen und Engländern (also damaligen Feindflugzeugen) gewohnt war." Ein unbemerktes Detail führte also zum Umschlagen der Stimmung des Bildes. Die Besprechung der „Bedrohung von oben", gerade wenn es ganz friedvoll und erfreulich aussieht, ermöglichte den Zugang zu mehreren Geschehnissen im Leben des Patienten, die für seine Persönlichkeitsentwicklung und seine innere und äussere Situation bei Auslösung seiner Symptomatik relevant waren.

Soviel über Ausdrucksgeschehen, wobei nochmals betont werden muss, dass diese Bearbeitungsebene einseitig hervorgehoben und beleuchtet wurde. Andere Aspekte der oben angeführten Gestaltungen wurden hier nur am Rande erwähnt.

Katharsis

Das Abreagieren während des Gestaltungsprozesses hat eine – meist natürlich nur vorübergehende – entlastende Wirkung. Eine Katharsis wird oft spontan vorkommen, man kann den Gestaltenden aber auch dazu ermuntern. Im Psychodrama z. B. wurden eigene Techniken entwickelt, die eine steuerbare und in ihrem Ausmass dosierbare Abreaktion ermöglichen. Dabei kann die Katharsis selbst als Entlastung angestrebt werden oder durch entsprechende Wiederholung und Steigerung ein bahnender Einfluss ausgeübt werden. Bei einsichtsvermittlenden Psychotherapieformen ist bei zu grossem Widerstand und bei drohendem Zusammenbruch der Ich-Funktionen die zeitweilige Entlastung notwendig. Sie wird unter anderem in der analytischen Psychotherapie gezielt verwendet. So zentriert AHLBRECHT [1] bewusst auf „genetisches Material", wenn der Leidensdruck zeitweilig gesenkt werden soll. Das Hervorheben damals übermächtiger Ausseneinflüsse erhöht das Selbstverständnis und lässt das „Geworfen-Sein" erleben. Die Bearbeitung der aktuellen Situation wird dann für den Augenblick hintangestellt. Sie würde ja den Leidensdruck des mit der Realität schlecht Zurechtkommenden steigern.

Wir wenden uns nun – wieder „einseitig betrachtet" – Beispielen über kathartische Effekte gestalterischen Erlebens und Tuns zu.

Bild nach Gruppensitzung (Abb. 7). Eine 28jährige, seit 8 Jahren verlobte Lehrerin hat nach mehreren Wochen in klinischer Psychotherapie darauf gedrängt, in eine analytisch orientierte Gruppe aufgenommen zu werden. Als sie selbst zum 5. Mal teilnimmt, schätzen die Gruppenmitglieder einander hinsichtlich verschiedener Eigenschaften ein. Sobald sich das Interesse der Patientin zuwendet, „stürzt" sie plötzlich aus dem Raum und schlägt die Tür hinter sich zu. Sie kommt – laut Abteilungsschwester – erregt in das Schwesternzimmer und verlangt, sofort eine beruhigende Spritze, zumindest aber Tabletten, zu bekommen. Die psychotherapeutisch erfahrene Schwester fordert die Patientin auf, zuerst zu erzählen, was denn los sei. Dies wird brüsk abgelehnt. Dann könne die Patientin ja erst einmal versuchen zu malen, meint die Schwester und fügt hinzu: „Sie sind ja begabt." Empört „rauscht" die Patientin in ihr Zimmer, flucht laut, wirft sich auf ihr Bett und schimpft. Bald springt sie wieder auf und geht – nach Angaben der Schwester – mit „schnellen und entschlossenen Schritten" in den Keller, wo die Beschäftigungs- und Gestaltungstherapieräume liegen. Nach einer knappen Viertelstunde kommt sie wieder, wirft das eben gemalte Bild vor der Schwester auf den Tisch und sagt mit wütender und verachtungsvoller Stimme: „So sind *die*!" Dabei nimmt sie die Blattmitte zwischen Daumen und Zeigefinger beider Hände und stösst hervor: „ich zerreisse sie!". Die Schwester sagt überlegend: „Wäre es nicht besser, Sie nähmen das Bild in die nächste Gruppensitzung mit?" Darauf die Patientin: „Da gehe ich nie wieder hin!" Schwester: „Schade, da erfahren die anderen nicht, was sie Ihnen gemacht haben und wie Sie sie sehen." Die Patientin rollt die Zeichnung zusammen, geht auf ihr Zimmer und unternimmt bald einen Spaziergang mit einer Mitpatientin, der sie eifrig erzählt. Laut Schwesternbericht schläft sie in der folgenden Nacht ohne extra Medikation gut.

Zur nächsten Gruppe bringt die Patientin tatsächlich – auch zur freudigen Überraschung des Therapeuten – das Bild mit und legt es mit den Worten: „So seid Ihr gewesen" (beachte die Vergangenheitsform der Aussage) in der Mitte der Gruppe auf den Boden. Es ist nicht nur Zeit vergangen, die Patientin hat auch inneren Abstand gewonnen und in den Zwischentagen nicht nur Ablehnung, sondern auch viel Zuwendung von den Gruppenkameraden erfahren. Den entlastenden und befreienden Effekt des Malens hat die Patientin, wie sie spontan angibt, deutlich erlebt. Um das *Wie* dieser Katharsis besser zu verstehen, wollen wir der Bildbeschreibung der Patientin folgen, die sie in der Gruppe gab: „Ich hatte Angst und war furchtbar wütend auf Euch. Ich liege" (auf dem Bild) „nackt unter der Decke und Ihr beide versucht, diese wegzureissen." (Beachte die Hände der beiden „Entdecker"! Die Frau wurde bald die Vertraute der Patientin, der Mann blieb lange in der Rolle des „Erforschers" und wurde erst spät von ihr nicht nur akzeptiert, sondern als gleichsam „unangenehmer aber notwendiger Helfer" geschätzt.) „Du – mit dem grossen Hut – gibst nur an, stehst dabei, siehst zu und verstehst nichts ... und Du (eine Studentin) sammelst nur Komplimente (die Worte über dem Kollektbeutel heissen auf deutsch ‚schön' und ‚süss'). Du (Bildmitte) bist nur an Männern interessiert, ziehst die Aufmerksamkeit auf Dich, hast aber nicht den Mut, einen näher an Dich heranzulassen. Du (rechte Bildseite) rennst immer nur auf die Toilette und kümmerst Dich um nichts anderes als Deine Krämpfe (Patientin mit Colitis ulcerosa, die sich übrigens in typischer Weise sehr anpasste und um andere bemühte) und Dr. F. mit seinem Stiernacken, der sieht nichts und lässt die anderen machen ..." (Therapeut: „Und da rechts oben?") „... ach so ja, Du ... Du bist ja nie da, schwebst immer weg, selbst wenn Du dasitzt." (Die verständlicherweise sehr lebhafte nachfolgende Gruppensitzung sei hier ausser acht gelassen, da sie nicht mehr zu unserem augenblicklichen Thema der Katharsis gehört.)

Wie sehr erleichternd, befreiend und *bahnend* dieser kathartische Ausbruch gewirkt hat, kann nur derjenige voll ermessen, der den Grad der Aggressionshemmung dieser Patientin und das Ausmass der damit verbundenen Spannungszustände miterlebt hat. Seit 8 Jahren litt sie an funktionellen Magenbeschwerden in Form von Übelkeit und Brechreiz. Während der ersten 7 Jahre hatte sie nicht ein einziges Mal erbrechen können. Sie war wegen ihrer Beschwerden mehrfach wochenlang arbeitsunfähig gewesen. Auslösende Momente waren sowohl im Elternhaus als auch beim Verlobten zu finden. Auf dem Boden frühester emotionaler Verunsicherungserlebnisse, in einer die Existenz der Tochter ablehnenden Athmosphäre, war die Selbständigkeits- und expansive Entwicklung der Patientin schwerst behindert gewesen. So versagte sie in allen Situationen, die Durchsetzung und Selbstbehauptung von ihr verlangten. Erst ein Jahr vor der beschriebenen Behandlung war es zu heftigstem Erbrechen und nachfolgender Abmagerung gekommen. Die Patientin war deswegen unter Verdacht auf Anorexia nervosa (es handelte sich wohl aber eher um eine anorektische Reaktion) 6 Wochen in einem Krankenhaus. Dort wurde ihr Essen aufgezwungen und auch eine Sondenernährung durchgeführt, wonach die Nahrungsaufnahme klaglos funktionierte. Nun traten aber Konzentrationsstörungen, intensive Tagphantasien und Entfremdungserlebnisse auf. Auch hatte sie recht bizarre Zwangsvorstellungen, die sie meist nur mit grösster Mühe korrigieren und realitätsgerecht einordnen konnte. Wenn dies manchmal misslang, blieben ganz umschriebene, sensitiv-paranoid getönte wahnhafte Vorstellungen bestehen. Es war, neurosenpsychologisch gesprochen, ein Symptomwechsel eingetreten, der schliesslich die klinische Psychotherapie notwendig machte.

Als zweites Beispiel sei die Psychodramaszene einer 30jährigen Psychologin (A) angeführt, in welcher sie als 11jähriges Mädchen zur Mutter heimkam, die eben den Tod ihres Mannes mitgeteilt bekommen hatte. *(Beherrschung über alles.)* Um die Protagonistin ins Spiel zu bringen, wurde sie in bewährter Psychodramatechnik verhindert, die ganze Geschichte erst zu erzählen. Statt dessen wurde sie gebeten, die „Mutter" unter den anwesenden Teilnehmern auszusuchen, die Sitzecke zu arrangieren und den Raum bis ins Detail zu beschreiben. Schliesslich plazierte sie die „Mutter" (B) in den richtigen Stuhl und kam dann selbst zur „Türe" herein. Tochter (A) (starrt nach dem Eintreten auf die Mutter): „Mama, was ist denn?"

Mutter (B) (schlägt die Hände vors Gesicht, schluchzt): „Vater ist tot!"

Tochter (A) schüttelt den Kopf.

Psychodramaleiter: „War's so?"

Tochter (A): „Nein"

Psychodramaleiter: Geste zum Rollentausch. Die beiden „Spieler" wechseln die Plätze.

(B), jetzt als Tochter: „Mama, was ist denn?"

(A) als Mutter (mit gespanntem, ehernem Gesicht, leise und beherrscht): „Vater ist ruhig gestorben."

(B) als Tochter: „Oh Mama!" (stürzt auf die Mutter zu und umfängt diese)

(A) als Mutter: schüttelt den Kopf

Psychodramaleiter: Geste – Rollentausch

(B) wieder als Mutter (beherrscht): „Vater ist ruhig gestorben!"

(A) Tochter (macht zwei schnelle Schritte auf die Mutter zu, stoppt dort, schluckt und sagt leise): „Wir werden es schon schaffen, Mama."

(B) Mutter: „Ja ... sicher, aber es ist so entsetzlich traurig." (Sie nimmt dabei die „Tochter" in den Arm. Diese schüttelt zwar etwas ihren Kopf, sinkt dann aber zu Füssen der „Mutter" nieder und weint zuerst stockend, dann strömend. Der „Mutter" kommen selbst die Tränen, die meisten Teilnehmer sind deutlich gerührt, der Psychodramaleiter spürt sein eigenes Bewegtsein.)

Nach einigen Minuten „fängt" sich (A) und sagt leicht „schuldbewusst" zum Psychodramaleiter: „Das letzte war falsch, so war es nicht" und setzt nach einer kleinen Pause mit fester Stimme und erleichtert fort: „Aber ich weiss jetzt, was mir und vielleicht auch Mutter damals gefehlt hat."

Die erleichternde und entlastende Wirkung kathartischer Reaktionen ist unumstritten. Bei manchen tiefenpsycholgisch arbeitenden Kollegen ist aber alles, was nach „Agieren" aussieht, teilweise zu unrecht, verpönt. (Siehe Kap. 1, Abschnitt: Handeln – Probehandeln – Agieren – Üben, S. 16.) Die beiden obigen Beispiele zeigen sowohl die Abreaktion, lassen aber auch Ansatzpunkte für eine Problem- und Konfliktbearbeitung erkennen.

Impulsmobilisierung und Konfliktaktualisierung

Hier geht es um eine gewissermassen dosierte Impulsmobilisierung, um die Eröffnung eines erlebnismässigen Zuganges zu stark abgewehrten Antriebsbereichen und um die damit zusammenhängende Konfliktaktualisierung. Es ist regelmässig zu beobachten, dass während des Gestaltungsprozesses emotional getönte Erinnerungen leicht auftauchen und – oft lange Zeit zurückliegende – Erlebnisse im wahrsten Sinn des Wortes *gegenwärtig* werden. Die bildhafte Vorstellung, das „Werden" einer Form in den eigenen Händen, eine „zufällige" Geste oder ein ganzer Bewegungsablauf sind nicht nur Katalysatoren, sondern *Wachrufer* von vergessenen oder aus dem Zusammenhang verschwundenen Erlebnissen, Gefühlen, Stimmungen und Bedürfnissen. Dabei ist es für den Therapeuten wesentlich, sich auf das leiseste Anklingen feinster Impulsregungen ebenso einzustellen, wie für die Bearbeitung durchbruchsartiger „Impulsschwalle" bereit zu sein. Eine Impulsanregung um jeden Preis, wie sie bei gewissen „therapeutischen" Praktiken vorkommt, kann gefährlich sein und wird in der Gestaltungstherapie nicht angestrebt. Aber auch ein dauerndes ängstliches Verhindern des In-Gang-Kommens impulsgetragener Vorgänge kann zum Scheitern der Therapie führen. Ein lange Jahre unter massiven Psychopharmakadosen „ruhig" gehaltener Patient formulierte das vor seiner Entlassung folgendermassen: „In der Wüste verdorren dauert bloss länger, ist aber ebenso tödlich, wie von der Sturmwelle fortgerissen zu werden. Ich habe verstanden, dass es nötig ist, *dazwischen* zu leben."

Verschiedene gestaltungstherapeutische „Verfahren" haben natürlich unterschiedliche Impulsmobilisierungseigenschaften. Dies gilt sowohl für die Intensität, als auch für die Art und Dosierbarkeit der Mobilisierung. Wie bei der Methodenbeschreibung (Kap. 3. S. 68) näher erläutert wird, regen vom Material her Öl- und insbesondere Fingerfarben oft wesentlich stärker emotional und triebmässig an, als zum Beispiel gewöhnliche Grafitstifte oder Tusche. Beim Psychodrama, bei der Psychogymnastik und in der Konzentrativen Bewegungstherapie sind mehr oder weniger mobilisierende „Techniken" und Anregungen erprobt. Durch das Anbieten spezieller Themen können Impulse aus bestimmten Erlebnisbereichen sogar gezielt angesprochen werden.

Zur Verbreiterung und Vertiefung des nötigen Einfühlungsvermögens und Fingerspitzengefühls beim Therapeuten tragen eigene Versuche (also *Selbst-Erleben*) am besten bei. So kann man sich, nach dem Malen der Elementserie nach WITTGENSTEIN [160], die Frage stellen, was schwer oder leicht zu malen war, welche „Bilder" in der Phantasie fast fertig vorlagen und bei welchen Themen Unlust, Ausflüchte oder besondere Freude und Spass beim Malen aufkamen. Beim anschliessenden „Nachspüren" sind die angetönten Impulse deutlicher erlebbar.

Auch die früher von mir verwendete Serie: „Ein Baum – ein Haus – Zweisamkeit – ein (Tag-)Traum – ein freies Thema" ist für Selbstversuche geeignet. Statt dem Thema „Zweisamkeit" empfiehlt sich jedoch das von GRÄTZ [56] entwickelte *Symbolzeichnen,* wobei auf je einem Blatt ein *Ich,* ein *Du* und ein *Wir* gemalt oder gezeichnet wird (siehe Kap. 3, S. 73). Im Rahmen der Psychodramaausbildung spielen Selbsterleben und Selbsterfahrung, neben dem Lernen und Üben erprobter „Techniken", eine besonders grosse Rolle.

Im Hinblick auf Impulsmobilisierung und Konfliktaktualisierung stellen sich uns also folgende Fragen:

1) Welche Impulse aus welchen Erlebnisbereichen wurden mobilisiert?
2) Welche Konflikte wurden aktualisiert?
3) Wie stark ist die Mobilisierung der Impulse, beziehungsweise die ausgelöste Abwehr? Wie weit hat der Patient Einsicht in seine Innenvorgänge?
4) Wie sind die mobilisierten Impulse und die aktualisierten Konflikte therapeutisch nutzbar zu machen?

Zumindest diese vier Überlegungen wollen wir bei den folgenden Beispielen im Auge behalten (vgl. Ziffern in Klammern mit obigen Fragestellungen).

Beispiel 1, *Abend am Strand:* Eine unverheiratete, 40jährige Patientin litt seit vielen Jahren an Oberbauchbeschwerden und wurde wegen einer mehrfach festgestellten, mässigen Diastaseerhöhung als „chronische Pankreatitis" rubriziert und mit Enzympräparaten und ziemlich strenger Diät behandelt. Erst viel später kam sie schliesslich zur Abklärung eventueller psychogener Faktoren in klinische Psychotherapie. Neben völliger Beschwerdefreiheit bei schwersten „Diätfehlern" kam es nicht so selten zu Verschlechterungen, wenn sie ein ganz auf die Pankreatitis abgestimmtes Leben führte. Der Patientin selbst waren Zusammenhänge zwischen Beschwerden und bestimmten Situationen und Stimmungen aufgefallen.

Angeregt durch das von ihr abgelehnte erotisch-sexuell getönte Verhalten einiger Mitpatienten, brachte die Patientin ein Erlebnis aus ihrem 17. Lebensjahr (Menarche 14./15. Lebensjahr) ins Psychodrama. Sie sei in ihrem Ferienort vom Liebhaber ihrer Mutter und dessen 14jähriger Tochter besucht worden. Nachdem die Tochter zu Bett gegangen war, habe der etwa 30 Jahre ältere Mann versucht, sie zu vergewaltigen. „Es ist einfach das Tier in ihm erwacht", sagte die Patientin voller Empörung. Bei der Darstellung der Szene ergab sich folgendes: Der Liebhaber der Mutter lud die Patientin zum Abendessen ein, was diese erfreut annahm. Auf seine Frage, wohin sie gehen wolle, da sie ja die besseren Lokalkenntnisse habe, antwortete sie: „Wir gehen dorthin, wo Du hingehen möchtest!" Er wählte ein grosses Restaurant und fragte sie dort, was sie essen wolle. Im Spiel blickte die Patientin nur kurz auf die „Speisekarte", legte sie beiseite – und sagte: „Ich möchte am liebsten dasselbe essen wie Du, Du kennst Dich da sicher besser aus." Nach dem Essen fragte der Mann, ob sie ein wenig tanzen wolle (was im gleichen Restaurant möglich gewesen wäre), doch die Patientin meinte: „Können wir nicht lieber den Strand entlang heimgehen, der Mond scheint so schön." Beim Gehen am Strand hakte sie sich unter und schlug nach kürzerem Schweigen vor, sich doch in einen Strandkorb zu setzen und eine Zigarette zu rauchen, weil der Abend so schön sei. Sie liess sich Feuer geben, lehnte sich an ihren Spielpartner und legte schliesslich den Kopf an seine Schulter. Der Mann zog sie daraufhin, eher zart, ein wenig an sich, wobei die Patientin „vor Schreck und Überraschung" (wie sie nachher sagte) das Gleichgewicht verlor und mit dem Mitspieler, der sie auffangen wollte, in den „Sand" fiel. Sofort stiess sie ihn weg, schrie: „Lass mich!", verliess die „Szene" und machte danach nochmals ihrer Empörung Luft.

Zu Beginn der Diskussionsphase gab sie an, dass ihr Mitspieler in seinem Verhalten dem Liebhaber der Mutter sehr ähnlich gewesen sei. Die Gruppe hatte deutlich die Animierung und „Verführung" durch die Patientin bemerkt, ihr selbst war dies völlig fremd. Der Inhaber der Rolle des Mannes sagte mit Nachdruck: „Was glaubst Du eigentlich, wie lange ein Mann sich beherrschen können muss?" Statt des empörten Verhaltens des Mannes begann die Patientin während der Durcharbeitung in der Gruppe ihren eigenen Konflikt nach und nach zu erkennen.

Es wurden also (1) Zärtlichkeits- und sexuelle Impulse, vielleicht auch aggressive (gegenüber der Mutter) mobilisiert. (2) Der Konflikt: Bedürfnis nach Zärtlichkeit und Liebe, möglicherweise auch Rache an und Sieg über die Mutter kontra Hingabeängsten und Beherrschungsanforderungen an sich selbst, wurde aktualisiert. Der Patientin wurde sowohl Impulsmobilisierung als auch Konfliktaktualisierung, zum Teil sogar das Ausmass und die Intensität während der Gruppendiskussion klar (3). Dadurch wurde sie motiviert, die vorliegenden Bedürfnisse und deren Steuerung zu bearbeiten (4).

Beispiel 2, *zarte Landschaft:* Während einer Gestaltungsstunde mit etwa 8–10 freiwilligen Teilnehmern, verwendet ein schüchterner, zwanghafter und bereits etwas eigenbrötlerischer 32jähriger Student von all dem angebotenen Material (d.h. frei und sichtbar zur Verfügung stehende Stifte, Kreiden, Wasser-, Plakat- und Fingerfarben) vorerst nur den gewöhnlichen Bleistift, Härtegrad 3. Er skizziert mit ganz dünnen Strichen eine Landschaft, die ihn an Besuche bei Verwandten in seiner Kindheit erinnert. Er schraffiert den Weg zart grau. Dann erst tönt er die Wiese hellgrün und färbt den Himmel leicht blau. Während der folgenden „Pause" bei seinem Zeichnen greift der Patient mehrfach nach dem roten und orangen Stift, hält aber in der Bewegung inne, ehe er diese berührt. Schliesslich nimmt er doch erst den einen, dann den anderen und setzt rasch einige wenige kleine orange und rote Blümchen in den Wiesenvordergrund. Dann legt er die beiden Stifte rasch beiseite und sagt: „Ich glaube, ich habe seit meiner Kindheit keine bunten Stifte mehr verwendet." Die anwesende Gestaltungstherapeutin sagt nur: „Das sieht jetzt ein wenig wärmer und freundlicher aus." Der Patient nimmt die Zeichnung mit auf sein Zimmer. Bei der nächsten „psychotherapeutischen Visite" macht die Gestaltungstherapeutin den Psychotherapeuten aufmerksam darauf, dass der Patient seine Zeichnung als Lesezeichen in seinem Buch verwendet, das auf dem Nachttisch liegt.

Diese Zeichnung wurde nie besprochen. Der zarte Ansatz (3, Stärke der Mobilisierung) seiner Gemütsbewegung und Gefühlsäusserung (1, Impulsart) war nur – durch die Gestaltungstherapeutin – bejaht (4, therapeutische Nutzbarmachung) worden. Danach war das Auftauchen von etwas mehr emotional gefärbten Erinnerungen in den Gesprächen zu beobachten. Um das ruhige „Spriessen" nicht zu stören, wurde auch davon Abstand genommen, den Patienten zu bitten, das Bild abzugeben.

Im Kapitel über den Umgang mit den Gestaltungen wird auf die Frage näher einzugehen sein, wann handfest zugepackt werden soll, wann leise angedeutet und wann eine Entwicklung besser nicht gestört werden soll. Die beiden obigen Beispiele können aber schon erste praktische Hinweise geben.

Zuletzt eine „Aufgabe" aus der sogenannten Psychogymnastik (siehe Kap. 3, S. 98), die regelmässig Impulse und Konflikte stark anregt. Es ist ausdrücklich darauf hinzuweisen, dass diese und ähnlich mobilisierende Anregungen nur bei vorliegender Indikation in Gruppen mit wohl motivierten, schon längere Zeit zusammenarbeitenden Teilnehmern und auch dann erst nach sukzessiver „Anwärmung" gegeben werden sollen.

Beispiel 3, *Verbotene Frucht:* Während eines Einführungskurses in Gestalterische Verfahren von insgesamt 48 Stunden, wurde in der letzten der 4 Stunden, die für die Psychogymnastik vorgesehen waren, folgende „Aufgabe" angeboten: Der Kursleiter stellte einen Stuhl in die Mitte des Raumes, legte einen orange-braun gefärbten Gymnastikball darauf und sagte: „Dies hier (zeigt dabei auf den Ball) ist etwas oder jemand, ein Ding, eine Person oder was auch immer, das Sie sich intensiv wünschen und um alles in der Welt gerne nehmen, haben und behalten wollen. Zugleich sind Sie zutiefst überzeugt, dass es – abgesehen von Gesetz, allgemeiner Moral und äusseren Normen – Ihrem Wesenskern, Ihrem inneren Gebot nicht entspricht, diesem Wunsche nachzugeben."

Im folgenden seien nur einige der Reaktionen herausgegriffen. Der Klarheit halber werden die Bemerkungen des jeweiligen „Spielers" gleich angefügt, obwohl in Wirklichkeit alle Teilnehmer zuerst „spielten" und dann erst diskutierten.

a) Ein etwa 35jähriger Kollege geht auf den Stuhl zu, „erblickt" die „verbotene Frucht", bleibt stehen, geht einmal um den Stuhl herum, nickt, nimmt (1, Impulsart) den Ball und geht zu seinem Platz zurück. Er meint dazu: „Ich habe meinen Vetter gespielt, der macht das so" (zu 3, Art der Abwehr, keine Einsicht). Es war vor den ersten einfachen Übungen der Psychogymnastik gesagt worden, dass jeder sich selber spielen kann, wie er ist, wie er sein möchte oder wie er es nie tun würde, dass er auch jemand anders nachahmen könne. Diese Anfangshilfe wird aber schon nach wenigen „Aufgaben" von fast allen nicht mehr verwendet, von vielen sogar vergessen. Der Distanzierungsversuch dieses Kollegen war auch der Gruppe evident. Ein anderer Teilnehmer sagte: „Immer die anderen!" Eine Kollegin fügte hinzu: „Es sah aber ganz echt aus und Sie haben froh gelächelt, als Sie mit ihrem Schatz davongingen" (4, therapeutische Nutzbarmachung).

b) Eine 25jährige Studentin „spielt" in recht gekonnter Weise die starke Anziehung durch das erwünschte und verbotene Objekt und das Sich-selbst-Zügeln. Dieses Hin- und Hergerissensein dauert über 2 Minuten, dann bricht die Teilnehmerin mit einem leisen Seufzer ab und setzt sich mit stark berührtem und nachdenklichem Gesicht auf ihren Stuhl. Später sagt sie: „Während ich das Hinwollen und das Nicht-dürfen spielte, tauchten einige Erlebnisse auf, an die ich lange nicht mehr so intensiv gedacht hatte ... es ging jedesmal um einen Menschen." Nach der Sitzung deutet sie dem Kursleiter an, dass der Kontakt zum Vater unterbrochen wurde (2 und 3), weil er nach seinem Ausscheiden aus der Familie als Bösewicht verbannt war. Es durfte sein Name nicht mehr erwähnt werden. Ihre Eltern akzeptierten auch niemals ihre beste Freundin. Weiters habe sie sich eine Beziehung zu einem jungen Mann verboten, weil sie bei ihm einen Charakterfehler vermutete und schliesslich hatte sie einmal jahrelang mit sich gerungen, um eine aufkeimende Beziehung zu einem verheirateten Mann zu unterdrücken.

c) Eine etwa 30jährige Kollegin schaut den Ball gebannt an, sieht kaum was die anderen machen und wird schliesslich von den anderen aufgefordert: „Sie sind dran, wir warten schon alle."

Kollegin: „Ja ... ich möchte das nicht machen."

Kursleiter: „Ist gut."

Eine andere Teilnehmerin: „Sie haben die ganze Zeit den Ball angestarrt."

Kollegin: „Ja ... ja ... ich kam von einer Sache nicht los ... ich will aber hier nicht spielen."

Kursleiter: „Ist in Ordnung. Sie waren recht beteiligt und mit sich beschäftigt. Man muss sich ja nicht bewegen, gehen oder etwas zeigen, um intensiv zu erleben."

Darauf hin diskutierten die meisten Teilnehmer, wann für jeden die Auseinandersetzung begann und endete. Zwei Kollegen hatten sich kaum engagiert, eine Teilnehmerin gab an, dass sie zwar den *Ball* zurückgelegt habe, das für sie damit Symbolisierte aber weiter bei sich habe.

Einige Monate später erfuhr der Kursleiter von der Kollegin, die nicht „spielen" wollte, dass sie eine ganz bestimmte Konfliktsituation (2, Konfliktart) intensiver als je zuvor erlebt hatte (zu 3, Impulsstärke). Während der inneren Auseinandersetzung beim Betrachten des Balles sei ihr klar geworden (zu 3, Einsicht), dass sie das Problem angehen müsse. Sie arbeitete nun das bisher verschwiegene „Material" in ihrer Eigenanalyse durch (zu 4, therapeutischer Nutzen).

Bei den angeführten Beispielen wurde versucht, einige wichtige Punkte herauszustellen. Der an Gestaltungsprozessen und damit am Erleben seiner Patienten, Klienten, Schüler usw. interessierte Leser kann anhand des übrigen Materials dieses Buches und ihm zugänglichen Gestaltungen aus seinem Berufsbereich mit Hilfe obiger Fragestellungen üben und eigene Erfahrungen sammeln. Während der Behandlung treten oft spontan Impulse in Gestaltungsserien besonders stark und direkt hervor, eventuell gefolgt von einer verschärften Abwehr (siehe Abschnitt: typische Impulsverarbeitung S. 49). In Serie II (S. 277 ff., Abb. 69 bis 85) ist diese Entwicklung hinsichtlich Kontakt und Aggression, in Serie I (S. 272 ff., Abb. 48 bis 66) bezüglich Gefühlshaftigkeit und Expansion gut zu verfolgen.

Einsichtsvermittlung

Im Verlauf des Gestaltungsprozesses und mit Hilfe von Gestaltungserlebnissen können Einsichten gewonnen werden. Dies zeigt sich einmal als stilles, oft sukzessives Gewahrwerden, ein andermal als klares Erkennen von bisher unbeachteten oder „abgewehrten" Gegebenheiten und Zusammenhängen, manchmal sogar als Erleben voller Evidenz. Wenn Erkenntnisse oder Evidenzen plötzlich auftreten, sprechen wir von *Aha-Erlebnissen.* Dabei sind Überraschungsausrufe des Gestaltenden ebenso üblich wie nachfolgende spontane Kommentare. Zum Beispiel: „Na so was! ... So herum habe ich das noch nie gesehen ... und damals beim Chef (Parallelsituation) ist es mit auch so ergangen." Oder: „Das ist erstaunlich ... (Kopfschütteln, dann Nicken) ... wie wenn Puzzlestücke, die bisher durcheinanderlagen und keinen Zusammenhang erkennen liessen, plötzlich ‚zusammenrutschen' und ein Bild ergeben." Bei diesen Einsichtsgewinnungen kommen natürlich alle erdenklichen *Begleitgefühle* vor: Entdeckerfreude, Erleichterung, zunehmendes Interesse (und damit verbesserte Motivation zur Bearbeitung), tiefer Ernst, leises Erschrecken, deutliche Angst, mehr oder weniger ausgeprägte Mutlosigkeit und tiefstes Entsetzen. Es wäre besser, statt von Begleitgefühlen von zugehörigen, mit dem Erleben untrennbar verbundenen Gefühlen zu sprechen. Diese Empfindungen und Gefühle sind keine „Nebensachen", sondern zumindest ebenso ernst zu nehmen wie die Erkenntnisanteile des Gestaltungsprozesses. Die Intensität, Schnelligkeit, Ausdehnung und der Gefühlsgehalt aufkommender Einsichten sind also zu beachten. Aber auch ihre Haltbarkeit und ihre Stimmigkeit (also ihre Validität) und ihre Anwendbarkeit als Modell für andere Erlebnisbereiche des Gestalters sind therapeutisch wichtig. Anfänglich haben Therapeuten oft die Tendenz, „laute und lärmende" Einsichten hinsichtlich ihrer Haltbarkeit und therapeutischen Verwendbarkeit zu überschätzen und leisen, kaum merkbaren *Einsichtszuwachs* unterzubewerten. Immer aber ist die Persönlichkeitsstruktur des Therapeuten bedeutungsvoll, weil darin sein Optimismus, sein Bedürfnis nach Vorankommen, seine eventuelle Ungeduld, auch seine Skepsis und sein Pessimismus verankert sind. Je nach seinen Persönlichkeitszügen wird er auch den Wert der Einsicht für den Gestalter und die Brauchbarkeit der Einsichten in der Therapie unter- oder überschätzen.

Einige Beispiele zur Einsichtsvermittlung:

1) *Ausgebrannter Wald:* Eine 35jährige Patientin (sie hatte auch die „Betende", S. 29f., Abb. 4 und 5 geformt) bringt kurz nach Beginn der klinischen Psychotherapie – als 2. Bild – eine Bleistiftzeichnung (siehe Abb. 8). Sie sagt dazu: „Ich gehe in finsterer Nacht durch einen ausgebrannten Wald ... und finde nicht heraus." Sie dreht dabei die Zeichnung so, dass der Therapeut sie richtig sehen kann. Nach kurzem, schweigenden Betrachten schiebt der Therapeut das Blatt wieder der Patientin zu. Sie schaut auf ihre Zeichnung, dann auf den Therapeuten, anschliessend wieder auf ihre Gestaltung und schweigt.

Therapeut (im Tonfall zwischen Frage und Feststellung): „Sie gehen ..."

Patientin (schaut auf die Figur): „Die steht ja!"

Therapeut (geht auf die Distanzierung vom *Ich* zum *Die* ein): „Und wenn *sie* ginge?"

Patientin (schaut fast eine Minute auf ihr Bild): „Die schaut auch nicht. Die würde stolpern oder sich an einem Baum schlagen."

Therapeut (versucht, auf die „sich identifizierende" Ebene zurückzuführen): „Wie würden Sie denn durch einen finsteren Wald gehen?"

Patientin: „Ich würde schauen und die Hände tastend und schützend (zeigt es) vorstrecken ... (schaut auf die Zeichnung) ... da sind sie (die Hände) ja zusammen, wie gegenseitig in den Pullover gesteckt, wenn einem kalt ist ... (schweigt eine Weile) ... so kommt *die* da *nie* heraus!"

Nach ein bis zwei Minuten Schweigen richtet sich die Patientin auf und beginnt mit leiser, aber entschlossener Stimme über Ereignisse und Erlebnisse zu berichten, die sowohl zum Ausgebranntsein, zum Wunsch herauszukommen, wie auch zur eigenen Passivität, Resignation und „Kälte" Beziehung haben. Der Schluss liegt nahe, dass die gewonnene Einsicht – zumindest für den Augenblick – therapeutisch nützlich geworden ist (vgl. das Bild „Flamingos" derselben Patientin, S. 50, Abb. 11).

2) *Umrollen – Umwerfen:* Während einer Übungs-Doppelstunde in *Konzentrativer Bewegungstherapie* (Kap. 3, S. 137) beschäftigten sich die Teilnehmer einmal mit ihrem Erleben beim *Sich-umrollen-lassen* aus gestreckter Seitenlage. Dabei liegt der untere Oberarm unter dem Kopf und wird in Verlängerung der Körperachse gerade nach „oben" gerichtet. Der Übende kommt dadurch in ein labiles Gleichgewicht zwischen Vornüber- und Nachhinten-rollen. Der obere Arm kann mit der Hand leicht vor dem Leib aufgestützt werden, um Wackeltendenzen, Unsicherheitsgefühle und unnötige Verspanntheiten vorerst zu verhindern.

Dieses labile Gleichgewicht wurde höchst verschieden erlebt. Manche „spielten" mit dem Punkt, bis zu welchem *man sich selbst bewegt* und ab welchem dann *etwas mit einem geschieht.* Andere versuchten zu erspüren, *wie und wo man ankommt.* Bestimmte Abschnitte des Bewegungsablaufes waren für den einen lustvoll, für den anderen beunruhigend. Dann wurde am erlebnismässigen Unterschied zwischen *Sich-selber-umrollen-lassen* und *Umgestupst-werden* gearbeitet. Die Mehrzahl der Teilnehmer war von den vielen Möglichkeiten verschiedener Erlebnisweisen überrascht und beeindruckt. Diese Einsicht konnte dazu beitragen, vielfältige Spielarten von Erlebnisweisen und (Re-)Aktionsformen als solche zu akzeptieren und weniger rasch als „richtig" oder „falsch" einzuordnen. Man kam also ein kleines Stück vom *Vor-Urteil* weg.

Ein etwa 40jähriger Teilnehmer gab an, dass ihn das „Gestupst-werden" sehr gestört habe, dass er in Erwartung des leichten Stosses sehr gespannt war und den Augenblick, als der „Schubs" kam, immer als „falsch" erlebt habe. Er übertrug dies spontan auf seinen Arbeitsplatz und auf den Kontakt mit seiner Familie. Er „entdeckte", dass er leicht „sauer" reagierte, wenn andere seine „Anstösse" nicht willig und erfreut aufnahmen und fragte sich nun, ob er vielleicht *deren* richtigen Augenblick verfehlt haben könnte. Er beschäftigte sich dann weiter mit der Frage: „*Wann* ist *mir* – und *anderen* – *was* recht, passend und angenehm?" Zwei nebeneinanderliegende Kolleginnen besprachen ihre Empfindungen und Eindrücke während des Übens. Die eine sagte, es wäre wunderbar, einen „Stups in die richtige Richtung zu kriegen und dann einfach alles geschehen lassen zu können", wogegen es ihr unverständlich gewesen sei, dass die andere sich völlig gesperrt habe. Darauf erwiderte die zweite: „Ich kann mich doch nicht einfach umwerfen lassen ohne zu wissen, was ich selbst tue." Im Gespräch kamen beide zur Erkenntnis, dass sie nicht nur unterschiedlich erlebten, sondern sich bei diesen einfachen Versuchen in jeweils typischer Weise verhalten hatten. Sie kamen darauf, dass es ihnen unangenehm bzw. unmöglich war, den Bewegungsablauf und die Erlebnisweise des anderen zu übernehmen. Die gegen das Umgestupstwerden gesperrte Kollegin lehnte schliesslich jede weitere Diskussion über Vorteile des „Sich-fallen-lassen-könnens" bei entsprechender Gelegenheit ab. Sie war aber bereit, zusammen mit ihrer Kontrahentin weiter zu probieren und empfand das Überlassen eines Beines und auch des Kopfes „schön und Vertrauen schaffend". Aber bei der Arbeit an beiden Beinen zugleich (anheben, beugen, strecken, abwinkeln usw. durch den aktiven Partner) traten wieder Spannungen auf. In der weiteren Folge arbeiteten beide mit „ihren Punkten": „Bis wann ist etwas angenehm, von wo an ist es unangenehm, wann wird es unerträglich?" So gewann z. B. die „gesperrte Kollegin" Einblick in das Ausmass und die Intensität ihrer „Abwehr" bei verschiedenen Bewegungsabläufen und sie berichtete später, dass sie diese Sperrungen mit (Er-)Lebensvorgängen verglichen habe, die ihr verschlossen waren und zum Teil von ihr abgelehnt wurden.

Schliesslich ein Beispiel aus einem Märchenspiel, das bei der Entscheidung über das therapeutische Ziel hilfreich war und ausserdem Möglichkeiten zu indirekter Einsichtsvermittlung bei Mitspielenden schuf.

3) *Dornröschen:* Eine 28jährige Angestellte, mit kindhaften Zügen und Körperbau, war wegen hypodynamer Kreislaufstörungen (Schwindelzustände bei niedrigem Blutdruck), Ängstlichkeit und Kontaktstörungen in klinische Psychotherapie genommen worden. Beim Märchenspiel sitzt sie still in der Runde, während die anderen Patienten selbst die Rollen verteilen (siehe Kap. 3, S. 123). Sie wird – wie selbstverständlich – für die Rolle des Dornröschens vorgeschlagen und fast einstimmig gewählt.

Im folgenden wird aus dem Geschehen nur herausgegriffen, was das Verständnis für die Patientin erleichtert.

Während die uneingeladene und deshalb böse Fee ihren Todesfluch ausspricht und die letzte gute Fee diesen zum 100jährigen Schlaf mildert, liegt unser Dornröschen und schaut mit grossen Augen „in die Welt", wie ein wirkliches Baby.

Als sie dann – mit 15 Jahren – unterwegs zur Turmstube ist, sucht sie nicht, kommt wie durch Zufall hin und schaut der Alten aus zwei Schritten Entfernung zu. Die Hände hält sie hinter dem Rücken versteckt. Schliesslich nimmt die Spinnerin „Dornröschens" Finger („damit wir endlich weiterspielen können", fügt sie dem Märchentext hinzu), sticht sie mit der Spindel und unsere Patientin fällt sofort bereitwillig in tiefen Schlaf.

Der Spieler der Prinzenrolle ist diesmal ein 31jähriger Oberlehrer mit Spannungszuständen, Rückenbeschwerden und leichterer Zwangssymptomatik. Er geht „siegessicher" auf die „Hecke" zu, teilt diese mit einer befehlenden Brustschwimmbewegung auseinander, schreitet durch und geht zum Turmzimmer. Dort wird er völlig hilflos. Unser „Dornröschen" hat sich nämlich auf Unterarmen und Knien zusammengekauert, sich ganz klein gemacht und den Kopf zwischen Armen und Händen vergraben. Der „Prinz" hebt erst ratlos die Unterarme an, zieht dann die Schultern hoch und lässt sie wieder fallen. Er versucht, erst von links, dann von rechts, an Dornröschen heranzukommen, beugt sich dann über ihren Kopf und versucht, sie an den Schultern zu rütteln, aber nichts hilft. Schliesslich deutet er einen Kuss auf das Haar an, es geschieht nichts. Er gibt „Dornröschen" einen leichten Klaps auf die Schulter und sagt (aus der Rolle fallend): „Nun komm doch schon." Gehorsam steht „Dornröschen" auf, lässt sich an der Hand fassen und folgt dem „Prinzen" willenlos. Ein Zuschauer sagt halblaut: „Die schläft ja immer noch."

Während bei der Wahl zum Dornröschen noch ein wenig gekichert wurde und leise tuschelnd Neugierde geäussert wurde, wie die zaghafte und schüchterne Patientin ihre Rolle spielen würde, kamen in der nachfolgenden Diskussion keine ironischen oder aggressiven Bemerkungen vor. Dagegen wurden die Schwächen der Patientin freundlich berücksichtigt. Eine Teilnehmerin sagt: „Der Prinz hat es schon schwer gehabt", ein anderer: „Mit der Hecke ist er ganz souverän fertig geworden." Der „Prinz" selber meint: „Was hätte ich denn tun sollen, ich kann sie doch nicht einfach herausreissen."

Diese Einsicht des „Prinzen" war ein – erwünschtes – Nebenprodukt. Für unsere Patientin hatte das Märchenspiel aber unterstrichen, was auch aus ihrer Lebensgeschichte und ihrem Verhalten zu erkennen war. Eine einsichtsvermittelnde Psychotherapie hätte die Ich-Funktionen überfordert. (Die Mitspieler im Märchen hatten das auch „verstanden" bzw. gespürt.) Deshalb wurde eine Anstellung im handwerklichen Beruf der Patientin unter einer mütterlich-gutmütigen und doch bestimmten Chefin arrangiert (vgl. das willige Folgen der Patientin im Spiel). Ein Jahr später sagte die Patientin bei einem Wiederbesuch: „Ich führe ein ereignisloses aber ruhiges Leben ... (und fügte lächelnd hinzu) ... und meine Chefin ist wirklich nett zu mir." Körperliche Beschwerden waren seit der Entlassung aus dem Krankenhaus nur einmal aufgetreten. Während des Urlaubs der Chefin hätte sie nämlich Schwindelanfälle bekommen, „wie wenn man den Boden unter den Füssen verliert".

Bei allen Therapieformen auf tiefenpsychologischer und interaktioneller bzw. soziodynamischer Basis ist die Möglichkeit der Einsichtsvermittlung von entscheidender Bedeutung. (Siehe auch Kap. 5, Indikationen, S. 221 ff.) Dies geschieht auf den – schon besprochenen – Wegen durch:

a) zum Ausdruck kommen von bisher unbemerkten oder abgewehrten Impulsen;
b) Impulsmobilisierung, was zugleich häufig zu einer Konfliktaktualisierung führt;
c) Durcharbeiten kathartischer Reaktionen und Abläufe.

Abschliessend sei noch einmal die Möglichkeit erwähnt, durch das Miterleben des Gestaltungsprozesses eines anderen Menschen, selbst zu Einsichten zu kommen. Das können Einsichten in Erlebnisweisen des anderen sein, aber auch in eigene. Das Durcharbeiten von Gestaltungen einzelner

Gruppenmitglieder *in* der Gruppe kann z.B. auf diesem Wege – auch für andere als den Gestalter – hilfreich sein. In dieses „Umfeld" sind nicht zuletzt der Therapeut und das therapeutische Team miteinbezogen. Vom persönlichen „Gewinn" abgesehen, kommt die vertiefte Einsicht des Therapeuten der Behandlung und damit dem Patienten oder Klienten zugute.

Ich-Stützung – Ich-Stärkung

Bei supportiven Therapieformen wird die Ich-Stützung oft Ziel der Behandlung sein. Bei einsichtsvermittelnden Behandlungsweisen kann sie nötig werden, um zeitweilig die Belastungen auf ein erträgliches und somit zu verarbeitendes Mass zu begrenzen. Häufig werden sowohl Ich-Funktionen ersetzende (im Grunde also „Ich-schwächende") als auch diese Funktionen verbessernde (z.B. durch Üben und Lernen) Therapieformen als „Ich-stützend" bezeichnet. Die strittige Frage, ob die erste Form als *Ich-stützend,* die zweite besser als *Ich-stärkend* zu benennen sei, ist für unsere Darstellung nur von akademischem Interesse, da im Rahmen der Gestaltungstherapie beides gut möglich ist. Es ist aber praktisch wichtig, sich dieser Unterschiede – ersetzen oder verbessern – bewusst zu sein. Erst dann ist es möglich, im Einzelfall zu entscheiden, *wieviel wovon* anzuwenden ist. (Siehe auch Kap. 4, S. 146.) Der Therapeut muss gegenüber allen Ausdrucksformen und -inhalten eine weitestgehend wertungsfreie Einstellung haben. Nur dann kann er die verschiedenen Funktionen im – für den Patienten – richtigen Ausmass begünstigen oder stützen ohne deren Gegenpole zu übersehen oder zu behindern. So kann einmal die Ich-Funktion „kritische Prüfung" bevorzugt anzusprechen sein, ein andermal unterdrückten Impulsen antriebsfreundlich zu begegnen sein; all dies je nach Zielsetzung und augenblicklichem Stand der Behandlung. Bei Einzelgestaltungen erfolgt die Wahl der Form der Ich-Stützung oft im nachfolgenden Gespräch, bei darstellerischen Gruppenverfahren hat man durch entsprechende Themenwahl und Spielgestaltung Einfluss auf Richtung und Ausmass der Stützung schon während des „Spiels". Im Psychodrama sind Techniken (siehe Kap. 3, Psychodrama, S. 113 ff.) zur Stützung (ersatzweise) *und* Stärkung (funktionsverbessernd) entwickelt worden und können gezielt eingesetzt werden.

Wieder einige Beispiele:

Der Angst ins Auge schauen: Eine 36jährige Frau, die seit Jahren an – z.T. phobischen – Angstzuständen litt, hat eine Darstellung ihrer Angst (Abb. 9) in die Gruppe mitgebracht. Sie beschreibt ihr völliges Ausgeliefertsein an das sie von hinten umgreifende Ungeheuer. Sie habe es nie gewagt, ihrer Angst zu begegnen, aber etwa so fürchterlich könnte diese aussehen. Einige Gruppenmitglieder „teilen" das Entsetzen der Patientin, andere versuchen eine Art (eigener) Angstbewältigung. Ein Mann sagt: „Die kann ja gar nicht zupacken, hat ja keine Muskeln in den Armen", eine Frau: „Die Angst sieht für mich selbst erschreckt aus, mehr als Du", ein Dritter (deckt die „Angst" mit seinen Händen ab und betrachtet nur die Figur der Patientin, siehe Abb. 10): „Da ist ja in Dir mehr Bewegung als in der Angst. Es sieht so aus, als gingest Du festen Schrittes ... und ich weiss nicht recht, ist Dein Gesicht ängstlich oder eher böse?" Die Patientin (übrigens dieselbe, die auf S. 32, Abb. 7 als „Deckenwegreissende" dargestellt ist) betrachtet lange „sich selbst" und die „Angst" auf dem Bild und sieht ein wenig zuversichtlicher aus. Der Therapeut sagt nur: „Jedenfalls haben Sie es gewagt, ihrer Angst ins Angesicht zu schauen ... beim Malen und jetzt."

In diesem Falle wurden also, sowohl von der Gruppe wie vom Therapeuten, eigene Möglichkeiten der Patientin angesprochen, nachdem der „Geängstigten" Anteilnahme gezeigt und somit auch diese Seite ernst genommen worden war. Ob das eben geschilderte Gruppenerlebnis der Patientin half, dass sie am folgenden Wochenende allein ausging, lässt sich zwar annehmen, aber – wie so oft in der Psychotherapie – nicht beweisen. Sie wagte sich jedenfalls – seit Jahren wieder erstmals – durch einen Wald, weil sie gerne die dahinterliegende Ortschaft sehen wollte. Die Patientin gab auch an, seit dem Malen des Bildes zwar nach wie vor Angst zu haben, sie könne dieser aber jetzt „begegnen". Was in ihr vorgegangen war, dass sie dieses Bild überhaupt malen *konnte,* ist unklar geblieben. Sicher ist nur, dass ja auch das Bild schon Ausdruck dafür ist, dass sie der „Gefahr" – wenigstens in dieser bildlichen Form – ins Auge sehen konnte.

Die Perle: In einer sich duzenden Psychodramagruppe kündigt ein 30jähriger Kollege eine Tagesphantasie an; die vorhergehende Szene hatte ihn daran erinnert. Er lasse sich in der Phantasie von einem Zug überrollen, dabei lege er sich einige Male schnell zwischen die Schienen und erst dann wage er, „es geschehen zu lassen".

Da aktiv intendierte Tagesphantasien so gut wie immer für den Betreffenden positive (Wunsch-)Seiten haben, ausserdem in diesem Falle weder eine Psychosegefährdung noch durchgehend autodestruktive Tendenzen vorlagen, lässt der Leiter den Protagonisten die Szene arrangieren. Er legt zuerst die Richtung des Schienenstranges fest und stellt dann einen „Zug" aus vier Mitspielern zusammen. Während er jeweils einen Spieler zurechtrückt, sagt er: „Eine Elektrolokomotive ... ein Postwagen ... zwei Waggons ... ihr zwei könnt ja mehrere vorstellen." Dann legt er sich quer zu den Schienen und deutet an, dass die eine Schiene unter seinem Hals durchläuft (der Psychodramaleiter markiert diese schnell mit einem seiner Sandalen) und sagt: „Die vergeblichen Versuche können wir überspringen, wir machen es gleich richtig." Er gibt selbst dem „Zug" ein Zeichen loszufahren, doch dieser braucht eine extra Ermunterung durch den Leiter, ehe er sich in Bewegung setzt. Nachdem der „Zug" über den Protagonisten „weggefahren" ist, sagt dieser: „So! Jetzt ist der Körper weg (macht dazu eine wegwerfende Handbewegung) ... mein Kopf verdichtet sich, wird härter ... und kleiner ... (zunehmende Beklemmung unter den Zuschauern, Phantasie des Leiters: ‚Schrumpfkopf bei Kopfjägern') ... ganz klein und fest ... und heller ... und wird zu einer strahlend hellen Perle."

Psychodramaleiter (PL) (zieht den Protagonisten leicht an der Schulter hoch): „Du bist jetzt eine helle, harte, strahlende Perle."

Pr. (freudig): „Ja!"

PL: „Und Du liegst auf dem Bahndamm." (Appell an den Pr.)

Pr.: „Da will ich nicht liegen." (steht auf)

PL.: „So gehen wir." (tritt selbst als Doppel hinter den Pr., da keine ausgebildeten „Hilfs-Iche" zugegen sind)

Pr.: „Ich bin eine Perle."

PL. (hinter Pr., in gleicher Haltung und ähnlichem Tonfall): „Ich bin strahlend und wertvoll."

Pr.: „Und wo könnte ich sein?"

PL.: „Alle wollen mich haben."

Pr.: „Ja ... ja!"

PL.: „Ich bin das schönste und wertvollste Geschenk."

Pr.: „Nein, ich will nicht herumgereicht und weggegeben werden, ich will frei sein."

PL.: „Ich rolle als strahlende Perle frei in der Welt herum, wo ich will."

Pr.: „Ich will nicht herumrollen, ich weiss nicht ... (nachdenklich) ... ich weiss nicht, ob ich eine Perle sein will."

PL. (tritt aus der Doppelrolle dem Pr. gegenüber): „Vielleicht willst Du, dass Dir jemand dabei hilft?"

Pr.: „Ja."

Der Psychodramaleiter stellt rasch drei Stühle in Ambivalenzdoppelanordnung hin (je ein Stuhl schräg links und rechts hinter dem Protagonistenstuhl) und bietet dann die beiden „inneren Stimmen" an:

Stimme 1: „Wie herrlich, eine Perle zu sein."

Stimme 2: „Wie schrecklich, eine Perle sein zu müssen."

Der Protagonist und die beiden Doppel nehmen Platz.

Pr.: „Deutlich hat es Vor- und Nachteile eine Perle zu sein."

Stimme 1 (links hinter dem Pr.): „Ich bin vollendet schön."

Pr.: „Das wohl, aber ich bin unbeweglich."

Stimme 2 (rechts hinter dem Pr.): ... und muss liegenbleiben, wohin man mich legt."

Pr.: „Dafür bin ich aber hart und unempfindlich."

Stimme 1: „Ja, und so wertvoll."

Pr.: „Ja, eine Perle ist schon etwas besonderes."

Stimme 2: „Oft aber innen hohl. Im Zentrum ist doch nur ein Sand- oder Schmutzkorn. Und bewegen kann ich mich auch nicht."

Pr.: „Ja, bewegen möchte ich mich können."

Stimme 1 (schwärmerisch): „Wozu brauche ich mich bewegen? Ich als Perle! Im Dekolleté der schönsten Frau ...!"

Pr. (rasch und mit Nachdruck): „Nein, NEIN! Ich will keine Perle sein."

PL. (schickt die Doppel weg; zum Pr.): „Du willst nicht mehr Perle sein?" (Ein „unbeherrschter Zuschauer" sagt: „Was nun?")

Pr.: „Nein ... nein!"

PL.: „Soll ein Zauberer Dich in etwas anderes verwandeln oder willst Du alles rückgängig machen?"

Pr.: „Ich möchte wieder ich sein!"

PL.: „Gut."

Wie in „Film – verkehrt" wird der Protagonist veranlasst, sich wieder auf die Schienen zu legen, der „Zug" fährt rückwärts wieder in seine Ausgangsstellung, der Psychodramaleiter drückt leicht Kopf und Oberkörper des Protagonisten zusammen und sagt: „So, nun hast Du deinen Körper wieder." Zur Überraschung aller legt sich der Kollege jetzt *zwischen* die Schienen, winkt den „Zug" heran, lässt diesen über sich wegrollen (wie um ganz sicher zu sein, dass dieser auch fort ist), steht dann mit freudigem Gesicht auf, streift mit den Händen am eigenen Körper entlang und sagt: „Wie schön, den Körper wieder zu haben ... sich bewegen zu können."

Die Mobilisierung, Stützung und Stärkung der verschiedenen Ich-Funktionen und Wunschansätze ist an obigem Beispiel leicht abzulesen.

Takt – Kontakt: Abschliessend eine einfache Beobachtung. Ein chronisch schizophrener Patient ist in einer Rehabilitierungsabteilung offensichtlich der relativ „Schlechteste" und droht, in eine ständige Omega-Position, R. SCHINDLER, [132], zu kommen. Beim ersten Versuch in einer kreativen Musiktherapiegruppe (siehe Kap. 3, S. 89ff.) bekommt er eine mittelgrosse Handtrommel, auf die er vorerst ohne Gefühl für den Takt (hier nur musikalisch gemeint) schlägt, was die anderen sichtlich stört. Der Übungsleiter regt an, er solle selbst den Rhythmus – egal wie – angeben und die anderen könnten versuchen, sich nach ihm zu richten. Der Patient schlägt nun in langen, ziemlich unregelmässigen Abständen auf die Trommel. Als es den anderen gelingt, sich in etwa anzupassen, entsteht ein sehr getragenes, aber unregelmässig-lebendiges Rhythmus- und Klangbild. Dem Patienten macht es sichtlich Vergnügen. Er wird etwas schneller, die anderen folgen mit. Bald ist nicht mehr klar, wer den Rhythmus (den „Ton") angibt. Der Patient hat „Kontakt" gefunden und sein erstes Zusammenwirken mit anderen Menschen erlebt. Er fragt spontan nach der nächsten Musiktherapiestunde, ehe er mit den anderen den Raum verlässt, wobei er mit seinem Nachbarn redet.

Sowohl das mit den eigenen Schwächen und Stärken Angenommensein, wie auch die Ermöglichung echten Erfolgserlebens (wie im letzten Beispiel) sind wichtige Faktoren für die weitere gemeinsame Arbeit. Dies gilt für übende, verhaltensmodifizierende und einsichtsvermittelnde Psychotherapieformen im gleichen Masse, wenn natürlich auch die Wege und Ziele verschiedene sind. Dabei sollte auf Prinzipentscheidungen, welches die „an sich" beste Zielsetzung oder „die richtige" Behandlungsform ist, verzichtet werden. Unter den Therapiemöglichkeiten sollte mit Rücksicht auf die inneren Gegebenheiten des Patienten oder Klienten, die äusseren Umstände im weitesten Sinne und das Vorhandensein entsprechender Behandlungseinrichtungen, die für ihn relativ beste gewählt werden. Die Einflussnahme auf verschiedene Ich-Funktionen sollte bei jeder Behandlungsweise bedacht, entsprechend gewählt und dosiert werden.

Typische Impulsverarbeitung, Hinweise auf die Persönlichkeitsstruktur

Die in den ersten drei Abschnitten besprochenen Ausdrucksmöglichkeiten, Katharsis und Impulsmobilisierungseffekte haben uns für die nun folgenden Fragestellungen vorbereitet:

1) „Sagen Ausdrucksformen und die Impulsverarbeitung während des Gestaltungsprozesses etwas über die typischen Erlebnisweisen des Gestalters aus? Geben sie somit Hinweise auf seine Persönlichkeits- (oder auch Charakter-)Struktur?"

Vorweg ist zu sagen, dass es an sich sehr unwahrscheinlich ist, dass Ausdrucksformen und Impulsverläufe in den Gestaltungen nichts mit den üblichen und für den „Schöpfer" typischen (Re-)Aktions- und Erlebnisweisen zu tun haben sollten. Die konstante Wiederkehr bestimmter Zeichen und Zusammenhänge beim Vorliegen neurotischer Einengungen, fixierter Fehlhaltungen und Gehemmtheiten spricht für deren Relevanz als Indikatoren. Ebenso wirken Änderungen der Erlebnis- und Reaktionsweisen während der Behandlung mit parallel laufenden gleichsinnigen Wandlungen der Darstellungsweisen und der Themen in der Gestaltungstherapie recht überzeugend (vgl. diesbezüglich die zwei Bildserien, Abb. 48 bis 85, S. 272 ff.). Schliesslich wird vom jeweiligen Gestalter oft spontan ein *Brückenschlag* von seinem Gestaltungserleben zu Situationen und seinem Verhalten in der Realität vorgenommen. Auch dies stützt die Annahme, dass Reaktions- und Erlebnisweisen, wie auch Ausdrucks- und Gestaltungsformen denselben *individuell entwickelten, dynamischen Gesetz- und Regelmässigkeiten* folgen. Wenn uns obige Zusammenhänge und Ableitungen genügen, können wir uns der nächsten, ganz praktischen Frage zuwenden.

2) „Wie sind die Zeichen und Hinweise aus dem Gestaltungsprozess und beim nachfolgenden Durcharbeiten zu erfassen?"

Zur Beantwortung dieser Frage können formale, thematische, inhaltliche und dynamische Kriterien herangezogen werden (siehe entsprechende Abschnitte in Kap. 1, S. 22, Kap. 3, S. 72 und 74). Es hat sich als vorteilhaft erwiesen, den Einfällen des Gestalters zu folgen und Zusammenhänge, die dem Therapeuten evident erscheinen, höchstens als Möglichkeit anzubieten. Es kann ja sein, dass seine Sehweise nur für ihn relevant ist und sich keineswegs mit der Impulsverarbeitung seines Patienten deckt. Oft erweist es sich als nützlich, einfach dem Verlauf des Gestaltungsprozesses zu folgen. Soweit er in der Imagination stattfindet, sind wir auf die Angaben des Gestaltenden, indirekte Zeichen und Rückschlüsse aus der späteren Gestaltung, angewiesen. Dagegen ist der Handlungsanteil auch unserer direkten Beobachtung zugänglich. Das Erleben ist aber auch während der Handlung ungleich vielschichtiger als aus der Tätigkeit oder gar dem „Produkt" zu ersehen ist.

Es kann durchaus vorkommen, dass der ursprüngliche Impuls sich ausdrückt, dann in spezifischer Weise auf- oder abgefangen, abgelenkt, sublimiert, „ungeschehen gemacht", ins Gegenteil verkehrt, verschleiert und durch andere Abwehrformen verzerrt wird. In so veränderter oder kaum noch zu erkennender Form kann der Impuls entweder sich dennoch durchsetzen oder er taucht an anderer Stelle oder in anderem Zusammenhang wieder auf. Dies alles kann sich während *einer* Gestaltungsphase (auf *einem* Bild, in *einer* Szene usw.) entwickeln oder mit Unterbrechungen und in *mehreren* neuen Ansätzen erscheinen. Wie dem ursprünglichen Impuls und dessen Verarbeitung zu folgen ist, soll anhand der nächsten Beispiele deutlich werden (siehe aber auch Kap. 4, S. 170 ff.).

1) *Die Flamingos* (Abb. 11): Sie sind das *Initialbild* (siehe Kap. 3, S. 81 ff.) der 35jährigen Patientin, die auch die „Betende" (Kap. 2, S. 29, Abb. 4) geformt und das Mädchen im „ausgebrannten Wald" (Kap. 2, S. 41, Abb. 8) gezeichnet hat. Die Patientin selbst ist hochgewachsen, hat lange Beine und schlanken Hals. Sie hat das Bild in ein Einzelgespräch mitgebracht und beginnt mit einer Beschreibung: „Der Wald sieht sehr dicht aus, er erinnert mich an einen Urwald." Nach einem kurzen Schweigen geht sie auf die Flamingos über und sagt: „Der Flamingo da (sie zeigt dabei auf den am weitesten links stehenden) *lässt den Kopf hängen,* der da (der nächste) *schaut zurück.* (Man beachte, dass die Patientin ‚zurück' für die Richtung nach links sagt; bei Rechtshändern eine recht übliche Bezeichnung.) Der nächste steckt den *Kopf in die Federn,* der *möchte* schlafen, *von nichts mehr etwas wissen* ... das *nützt aber nichts* (vgl. das Mädchen im ausgebrannten Wald, S. 41, Abb. 8) ... der nächste *sucht* etwas *auf dem Grund,* vielleicht etwas zum Fressen ... und der letzte schaut aus, als würde er die *Schwingen vor dem Abflug prüfen.*" Mit diesem „Verlauf" hatte die Patientin ihr eigenes *Impulsverarbeitungsmodell* gegeben. Es erwies sich sowohl für ihre Selbständigkeitsstrebungen als auch für ihre Gefühls- und erotisch-sexuellen Beziehungen als relevant. Dieser Impulsverlauf hatte auch grosse Ähnlichkeiten mit dem typischen Verhalten der Patientin in früheren Situationen. Zugleich enthielt er – wie häufig bei Initialgestaltungen – auch das „Programm" der Patientin für den Behandlungsverlauf, war also ein prognostischer Hinweis (siehe Kap. 2, S. 63 ff.).

2) *Verschiedene Köpfe:* Der 17½jährige Patient leidet seit zwei Jahren an Reinigungszwängen und an zwanghaften Vorstellungen, die er nur mühsam von der Realität unterscheiden kann. Bei seinem ersten Versuch, mit Ton zu arbeiten, will er verschiedene Köpfe formen (Abb. 12 und 13). Es ärgert ihn, dass alle drei Köpfe „gleich" werden. Trotz aller Bemühungen ist es ihm nur gelungen, äussere Attribute (Mütze usw.) und technische Dinge (z. B. Glasur) zu variieren. Er sagt: „So geht es mir mit allen Dingen, ganz egal was ich anfange, ich komme aus meinen Gewohnheiten nicht heraus. Kürzlich habe ich mit einem Body-Building-Programm begonnen und mich ganz streng an die Regeln gehalten. Erst nach einiger Zeit bemerkte ich selber, dass sich neben den gegebenen Regeln meine eigenen, alten, verdammten einschlichen!" Nach diesem Gespräch konnten vorteilhafte und hinderliche Seiten seiner „Gewohnheitsliebe" (was sich wie ein „Kosename" für seine ausgeprägte Zwanghaftigkeit anhörte) durchgearbeitet werden.

Typische Zeichen für Impulsmobilisierung mit nachfolgend persönlichkeitsspezifischem Verlauf sind auch in der Serie I von Bild *Weiche Gefühle* (Abb. 54) bis *Schwarzer Himmel* (Abb. 64) leicht zu finden.

3) *Ich möchte Dich sprechen:* Eine 26jährige, übergefügige, in ihrem Selbstwerterleben gestörte Patientin litt seit Jahren an krampfartigen Kopfschmerzattacken und wiederholten Verstopfungsperioden. Während mehrerer Wochen klinischer Psychotherapie hatte sie sich vom zeitlichen Zusammenhang zwischen unterdrückter Selbstbehauptung mit Anstauung aggressiver Impulse und dem Auftreten ihrer Kopfschmerzen überzeugt. In einer Bastelstunde wurden Handpuppenköpfe angefertigt. Die Patientin sass dabei und nahm schliesslich eine würdig schwarz gekleidete Puppe (die gerne als „feiner Herr", Diplomat, Professor usw. verwendet wurde) auf ihre rechte Hand. Sie nannte die Figur den „Richter" (beachte die Doppelbedeutung: Richter im Gericht, aber auch „Richter" = der es (zurecht-)richtet oder richten soll). Nachdem sie stumm eine kleine Weile mit der Puppe „gespielt" hatte, sagte sie: „Ich würde gerne einmal mit meinem Vater (der *nicht* Jurist war) reden." Die Patientin wurde ermuntert, dies mit der Handpuppe als Vater zu tun.

Tochter (zur Puppe): „Vater, ich möchte mit Dir sprechen."

Vater (von der Patientin gesprochen, als wenn sie die „Vaterfigur" wäre; sie bewegt die Handpuppe in typischer Weise und sagt mit kühler sachlicher Stimme): „Jetzt?"

Tochter: „Bitte, ja."

Vater (ein wenig ungeduldig): „Ich bin knapp mit der Zeit. Wie lange dauert es?"

Tochter: „Nicht lange ...(verzagt) aber ich kann ja auch warten."

Vater (etwas erleichtert): „Ja, dann warten wir lieber." (Die Patientin wendet die Handpuppe anderen Dingen auf dem Tisch zu.)

Dann berichtet sie, dass ihre Versuche, mit dem Vater zu sprechen, immer so oder ähnlich verliefen und oft danach ihre Kopfschmerzen begonnen hätten. Sie sagt: „Ich müsste es so können wie X (ihre Freundin)." Der Therapeut fragt, wie sie es da machen würde. Die Patientin nimmt eine dunkelhaarige Puppe auf die linke Hand (selbst ist sie blond) und sagt als diese (mit bestimmter Stimme): „Vater, ich möchte mit Dir sprechen." (Dabei lässt sie die „Freundinpuppe" bestätigend nicken.)

Vaterpuppe (wie oben): „Jetzt?"

Freundinpuppe: „Ja, jetzt, es ist wichtig."

Vaterpuppe (geht etwas auf Distanz): „Ich habe aber jetzt nur wenig Zeit."

Freundinpuppe (unnachgiebig): „Ich wollte aber schon lange mit Dir darüber sprechen und Du hast nie Zeit."

Vaterpuppe (ein wenig von oben): „Du weisst, ich habe viele wichtige Dinge zu tun."

Freundinpuppe (etwas unsicher): „Ja, das wohl, das verstehe ich ja auch ..." (Patientin lässt dabei die Freundinpuppe sinken, die Stimme ähnelt wieder der ursprünglich verzagten.)

Vaterpuppe (schnell): „Na siehst Du, da machen wir es ein andermal."

Die Patientin bewegt noch einmal die Freundinpuppe als wolle diese in Gang kommen, lässt sie dann aber endgültig sinken und sagt: „Es geht einfach nicht."

Dieser vergebliche Versuch führte zu einer Erhöhung des primären Leidensdruckes. Das heisst in diesem Falle, dass sie nicht – wie früher oft – auf den Vater böse war, sondern unter dem eigenen Unvermögen litt. Somit war die Motivation zur Bearbeitung ihres Fehlverhaltens gegeben.

Bei der Beurteilung der Impulsverarbeitung muss berücksichtigt werden, welche Impulse aus welchen Antriebsbereichen vorliegen und wie sie sich geltend machen. In den obigen Beispielen sind teilweise Impulsart und zugehöriger Bereich genannt. Bei den anderen kann der besonders interessierte Leser übungshalber versuchen, die jeweiligen Impulse und Antriebsbereiche zu benennen. Hilfen dazu sind auf S. 35 (Impulsmobilisierung), bei der Besprechung verschiedener Kriterien (Kap. 1, S. 22 ff.) und beim kategorialen Umgang mit Gestaltungen (Kap. 4, S. 194 ff.) zu finden.

So wichtig es nun ist, relevante Zeichen zu finden, so gefährlich ist es, mit Ausgangspunkt von einem oder zwei Kriterien umfassende Aussagen machen zu wollen. *Statt* festzustellen: *„So ist das also!"* wäre es besser zu sagen: *„Unter diesem Aspekt spricht dies oder jenes stark für ..."*

Und ist einmal etwas ganz sicher, dann ist es immer noch angezeigt es durch ein: *„Und wie noch"* oder ein *„Was spielt ausserdem eine Rolle dabei?"* zu ergänzen. (Siehe auch die kritischen Gesichtspunkte zur Überbewertung oder gar Verabsolutierung einzelner Faktoren oder Hypothesen in Kap. 1, S. 23 und Kap. 4, S. 188.)

Hinweise auf genetisches und aktuelles „Material"

Hier geht es also um Hinweise auf frühere Geschehnisse und Handlungen und auf derzeitige situative Gegebenheiten, die sich im Gestaltungserleben manifestieren und dort „ablesbar" sind. Wie in Träumen, so tauchen auch in Gestaltungen Begebenheiten, Personen und Gegenstände auf, die früher eine Rolle spielten, jetzt Bedeutung haben oder in der Zukunft aktuell werden können. Letzteres nicht im prophetischen Sinn, sondern weil eine bestimmte Lebensweise eben auch zu bestimmten Konstellationen führt.

In kleinsten, unscheinbaren Details können wichtige „Mitteilungen" enthalten sein (siehe im folgenden Beispiel Nr. 1 das Fehlen des einen Armes des Schäfers). Oft sind sie so individuell, dass sie ihren Wert verlieren, wenn man versucht, sie zu verallgemeinern. Andere „Zeichen" können ganz offenkundig (für Gestalter und Betrachter) und auch für viele Menschen relevant sein (z. B. die Art, das Baumwachstum zu beurteilen für einerseits alle Forstkundigen, andererseits die meisten „Forst-Laien" in unserem Beispiel Nr. 2). Oft löst aber eine Darstellung erst eine Erinnerung aus, wobei gelegentlich spontan angegeben wird, dass eine längst vergessene Episode, Person, Stimmung o. a. aufgetaucht sei. Dies kann natürlich durch andere Erlebnisse ebenso geschehen wie mit Hilfe eines Gestaltungsprozesses (siehe letztes Beispiel dieses Abschnittes).

1) *Friedvolle Landschaft:* (Abb. 14) Eine 30jährige, geschiedene, jetzt wieder verlobte Patientin wird durch ihre Bleistiftzeichnung spontan an ihre Lebensgeschichte erinnert. (Auf der Rückseite des Blattes hat sie übrigens, im Gegensatz zur Ordnung auf der Vorderseite, eine strukturlose, aber sehr dynamische, fast chaotische Buntstiftkritzelei gemacht.) Sie beginnt die Beschreibung mit dem „einarmigen Schäfer" (links im Bild; Patientin ist Rechtshänderin), der sie an den kriegsversehrten (einarmigen) Vater denken lässt. Er habe immer eine versorgende, Aufsicht haltende und schützende Art gehabt und sei schliesslich bei dem Versuch, einer Familie als Dolmetscher zu helfen, von Okkupationstruppen erschossen worden als die Soldaten sich von einem Familienmitglied bedroht fühlten. Die Anzahl der Schafe stimmt mit der Anzahl aller Familienmitglieder im Elternhaus (6 + Vater) überein. Nach diesen Eindrücken „spielt" die Patientin weiter mit Vergleichsmöglichkeiten. Zum mittleren Haus fällt ihr ihre Ehe ein, die fünf Jahre gehalten habe (sie zeigt auf die Fenster), das nächste Haus könnte ihrer jetzigen Beziehung entsprechen, die seit zwei Jahren besteht. Sie möchte nicht noch einmal davonlaufen (zeigt auf die Wand ohne Türe). Die Patientin ist in ihrer derzeitigen Verbindung nicht orgasmusfähig. Die Frage, ob das Fehlen der Tür mit dem „Sich-nicht-öffnen-können" und dem „Vermauert-sein" zusammenhängen könnte, wurde nicht mit der Patientin besprochen. Sie brach den Behandlungsversuch nach wenigen Wochen ab (verschloss sich auch hier?). Über das Zusammenpassen der Details mit ih-

rem Leben war die Patientin erstaunt, ja betroffen. Sie habe keinen anderen Wunsch gehabt, als eine friedvolle Landschaft zu zeichnen. Dieser Wunsch nach Zufriedenheit führt zum „Sich-zufriedengeben", was sich auch im Entschluss der Patientin zum unbedingten Aufrechterhalten der Verlobung widerspiegelt.

2) *Heiler Baum:* (Abb. 15 und 16) Gelegentlich sind Hinweise geradezu „hartnäckig". Ein 32jähriger Lehrer, er ist Bauernsohn und forstkundig, bringt eine Bleistiftzeichnung mit in die Gruppe. Es ist ein Baum. Ein Gruppenmitglied macht ihn auf den abgesägten Hauptast und die Verschmälerung im unteren Drittel des Stammes aufmerksam. Unser Patient bezeichnet dies als „zufällig" und lehnt auch die Vergleiche ab, die ein anderer Gruppenteilnehmer zwischen seinen eigenen Interessen und der Verzweigung seines Baumes gezogen hat. Unser Lehrer bietet spontan an, zur nächsten Sitzung einen *heilen Baum* mitzubringen. Tatsächlich kommt er mit einer Zeichnung, wird aber erst während der Bearbeitung gewahr, dass die neuen Bäume entweder spalierartig gezogen, gestützt oder in ihrer Ausbreitung durch den Blattrand behindert sind. Daraufhin fragt er sich nach Erziehungs- und Milieueinflüssen in dem Alter, das zu den Veränderungen an den Bäumen passt. Als Forstkundiger berücksichtigt er, dass Bäume anfänglich rasch aufschiessen, später nur noch langsam höher werden, dass Einschnürungen nach der damaligen Stammdicke und nicht nach ihrer Höhe zu beurteilen sind usw. (siehe formale Kriterien, Kap. 1, S. 22). Menschen, die nicht über Bäume Bescheid wissen, pflegen den Gesamtbaum zu messen und teilen diese Zahl dann durch die Anzahl der Lebensjahre. Diese erlebnismässigen Unterschiede sollten auch bei der Auswertung des KOCHschen Baumtestes berücksichtigt werden [90].

Obiges Beispiel zeigt also, wie ein Patient zuerst die Hinweise auf Zusammenhänge mit seiner Vorgeschichte ablehnt, dann aber durch deren Wiederkehr bewegt wird, die Zuordnung zu versuchen.

3) *Kontakt zum Vater:* Ein 31jähriger Psychodramateilnehmer klagt über Durchsetzungsschwierigkeiten. Er bietet eine Begebenheit an, in welcher er versucht hatte, mit dem etwas über 60jährigen Vater in emotionalen Kontakt zu kommen. Im Spiel weicht der „Vater" allen Versuchen durch Ausflüchte (Magenschmerzen, Milchholen, Fernsehen usw.) aus. Schliesslich passiert dem Vaterdarsteller der „Fehler", den immer wieder freundlich sich nähernden „Sohn" anzuschreien: „Jetzt bist Du aber endlich still!" Da fällt dem Protagonisten aus seiner Kindheit die streng restriktive Art des Vaters am Familientisch ein, die jede Spontaneität und Expansion unterband. Die Szene wird arrangiert und das *genetische Material in situ* bearbeitet. Im Verlauf des „Spieles" wird unserem Teilnehmer erstmals klar, dass der Vater auch schon damals Angst vor Emotionen und Freizügigkeit gehabt haben muss. Bisher hatte er den Vater als „damals nur streng und herrschsüchtig" erlebt. Es war also zu einer erlebnismässigen Erweite-

rung und Teilkorrektur seiner Auffassung von der Motivation für das frühere Verhalten des Vaters gekommen.

4) *Schwarz-grün gesprenkelte Raupe:* Zuletzt das oben angegebene Erlebnis. Es handelt sich um denselben 40jährigen Patienten mit der Magenanamnese, der die „Ferienlandschaft" (S. 31, Abb. 6) gezeichnet hatte.

Eines Sonntagnachmittags sonnte er sich im Garten einer psychosomatischen Abteilung und bekam plötzlich *seine* – ihm schon bekannten – Magenschmerzen. Im Gespräch am folgenden Tag wird versucht, erlebnismässige Zusammenhänge zu finden. Der Patient berichtet: „Alles war in bester Ordnung. Meine Frau hatte mich am Vormittag besucht und meinen Lieblingskuchen mitgebracht. Von den Kindern gab es aus der Schule nur Erfreuliches zu berichten. Das Essen hat mir geschmeckt. Dann habe ich in aller Ruhe den anderen beim Bocciaspielen zugeschaut. Da war *nichts,* was mich gestört hat." Den Einwand, dass gerade erfreuliche Dinge Wünsche wachrufen und Impulse anregen können, „überhört" er. Er setzt, leicht ironisch lächelnd, hinzu: „Oder glauben Sie, Herr Doktor, dass es die Raupe gewesen sein kann, der ich zuschaute?" Ohne auf die Ironie einzugehen, fragt der Therapeut: „Wie sah die denn aus?" Mit einem nachsichtigen Seufzer beschreibt der Patient, wie eine Raupe in einem Viertelbogen vom Stamm einer kleinen Blattpflanze zum Ansatzpunkt eines Blattes am Blattstiel hing und wie sie „zögerte", an einem Ende loszulassen. Auf Bitte des Therapeuten fertigt der Patient eine Skizze an.

Therapeut (bereits interessiert): „Welche Farbe hatte die Raupe?"

Patient: „Die war schwarz-grün gesprenkelt."

Therapeut: „Dann hat sie mit ihren Magenschmerzen zu tun."

Patient schüttelt bloss ungläubig den Kopf.

Therapeut: „Hauptscharführer!"

Patient (wird ganz gespannt, schaut mit grossen Augen die Skizze und den Therapeuten an, schluckt mehrfach und sagt dann): „Um Gottes willen."

Auch er sieht jetzt das oberste Blatt der Pflanze als Kopf, die beiden anderen als Schultern und die „grün-schwarze Raupe" als ihm wohlbekannte Rangbezeichnung des Hauptscharführers.

Dieses Beispiel macht völlig klar, dass die Verwendung von gestalterischen Möglichkeiten keineswegs die Kenntnis der biographischen Anamnese erspart. Gerade auf dem Hintergrund der Lebensgeschichte ist es oft erst möglich, dem Patienten Zusammenhänge nicht nur aufzuzeigen, sondern erleben zu lassen.

Weiters sind in Serie II reichlich Hinweise auf aktuelle, situative Gegebenheiten zu finden (siehe S. 277 ff., Abb. 69 bis 85).

Übertragungszeichen und Hinweise auf Gegenübertragung

Hinweise auf Übertragung im psychoanalytischen Sinn sind besonders für alle Therapieformen auf tiefenpsychologischer Basis bedeutungsvoll und nützlich für die Behandlung. Dabei ist es gleichgültig, ob wir nur die „Wiederbelebung" und Übertragung früherer (auch kindlicher) Gefühlsregungen auf den Therapeuten meinen oder auch die damit verbundenen Erwartungen einbeziehen, er möge (müsse, solle, dürfe nicht) sich so verhalten, wie die damaligen Beziehungspersonen es taten. Die Hinweise auf Gefühlseinstellungen zum Therapeuten und gegenüber der Behandlungssituation können in verschiedener Weise aufscheinen, und zwar als:

1) Direkte Darstellungen des Therapeuten und/oder der Behandlungssituation in Bild, Gebärde oder ganzen Szenen;

2) Allegorische, symbolische und sinnbildhafte [48, 141] „Durch-die-Blume"-Darstellungen (manchmal wirklich durch gemalte oder modellierte Blumen); siehe auch Kap. 3, S. 72.

3) Einfälle während des Gestaltungsprozesses zum Therapeuten und zur Behandlungssituation, die sich per Handlung ausdrücken können oder verbal – während oder nach dem Gestalten – geäussert werden.

Dabei kann die Gefühls- (und Erwartungs-)Übertragung dem Gestaltenden einmal klar und evident sein, ein andermal braucht er nur eine leise Andeutung, um den Einsichtsschritt vollziehen zu können, ein drittes Mal kann der entsprechende Hinweis des Therapeuten auf massiven Widerstand stossen und abgelehnt werden. Andererseits ist aber auch die spontane (manchmal forcierte) Angabe des Patienten, dass ausschliesslich der Therapeut gemeint sei, nicht immer nur als offene und freie Kommunikation zu betrachten. Durch die Zentrierung auf Therapeut und Behandlungssituation wird ja auch von anderen Bereichen (z. B. von der aktuellen Situation des Patienten in seiner Umwelt) abgelenkt. Die spontanen komplettierenden Einfälle (von parallelen, dazupassenden oder konträren Ereignissen und Erlebnissen) haben entscheidenden Einfluss darauf, ob das „Mitgeteilte" *als solches zu akzeptieren* oder als *Widerstandsphänomen* anzusehen ist.

Die erlebnismässige Reaktion des Therapeuten auf das Gestaltungsgeschehen kann ihm eine Hilfe bei der Erkennung eigener Gefühlseinstellungen gegenüber dem Gestaltenden sein und so die Ein- und Abschätzung der *Gegenübertragung* erleichtern.

Die Fragestellung für das Auffinden von Hinweisen auf Übertragung und Gegenübertragung ist etwa folgende:

1) „*Was* in diesem Gestaltungsprozess hat mit der Behandlungssituation, mit dem *Therapeuten* und mit der Relation Patient – Therapeut zu tun?"

2) „*Wie* reagiere ich (der Therapeut) als Mensch gefühlsmässig und mit meinen Einstellungen (‚Vor-Urteilen') darauf?"

Mit diesen beiden Fragestellungen wollen wir uns jetzt den Beispielen zuwenden.

1) *Katz und Maus:* Ein überwiegend zwangsneurotisch strukturierter, unverheirateter Unteroffizier (25 Jahre) mit schwerer chronischer Verstopfung, kommt mit seinem Initialbild (Abb. 17) zuerst zum Einzelgespräch und anschliessend in die Gruppe. Er berichtet, dass er zuerst eine Teufelsfratze habe malen wollen, dass es dann aber eine Katze geworden sei. Dazu fiel ihm zuerst seine Tante ein, die sehr freundlich („scheissfreundlich" sagte er viel später) und zugleich auf eine stille, eherne Art sehr dominierend gewesen sei. Er und seine Schwester hatten als einzige der ganzen Familie die Flucht vor Kriegsende überlebt und waren dann bei dieser Tante aufgewachsen. Sein nächster Einfall galt der Oberschwester. Er gibt an, sich in der Abteilung kontrolliert zu fühlen. Das Personal sei – bei aller Freundlichkeit – äusserst observant. Sehr vorsichtig deutet er schliesslich an, dass der Therapeut ihn auch genau beobachte, aber (fügt er gleich hinzu): „Sie müssen das natürlich tun, um mir helfen zu können" (was zugleich richtig ist *und* eine Vorsichtsmassnahme). Unter den Augen von Autoritäten habe er sich immer wie eine Maus vor der Katze gefühlt.

Er war völlig überrascht, als er von einigen Gruppenmitgliedern erfuhr, dass er selbst in der Abteilung auf viele den Eindruck des strengen Aufpassers und der „Wache" mache. Ein Mitpatient sagte scherzhaft: „Du achtest ja auch in unserem Zimmer immer darauf, dass wir alle früh in unser Mauseloch kriechen." Dazu brachte dann der Patient bestätigende Einfälle aus seinem Berufsleben, wo er selbst als streng, aber gerecht bekannt sei.

In diesem Falle war der Patient sich also bewusst darüber, wie er (unter anderem) den Therapeuten erlebte. Für letzteren war es wichtig, die misstrauisch-ängstliche Erwartung des Patienten zu kennen. Zugleich hatte der Therapeut das „gute Gefühl", dass es nicht so schlimm damit sei. Er fand in der Tatsache, dass der Patient mit seinem Misstrauen und seinen Befürchtungen – wenn auch vorsichtig – kommen konnte, eine Bestätigung dafür, dass sein „Gefühl" realistisch war. Zugleich tauchte ihm die Frage nach anderen, dem Patienten möglicherweise noch nicht zugänglichen, noch „verstopften" Bereichen auf. Dabei zeigte sich, dass der Patient anhand des Bildes die weichen zärtlich-schmeichelnden Seiten der *Katze,* wie auch die „fressenden" und genäschigen Eigenschaften der *Maus,* sowie ihre lebhafte Vermehrungstendenz, überhaupt nicht berührt hatte. In seinem Leben war er bisher tieferem, gefühlsmässigem Engagement ausgewichen. Er erledigte (so sagte er) seine „Triebansprüche diskret mit gelegentlichen Bekanntschaften". Die starke Beziehung zur mitgeretteten Schwester konnte er erst viel später in die Therapie bringen.

2) *Die ganz zarte Blume:* Eine 35jährige, ängstlich-verschlossene Patientin mit Schwindelzuständen, Angst, den Boden unter den Füssen zu verlieren, Kontaktschwierigkeiten und starkem Abscheu gegen jede Art von Flüchen, ist seit zwei Wochen in klinischer Psychotherapie. Sie geht ins Atelier und arbeitet dort lange, sehr vorsichtig und sorgfältig aus der Modelliermasse

eine Blume. Mit zarten, spitzen Fingern formt sie weiter und die Blume wird immer dünner und „zerbrechlicher". Als die anderen Patienten ihre „Werke" auf einem kleinen Tisch sammeln, wagt die Patientin nicht, ihre Blume zu „transportieren". Sie sieht zuerst den Therapeuten nur stumm an, bittet ihn aber dann doch, ihr zu helfen. Bei jeder noch so vorsichtigen Annäherung an die Blume äussert die Patientin Bedenken, ob nicht dieses oder jenes Detail, vielleicht sogar die ganze Blume kaputtgehen oder doch zumindest Schaden nehmen könnte. Der Therapeut spürt seine eigene leise Irritation („Wenn es dir nicht passt, dann machs doch selbst") über die Verhinderungstendenzen. Er sagt: „Ich sehe auch keine Möglichkeit, die Blume ohne gewisses Risiko und ohne sie auch nur zu berühren mit den anderen zusammen zu bringen", wobei er zugleich auf die Kontaktwünsche und -ängste der Patientin anspielt. Nach einer Weile entschliesst sie sich, es selbst zu versuchen und ist überrascht, dass „gar nicht soviel passiert ist".

Die Patientin wurde also nicht verbal auf ihr Übertragungsangebot aufmerksam gemacht. Es war möglich, den therapeutischen Akt anzuregen, in welchem die Patientin selbst das Risiko tragen und einen eigenen Schritt tun „durfte".

3) *Der Troll:* Die 28jährige Lehrerin hat sich, nach der früher besprochenen Belastung in der Gruppe (Kap. 2, Katharsis, S. 31, Abb. 7), langsam in der Abteilung angepasst. Nach einem für sie anstrengenden Einzelgespräch kommt sie mit dem Bild eines Trolles (Abb. 18) zur nächsten Sitzung. Sie sagt: „So habe ich mich letztes Mal gefühlt. Der Troll hat mir die Kleider vom Leib gerissen (sie liegen in der rechten unteren Bildecke auf dem Boden), er presst mir die Luft aus den Lungen, ich bin völlig hilflos. Er grinst hämisch und lüstern und der Geifer tropft schon aus seinem Mund. Er wird mich verschlingen!"

Therapeut: „Der (!) sieht ja wirklich schrecklich aus. Aber ich verstehe kaum, was ihn so freuen soll. Als Essen sind Sie für ihn ja nur ein kleiner Happen, satt kann er davon nicht werden. Und ... ich kann mir nicht denken, dass ich (beachte den Übergang in Ich-Form!) so besonders stolz darauf sein oder Spass daran haben könnte, einem so kleinen Wesen den Garaus zu machen."

Die Patientin nimmt das Bild, sieht es sich genau an und sagt dann mit einem leisen Lächeln: „Sie haben die Ähnlichkeit gesehen?"

Therapeut: „Ja, auch der grüne Pullover stimmt. Aber die Frisur und die Hockstellung passen nicht zu mir."

Die Patientin schaut nochmals auf ihr Bild und sagt mit deutlichem Erstaunen: „So sitzt ja oft mein Verlobter ... und die Frisur ist wie die meiner Mutter."

Den Therapeuten hatte die Haartracht sofort an die Frisur der Patientin selbst erinnert.

Bei der psychosegefährdeten Patientin war, nach meiner Auffassung, das

„Einsteigen" in die zugeteilte Rolle notwendig. Direkten Versicherungen der besten Absichten des Therapeuten hätte sie ohnehin keinen Glauben schenken können. Durch die Übernahme der „Rolle" war es möglich, auf tatsächlich in ihrem Bild vorhandene Umstände „realitätsgerecht" einzugehen. Die Ähnlichkeit zur Frisur der Patientin wurde nicht verbalisiert, da die drohende psychotische Reaktion eine Weiterentwicklung der schwachen Ich-Funktionen als vordringlich erscheinen liess. Auf der Subjektstufe betrachtet ist im Bild das hilflose Ich der Patientin in der Hand ihrer eigenen oral-aggressiven ungesteuerten Antriebe. Ihr dies damals zu verstehen zu geben wäre zumindest viel zu früh gewesen. Im günstigsten Falle hätte sie diese „Idee" als „lächerlich" abwehren können.

Weitere Übertragungsansätze sind in Serie II zu finden. In Bild 4 (Abb. 72) vor Abreise des Therapeuten zu einer 14tägigen Arbeitstagung und in Bild 11 (Abb. 79) – im Männerkopf sind Details vom Vater, Chef und Therapeuten gemischt – treten sie besonders deutlich hervor. Anhand des letztgenannten Bildes konnten neben den Übertragungszeichen auch die Rationalisierungstendenzen der Patientin und die gegenläufigen Tendenzen von *Körper* und *Kopf* sachgerecht bearbeitet werden.

Abschliessend sei noch auf das erste Beispiel dieses Kapitels hingewiesen (S. 26, Abb. 2 und 3), wo Übertragungs- und Gegenübertragungszeichen recht anschaulich aus dem Gestaltungserleben und der Bearbeitung hervorgehen.

Die persönlichkeitsspezifische Note der Gegenübertragungstendenzen wird in Kap. 5, im Abschnitt über persönlichkeitsstrukturelle Faktoren beim Therapeuten (S. 241) abgehandelt.

Hinweise auf Symptome

Hier sind psychische, körperliche und Charakter-Symptome gemeint. Ausgeprägtere Charakterhinweise in Bildern, Tonarbeiten und Darstellungen sind in Kap. 4, beim Umgang mit Gestaltungen auf kategorialer Ebene (S. 194 ff.) beschrieben.

Die Hinweise auf Symptome und Symptomatik können

1) vom Gestalter beabsichtigt sein, z. B. als eine Darstellung seiner Kopf- oder Magenschmerzen, seiner aggressiven Ausbrüche oder seiner Angst (Kap. 2, S. 45, Abb. 9 und 10)
2) unbeabsichtigt sein, aber spontan erkannt und mit dem Symptom in Zusammenhang gebracht werden (siehe unten Beispiel 3)
3) ungewollt sein und beim Aufzeigen durch andere kann der Zusammenhang akzeptiert oder abgelehnt werden (siehe folgende Beispiele).

Auch hier sind *Hinweise* (besonders die unter Punkt 2 und 3 angegebenen) *öfter in verborgenen Details oder in Fehlleistungsform* vorhanden als ganz direkt und offenkundig.

Wenn ein Symptom während des Gestaltungsprozesses auftritt, ist neben der zeitlichen Koinzidenz auch die neurosenpsychologische Verstehbarkeit auf dem Hintergrund der biographischen bzw. tiefenpsychologischen Anamnese des Gestalters zu berücksichtigen (siehe Beispiel 3). Bei solchen Gelegenheiten sind Einsichten und Evidenzerlebnisse oft leicht zu vermitteln und therapeutisch zu nützen.

1) *Ich beherrsche mich:* Ein 36jähriger Mann hat in der Pantomime (siehe Kap. 3, S. 93) die Aufgabe gestellt bekommen, „ich beherrsche mich" im stummen Spiel auszudrücken. Er fängt an und seine Gruppenkameraden raten folgendermassen:

„ich bin unwillig" (schon ehe der Patient ins Spiel kommt)
„ich bin gespannt"
„bin ernst"
„böse"
(Der Patient ist unsicher wie er weiterspielen soll und kratzt sich am Kopf.)
„ich zerbreche mir den Kopf"
(reibt sich mit beiden Händen die Schläfen)
„habe Kopfschmerzen"
(wirkt ratlos, schaut herum)
„ich weiss nicht, was ich soll"
„will ich oder will ich nicht"
(er setzt sich mit geschlossenen Beinen auf einen Stuhl, verschränkt die Finger beider Hände und presst diese gegen den Bauch)
„Ich will nicht"
„habe Magenschmerzen"
„ich muss mal und es geht nicht"
(alle lachen, der Patient lacht mit)
„ich freue mich"
(er schüttelt den Kopf und „zieht" sich noch mehr auf dem Stuhl zusammen)
„ich leide"
„ich habe Magenkrämpfe"
(sitzt still und schaut ganz stur gerade aus)
„ich bin wild, aber stur"
„ich *möchte* dreinschlagen, aber ich *will nicht*".

Hier bricht der Patient das „Spiel" ab. Er erlebt die Aufgabe aufgrund der beiden letzten Vorschläge als gelöst. Auch die Gruppe fasst besonders die letzte Angabe als zufriedenstellend auf, sobald sie den Wortlaut der gestellten Aufgabe erfahren hat. Der Patient war ganz überrascht, als ein anderer Teilnehmer sagte: „Da hätte ich aber versucht, meine Beherrschung gegenüber einer reizvollen Frau darzustellen." Für unseren Patienten war es „selbstverständlich", dass es seine Beherrschung gegenüber eigenen aggressiven Impulsen sein müsse. Beeindruckt war er auch von den mehrfachen Hinweisen auf Kopf- und Magenschmerzen. Es wunderte ihn, dass sich seine körperlichen Beschwerden so deutlich im „Spiel" ausgedrückt hatten, obwohl er während der *Pantomime* nicht einen Augenblick an diese gedacht hatte.

2) *Ich bin so schwach und klein:* (Abb. 19 und 20) Eine 30jährige, verheiratete Patientin befindet sich wegen depressiver Zustände und hypotoner Kreislaufregulationsstörung in klinischer Psychotherapie. Gegen Ende der ersten Behandlungswoche hat sie „Ich", „Du" und „Wir" (siehe Kap. 3, S. 73) gemalt und bringt die drei Blätter in die nächste Gruppensitzung mit. Sie berichtet dazu, dass sie sich ihrem Manne gegenüber ganz klein und farblos empfindet (vgl. „Ich" und „Du"). Der grosse Ring im „Wir" verbinde sie mit ihm, solle die Gemeinsamkeit zeigen. In der Gruppe sagt eine Zimmerkollegin der Patientin: „Komisch ... in der Abteilung bist Du auch wie ein unscheinbarer Schatten, aber wenn man mit Dir allein spricht, dann hast Du sehr wohl eigene Auffassungen." Darauf ein anderer Teilnehmer: „Auf dem Bild mit dem Partner zusammen bist Du ja auch viel weniger blass."

Ein anderer: „„... und grösser bist Du auch."

Eine andere: „Ja, dafür ist er ein wenig kleiner und blasser geworden."

Einige Gruppenteilnehmer schmunzeln und lachen.

Patientin (wird böse): „Ich sauge nicht die Kraft aus ihm!"

Wieder ein anderer Gruppenteilnehmer: „Nein. Für mich sieht es mehr aus wie ein Tauziehen. Wie wenn Du versuchtest, ihn zu Dir hinüberzuziehen, aber er stemmt sich dagegen, wie ein störrischer Bock und vielleicht reisst er Dich im nächsten Augenblick zu sich herüber."

Ein anderer (zeigt auf den Farbklecks links im „Wir"-Bild): „Aber was ist denn das?"

Patientin: „Ach, das ist nichts, da habe ich bloss angefangen ..."

Andere: „Womit? – – – Was denn?"

Patientin: „Da wollte ich den Kopf hinmalen, der ist aber viel zu gross geworden, da habe ich ihn durchgestrichen."

Ein Mann: „Mit *dem* Kopf wärst Du aber viel grösser geworden ... (vergleicht mit den anderen Blättern) ... sogar um einiges grösser als Dein Mann im ‚Du' ist!"

Die Patientin lehnt im weiteren Gruppengespräch das eigene „Gross-Sein" ab, sogar den Wunsch danach. Noch mehr verwahrt sie sich gegen die Vorstellung, Kraft vom anderen zu nehmen. Ein Gruppenmitglied frägt: „Was macht denn Dein Mann mit Dir und für Dich, wenn Du deprimiert bist?" Die Patientin geht darauf nicht ein und erzählt statt dessen, was sie für ihren Mann zu tun bereit sei. Sie tue dies auch, solange sie nur irgend dazu imstande sei.

Erst nach einigen Wochen kann sich die Patientin mit ihrem Konflikt zwischen Abhängigkeitswünschen und Selbständigkeitstendenzen auseinandersetzen. Inzwischen hatte sie mit ihrem Mann während der beiden letzten Wochenendbeurlaubungen von der Abteilung mehrfach Unstimmigkeiten und einmal sogar Streit gehabt. Wieder Wochen später ist sie innerlich bereit, die Frage der *Machtausübung per Depression* anzugehen. (Per – richtungsweisender – „Fehlleistung" drückte dies einmal die Patientin eines Kollegen besonders schön aus: „Und dann, Herr Doktor, *regier* ... *reagierte* ich wieder mit meiner Depression.")

3) *Schneewittchens Stiefmutter:* Eine 25jährige, verheiratete Patientin befand sich wegen hyperdynamer Kreislaufregulationsstörung und migräneartigen Kopfschmerzattacken in klinischer Psychotherapie. Beim Märchenspiel (siehe Kap. 3, S. 123) wurde sie für die Rolle der Stiefmutter-Königin im Schneewittchen gewählt. Sie bekam starkes Herzklopfen und leichte Schwindelgefühle, als sie dem Jäger den Auftrag zu geben hatte, Schneewittchen in den Wald zu bringen und dort zu töten. Als schliesslich die Szene kam, in welcher sie sich in „glühenden Eisenschuhen" zu Tode tanzen musste, wehrte sie sich heftig. Sie stiess die Mitspieler weg, die versuchten, ihr Filzpantoffel (die „glühenden Schuhe") anzuziehen und brach das „Spiel" wegen plötzlicher starker Kopfschmerzen ab.

Im Anschluss an das Märchenspiel berichtete die Patientin im Einzelgespräch eine Reihe von Erinnerungen an Erlebnisse ihrer Kindheit. Vor allem unterstrich sie ihren damaligen Hass gegen die strenge, zugleich rivalisierende und zu Willkürakten neigende Mutter. Dieser wollte sie – auch jetzt – „nie und nimmer und in keiner Weise" gleichen. Es fiel ihr auch auf, dass sie schon bei früheren Gelegenheiten plötzliche Kopfschmerzen bekommen habe, wenn sie Wut hatte und Rachedurst fühlte, aber beides unterdrückte. Danach setzte sie spontan ihren „Schreck vor einer Gravidität" und ihre Anorgasmie in Zusammenhang mit ihrer Angst davor, selbst Mutter zu werden. Als solche hätte sie ja, im Gegensatz zur eigenen Mutter, fehlerfrei sein müssen.

Hier ist natürlich nichts darüber auszusagen, wie die Mutter der Patientin wirklich gewesen sein mag. Entscheidend für die weitere Bearbeitung war ja auch, wie die Patientin sie erlebte.

Während des Durcharbeitens ergänzen sich ja oft die Charakterzüge der Angehörigen unserer Patienten durch bisher „nicht gesehene" Seiten, ganz gleichgültig, ob das ursprüngliche „Bild" nun schwarz oder rosarot gefärbt war.

Weitere *Symptomatikhinweise* sind in der Serie II, Bild 2 (Abb. 70) „Verschlossenheit", Bild 10 (Abb. 78) „aggressive Tendenzen" und Bild 14 (Abb. 82) „Schwerhörigkeit" zu finden.

Als Übung wäre zu empfehlen, selbständig Hinweise auf Symptomatik in Darstellungen von Patienten aufzusuchen, deren Symptome und Lebensgeschichte dem Leser bekannt sind.

Prospektive Zeichen

Hier handelt es sich *nicht* um *prophetische Aussagen, sondern* um das *Erkennen von Hinweisen* auf neue, erweiterte oder auch gleichbleibende Erlebnis- und (Re-)Aktionsweisen des Gestalters während des Gestaltungsprozesses und im „Produkt". Wir kennen diese Betrachtungsweise auch als *eine* Form der Arbeit mit Träumen, besonders gewürdigt seit der Veröffentlichung anschaulicher Beispiele durch C.G. JUNG [82].

Hier soll aber nicht speziell auf diejenigen prospektiven Aussagen eingegangen werden, die aus der Persönlichkeitsstruktur des betreffenden Gestalters abzuleiten sind. Diese sind bei den dynamischen und thematischen Kriterien (Kap. 1, S. 22 und 23) erwähnt und im Abschnitt über typische Impulsverarbeitung (Kap. 2, S. 49) abgehandelt. Auch bei den Indikationen aus persönlichkeitsstrukturellen Gegebenheiten (Kap. 5, S. 228) ist Einschlägiges zu finden.

Prospektive Zeichen drücken häufig etwas aus, das bisher überhaupt nicht, zumindest aber nicht in der Realität, gewagt wurde, nun aber – wenigstens im Bild oder „Spiel" – auftauchen „darf". Diese „Fähigkeiten" sind also ansatzweise schon vorhanden (gewesen). *Hinweise auf bald „Mögliches" oder kaum je „Erreichbares"* können helfen, den nächsten und weiteren Verlauf der Behandlung und der Persönlichkeitsentwicklung abzuschätzen. Den günstigen Fall sollen die Beispiele 1 und 2 beleuchten. Für die Möglichkeit, dem Patienten unnötiges Leiden und vielleicht sogar gefährliche „Fortschritte" zu ersparen, sei auf das Dornröschen-Beispiel (siehe Kap. 2, S. 43) verwiesen.

1) *Sukzessive Übernahme der Eigenverantwortlichkeit:* Die Vorgeschichte dieser 26jährigen, verheirateten Patientin ist in Kap. 3, S. 135, Abb. 38 wiedergegeben. Hier sind die prospektiven Zeichen herausgestellt.

Die Patientin hatte in einem Märchenspiel vom Dornröschen schnell und spontan die Rolle der guten Fee freiwillig übernommen, fast „an sich gerissen" (wie sie später sagte „um Schlimmerem zu entgehen"). Während des Spieles, einer nachfolgenden Zeichnung und in der folgenden Gruppenarbeit war sie sich klar darüber geworden, dass sie *nicht hundert Jahre schlafen* könne. Sie hatte erfasst, dass sie sich mit ihren Wünschen, Impulsen, Ängsten und Beziehungspersonen selbst und direkt auseinandersetzen müsse, wenn sie ihre Konflikte und Probleme nicht bloss verschieben wolle (21. Behandlungstag). Sie wurde danach aktiv im therapeutischen Prozess, was sich bei folgenden Gelegenheiten sehr deutlich zeigte:

a) Am 22. Behandlungstag traten während des Autogenen Trainings bei generalisierter Schwere- und Wärme-Empfindung aggressive Einfälle auf, die den Gatten betrafen. Zugleich bekam die Patientin heftige Kopfschmerzen, Schwindel und Übelkeit. Sie berichtete, dass ihr Mann, wenn er mit ihr Verkehr haben möchte, auf ihre eventuelle Weigerung hin immer sage:

„Keine Lust ist kein Grund zur Absage ... an mir liegt es nicht, wenn du nicht befriedigt wirst; meine früheren Freundinnen waren immer zufrieden." So habe er sie beim letzten Besuch, ehe er sie in die Abteilung zurückfuhr, gegen ihren Wunsch und mit dem Hinweis, dass sie sich nicht so haben solle, „schnell noch im Auto genommen."

Zwei Tage nach dem Aufgreifen und dem Beginn der Durcharbeitung dieser Problematik wehrte sich die Patientin zur Überraschung des Gatten erstmals nachdrücklich gegen seinen etwas plumpen Zugriff. Danach hatte sie selbst Angst, er könne sie verlassen. Zu ihrem Erstaunen kamen noch am gleichen Abend Blumen von ihm und weitere drei Tage später war er, beim nächsten Besuch, zärtlich und liebevoll zugewandt. Eine Woche später tat er der Patientin „fast leid", dann spürte sie selber den Wunsch nach dem „Zusammensein" und erlebte den ersten Orgasmus seit ihrer Verheiratung vor gut 6 Jahren.

b) Der Wunsch und der Wille nach „Aufgreifen statt Zudecken" zeigte sich unter anderem auch im Traum zum 32. Behandlungstag. „Ich sass in einem kleinen Raum (Warenlager), als ein junger Mann auf mich zukam und mir zwei oder drei Fotos zeigte. Auf einem war meine Mutter drauf. Sofort wurde ich stutzig und dachte, dass das bestimmt etwas mit dem Freund meiner Mutter zu tun hatte. Der Mann fragte mich, ob ich jemand kenne auf den Bildern. *Ich überlegte, was ich tun sollte, entschloss mich dann aber gleich für die Wahrheit.* Ich deutete auf das eine Foto und sagte ‚das ist meine Mutter'. Wer sonst noch drauf war, weiss ich nicht mehr. Der Mann strahlte und sagte: *‚Endlich weiss* ich, mit wem mein Vater verkehrt und *was ich machen muss und an wen ich mich halten muss'.*" (Der für unsere Betrachtungen aktuelle Aspekt des Traumes wurde nachträglich hervorgehoben. Andere Sichtweisen bieten sich an und sollen keineswegs unterbewertet oder gar ausgeschlossen werden.)

c) Am 34. Behandlungstag äusserte die Patientin in der Rolle einer Tante (im Psychodrama eines anderen Protagonisten) unter anderem folgende Ansichten (die nicht mit denen der richtigen Tante übereinstimmten): „Es passt mir nicht, dass sich immer alles hinter meinem Rücken abspielt" und später: „Es wird immer schwer sein, dass sich mehrere gleichzeitig einig sind."

d) Schliesslich brachte sie am 45. Behandlungstag selbst (wieder) eine Begebenheit ins Psychodrama. Die Art, wie sie spontan den Verlauf der Szenen steuerte, zeigte an sich schon ihre neuen Möglichkeiten, die „Dinge anzugehen". Die erste und letzte Szene wiesen den grossen Unterschied zwischen ihrer früheren und künftigen Erlebnisverarbeitung und Realitätsbewältigung. Die Patientin berichtete: „Vor einem Jahr habe ich einen neuen Küchenschrank bekommen. Wir wollten die Möbel umstellen, alles sollte netter sein. Meinem Mann ging das Umräumen zu langsam. Ich meinte, das sei meine Sache, er solle nicht dreinreden. Die Schwiegermutter sagte zu meinem Mann: ‚Rege deine Frau nicht auf, du weisst doch, sie ist nervös!' Darauf ging mein Mann weg. Die Schwiegermutter wollte, dass ich den Schrank so einräume, wie sie es für praktisch fand. Das tat ich dann auch, um Ruhe zu haben."

Die erste Szene entsprach in ihrem Ablauf ziemlich genau den Angaben der Patientin. In zwei weiteren Szenen brachten andere Teilnehmer ähnliche Konfliktsituationen ins Spiel (siehe Kap. 3, S. 118, konflikt- bzw. fehlhaltungszentriertes Psychodrama). Dann sagte unsere Patientin: „Ich möchte das gerne so spielen, wie ich es jetzt machen würde." Die anderen stimmten zu.

Das Spiel beginnt in ganz ähnlicher Weise wie oben. Bald aber sagt die Patientin „ihrem Mann", dass sie ihm ja beim Auto auch nicht dreinrede. Sie versucht konsequent, selbst mit ihm zurechtzukommen. Die „Schwiegermutter" kommt mit guten Ratschlägen. Die Patientin übernimmt einen davon (den sie selber auch für praktisch hält), lässt die Schwiegermutter das wissen und dankt ihr dafür. Dann erklärt sie dieser, warum sie ihren Schrank im übrigen gerade so und nicht anders eingeräumt haben will und weist die direkte Einmischung (die „Schwiegermutter" versucht einfach umzuräumen) mit der ruhigen Feststellung: „es ist schliesslich *mein* Schrank und ich möchte ihn selbst so einräumen, wie *ich* es für richtig finde" zurück. Der „Mann" gibt auf und stellt sich auf die (neue) Tendenz ein: „Eben, Du musst ja selbst damit arbeiten." Trotz einiger spitzer Bemerkungen der „Schwiegermutter" bleibt die Patientin sachlich und sagt dann scherzhaft zu ihr: „Weisst Du was? *Du* darfst *meinen* Schrank so einräumen wie *Du* willst und *ich* darf dafür *Deinen* so einräumen wie *ich* will." Das nimmt der „Schwiegermutter" den Wind aus den Segeln, sie schweigt.

Bei dieser Patientin „hielten" die neuen Bewältigungsmöglichkeiten auch nach ihrer Entlassung. Sie dürften aber zum Auftreten psychosomatischer Symptome beim Gatten beigetragen haben.

2) *Schleier-Schwingen:* Die 38jährige, unverheiratete Laborassistentin fiel in der Abteilung durch ihr knappes wortkarges Wesen, ihre eckigen und etwas unfraulichen Bewegungen auf. (Hinsichtlich Vorgeschichte, Symptomatik und Behandlungsverlauf siehe Serie II, S. 277 ff., Abb. 69 bis 85.) Sie war anspruchslos, formell und korrekt, wurde aber nicht „warm" mit den anderen und zeitweise auch von diesen „links liegen gelassen". Sie war etwa zwei Wochen in klinischer Psychotherapie, als von den Patienten eine Tanzimprovisation nach Balettmusik geplant wurde. Der *Feuertanz* wurde in der Abenddämmerung rund um ein kleines Lagerfeuer arrangiert. Die Haupttänzer bewegten sich um das Feuer. An vier Stellen – in einem Quadrat angeordnet – sollte je eine Frau einen gelben bzw. roten Schleier schwingen. Ich (Verf.) hatte die Aufgabe, den Ablauf und die Bewegungen einzelner „Tänzer" zu filmen und war naturgemäss an den eigenen Patienten speziell interessiert. Aus gewisser Entfernung (10–15 m) konnte ich die oben er-

wähnte Patientin nicht finden. Ich erkannte sie in keiner der vier Schleierschwinger wieder. Ich ging um die Tanzenden herum und fand meine Patientin auf den Knien, zwischendurch auf den Fersen sitzend und mit anmutigen, weichen Bewegungen den Schleier in ruhigen und weit ausholenden Bogen um sich schwingen. Es war eine wirkliche Überraschung, ich musste „zweimal schauen" um es glauben zu können. Im Einzelgespräch am folgenden Tag fragte ich sie, wie sie sich beim Tanze gefühlt habe. Die Patientin sagte: „Ich glaubte zuerst nicht, dass es gehen würde. Nach einer Weile bemerkte ich aber, dass gar nicht alle *mich* anstarrten, dann wurde ich ziemlich gelöst." Sie hatte nicht empfunden, dass es sich um etwas besonderes gehandelt hatte. Erst Wochen später konnten andere, mögliche Faktoren besprochen werden, die hilfreich gewesen sein mögen. Es waren dies:

a) die Musik (besonders bei dieser Patientin, siehe Serie II, S. 280, Abb. 81);
b) die Dämmerung und die damit verbundene relative Anonymität;
c) die schwingende Bewegung, in die sie „erst langsam hineingekommen" sei;
d) der Umstand, dass sie eine von mehreren gewesen sei;
e) dass es eine „Aufgabe" war (und somit nicht bloss zum Spass)
f) und „vielleicht, dass die anderen mich dabei haben wollten und mir das zutrauten."

Statt eines dritten Beispiels sei auf das *Initialbild* (siehe Kap. 3, S. 81) der Serie I (Abb. 48) verwiesen, wo die „geladenen" dynamischen Pinselstriche quer zum Muster den Therapeuten erstmals aufmerksam machten, dass es sich um eine neurotische Gehemmtheit und nicht um eine (auch von anderen Ärzten vermutete) beginnende Hebephrenie handelte. Als prospektives Zeichen für die künftigen Möglichkeiten waren diese „unscheinbaren Striche" von geradezu ausschlaggebender Bedeutung, gerade weil sie im Widerspruch zu all den passiven, ja geradezu verflachten und autistisch anmutenden Zügen der Patientin standen.

Auch hier noch einmal die Anregung, im zugänglichen Material nach prospektiven Zeichen Ausschau zu halten und diese zu registrieren. Danach sollte ihre Relevanz durch Verlaufskontrollen und Nachuntersuchungen überprüft werden. Der Wunsch nach einem Katalog statistisch gesicherter und somit *allgemeingültiger* prospektiver Zeichen ist sehr verständlich. Leider ist er unerfüllbar, weil diese Zeichen ja mit der individuellen Entwicklung und Lebensgeschichte aufs innigste verknüpft und oft nur aus dieser zu verstehen sind. Hier kann und soll also vorzugsweise kasuistisch gearbeitet werden. Wir sind ja auf der Suche nach einer Antwort auf die Frage: „Was sagen *diese* Zeichen, Formen, Bewegungen und Erlebnisse während des Gestaltungsprozesses über die künftigen Möglichkeiten *dieses* Menschen aus?"

Zum Abschluss des Kapitels über die verschiedenen Betrachtungs- und Bearbeitungsebenen des Gestaltungsprozesses sei noch einmal hervorgehoben, dass die in den einzelnen Abschnitten besprochenen Möglichkeiten und Hinweise gleichsam „herausgeleuchtet" wurden. Dabei wurde natürlich versucht, geeignete Beispiele zu finden. Nicht jeder Gestaltungsprozess gibt in jeder Hinsicht ebensoviel oder ebensoleicht „etwas her" wie die gewählten Beispiele gerade unter dem hier geschilderten Aspekt. Es ist aber zu hoffen, dass folgendes deutlich wurde: „Persönliche Züge des jeweiligen Gestalters, seine Motivation, seine Möglichkeit einen therapeutischen Hinweis (schon) akzeptieren, überprüfen und integrieren zu können, aber auch der jeweilige Stand der Behandlung und deren Zielsetzung bestimmen, *was wann* und *wie* angeboten werden kann und soll." Darüber mehr in Kap. 4.

Wenn es gilt, Behandlungsverläufe und Entwicklungen erlebnisnahe darzustellen, bieten Serien von Gestaltungen gute Möglichkeiten. Aus didaktischen Gründen – um sie von allen Abschnitten her zur „Dokumentation" heranziehen zu können – wurden die Serien, mit den zugehörigen gekürzten Fall- und Verlaufsberichten, in den Anhang des Buches verlegt.

Kapitel 3: Methodenüberblick und Methodenbeschreibung

Im vorigen Kapitel wurden die verschiedenen Aspekte und Bearbeitungsebenen gestalterischen Tuns in der Psychotherapie dargestellt. Hier wollen wir uns einigen „Verfahren" und „Methoden" zuwenden, um später deren Verwendungsbereiche und Indikationen beschreiben zu können. Mit der Anwendung der Begriffe „Methoden" und „Verfahren" und ihrer Apostrophierung soll angedeutet sein, dass es sich um Arbeitsweisen handelt, bei denen eine *scharfe Abgrenzung* verschiedener kreativer Aktivitäten allzu willkürlich wäre. Mit der folgenden Auswahl von „Verfahren" wird *keinerlei* Anspruch auf Vollständigkeit erhoben. Es ist auch nicht meine Ansicht, dass die hier genannten Arbeitsweisen anderen überlegen und deshalb vorzuziehen seien. Zwei Voraussetzungen spielen bei der Auswahl der hier genannten „Methoden" eine entscheidende Rolle:

1) Aus jedem Gebiet gestalterischen bzw. „schöpferischen" Tuns soll wenigstens ein Repräsentant angeführt werden;
2) Es müssen eigene, mehr- bis langjährige praktische Erfahrungen mit den beschriebenen Arbeitsweisen vorliegen.

Wir wollen die „Verfahren" mit Hilfe von *drei Gegensatzpaaren* einordnen:

1. verbal ↔ prä-, non-, a-verbal
2. Einzeltherapie ↔ Gruppentherapie
3. thematisch gebunden ↔ thematisch frei

Da es sich um ein dreidimensionales System handelt, wäre naturgemäss die Darstellung in einem räumlichen, durchscheinenden Modell am klarsten. Aus praktischen Gründen wollen wir aber hier zwei Kriterien anhand eines Koordinatensystemes verdeutlichen und das dritte Kriterium in Form von Ausdehnungsstapeln anschaulich machen. Letztere wären dann senkrecht auf das erste System vorzustellen.

Dabei ist zu berücksichtigen, dass sich die Plazierung nur auf den Gestaltungsprozess selbst, *nicht* auf die nachfolgende gemeinsame Bearbeitung des Gestaltungserlebens bezieht. Natürlich wird eine rein a-verbale Gestaltung häufig im Gespräch durchgearbeitet. Erlebnisse aus gestalterischen Gruppenverfahren können in der Einzeltherapie aufgegriffen werden. Ein andermal wird vielleicht das Gestaltungserleben einer Einzelperson anschliessend in die therapeutische Gruppe gebracht werden.

Es ist durchaus möglich und manchmal sinnvoll, eine thematisch freie Gestaltung nachfolgend in einer bestimmten therapiebegünstigenden Richtung

Tabelle 1

(Die gestrichelten Grenzen deuten Übergänge zu Verfahren und Behandlungsformen an, die nur teilweise der Gestaltungstherapie zuzurechnen sind)

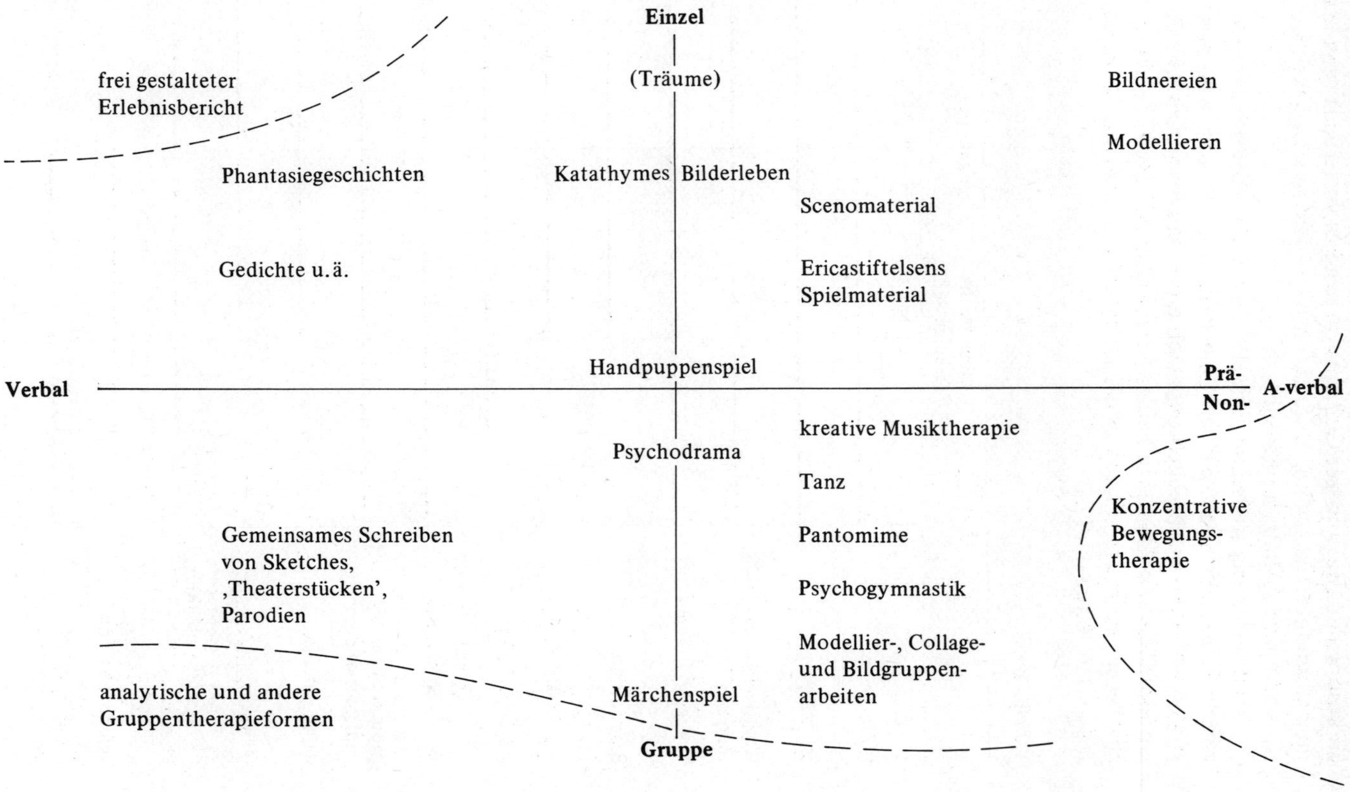

zu besprechen. Bei anderer Gelegenheit kann es vorteilhaft sein, eine themengebundene Darstellung unter allen Aspekten zu bearbeiten, zu denen sie Hinweise und Anhaltspunkte gibt.

Zur Einordnung stellen wir uns ein Feld zwischen verbal ↔ prä-, non-, a-verbal einerseits und zwischen Einzeltherapie ↔ Gruppentherapie vor. *Mittelstellungen* entsprechen demnach einer Mischung. Das „Verfahren" enthält dann also Elemente beider gegensätzlichen Pole. Die in diesem Buche berücksichtigten „Verfahren" nehmen im eben erwähnten Feld also folgenden Raum ein (Tab. 1):

Tabelle 2

	frei	thematisch selbstgewählt	angeboten	gebunden
Bildnereien				
Modellieren				
Kreative Musiktherapie				
Tanzgestaltungen				
Pantomime				
Psychogymnastik				
Katathymes Bilderleben				
Handpuppenspiel				
Scenomaterial und ähnl. Materialien				
Psychodrama				
Märchenspiel				
Phantasiegeschichten, Poesie u.ä.				
frei gestalteter Erlebnisbericht				
Konzentrative Bewegungstherapie				

Nun zum dritten Kriterium, der Thematik. Diese kann vorgegeben, angeboten, selbstgewählt oder offengelassen sein. Von thematisch frei bis thematisch gebunden haben die angeführten „Verfahren" etwa folgende „Breite" (Tab. 2):

Ehe das eine oder andere gestaltungstherapeutische „Verfahren" ausgewählt und angeboten wird, sind also die besprochenen drei Gegensatzpaare zu berücksichtigen. Dies soll im Hinblick auf die thematische Freiheit bis Gebundenheit anhand verschiedener Modellier-Ansätze verdeutlicht werden:

a) Ein Gestalter kann sich vorerst von der Lehmmasse, dem Plastillin anregen und anmuten lassen. Er kommt vielleicht erst während der Arbeit mit dem Material darauf, ob ein bestimmtes Gebilde daraus entsteht oder nicht.

b) Ein anderer beginnt mit einem selbstgewählten Thema (siehe Beispiel „Betende", Kap. 2, Ausdrucksmöglichkeit, S. 29, Abb. 4 und 5). Der gewählte Arbeitstitel kann entweder durchgehalten werden oder sich im Laufe der Darstellung wandeln.

c) Bei übenden Therapieformen wird es häufiger vorkommen, dass einem oder mehreren Patienten ein Thema angeboten wird, z. B.: „Versuchen Sie doch einmal, ein Tier oder eine Pflanze zu modellieren."

d) Es kann sogar angebracht sein, ein Thema oder eine Themenreihe als Aufgabe zu stellen: „Jetzt formen wir zuerst einen Gegenstand, dann eine Pflanze, dann ein Tier und schliesslich ein menschliches Wesen."

Mehr über die Wahl der jeweils therapiegerechten Arbeitsweise in Kap. 4 (Umgang mit dem Gestaltungserleben) und Kap. 5 (Indikationen).

Bei einigen „Methoden" ist ein Thema nötig, um mit den dort verwendeten Techniken arbeiten zu können. Beim frei gestalteten Erlebnisbericht und in der Konzentrativen Bewegungstherapie wird dagegen ausdrücklich von einer *Bindung* an ein gegebenes Thema Abstand genommen (siehe S. 137). Katathymes Bilderleben, Phantasiegeschichten und Poesie, samt frei gestalteter Erlebnisbericht erlauben an sich eine freie Themenwahl. Allerdings setzen verbalisierende Gestaltungsprozesse ein Thema voraus. Die Verbalisierung *ist* zugleich Ein- und Zuordnung.

Allgemeine Gesichtspunkte formaler und dynamischer Kriterien wurden bereits in Kap. 1 (ab S. 22ff.) berührt. Auch die Bedeutung des Materialangebotes bei Bildnereien und beim Modellieren, sowie die Wahl des Verfahrens bei den darstellenden Gestaltungstherapieformen sind dort erwähnt.

Schliesslich ist bei den verschiedenen Arbeitsweisen auch der formale Freiheitsgrad unterschiedlich. Gegebene Eigenschaften des Materials, der Hilfsmittel und eventuell angewendeter „Techniken" begrenzen Ausdrucks- und Erlebnismöglichkeiten. Neben diesen äusseren Faktoren ist es aber auch vielsagend, wie ein Gestalter mit den formalen Gegebenheiten umgeht. Abgesehen von dem diagnostischen Wert, ist es therapeutisch verwendbar, ob und wie ein Patient die vorhandenen Möglichkeiten wahrnimmt, wohl verteilt verwendet, reich ausschöpft oder kaum benützt. Auch ist es für die Behandlung wichtig, welchen Aspekt er sieht und erlebt, bevorzugt, vielleicht sogar verabsolutiert oder im Gegenteil übersieht oder gar verneint.

Bei der nun folgenden Beschreibung der ,,Verfahren" sind alle bisher erwähnten Faktoren immer wieder zu berücksichtigen. Unserem Thema entsprechend stehen natürlich gestaltungstherapeutische Aspekte im Vordergrund. Dies soll und kann das Studium der Basis- und weiterführenden Literatur keineswegs ersparen, sondern, im Gegenteil, anregen.

Bildnereien

Dieser Bereich ist vom Material her gesehen ungeheuer vielfältig. Er reicht vom kleinsten Bleistiftgekritzel über Bleistiftzeichnungen, Buntstifte, Kohle und Rötel, Kreiden und Fettkreiden, Aquarell-, Pastell- und Plakatfarben bis zu Finger- und Ölfarben. Auch flächenförmige Kollagen und andere Montagen sind wegen ihres Bildcharakters dieser Gruppe zuzurechnen. Die Wahl des Materials spielt also eine beträchtliche Rolle. Sie kann dem Patienten völlig frei überlassen werden, was bei einsichtsvermittelnden Psychotherapieformen häufig vorkommt. Bei übenden und zielgerichteten Lernverfahren ist dagegen eine festgelegte Form des Materialangebotes recht üblich.

Den *formalen Kriterien* wurde im Rahmen der Gestaltungs- und ,,Kunst"-therapie anfänglich grösste Aufmerksamkeit geschenkt. Auch heute noch sind etwa dreiviertel aller wissenschaftlichen Arbeiten auf diesem Gebiet diagnostisch (sowohl charakter- wie krankheitsdiagnostisch), differentialdiagnostisch und verlaufsdokumentierend orientiert.

Die Kenntnis der formalen Kriterien ist schon deshalb eine Voraussetzung, um sie mit den individuellen, ,,einmaligen" Erlebnis- und Darstellungsweisen des jeweiligen Gestalters in Beziehung setzen zu können. Wenn Patient und Therapeut den einfachen Linien und Kritzeleien – sozusagen respektvoll – folgen, wird häufig Persönlichkeitsspezifisches ausgesagt. Zur Einführung ist das ***Ausdruckszeichnen*** von GRÄTZ [56] besonders geeignet. Frau GRÄTZ ist seit vielen Jahren in Kursen bestrebt, mit den Teilnehmern zusammen immer wieder den Erlebnisablauf aus der Linienführung zu ersehen. Beim Ausdruckszeichnen werden der ,,Versuchsperson" nach und nach 16 Begriffe angeboten. Diese sind, im Gegensatz zum Jungschen Reizworttest, durchgehend emotional *geladen.* Dabei wird den Versuchspersonen empfohlen, der Hand möglichst freien Lauf zu lassen. Es sollen also keine Bilder und Symbole gezeichnet werden oder gar nachgedacht werden, wie der jeweilige Begriff darzustellen sei. So entstehen oft einfachste Punkte, Linien, Formen und Gekritzel. An diesen ist oft relativ leicht *abzulesen,* in welchem Ausmass sie dem Impuls selbst, seiner Verarbeitung oder hauptsächlich seiner Abwehr entsprechen. Es ist durchaus möglich, dem Erlebnisverlauf des Zeichners anhand seiner „Linien" vom Ansprechen des Impulses über seine Verarbeitung bis zum Abklingen oder Abbruch zu folgen.

Eine 32jährige, unverheiratete Lehrerin mit einer starken Bindung an die Mutter zeichnete beim Reizwort *Geborgenheit* einen Kreis (siehe Skizze 1), von dem sie betont, dass es schön sei, sich in einem „so ganz geschlossenen Kreis sicher zu fühlen".

Skizze 1

Sie bemerkt nicht, dass eine schmale „Gasse", ein *Ausschlupf* oder *Eingang* frei geblieben ist. Etwa 10 Reizworte später machte die Patientin bei *Mutter* einen völlig geschlossenen Kreis mit leicht überkreuzenden Enden. Beim nachfolgenden Durchsprechen aller Reizworte schildert die Patientin ihre Mutter als ängstlich, überfürsorglich und ganz in „Liebe" einhüllend. Die Patientin sah die formale Ähnlichkeit der Linienführung bei *Mutter* und *Geborgenheit* nicht spontan. Das nicht völlige Geschlossensein des „Geborgenheitskreises" nahm sie nicht wahr. Als sie darauf aufmerksam gemacht wurde, sagte sie: „Das ist aber ulkig, ich rauche zwar immer noch heimlich, aber sonst habe ich keine Hintertürchen." Solche fanden sich jedoch während der weiteren Behandlung in Form eines fälschlich als platonisch bezeichneten Verhältnisses zu einem Kollegen und in einem vor der Mutter geheimgehaltenen Bankguthaben. Diese Verheimlichungstendenzen wurden therapeutisch im Sinne von Selbständigkeits- und Eigenständigkeitsansätzen genutzt.

Beim Ausdruckszeichnen nach Grätz handelt es sich zugleich um eine Gestaltungsform, bei welcher *klare Themen* gegeben werden. Auch beim ***Symbolzeichnen*** [56] der gleichen Autorin werden Themen gegeben, etwa in folgender Weise: „Zeichnen oder malen Sie auf je einem Blatt Papier: *Ich, Du* und *Wir;* figural oder abstrakt, symbolisch oder allegorisch, ganz wie Sie wollen oder es Ihnen gerade einfällt." Als Beispiel dafür und zugleich für *Bleistiftzeichnungen* sei das „Ich-Du-Wir" (Abb. 21 bis 26) der bereits im Kap. 2 erwähnten 35jährigen Lehrerin (S. 29 und Abb. 4; 5; 8

und 11) angeführt. Die Patientin hatte das „Ich-Du-Wir" in drei verschiedenen Ausführungen gemacht, als ornamentales Muster in Deckfarben, mehr „symbolisch" aussehend in Wasserfarben und figural und zugleich allegorisch als Bleistiftzeichnung in Form der hier abgebildeten Hände. Im *Wir* erkennen wir die „Bergende" wieder. In den von oben kommenden Händen des Partners verstehen wir u.a. den Umstand besser, dass der sehr rücksichtsvolle und weiche, so gar nicht phallisch-„aggressive" Ehemann der Patientin, diesem Anteil ihrer Bedürfnisse nicht entsprechen konnte. Die Patientin selbst war sich beim *Wir* ausschliesslich der schützenden, bergenden und wärmenden Funktion ihrer Hände bewusst, nicht aber des umschliessenden, festhaltenden und „verschlingenden" Aspektes. Nach dem Gespräch über das *Wir* verstand sie ihre eigene eifersüchtige Reaktion auf Aktivitäten ihres Mannes besser; z.B. als der Chef einmal den Besuch des Gatten während des Fortbildungskurses der Patientin verhindert hatte.

Hinsichtlich der „Technik" des ***Kontakt-Malens*** nach GRÄTZ [56, 57] sei auf Kap.4, „Umgang mit dem Gestaltungserleben" (S.150ff., Abb.39 bis 42) verwiesen. Insgesamt hat Grätz völlig klar herausgestellt, dass es ihr *nicht* um eine *testmässige Erfassung* irgendwelcher Persönlichkeitsfaktoren, sondern um das Ingangkommen eines Erlebens mit intensiver emotioneller Tönung geht. Auf diesem Wege kann man in lockerer Weise über impulsbetonte, gefühlshafte, recht persönliche „Inhalte" ins Gespräch kommen und gegebenenfalls erste vorsichtige Hinweise geben. Bei diesen – zum Teil einfachsten – Punkten, Strichen und Linien sind formale Zeichen wie: Plazierung oben oder unten, links oder rechts, zentral oder peripher, deutlich erkennbar. Besondere Beachtung verdienen Kriterien, bei welchen dynamische und formale Elemente zugleich vorkommen und eng zusammenhängen. Dazu gehören:

a) *Richtungen* und *Bewegungen* (von links nach rechts und umgekehrt, von oben nach unten und umgekehrt, diagonal, kreisförmig usw.);
b) *Stockungen* und Aufenthalte in der Strichführung, immer neue Ansätze;
c) *Druck* oder Leichtigkeit, manchmal sogar Flüchtigkeit sowie *Getriebenheit* bis Explosivität;
d) massive oder filigrane *Formen.*

Viele wesentliche Zeichen sind schon von PRINZHORN [124] beschrieben worden. Verschiedene Verfasser haben hinsichtlich Stellenwert und Bedeutungsgehalt formaler und dynamischer Kriterien sehr differente Auffassungen. Es ist daher empfehlenswert, sich mit mehreren vertraut zu machen, schon um Einengungen zu vermeiden. So hat SUSAN BACH im „Malen schwerkranker Kinder" [5] ein gutes Modell für die Einordnung obiger Kriterien gegeben. Sie schenkt u.a. auch der Verwendung „natürlicher" (das heisst, an den entsprechenden Stellen üblicherweise vorkommender) oder „erfundener" bzw. „unmöglicher" Farben Beachtung. Besonderes Gewicht legt

Bach auf zahlenmässige Zusammenhänge. So werden die Anzahl von Figuren, Gegenständen, Zeichen und Details sorgfältig registriert, auch ihre Richtung und ihre Wiederholungen festgehalten. Oft lohnt es sich nachzuforschen, *ob* eine bestimmte Anzahl oder Konstellation in früheren oder derzeitigen Lebenssituationen wiederzufinden ist oder vielleicht einen prospektiven Hinweis geben kann. Ich möchte aber auch hier vor einer einseitigen Verabsolutierung warnen. Jedenfalls ist nicht von vornherein abzusehen, inwiefern eine bestimmte Anzahl Beziehung zu lebensgeschichtlichen Faktoren hat, zahlensymbolisch etwas auszusagen hat oder aber im Verhältnis zu anderen Zeichen eines Bildes an Bedeutung weit oder völlig zurücktritt. Eine gute Zusammenfassung über Zahlensymbolik ist übrigens in JACOBIS „Vom Bilderreich der Seele" [77], allgemeiner Teil, zu finden. Ich habe schwerwiegende Bedenken, den „Schöpfer" mit *seiner* Anzahl deshalb zu konfrontieren, weil „diese ja etwas bedeuten muss". Aber darüber mehr im folgenden Kapitel (S. 146ff., Umgang mit Gestaltungen).
JACOBI [76] hat in ihrer Arbeit mit *Psychotikermalgruppen* zumindestens anfänglich Themen gegeben. Diese waren zum Teil ganz konkret (Haus, Baum und ähnliches), zum Teil knüpften sie an aktuelle Situationen an (Winter, Ostern usw.), zum Teil konnten sie sehr verschieden aufgefasst werden (Besuch, Traum usw.). Für eigene Versuche habe ich unter anderem das Thema „Eins – Zwei – Drei" von Jacobi übernommen. Von einfacher Aneinanderreihung gleicher und gleichwertiger „Einheiten" über Abfolgen und Entwicklungen bis zu „magischen Inhalten" (z.B. das 1 – 2 – 3 der Zauberformel oder „Du musst es *dreimal* sagen") kam alles vor. Manchmal wurden bloss die Ziffern wiedergegeben, was aber ganz verschiedenen Ausdruckswert haben konnte (siehe Skizze 2):

a) Die Aneinanderreihung entsprach hauptsächlich einem *Sich-nicht-Stellen,* was auch aus dem anschliessenden Gesprächsversuch hervorgeht.
b) Auch in diesen beiden Fällen waren die Ziffern nur aneinandergereiht, aber verschieden gefärbt. Ein Patient brachte die Reihenfolge blau-gelb-rot mit seinem *Anwärmverlauf* bei Kontaktaufnahmen in Zusammenhang. Die Farbenfolge rot-gelb-grün erinnerte einen, jetzt beruflich viel autofahrenden und früheren Schwimmer an ein *„Achtung – fertig – los".*
c) Die räumliche Verteilung der Ziffern wurde zum Ausgangspunkt eines therapiefördernden Gesprächs. Der Patient dachte an *Preisverteilung nach Wettkämpfen* und bearbeitete anschliessend seine Geltungsproblematik.

zu a): 1 2 3

zu b):
1 (blau) 2 (gelb) 3 (rot)
1 (rot) 2 (gelb) 3 (grün)

zu c):

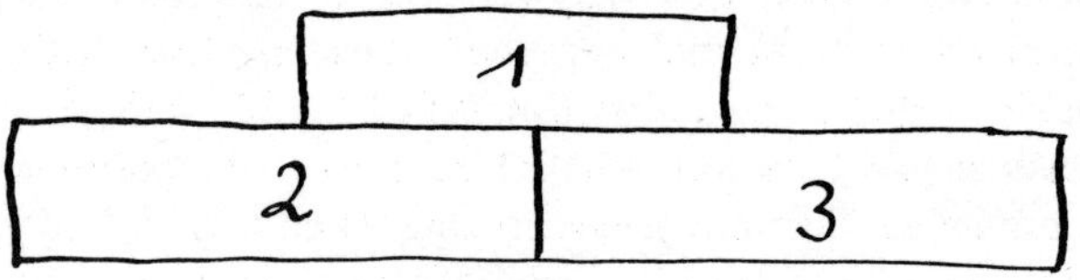

Skizze 2

Wir sind damit von der Plazierung der Details im vorgegebenen Feld zu deren *räumlichen Zuordnung* untereinander gekommen. Dies wollen wir anhand eines Beispieles bei (nicht testmässiger) Verwendung der **Familie in Tieren** von GRÄSER [55] deutlich machen. Der Versuchsperson wird folgende Anregung gegeben: „Zeichnen oder malen Sie auf *einem* Blatt Menschen, die Ihnen etwas bedeuten (jetzt oder früher), in Tiergestalt. Sie können die Figuren nach Belieben verteilen, wie wenn sie in der freien Natur wären oder ein Freigehege zur Verfügung hätten." Dabei ist leicht einzusehen, dass auch die *relative Grösse* der einzelnen Figuren eine Rolle spielt und nicht nur deren räumliche Zuordnung. Auf dem Bild unseres 22 Jahre alten Patienten war neben der etwa 3 cm hohen „Mutter"-Bärin ein gut 8 cm hohes *Riesenkaninchen* im Zentrum des Blattes zu sehen, das die „kleine", um 2 Jahre jüngere Schwester darstellte. Sich selbst hatte er als Maus von ungefähr 1 cm Höhe in der rechten unteren Bildecke dargestellt. Dass diese Maus der Familie den Rücken zuwendet und mit etwas vorstehenden „neugierigen" Augen nach rechts schaut, war für die beginnende Aussenorientierung des Patienten bedeutungsträchtig. Hier führt uns dieses Detail zur Frage der *Richtungen.*

Auf den, meines Erachtens müssigen, Streit, *ob* Richtungen psychodynamisch etwas zu bedeuten haben *oder* nur auf die leichtere Handbewegung in bestimmte Richtungen zurückzuführen sind, will ich hier nicht eingehen. Dagegen ist zu hoffen, dass beide Faktoren in ihrer Kombination gesehen werden und nicht als gegenseitige Ausschliessungsgründe. KAUSEN [86] hat ganz recht, dass linksgerichtete Profile für den Rechtshänder leichter zu zeichnen und zu malen sind. Zugleich ist dies aber auch die „natürliche" Richtung für den sich selbst porträtierenden Künstler – versuchen Sie es vor einem Spiegel! – und für einen sich „von aussen" zuwendenden (Gesprächs-)Partner. Das linksgerichtete Gesicht widerspricht also keineswegs den häufig rechtsgerichteten Pfeilen, Flugzeugen usw., wenn ein „hinaus", „weiter" vom Rechtshänder gefühlt wird. Wir sollten uns also bei Richtungen unter anderem fragen, ob es sich um eine einfache Bewegung nach einer bestimmten Seite hin oder um eine Begegnung mit einem dort vorhandenen Gegenstand oder Wesen handelt.

Perspektivische Bilder mit einem Fluchtpunkt (im Bild) stellen die Tiefendimension besonders heraus. Sie zeigen also Richtungen in diese Tiefe hinein oder aus dieser heraus an (siehe Skizze 3).

Skizze 3

Entsprechendes gilt für Bilder mit zwei Fluchtpunkten ausserhalb des Blattes, wodurch rechts- bzw. linksgerichtete Diagonale entstehen (siehe Skizze 4).

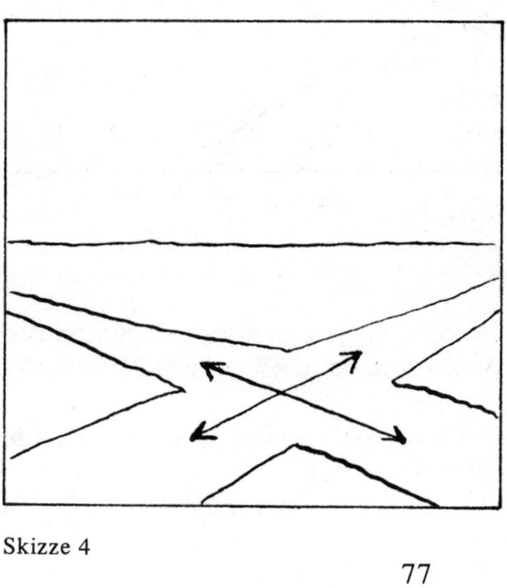

Skizze 4

Häufig entsprechen bei Rechtshändern die nach rechts und rechtsdiagonal aufwärts gerichteten „Bewegungen" und Linienführungen einem *Weiter, Hinaus, Zukünftigem* usw. Richtungsabläufe nach links und eventuell nach links unten werden vom Zeichner oft spontan mit Zusätzen wie *zurück, früher, hinein* usw. bezeichnet. Sollte sich der Zeichner selbst z. B. in Bildmitte plaziert haben, so kann für ihn natürlich erlebnismässig jede Richtung von dort in erster Linie einem *Hinaus* (aufs Meer) entsprechen (siehe Skizze 5).

Wir haben also die aufscheinenden Richtungen mit dem

Erleben des Gestalters zu korrelieren und nicht ihm eine „allgemeingültige" Richtungsbedeutung anzudichten.

Obige Skizzen haben uns zur ganz wichtigen und für das Bildverstehen oft entscheidenden Frage gebracht: „Erlebt sich der Zeichner oder Maler *im Bild oder* (es malend, zeichnend) *davor?"* Dies ergibt selbstverständlich eine Seitenumkehrung. Auf Grund von Angaben des Gestalters über Links- oder Rechtsplazierung kann man sich klarmachen, *wo* der Gestaltende sich „befindet". Siehe Skizze 6a und 6b.

Skizze 5

Skizze 6a

Skizze 6b

Skizze 6a gibt in etwa eine Buntstiftzeichnung eines Patienten wieder, der dazu unter anderem sagte: „*Links* war ein schöner Wald, mit hohen Fichten."

Therapeut: „Links?" Patient: „Ja, links vom Haus." Der Patient befindet sich also *im* Bild.

Zu Skizze 6b sagte eine Patientin: „Die Vase *rechts* haben wir in unserem

Wochenendhaus." Sie sieht also die Gegenstände vor sich, steht im Selbsterleben ihrem Bild also *gegenüber.*

Das Im-Bild-Sein schliesst aber das Gegenüber- oder Davor-Sein keineswegs aus. Im Beispiel über Ich-Stützung (S.45, Abb.9 und 10) ist beides, je nach Betrachtung des Gestalters, gegeben. Im Bilde befindet sich „die Angst" hinter der kleinen Gestalt der „Patientin". Zugleich schaut die malende Patientin ihrer Angst (erstmalig) ins Antlitz. Somit hat das „Im-Bild-*Sein*" und das „Gegenüber- oder Davor-*Sein*" mit dem mehr oder weniger unmittelbaren Einleben und Einfühlen zu tun, also mit einer geringeren oder stärkeren Identifikation. Es ist auch häufig zu beobachten, dass Gestalter, die sich „im Bilde" befinden, leichter annehmen können, was das Bild ihnen „sagt", als die „ausserhalb" bleibenden.

Zu *Oben* und *Unten* taucht das alte Weltbild von *Himmel – Erde – Hölle* ebenso auf wie das *Über-Ich* (Ideal-Ich) – *Ich – Es* der Psychoanalyse oder das *Eltern-Ich – Erwachsenen-Ich* und *Kind-Ich* der transaktionellen Analyse. Es ist auch erlebnismässig keineswegs gleichgültig (siehe Skizze 7), ob etwas *nach oben* geht (steigt, spriesst, durchbricht oder sprengt) oder *von oben* kommt (fällt, droht, strahlt oder landet). Entscheidend ist hauptsächlich, wie der Gestalter die Plazierungen und Richtungen erlebt.

Skizze 7

Die Untersuchungen von RENNERT [127] u.a. hinsichtlich der *Horizontverschiebung* nach oben bei Aufkommen psychotischer Zustände und der „Rückwanderung" des Horizontes in die gewohnten mittleren Bildbereiche bei Besserung, sind auch vom Erleben des Gestalters her bedeutungsvoll. Natürlich sieht ein Mensch, der sich auf einer Bergspitze befindet, den Horizont hoch; dies mag einmal mit einer kürzlichen Bergwanderung, ein andermal mit einem geistigen oder bedürfnismässigen „Höhenflug" (*mit oder ohne* drohenden Realitätsverlust) zu tun haben. Ebensogut kann beides zusammenhängen, wenn die Bergwanderung vielleicht wegen des „Höhenfluges" in der Erinnerung auftaucht oder auch, wenn aus Isolierungstendenzen und Überblicksbedürfnissen hochgelegene Stellen aufgesucht werden. Auch hier kommen wir vom *Oder* zum *Und,* wenn wir weitere Möglichkeiten nicht aus den Augen verlieren, geschweige denn ausschliessen wollen. In Kombination mit anderen Zeichen hat sich die Horizontverschiebung aber als sehr zuverlässig erwiesen.

Dabei interessiert uns hier vor allem die Möglichkeit, dem Gestalter selbst sein eventuelles „Verflogen- und Verstiegen-Sein" (siehe Skizzen 8a–d) sehen und erleben zu lassen. Wir können so zu seiner „Erdung", verbesserter Realitätsbeziehung und -verankerung beitragen.

Skizze 8a

Skizze 8b

Skizze 8c

Skizze 8d

Die zentrale oder periphere Plazierung von Figuren, Gegenständen usw. spielt eine beträchtliche Rolle. „Kräfte" bzw. Richtungsvektoren aus dem Zentrum heraus können über Selbstwertgefühl und expansive Möglichkeiten etwas aussagen, „Bewegungen" zum Zentrum hin dagegen mit Eigenbezogenheit und/oder Zielgerichtetheit zu tun haben. Besondere Beachtung ist der Bevorzugung bestimmter „Plätze" für äquivalente Details zu schenken. Als Beispiele werden die sechs ersten Bilder einer 34jährigen, verheirateten, überwiegend hysterisch strukturierten Patientin und das erste Bild einer 35jährigen, unverheirateten Patientin mit Schreibkrampf herangezogen. Die beiden Beispiele sollen zugleich die Bedeutung der **Initialbilder** [28, 29, 77, 144] unterstreichen. Initialträume und Initialbilder können in ähnlicher Weise therapeutisch verwendet werden. In beiden stellt sich der Patient oft hinsichtlich Persönlichkeitsstruktur, Symptomatik, aktueller Situation, Genese, Erwartungen an den Therapeuten und sozusagen seinem Handlungsprogramm für die Behandlung vor.

Beispiel 1 (Abb. 27 bis 32): Es wird hier nur auf die Plazierung spezifischer „Inhalte" an etwa derselben Stelle der sechs Bilder näher eingegangen. Anderes wird gar nicht oder nur am Rande berührt.

Bild 1: *Ein Zauberwald.* Die Patientin bezeichnet den Kinderkopf mit der Mütze als „Tomtenisse" (das ist eine Art freundlicher Weihnachtszwerg). Dann sagt sie: „Aus dem Zauberwald späht *rechts* ein Mann ... er beobachtet mich, ich weiss nicht, ob er gefährlich werden kann." (Zusammenhänge sind gegeben zur Ehesituation, zum Geliebten, zum „Männlichen" in der Patientin und zum Therapeuten.)

Bild 2: *Sträucher.* Neben anderen Einfällen bezeichnet die Patientin den mittleren, rechtsgerichteten Zweig am *rechten* „Busch" (mit schwarzem Bleistift gezeichnet) als abgestorben. (Die Farbwahl der Zweige am grossen und kleinen Busch ist interessant. Es wurden zweifellos in der Natur nicht vorkommende Farben verwendet. Dies dürfte aber in diesem Falle sicher nicht fehlender oder bedrohter Realitätskontrolle entsprechen, sondern eher dem starken Bedürfnis der Patientin nach Buntheit zuzuschreiben sein. Letztere Tendenz hat auch im Leben der Patientin zu „künstlich anmutenden Scheinblüten" geführt.)

Bild 3: „Diese *komische Figur* geht nach rechts, ich weiss nicht wohin", meint die Patientin. Der *freie Raum* auf der *rechten Bildseite* wird nach Besprechung von Bild 6 und beim Versuch einer Zusammenschau sämtlicher Bilder der Patientin als *leer* und für sie daher bedrohlich (sie hat unter anderem auch Platzangst) klar.

Bild 4: *Segelboote.* Hier fällt der Patientin neben dem „gefährlichen Spiel beim Auf-der Höhe-sein" (in Blattmitte) das „bedrohte kleine Boot" (*rechte* Bildseite) auf.

Bild 5: *Rauchen.* Die Patientin beschreibt hier den Blick des Mannes als scharf beobachtend und den Mund als verkniffen. Zur brennenden Zigarette fällt ihr die Gefährlichkeit des Rauchens, die Möglichkeit, einen Lungenkrebs zu bekommen und das „Nicht-bleiben-lassen-können" ein.

Bild 6: *Meine Bauernhütte.* Ein Motiv, welches die Patientin seit ihrer Kindheit immer wieder gezeichnet hatte. Sie beschreibt den See, den Mann (Vater) im Ruderboot, das Haus und den Zaun. Nach ihrer Meinung ist der Hund fest angekettet (man beachte die „Kette", die aus unverbundenen Punkten besteht). Weiter erwähnt sie die Möve auf dem Stein im See und schliesslich das Blumenbeet im *relativ leer anmutenden rechten* unteren Quadranten. Dann sagt sie: „Alles ist wie einst, nur an Stelle des Blumenbeetes habe ich früher immer einen Apfelbaum gezeichnet und dahinter ging der Zaun weiter. Hinter dem Zaun und vor dem See grasten ein paar Kühe. Der Zaun war da, damit die Kühe nicht in den Gartenteil kommen, dort grasen und ihn zertrampeln konnten." Statt des fruchttragenden Apfelbaumes sind jetzt also Blumen gezeichnet, die Kühe sind verschwunden und mit ihnen die Begrenzung, die ihr Eindringen verhindern konnte.

Die Patientin hatte nach der Geburt ihres jüngsten Kindes (8 Jahre vor der Behandlung) Angst vor einer weiteren Schwangerschaft und wich dem ehelichen Verkehr aus. Bis zum nicht mehr länger zu umgehenden Eingeständnis einiger Seitensprünge hat sie dem Gatten gegenüber ihre Ablehnung mit allgemeinem Ekel vor den Männern begründet. Nach dem Bruch mit der eigenen Mutter hatten sich ihre Ängste, dass dem Gatten und den Kindern ein Unglück geschehen könnte, verschärft. Mütterlichkeit und weitere Mutterschaft wurden abgelehnt. „Ich möchte über mich, meinen Körper, meine Zeit und alles verfügen ... ich will nicht, dass der Körper über mich bestimmt." Im Falle dieser Patientin könnte der rechte untere Quadrant also sehr wohl der Realität und der nächsten Zukunft entsprechen. Die Leere, die Bedrohung und auch die „Scheinblüten" wurden von der Patientin registriert. Sie sagte einmal: „Ich habe nie richtig geliebt, es war immer mehr ein Habenwollen ... immer spiele ich bloss ... ich kann mich nicht ganz für etwas auftun." Leider erwies sich diese Befürchtung auch für die Behandlung als gültig. Die Patientin kam unregelmässig zu den Gruppensitzungen, wich der Bearbeitung aus, „verstand nichts" usw. Als die Gruppe und der Therapeut auf einer genügenden Kontinuität und einem wirklichen Durcharbeiten beharrten, brach sie die Behandlung unter Hinweis auf einen „neuen Arbeitsplatz, der alle Probleme lösen" würde, ab.

Beispiel 2: (Abb. 33) Eine 35jährige, unverheiratete kaufmännische Angestellte litt seit 12 Jahren an funktionellem Schreibkrampf, multiplen muskulären Verkrampfungsreaktionen, Unruhezuständen und Anorgasmie. Es lag eine ausgeprägte hysterisch-zwangsneurotische Persönlichkeitsstruktur mit depressiven Anteilen vor. Die Patientin malte am 12. Tag nach der Aufnahme dieses Initialbild.

Es sei vor allem auf das *Fehlen der Mitte* hingewiesen, das sich sowohl in der Darstellung des Baumes (die Krone sitzt dem Stamm nicht auf, ist nicht gewachsen) als auch in dem unbemalt gebliebenen Mittenbereich zeigt. Der Patientin fällt die einsame Frau auf der Bank links im Bild auf. Sie gibt an, dass der Hund auf der rechten Bildseite ursprünglich ein Pferd werden sollte. Dabei lacht die Patientin. Es sei ihr der Vater eingefallen, der ursprünglich Pferdehändler war, dann langsam „auf den Hund" gekommen sei. (Er nahm sich im 12. Lebensjahr der Patientin das Leben.) Ein Hund sei in ihrer Kindheit ihr bester Kamerad gewesen. Der Baum in der Mitte habe zwar einen breiten Stamm, sei aber schlecht im Boden verankert, die Baumkrone nur aufgesetzt. Sie habe noch die Handtasche der Dame zeichnen wollen, auch Vögel und das ganze Mittelstück, habe es dann aber gelassen. Die Patientin bringt als nächsten Einfall, dass sie bei ihren Bekanntschaften immer „draufgezahlt" habe, meint dann, dass sie sich über ihre ständig erwartungsvolle Spannung im Klaren sei. Der Bewandtniszusammenhang zwischen ihrer oralen Ungeduld und dem Unbefriedigtbleiben konnte anhand ihrer Lebensgeschichte und dem Aufgeben beim Malen erarbeitet werden. In beiden Fällen fehlt die Mitte, die Patientin „stellte hin" statt wachsen zu lassen. Diese Erkenntnis führte über eine Erhöhung des primären Leidensdruckes zu einer besseren Motivierung für die Behandlung.

Wir sind in unseren Beispielen bisher von der *Bleistift-* über die *Buntstiftzeichnung* bis zum „dünnen" oder zarten *Aquarell* gekommen. Hinsichtlich der Dynamik des (Bleistift-, Pinsel- oder auch Finger-)Striches, seinem Druck, seiner Getriebenheit, seiner Geschwindigkeit und Grösse finden sich in Serie I des Anhanges deutliche Hinweise („Gefühlsblumen", Abb. 54 und „Schwarzer Himmel", Abb. 64), ebenso in den Abb. 67 und 68. Die Wahl des Zeichen- oder Malmaterials kann einiges über den Gestaltenden sagen – auch ihm selbst.

Wichtig erscheint mir, dass der Therapeut weiss, was er durch seine Art des „Angebotes" hervorruft, begünstigt und/oder behindert. Auf diese Fragen wird im nächsten Kapitel über den Umgang mit Gestaltungen und dem ganzen Gestaltungserleben näher einzugehen sein. Was die spontane Wahl verschiedenen Materials angeht, ist es natürlich wichtig, zu wissen, dass ein Bleistift eine grössere „Distanz" erlaubt, als z. B. Fingerfarben. Andererseits ermöglicht der Bleistift auch eine klarere Strichführung als z. B. das „Nass-in-Nass-Malen" mit Aquarellfarben. Diese relativ zarten Farben entsprechen häufig gefühlshaften Ansätzen besser als *Plakatfarben,* die mit ihrer Leuchtkraft und „Dichte" oft beim Auftauchen starker Affekte und Impulse gewählt werden. Die „Hautnähe" der *Fingerfarben* (vgl. auch Kneten und Modellieren) begünstigt ein zunehmendes „Sich-freier-Ausdrücken" bis zu ungehemmten Impuls-„Durchbrüchen". Vom vorsichtigen Probieren mit spitzen Fingern bis zum Schmieren mit beiden Händen in grossen Bewegungen, sind es für den weniger Gehemmten und nicht allzusehr in Haltungen Erstarrten oft nur einige kleine Schritte.

Auf „allgemeine Bedeutungsgehalte" einzelner Farben und Farbnuancen sei hier nicht näher eingegangen, sondern auf einschlägige Kapitel in JACOBIS „Vom Bilderreich der Seele" [77] und LÜSCHERS „Psychologie der Farben" [105] verwiesen. Es muss aber gleich nachdrücklich davor gewarnt werden, Ergebnisse von Häufigkeitsuntersuchungen „zurück" auf das einzelne Individuum zu übertragen. Für diagnostische Zwecke mag dieses Vorgehen Richtungen angeben, Vermutungen nahelegen und gelegentlich sogar deren Verifizierung ermöglichen. Bei der therapeutischen Verwendung ist es jedoch für den Patienten entscheidend, dass von seinem Erleben und seinen Assoziationen und ganz besonders seinen Realeinfällen [29, 65, 141] ausgegangen wird.

Themengebundene Bildserien erlauben das zielgerichtete Eingehen auf Erlebnis- und Konfliktbereiche, die durch das gegebene Thema angeregt werden. So liegen z.B. bezüglich der Verwendbarkeit der *Elementen-Bildserie* nach WITTGENSTEIN [160] anschauliche und überzeugende Darstellungen vor. Auf die diagnostischen Möglichkeiten wollen wir im Rahmen dieser Arbeit nicht eingehen. Das Malen der ganzen Serie (24 Bilder) hat sich mir unter anderem aber beim Erarbeiten individueller Erlebnis- und Reaktionsweisen bestens bewährt, besonders wenn eine vergleichende Besprechung in einer Gruppe möglich ist. Auch in diesem Verfahren ist eine pseudotestmässige, „entpersönlichte" Anwendung oft fehlerhaft, manchmal gefährlich. Ich kenne Fälle, wo der Malende nach Fertigstellung der ganzen Serie mit dem „Resultat" konfrontiert und anschliessend ohne Gesprächsmöglichkeit darüber „aufgeklärt" wurde, wie er sich von nun an günstigerweise verhalten solle. Die Mindestforderung muss sein, dass die eigenen Eindrücke, ehe sie ausgesprochen werden, mit den Einfällen und dem Gestaltungserlebnisbericht des betreffenden Patienten verglichen werden. Während oder nach diesem Gespräch wird zu entscheiden sein, was therapiefördernd (schon) mitgeteilt werden kann oder soll.

In der klinischen Psychotherapie habe ich einleitende Themengebungen gelegentlich verwendet. Bis 1963 bestand die angebotene Serie aus folgenden Einzelthemen: *ein Baum – ein Haus – Zweisamkeit – Gemeinschaft – ein (Tag-)Traum – ein freies Thema.* Später habe ich die Themen „Zweisamkeit" und „Gemeinschaft" durch das Symbolzeichnen von GRÄTZ, das heisst dem schon erwähnten *Ich – Du – Wir* ersetzt.

Die aus dem KOCHschen Baumtest [90] bekannten Kriterien und Zeichen lassen sich auch bei therapeutischer Verwendung immer wieder bestätigen. Der Baum ist ja allgemein als „Repräsentant" der eigenen Persönlichkeit, der eigenen Entwicklung, wie auch der Familiengeschichten bekannt. Auch die aktuelle Situation, sowie Andeutungen zukünftiger Entwicklungsmöglichkeiten können sich in ihm ausdrücken. Hinweise auf Art der Symptomatik und den Zeitpunkt ihrer Entstehung kommen häufig vor.

Beim Thema *Haus* ist häufiger der aktuelle Stand auf Objekt- oder Subjektstufe mit „eingeflossen". Bezüglich Objekt- und Subjektstufe siehe insbesondere Kap. 4, S. 166 ff.

Während beim Thema *Zweisamkeit* oft Gegebenheiten und Schwierigkeiten in der Zweierbeziehung, Partnerschaft und Intimsphäre auftauchen, so finden wir bei *Gemeinschaft* interessante Hinweise unter anderem durch die Anzahl der einbezogenen Personen. Es kann ja eine Zweiergemeinschaft, ein Familienverband, eine Kleingruppe oder auch ein Kollektiv dargestellt werden. Das Vorhandensein oder auch Fehlen verbindender Elemente oder gemeinsamer Ziele kann Ausgangspunkt für ein Gespräch über das Kontakterleben des Patienten sein.

Unser Thema *ein (Tag-)Traum* erleichtert oft das Aufgreifen höchst persönlicher Erlebnis- und Reaktionsweisen auf der Subjektebene. Natürlich besteht auch die Möglichkeit, manchmal die Notwendigkeit, derartige Bilder – wie richtige Träume – auf verschiedenen Ebenen (Kap. 4, S. 166ff.) zu bearbeiten.

Zu Beginn der Verwendung gestalterischer Verfahren in der Psychotherapie ist es oft nützlich, das Thema: *ein freies Thema* zu geben. Für den in kreativer Hinsicht ungewohnten Patienten kann es eine gute Hilfe beim Übergang zum freien Malen sein. Erstaunlich selten wird darauf hingewiesen, dass diese Aufgabenstellung im Grunde ja gar kein Thema sei. Von schüchternen oder noch unsicheren Patienten wird es als Auftrag, von eingeengten und gehemmten als Erlaubnis und Ermächtigung erlebt und führt häufig zum Auftauchen und zur Darstellung bisher nicht zugelassener Impulse, Wünsche und deren Verarbeitungen.

Wir sind damit zu den ***freien Bildnereien*** gekommen, die naturgemäss in der einsichtsvermittelnden, also die Möglichkeiten der Erlebnisverarbeitung erweiternden Psychotherapie ganz im Vordergrund stehen.

Von der schlichten Anregung, neben Träumen auch Bildnereien mitzubringen, die „nicht nach Modell oder Vorlage" entstanden sind, über gemeinsame oder individualtherapeutische „Atelierstunden" bis zu „Bildnereien aus dem Unbewussten" nach C. G. Jung [82] gibt es alle Übergänge.

Ein grosser Teil des Bildmaterials dieses Buches besteht aus „freien" Zeichnungen und Malereien. Wie eine solche Anregung zum *Bildnern aus dem Unbewussten* etwa aussehen kann, ist in Kap. 4 bei der Frage der Einleitung und Startbegünstigung gestalterischen Tuns (S. 147) angegeben.

Schliesslich sind noch Arbeiten zu erwähnen, in welchen die *verschiedensten Materialien kombiniert* werden. So entstehen **Kollagen** und andere **Bildmontagen** (siehe Abb. 34 und 35) aus Zeitschriften, Bildern, Stoffresten und vielen anderen Dingen (Knöpfen, Klammern, Watte, Moos, Steinchen, Blättern, Muscheln usw.).

Das Betrachten derartiger Dinge gibt oft Anregungen und hilft somit beim Sehen, Auswählen und Zusammenstellen. Es erleichtert oft den Zugang zur eigenen Kreativität. Derartige Kompositionen eignen sich aber auch besonders zur Darstellung eigenartiger und manchmal bizarrer Inhalte.

So sagte einmal ein künstlerisch sehr begabter, eigenbrötlerischer Patient von 56 Jahren, nachdem er in den schreiendsten und – wie er selbst meinte – „grässlichsten" Farben eine *„Muttergottes JETZT"* aufgeklebt hatte: „Das hätte ich nie malen können, der Pinsel hätte sich gesträubt, das Thema der Muttergottes ist mir zu heilig, als dass ich die Clopapierrolle, den stinkenden Abfall, die Fliessbandarbeit und die Abtreibung selber hätte hinmalen können ... aber hinpappen (hinkleben) ... das ging."

Modellieren

Durch die Geschmeidigkeit und den starken Anmutungscharakter des Materials ist bei Modellierarbeiten der Übergang von der Beschäftigungstherapie (Kap. 1, S. 11) zur gestaltungs*therapeutischen* Arbeit besonders leicht. Das vorbereitende Anrühren des Tons kann als Einstimmung und „Sich-vertraut-machen" mit dem Material eine wichtige stimulierende Funktion haben. In etwas weniger hohem Grad gilt dies auch für das Weich- und Durchkneten von Plastillin oder anderen Modelliermassen. Beim Angebot verschiedener plastischer Materialien ist eine kurze Aufklärung über deren Charakter und Anwendungsmöglichkeiten sicher am Platz. Besonders für Menschen, die vielleicht zum erstenmal in ihrem (Erwachsenen-)Leben (wieder) formen. So kann die Formbarkeit des Tons durch verschiedene Mischungsverhältnisse beeinflusst werden. Ton und einige andere Modelliermassen müssen trocknen, einige davon können gebrannt und glasiert werden. Andere Modelliermassen bleiben über Jahre geschmeidig und zeichnen sich durch verschiedene Zähigkeit aus.

Das Dazukommen der 3. Dimension, das Spüren und Erspüren der räumlichen Ausdehnung – im Falle der Darstellung von Lebewesen der Eindruck der *Körperlichkeit* – trägt sicher zur Erlebnisintensität bei. Ein 36jähriger Patient, der sich während der Therapie erstmals im Erwachsenenalter wieder ausserverbaler Ausdrucks- und Kommunikationsmittel bediente, sagte: „Wenn ich etwas zeichne, dann habe ich ein anschauliches Bild von einer Sache, das ist lebendiger als eine Beschreibung in Worten. Aber wenn ich es forme, da ist es, als hätte ich das Ding selbst in meinen Händen."

Anhand einer Serie von Skulpturen zeichnet sich der Entwicklungsweg der Behandlung oft deutlich ab. Die Zeichen dafür sind für Patient und Therapeut gleicherweise zugänglich. Dies ist besonders schön in der Publikation von JÖRSTAD [81] „Clayforming in Psychotherapy" beschrieben. Über die Arbeit mit plastischem Material in Gruppen hat SYDATH [154] und DERBOLOVSKI [19, 20] Grundsätzliches und viel Beispielhaftes beigetragen. Es ist dabei zu unterscheiden, ob

a) eine Gruppengestaltung geschaffen wird;

b) Gestaltungstherapie in der Gruppe oder
c) Gruppentherapie anhand von Gestaltungen

betrieben wird. Im ersten Fall arbeitet eine Gruppe oder Untergruppe gemeinsam an einem „Werk", im zweiten Fall macht jeder in der Gruppe seine eigene Skulptur und im dritten Falle werden z.B. vorher einzeln angefertigte Figuren in der Gruppe besprochen.

Dazu einige Beispiele: Eine Ausbildungsgruppe (13 Teilnehmer, 11 beim Gruppenversuch anwesend) macht sich an die „Gruppenarbeit" *einen Mann und eine Frau* zu modellieren (Abb.36). 5 Teilnehmer (3 Frauen und 2 Männer) formen den Mann. Sie beginnen aus einem Stück zu arbeiten. Abwechselnd formen ein bis zwei an verschiedenen Körperteilen, während die anderen die, durch die intensive Arbeit inzwischen weich gewordene, Modelliermasse stützen. Unter Lachen wird festgestellt, dass „der Mann" zwar immer schöner geformt und schlanker, dafür aber zu weich geworden war. Die Skulptur wird zum Härten auf das äussere Fensterbrett in die kühle Herbstluft gelegt, wobei auch noch die Befürchtung geäussert wird, dass „der Mann" sich erkälten könnte. In der Zwischenzeit haben die 6 Mitglieder (4 Frauen und 2 Männer) der anderen Untergruppe, jeder für sich, mit verschiedenen Gliedmassen begonnen. Es wird erst nachträglich festgestellt, dass 2 Köpfe, 3 Arme, 2 rechte Beine, ein viel zu kleiner Rumpf und ein viel zu grosser Becken-Gesäss-Bauch-Teil zur Verfügung stehen. Das linke Bein fehlt ganz. Unter einigem Umformen werden die nicht ganz zusammenpassenden Teile schliesslich vereint und unschöne Übergänge durch eine Halskette, einen breiten Gürtel, einen Blumenkorb und reiches Haar verdeckt. Die Gruppenteilnehmer blinzeln sich vergnügt zu, als die Mitglieder der anderen Teilgruppe die fertige „schöne Frau" bewundern und deren versteckte Mängel nicht bemerken. Schliesslich wird der „erkaltete, aber dadurch stabile" Mann geholt, um die Frau von hinten zu stützen, wobei er zu einem Knieenden umgeformt wird. Das ganze Geschehen und die laufenden Kommentare der verschiedenen Teilnehmer bilden das Ausgangsmaterial für ein vielschichtiges Gruppengespräch, in welchem u.a. die Arbeit aus einem Stück dem Zusammenfügen aus Einzelteilen gegenübergestellt wird. Die Beschäftigung mit den verschiedenen Körperteilen wird in ihrem Erlebniswert verglichen. Die Täuschungsmanöver der Frauen und dann aller Menschen werden besprochen. Schliesslich werden die Einstellungen der einzelnen Gruppenteilnehmer zur Frage der weiblichen und männlichen Rolle, in früherer Zeit und jetzt, durchgearbeitet.

Beispiel 2: In einer Gestaltungsstunde werden von einigen Patienten Köpfe geformt. Eine 38jährige, verheiratete Frau, Mutter dreier Kinder, hat die Absicht geäussert, einen *Frauenkopf* zu machen. Sie arbeitet mit relativ weichem Ton. Statt eines Frauenkopfes entsteht ein Babykopf. Das freute die Patientin, da dieser „so lieb" war. Sie machte einen weiteren

Kopf, der wieder ein Kinderkopf wurde, was die Patientin bald akzeptierte, da das „Mädchen" etwas älter aussah (etwa 5–6 Jahre). Beim dritten Versuch kam wieder ein Kinderkopf zustande und trotz aller Bemühungen, ihn erwachsener zu gestalten (Haartracht, Augengläser und Arbeit an der Nase) blieb es ein Kinderkopf. Die Patientin sagte ärgerlich: „Jetzt muss es aber ein Frauenkopf werden." Sie begann zum vierten Male zu formen. Als es wieder ein „Kindskopf" wurde, presste sie ihn so gewaltsam in ihrer rechten Hand zusammen, dass kleine „Tonwürste" zwischen den Fingern hervorkamen. Dann warf sie die deformierte Tonmasse auf den Boden.

Um die Tragweite dieses Geschehens (und die daraus folgende therapeutische Möglichkeit) richtig verstehen zu können, ist die Kenntnis des Hintergrundes der Patientin nötig. Als sie eben mit ihrer Berufsausbildung (als Friseuse) beginnen wollte, war sie schwanger geworden. Sechs Jahre später sollte das erste Kind zur Schule gehen und die Patientin plante, jetzt ihre Lehre wieder aufzunehmen. Sie wurde aber gerade da wieder schwanger, was sie ihrem Mann vorwarf. Nach weiteren sechs Jahren fiel es ihr sehr schwer, die dritte Schwangerschaft überhaupt noch zu akzeptieren und den Berufswunsch noch einmal hintan zu stellen. Als sie einige Monate vor der Aufnahme, nun mit Kindern im Alter von 19, 12½ und 6 Jahren, wieder „gerade zur Unzeit" schwanger wurde, entschloss sie sich zur (legalen) Schwangerschaftsunterbrechung. Aber statt sich danach – wie von der Patientin erwartet – erleichtert zu fühlen und den bereits vorgesehenen Berufskurs beginnen zu können, wurden die phobischen Ängste (meist um die Sicherheit der Kinder) zu unüberwindlichen Schreckvorstellungen. Sie musste wegen zunehmender Depressivität in die Klinik eingewiesen werden. Der leise Hinweis des Therapeuten (mit verständnisvoller Stimme): „viermal dasselbe Missgeschick ist aber auch zuviel" reichte für die Patientin völlig aus, die Parallelität zwischen Lebensgeschichte und Gestaltungsverlauf zu erleben. (Erst viel später konnten die Angst vor der eigenen Unfähigkeit, die Angst vor dem Berufsleben und die Befreiung von diesen Ängsten durch die Schwangerschaften, bearbeitet werden.)

Besonderes Augenmerk soll noch auf die *ständige Weiterarbeit* am gleichen „Werkstück" gelenkt werden. Dies ist besonders bei Menschen angezeigt, die in ihrer frühkindlichen Entwicklung psychisch, emotional gestört wurden. Die Arbeiten von PANKOW [117] und SECHEHAYE [143] sind diesbezüglich sehr aufschlussreich. In der Weiterformung und Ausgestaltung solcher *Identifikationsfiguren* spiegeln sich die *Arbeit am Ich,* Fortschritte und Rückfälle sowie die gesamte Entwicklung wider. Siehe diesbezüglich auch Kap. 5, S. 228, Indikationen aufgrund persönlichkeitsstruktureller Kriterien. Materialmässig eignen sich dazu naturgemäss die geschmeidig bleibenden Modelliermassen.

Für die Anfertigung von *Handpuppenköpfen* ist Papiermaché wegen seiner Leichtigkeit vorteilhaft. Die Möglichkeiten individueller Formgebung und Bemalung, das Wachsen der Puppengestalt aus den eigenen Händen und das Selbermachen entsprechender Kleidung begünstigen sowohl Identifikation, wie auch die eventuelle tiefe Beziehung zu derartigen Figuren. Aus den angegebenen Gründen sind selbst angefertigte Puppenköpfe den gekauften weit überlegen (siehe unter *Handpuppenspiel,* S. 107).

Hinsichtlich formaler Kriterien (Grösse, Richtung, Formabweichung usw.) gelten die gleichen Gesichtspunkte wie bei den Bildnereien (S. 72). Das ganze Spektrum von thematisch völlig freien bis zu gezielt thematisch festgelegten Arbeiten (S. 71) steht zur Verfügung. Als Hilfestellung ist bei manchen (Wieder-)Anfängern der Weg vom Gebrauchsgegenstand über Pflanze bzw. Naturgegenstand (Muschel, „Landschaften" und ähnliches) zu Tieren und „einem menschlichen Wesen" angezeigt.

Weitere Beispiele über Modellieren: „Betende", S. 29f., Abb. 4 und 5, 3 Köpfe, S. 51f., Abb. 12 und 13 und Woge, S. 197f., Abb. 43 und 44.

Musiktherapie

Von den verschiedenen musiktherapeutischen Ansätzen sind für unser Thema in erster Linie die eigenproduktiven, kreativen Aktivitäten interessant. Natürlich hat auch die Erlebnisantönung durch Musik-Hören und das Spielen vorgegebener Musik ihren Platz. Die ganz unterschiedliche Einwirkung verschiedener Musikstücke, HARRER [60 und 61] und verschiedener Tonintervalle, GLASER [50] auf vegetativ gesteuerte Funktionen, Stimmung und Erlebnistönung hat sowohl medizinisch als auch psychotherapeutisch Bedeutung. Das Auffinden des Eigentones – z. B. beim Summen –, ja schon das Erlebnis, einen solchen *eigenen Ton* zu „haben" und haben zu dürfen, wirkt auf den Übenden zurück. Es entstehen in summenden Gruppen z. B. eigenartige, schwebende Klanggebilde, sogenannte Klangwolken, BRESGEN [13], die auch den Summenden selbst einen Raumeindruck vermitteln. Der lebendige Übergang zwischen Dissonanzen und sogenannten Wohlklängen, gelegentliches „Stehenbleiben" auf einem Klang und das „Eintropfen" rhythmischer Elemente durch Schnalzen, Klappen und Klatschen führen zu recht starken, ursprünglichen bis urtümlichen Erlebnissen. Dabei werden nicht selten Erinnerungen und Geschehnisse in lebendiger Form geweckt und der Therapie zugänglich. Das Schlagen von Blocktönen, Handtrommeln, Holz- oder Metallxylophonen erlaubt es dem Einzelnen, ganz eigene Rhythmusformen – *ohne* ein vorgegebenes *falsch* oder *richtig* – „kommen zu lassen."

Soweit in Gruppen geübt wird, ergibt sich eine gewisse Einordnung schliesslich oft von selbst. Aus einem ungeordneten, vielleicht chaotischen Klopf- und Schlaggewirr erwächst bei fast allen das Bedürfnis nach einer lebendigen und in Variationen um einen Grundrhythmus schwingenden

Ordnung. Es kommen ganz überraschende Dinge vor. Eine zierliche, kleine, knapp 40jährige Dame wählte die grösste Handtrommel und gab in so grossen Zeitabständen lang schwingende Schläge, dass einige andere Patienten diese kaum noch als zusammengehörig erlebten. Erst als einige versuchten, den Schlägen in ähnlicher Weise nachzulauschen, wie es die Schlägerin machte, kam es zu einer ruhevollen Stimmung und Bewegung. Einige Teilnehmer gaben dem Bedürfnis nach einem ganz geruhsamen Schreiten nach, wobei die *Trommlerin* sich – ohne es vorerst selbst zu bemerken – bald dem Schreiten so anpasste, dass auf jeden 16. Schritt ein Schlag kam.

Fast immer wird auch, je nach Grundrhythmus, bald ein *Takt* gefunden und das langsame (gleichsam „taktvolle") Sich-Zusammenfinden führt zum – oft lustvollen – gemeinsamen Tun, zum *Kontakt.* Dabei wechseln häufig die führenden Instrumente. Gelegentlich gibt es „Machtkämpfe" in Lautstärke, Schnelligkeit und bei mehrtönigen Instrumenten auch an Melodiereichtum oder -originalität.

Derartige Erlebnisse in der kreativen Musiktherapie sind nachfolgender verbaler Bearbeitung leichter zugänglich, als realitätsverankerte Interaktionen oder Uneinigkeiten in der Abteilung. Das spontane Musizieren ist ja nicht im gleichen Ausmass von Geboten und Verboten gesteuert; auch Disharmonien und „Rhythmusstörungen" sind durchaus erlaubt, ja als Stimulanz willkommen.

Es kann besser sein, die Erlebnisse einer Musiktherapie„stunde" nicht zu verbalisieren, sondern in den folgenden „Versuchen" weiterzuführen. So ist es z. B. ohne weiteres möglich, einen *Machtkampf um die erste Geige* zum Anlass für ein Spiel um eine improvisierte abwechselnde Führung verschiedener Instrumente zu nehmen. Ein andermal will man einen immer nur heftig auf die Trommel hauenden Patienten zu einem *Zwiegespräch* (abwechselnden Schlägen) veranlassen und durch Variation der eigenen Lautstärke zum Ausprobieren verschieden harter Schläge „verführen", vielleicht ist er sogar zum *Nachlauschen* zu bewegen.

Im Rahmen der Musiktherapie kann natürlich auch zielgerichtet lernend und übend vorgegangen werden und dem Patienten so der Zugang zu bisher unbekannten oder gehemmten Erlebnis- und Handlungsweisen gebahnt, (wieder-)geöffnet, werden. Diese Möglichkeiten sollten von tiefenpsychologischer Seite nicht unterschätzt werden. Sie sind für umschriebene Zielsetzungen – wie z. B. dem Erüben einer Anpassung innerhalb einer Gruppe oder einem Arbeitsteam – sehr nützlich. Bei sehr früh Gestörten (intentionale Störung nach SCHULTZ-HENCKE [140], emotionale Grundstörung nach BALINT [7] usw.), deren Möglichkeiten nie geweckt wurden, ist das Angebot emotional gefärbter Erlebnisse sogar unumgänglich nötig. In diesen elementaren Musiktherapieformen spielen Ton, Klang, Rhythmus und eventuell Takt und Kontakt eine entschieden grössere Rolle als das Melos. Dieses gewinnt an Bedeutung, sobald wir Stimmungen und Gefühlsstörungen mit einbeziehen oder die Musizierenden das Bedürfnis haben, solche auszudrükken. Hier sind nicht nur Dur- und Moll-Tonarten, Ton- oder Klangstärke, regel- oder unregelmässige Tonfolge, sondern ebensosehr die Tonintervalle zu beachten. Das Fliessen der Sekund (z. B. Smetanas Moldaumotivbegleitung), der grösserschrittige bis hüpfende Charakter der Terzen, ihre Verwendung bei freundlichen oder weiten Rufen (abwärts), das Warn-, Gefahren- und Ausrufsignal der Quart, die „Grösse" der Quint und Sext, die manchmal tragische, manchmal jubelnde Weite der Oktav, nachdem vielleicht eine Septim schon auf diese Auflösung oder ein „Zurückfallen" über Terzen zur Prim drängt, seien als höchst unvollständige Beispiele angeführt. Wir finden deutliche Parallelen zwischen Intervallwirkung auf das Erleben und *typischen Intervallwahlen* beim Versuch, bestimmte Stimmungen und Erlebnisinhalte musikalisch auszudrücken oder zu untermalen. Zeichnen und Malen unter Musikeinfluss, SCHRÖDER [137] ist oft therapeutisch fruchtbar. Dabei macht die Art der Anregung einen beträchtlichen Unterschied aus. Bei der einen Form, GALLEE [49], wird vorgeschlagen, der Musik (Rhythmus, Takt, Melodie) mit der Bewegung zu folgen und Farben nach Stimmung der Musik zu wählen. Ganz anders ist es, wenn Bilder (also Illustrationen) zur gehörten Musik zu machen sind.

Zur kreativen Musiktherapie eignet sich besonders das Orffsche Instrumentarium. Ein sehr wichtiger Faktor dabei ist, dass es sich um Instrumente handelt, die auch der Ungeübte direkt verwenden oder mit geringer Mühe erlernen kann. Einfache „Blocktöne", Handtrommeln, Cimbeln, Handglocken, eventuell ein Triangel, Ein-Ton-Pfeifen, Blockflöten und einfache Xylophone werden häufigst benützt. Für den Einzelgebrauch sind Psalter besonders geeignet, sei es zum Ausprobieren von Tonfolgen, sei es zum einfachen und meditierenden Nachlauschen.

Bei Handtrommeln, aber auch bei Cimbeln, spielen Vibrationserlebnisse, neben den akustischen, eine beträchtliche Rolle. Der unterschiedliche Charakter beim Schlagen der Handtrommel mit einer Fingerspitze, mit der Handfläche, dem Handballen oder den Fingerknöcheln, ist schwer zu beschreiben, aber leicht zu spüren. Ebenso ist es mit dem Erleben des Klanges einer grossen Cimbel. Bei verschiedener Haltung und Stellung zum Ohr lassen sich unterschiedliche Obertöne heraushören.

Vor dem Bauch gehalten ist eventuell ein hebender Einfluss zu erleben, über dem Kopf kann die Cimbel eine „glockenhaft überdachende und erfüllende" Wirkung haben. Kleine Cimbeln werden nicht selten als „eindringlich" bis „schneidend" erlebt.

Auf Musik und Bewegung wurde im Beispiel über die Schreit-Impulse (S. 90) schon angespielt. Es sind über rhythmische Ton- oder Klangfolgen sehr leicht ein *Bewegt-Sein* und bald zugehörige Bewegungen zu erreichen. Dabei sind sowohl die physisch funktionellen Veränderungen bedeutungsvoll, als auch die erlebnismässigen, die „stimmen" und „umstimmen" können. Der Ausdruckscharakter der Bewegungen und das Erleben des *Bewegten* und *Sich-Bewegenden* können therapeutisch genützt werden. Somit kommen wir zum Abschnitt über „freie", improvisierte Tanz- und Bewegungsgestaltungen.

Die Anwendungsmöglichkeiten kreativer Musiktherapie werden in Kap. 5 über die Indikationen noch berührt werden. Als Basisliteratur für Musiktherapieformen seien neben TEIRICH [155] Arbeiten von SCHRENK [135, 136] und BRESGEN [12, 13] angeführt, für ihre Verwendung bei Neurosen und funktionellen Störungen SCHWABES Buch [142] als Grundlage empfohlen.

Tanzgestaltungen

Die tänzerische Bewegung kann zu spontan improvisierter Musik erfolgen. Es werden aber auch verschiedene rhythmische Elemente aus vielen Kulturbereichen angeboten oder Ballettmusik gespielt. Das Sich-Bewegen nach entsprechend zusammengestellten Tonbändern erlaubt ein Mitgehen mit den verschiedenen Rhythmen, vom stillen Sich-Wiegen und ruhigen Schreiten über lebhaftere Bewegungen, heiteres Hüpfen, ausgelassenes Springen bis zu kämpferischem, eventuell vernichtendem Stampfen. Dabei gibt es auch kein *richtig* oder *falsch,* nur verschiedenartige Bewegungsformen und Erlebnisweisen. Oft genug vertiefen diese das Verständnis für den Tanzenden und vermitteln auch diesem selbst Einsichten, die therapiebegünstigend wirken können. Der lösende Effekt aller tänzerischen Bewegungen ist im Beispiel des Feuertanzes (S. 65) klar zu sehen.

Eine besondere gestaltungstherapeutische Behandlungsform wurde von MAASS [108] als „Mythisches Tanzdrama" beschrieben. In vereinfachter Form dargestellt, handelt es sich um das gemeinsame Anhören einer Ballettmusik, wonach daran interessierte Patienten sich nur darüber einigen, wie die Rollen zu verteilen sind und während welcher Passagen welche Tänzer auf der „Bühne" sind. Dann wird aus dem Stegreif getanzt. Besonders gut ist für erste Versuche Prokofjews *Peter und der Wolf* geeignet, da die einfache Handlung und die klare Zuteilung der Aktivitäten an die Tänzer jeweils durch die entsprechenden Instrumente angezeigt werden. Die Gestaltungen sind nicht nur miterlebenswert und oft überraschend, sondern auch differentialdiagnostisch und therapeutisch ergiebig. Auf welche Weise z. B. der Vogel Angst vor der Katze zeigt, wie gierig diese sich gibt, wie besorgt der Grossvater ist und wie leichtsinnig oder bloss „dumm" Peter, ob die Jäger zu weich oder hasserfüllt und destruktiv auftreten, all dies ist aufschlussreich und wichtig. Oft zeigt sich erst bei eventueller Wiederholung mit anderen „Tänzern", wie gross der Unterschied zwischen den verschiedenen spontanen Rollengestaltungen sein kann. So sahen wir einmal einen

„Wolf", der wirklich drohend und schreckerregend war und die hilflose Ente „zerriss" und „verschlang" (d.h. er riss einen Teil der Halskrause mit den Zähnen ab, den „Gefieder"-umhang herunter und liess die Entendarstellerin unter seinem Fell, einer alten grauen Decke, verschwinden). Er gab sie erst wieder frei, als die anderen Darsteller ihn daran erinnerten. Selbst hatte er diesen Teil der Geschichte „vergessen"! Beim zweiten Durchgang bekamen wir eine tragisch schicksalhafte Wolfsgestalt zu sehen. Gravitätisch schreitend schien der Wolf die Ente hypnotisieren zu wollen. Er „frass" sie nur symbolisch, indem er sie unter seinem Arm hindurch hinter sich schob. Später ging er „gefasst und wissend" den Jägern – wie mit sichtbar entblösster Brust – entgegen. Während es sich beim ersten „Wolf" um einen aggressiv sehr gehemmten, im täglichen Leben sehr schüchternen Mann handelte, der im spielerischen Tanz nie gelebte oral-aggressive und geradezu sadistische Züge zeigte (also seine Latenz darstellte), entsprach beim zweiten die Wolfdarstellung ganz den Haltungen, die er auch in der Realität lebte.

Als zweites Tanzbeispiel sei die Gestaltung der Titelrolle in Strawinskis Ballett *„Petruschka"* erwähnt. Der Hauptrolleninhaber war der gleiche Mann, der im Dornröschen so selbstverständlich die Rosenhecke „teilte" und dann an das zusammengekauerte Dornröschen nicht herankam. Im Tanze drehte er sich ständig um sich selbst. Auch in den Szenen zusammen mit der Tänzerin schlug er zwar grosse Kreise um diese, behielt jedoch die Drehung um die eigene Achse als Hauptbewegung bei. Die Mittänzer und Zuschauer zeigten ihm in der anschliessenden Diskussion sein Parallelverhalten am Esstisch auf. Das ärgerte ihn zuerst beträchtlich, führte aber dann zum Durcharbeiten seiner egozentrischen Züge.

Bei übendem bzw. lernendem Vorgehen ist es möglich, in kleinen, dosierten „Schritten" Ballettmusik oder Musik von Naturvölkern so anzubieten, dass neue Bewegungs- und Erlebnismöglichkeiten sukzessiv erarbeitet werden können. Für einsichtsvermittelnde Psychotherapieformen kann das gelegentlich intensive Erleben, dass dem „Tänzer" gewisse Bewegungen und Gestaltungen bisher (noch) nicht möglich oder zugänglich sind, zur Erhöhung des für die weitere Zusammenarbeit erforderlichen Leidensdrukkes beitragen. Auch zeitweilig nötige „Druckentlastungen" und Auflockerungen sind mit Hilfe kreativer Musik- und Tanztherapie über Erfolgserlebnisse – also durch (eventuell über Erwarten) gutes Gelingen – sehr wohl zu erreichen.

Pantomime

Bei der psychotherapeutischen Verwendung pantomimischer Ausdrucksformen geht es um Gesten, Bewegungen und ganze Bewegungsabläufe. Pantomimen (SPARRE [147]) unterscheiden sehr wohl zwischen „Zeichen" und pantomimischen Gestaltungen. Bei Zeichen werden allgemeinverständliche Gesten gemacht, z. B. die des Trinkens oder das „Ja" und „Nein" durch Kopfbewegungen, das „Vogel"-zeigen des Autofahrers und so fort. Diese Zeichen können in anderen Kulturkreisen allerdings ganz anders aussehen. Dem Pantomimen dagegen geht es um die Darstellung der typischen Bewegungsmomente, wozu er diese betont hervorhebt und so *die Bewegung selbst* anschaulich macht. So schafft er zwingend die Illusion der (nicht vorhandenen) Gegenstände, indem er diese „bewegt" oder Bewegungen an oder zwischen diesen ausführt. In diesem streng künstlerischen Sinne ist die Bezeichnung *Pantomime* für unsere gestaltungstherapeutischen wortlosen Gesten und Bewegungsformen natürlich nicht zutreffend. Ob „Zeichen" oder annähernd pantomimische Bewegungsabläufe überwiegen, ist für unsere Zwecke von zweitrangiger Bedeutung. Wichtig ist uns dagegen, dass durch den Wegfall der sprachlichen Kommunikation die Patienten spontan zu sehr deutlichen, übertriebenen und karikierenden Gesten greifen. Dadurch werden die zugehörigen Erlebnis- und Empfindungsweisen mobilisiert und vom Spieler oft ebenso deutlich wahrgenommen, wie vom Zuschauer gesehen. Es geht bei der gestaltungstherapeutischen Verwendung dabei nicht um die belustigenden Effekte, wie dies bei ähnlichen Gesellschaftsspielen (z. B. bei gewissen Pfandauslösespielen: „einen Affen darstellen", „mit zwei Gipsbeinen gehen" usw.) der Fall ist. Vielmehr werden Gefühlsinhalte, Stimmungen und typische Haltungen und Verhaltensweisen angesprochen. Diese können nach den verschiedenen Antriebsbereichen (Besitz-, Macht-, Geltungs-, Kontakt- und Liebesstreben) gewählt und angeboten werden und so zum *gezielten Durchspielen* von verschiedenen Verhaltensmöglichkeiten führen. Wenn beispielsweise in Einzel- oder Gruppengesprächen deutlich geworden ist, dass ein bestimmter Patient gerade in gewissen Hinsichten gehemmt und behindert ist, dann kann er durch dosierte pantomimische Aufgaben an diese Bereiche herangeführt und zur Bewältigung ermutigt werden. Für die psychotherapeutische Klinik hat sich das von HORETZKY eingeführte *Pantomimenspiel* [75] seit Jahren und vielerorts bewährt. Besonders für gruppentherapeutisch arbeitende Abteilungen ist es angezeigt. Je nach der sozialen Struktur des „Hauses" (von hierarchischer Ordnung bis zu wirklich therapeutischer Gemeinschaft) kann bei Aufgabenstellung und Durchführung mehr oder weniger gelenkt und gesteuert werden. Im Rahmen der bipolaren Gruppentherapie hat ENKE [23] die Durchführung des Pantomimenspieles weitgehend in die Hände des Patienten gelegt. In recht ähnlicher Form hat es sich bei gestaltungstherapeutischen Ausbildungsveranstaltungen bewährt.

Nun zum technischen Vorgehen:

Beim erstmaligen Versuch wird als allgemeine Anregung nur gegeben, Situationen darstellen zu lassen, in welchen Gefühle, Stimmungen und Verhaltensweisen zum Ausdruck kommen. Diese Aufgaben sollen in Ich-Form mit Namensangabe des gewählten „Pantomimen" auf je einen Zettel aufgeschrieben werden (z.B. „ich bin traurig", „ich warte auf den längst fälligen letzten Bus" usw.). Die – beispielsweise 17 freiwillige Teilnehmer umfassende – Gesamtgruppe teilt sich dann in zwei Untergruppen. In diesen wird nun (in der Regel mit zunehmendem Eifer und Spass) beraten, welche Aufgabe jedem Einzelnen der *anderen* Untergruppe gestellt werden soll. Es ist verständlich, dass Patienten, die seit einigen Wochen in einer milieutherapeutischen Abteilung oder in therapeutischer Gemeinschaft leben, besseren Zugang zu geeigneten Themen haben. Die geäusserten Vorschläge, die Diskussion über diese und die schliessliche Wahl sind höchst aufschlussreich für (und über) den Vorschlagenden, die teilnehmenden Diskutanten und den ins Auge gefassten „Spieler". (Wir hatten deshalb – soweit zugänglich und von den Gruppen akzeptiert – schon bei der Aufgabenauswahl und -zuteilung „Protokollanten" dabei.) Der Pantomimenleiter sieht dann alle Vorschläge durch und zeigt sie – nach eventueller Aussonderung von offenkundig allzu groben und verletzenden Aufgaben – in geeigneter Reihenfolge dem jeweils angegebenen Spieler. Dieser versucht nun, seiner Untergruppe, der die Aufgabe ja unbekannt ist, pantomimisch klar zu machen, worum es geht. Seine Gruppenkameraden sollen ihm dabei durch lebhaftes Raten und ständige Vorschläge helfen. Durch Nicken oder Kopfschütteln weist der Spieler den Weg, bis die Aufgabestellung *wörtlich,* zumindest aber eindeutig synonym, genannt wird. Diese rasch aufeinander folgenden geratenen Möglichkeiten werden aufgeschrieben, sie sind für die Ratenden mindestens ebenso typisch wie für den Spieler. Die ganze Serie von Rateversuchen – bis zur richtigen Lösung oder bis zum Abbruch des „Spieles" durch den Patienten selbst – kann seinen Erlebnisverlauf während der Darstellung sehr deutlich widerspiegeln. Wir haben deshalb häufig empfohlen, mit dem Raten im gleichen Augenblick zu beginnen, in dem der vorgesehene „Spieler" den Zettel mit der Aufgabestellung liest. Ungelöste Aufgaben kann der Spieler selbst an einen anderen Teilnehmer weitergeben.

In der anschliessenden Gruppendiskussion werden oft Fragen nach dem Urheber und nach Gründen und Anlässen für die Wahl gerade dieser Aufgabe für den betreffenden Patienten gestellt. So kann auf Hintergründe beim Spieler und Motivationen beim Aufgabensteller eingegangen werden. Beim nun folgenden Beispiel sollten die eben angeführten Gesichtspunkte im Auge behalten werden.

In einer Übungsgruppe für gestalterische Verfahren, die bereits seit gut 30 Stunden zusammengearbeitet hatte und deren Teilnehmer sich schon recht gut kannten, wurde einem 35jährigen Arzt und Pfarrerssohn (A) unter – keineswegs freundlichem – Lachen die Aufgabe *„ich bin demütig"* zugeteilt. (Zur besseren Übersicht sollen Spielbeschreibung und Ratevorschläge einander gegenübergestellt und einige Spielunterbrechungen markiert werden.)

Pantomime	Lösungsvorschläge
Liest den Text, stutzt,	
lächelt, hält das laute	„lustig"
Loslachen zurück,	„ich platze gleich
schüttelt den Kopf dazu,	vor Lachen"
versucht, sich zu konzen-	„das Dümmste, was ich
trieren und schaut	je gehört habe"
suchend herum	„ich schwanke"
beginnt hier zu spielen	
macht grosse Augen, schaut	„ich mache auf
nach oben und senkt dann	albern"
den Kopf mit nach oben ge-	„ich bin schein-
richteten Blick	heilig"
unterbricht offenbar sein Spiel	
schaut verwundert auf den	„ich fühle mich ganz
letzten Rater,	eigenartig"
sammelt sich, blickt kon-	„tiefer Gedanken, kränk-
zentriert zu Boden,	liche Blässe"
hat einen Einfall oder	„ich habe etwas
eine offensichtlich gute	Lustiges im Sinn"
Idee	„möchte einen Streich
	spielen"
nimmt das Spiel wieder auf	
schliesst die Augen,	„ich denke nach"
schaut weit weg, ganz	„ich bin abwesend,
in die Ferne, schliesslich	weit weg"
„nirgendwohin" (ins sog. „Narren-	
kastel"), lässt Kopf und	„es ist hoffnungs-
Blick sinken,	los"
schaut ungerichtet auf dem	„was soll ich bloss tun"
Boden herum,	
sinkt mehr und mehr in sich	„ich bin verlassen"
zusammen, lässt die Arme	„Haus verkauft und
herabhängen,	Geld verloren"
hebt die Arme mit nach	
oben gerichteten Hand-	„ich bettle"
flächen hoch,	
streckt sie noch höher	
und hebt zweimal leicht an	„ich fordere"

unterbricht nochmals das Spiel	
schüttelt den Kopf, wischt mit der rechten Hand etwas aus,	„Du zeigst etwas"
zeigt auf den letzten Rater und macht eine ‚Neingeste' mit der Hand	„ich werde missverstanden"
macht noch einen Pantomimenversuch	
beugt sich mehrfach vor und hält den Blick auf einen höheren Punkt gerichtet,	„ich tue untertänig"
faltet die Hände	„ich bitte, bete"

Hier bricht der Spieler ab und gibt (er kannte die „Technik" schon) die Aufgabe an ein Mitglied der anderen Untergruppe weiter. Dieser, ein 38jähriger Psychologe (B), erinnert sich ohne Zettel des Wortlautes.

Pantomime	Lösungsvorschläge
Deutet einen Tisch an und folgt mit den Händen den unsichtbaren Konturen einer „unsichtbar darauf sitzenden Gestalt",	„hier steht was drauf"
geht auf die Knie und schaut mehrfach zwischen sich und	„ich bin fasziniert"
der „Gestalt" hin und her,	„ich oder du"
zeigt mehrfach auf sich und die „Gestalt", abwägend,	„ich bin unsicher"
beugt dann den Körper vor, bis die Stirn den Boden berührt, während der rechte Arm erhoben bleibt und die Hand mit der Handfläche etwas schräg nach oben auf die „Gestalt"	„ich bin demütig"
weist, ihr ganz deutlich das letzte Wort überlässt.	

Bei der folgenden Durcharbeitung im Gruppengespräch gibt A an, an verschiedene Möglichkeiten Demut zu *zeigen* und zu *spielen* gedacht zu haben. B meint dazu, dass er sich in eine Situation versetzt habe, in welcher er die eigenen Wünsche nach kurzem Zwiegespräch einem höheren Willen oder Sinn untergeordnet habe. Wie wenn er gesagt hätte „Dein Wille geschehe, ich beuge mich". Für A war das Erkennen des fordernden Charakters seiner „Demut" sehr ergiebig, er verstand dadurch einige Reaktionen von Beziehungspersonen besser. Früher war er durch deren – wie er es erlebte – abweisende Kälte (Reaktion auf die vermeintliche „Scheinheiligkeit" und/oder Forderung) getroffen und gekränkt worden. Für die Aufgabensteller wurde klar, dass bei ihrer Themenwahl und der Zuteilung der Wunsch eine Rolle spielte, dem Kollegen eine „unmögliche" Aufgabe zu stellen. Konkurrenz- und Neidgefühle (wegen der manchmal gekonnten und überlegenen Art von A) spielten dabei eine wesentliche Rolle.

Es sei hier auch noch an das Pantomimespiel in Kap. 2, Abschnitt Ausdrucksmöglichkeit (S. 29) erinnert. Anwendungsmöglichkeiten und der Einbau in den Therapieplan je nach Struktur der Klinik sind in Kap. 4 (S. 160) und einschlägige Indikationsfragen in Kap. 5 (S. 221) erwähnt.

Psychogymnastik

Der Name dieser überwiegend pantomimischen Aktivitäten ist etwas irreführend. Er dürfte einem Kompromiss zwischen der offiziellen Einstellung zu neurotischen Störungen in der Tschechoslowakei um 1955 bis 1965 und dem Wunsch der Psychiater entsprechen, psychotherapeutisch effektive Behandlungsformen zu entwickeln. Die von Knobloch und Junova [84] erarbeitete „*Psychogymnastik*" wurde über Jahre im Neurosenzentrum in Lobeć erprobt, weiterentwickelt und seit 1968 von Knobloch [89] in Kanada vervollkommnet. Selbst habe ich das „Verfahren" seit 1966 zusammen mit G. Bach in der Abteilung für psychosomatische Medizin der Medizinischen Klinik Freiburg und später am St. Sigfridskrankenhaus in Växjö, Schweden, verwendet. Dabei haben sich Breite und Tiefgang dieser Arbeitsweise immer wieder gezeigt. Nicht zuletzt ist es bei Weiterbildungskursen zur Vermittlung intensiven Selbsterlebens sehr zu empfehlen.

Ursprünglich war das Vorgehen dreigeteilt. Einem gymnastisch-tänzerischen Teil mit vielen Auflockerungs- und vor allem Ausdrucksbewegungen – der jetzt zwar auch noch erwähnt, aber bei Kursen kaum mehr geübt wird – folgte ein Abschnitt mit sehr verschiedenen, von unproblematischen bis zu höchst dynamischen Aufgaben. Im dritten Teil wurden individuelle oder für eine Gruppe aktuelle, ja brennende Probleme aufgegriffen und durchgearbeitet. Die meisten der Übungen in Teil 1 werden wortlos, teilweise nach einem „Vortänzer", teilweise unter Musikbegleitung durchgeführt. Meines Erachtens sind derartige Einleitungsübungen gerade für schwer Gehemmte und Verunsicherte zur Auflockerung und Vorbereitung wertvoll und sollten für dieses Klientel nicht unterschätzt werden. Dabei kommen die Erfolgserlebnisse den überwiegend Depressiven, die Auflokkerung den Zwangsneurotischen und die relativ exakten Übungen den hysterisch Strukturierten zugute. Für Menschen, die Konfliktbearbeitung wünschen und für einsichtsvermittelnde Psychotherapie motiviert sind, mag die erste Phase überflüssig sein.

In Teil 2 kann eine lange Reihe vielfältiger Anregungen zu weitgehend pantomimischen Versuchen und Szenen gegeben werden. Oft spielen alle Teilnehmer der Reihe nach. Bei einigen Aufgaben werden kleine Untergruppen, bei anderen die ganze Gruppe in die Aktivität einbezogen. Schon 1967 hatte JUNOVA ungefähr hundert Aufgabestellungen und Szenen zusammengestellt. In der klinischen Praxis hat es sich günstig erwiesen, für spezielle Problematik und Situationen geeignete Arrangements jeweilig neu zu schaffen. In der Abteilung für psychosomatische Medizin der Med. Univ. Klinik Freiburg hatten wir für interne Zwecke auch eine Einteilung der verschiedenen Anregungen nach Antriebsbereichen und Hemmungs- und Haltungsstrukturen (SCHULTZ-HENCKE [140]) innerhalb der vier Hauptneuroseformen vorgenommen (siehe Kap. 5, Indikationen, S. 228). Hier seien nur einige Aufgabenstellungen angeführt, wobei wir die weniger „mobilisierenden" voranstellen.

Oft wird einleitend zur Entlastung oder Entdramatisierung noch gesagt, dass jeder entweder so spielen könne wie er es üblicherweise mache, wie er es nie tun würde, wie er es gerne machen würde oder auch wie er es bei jemand anderem gesehen habe. Erfahrungsgemäss bringen fast alle Teilnehmer nach einigen wenigen Übungen sich selbst ins „Spiel".

Der interessierte Leser sei angeregt, sich verschiedene „Spielarten" vorzustellen oder – noch besser – die einfachen, weniger mobilisierenden Aufgaben im Kollegen- oder Freundeskreis durchzuspielen.

Nun die „Aufgaben":

a) „Sie sind *unterwegs zur* oder *von der Arbeit* und kommen plötzlich drauf, dass Sie *etwas vergessen haben."*

Auf weitere Fragen (z. B. „was habe ich vergessen? ", „brauche ich es unbedingt? " usw.) wird nicht oder mit einem freundlichen „Wie Sie wollen" geantwortet. Die ganze Gruppe sammelt sich an einer Schmalseite des Raumes, das „Ziel" wird an der gegenüberliegenden Wand angegeben. Dann startet ein Teilnehmer nach dem anderen. In der Mitte stoppen die meisten, manche gehen zurück, manche setzen nach kurzem Zögern den Weg fort. Einige bleiben „hängen", können sich weder für *zurück* noch *weiter* entscheiden, andere bleiben nach dem Zurückgehen „daheim" und vergessen ihr Ziel.

b) „Sie *begegnen* auf der Strasse *einem Menschen, den Sie nicht treffen wollen,* den Sie *aber* bald *einmal brauchen könnten."*

Falls allzu „unhöflich" gespielt wurde, kann die Anregung verschärft werden durch: „... von dem Sie aber abhängig sind."

Bedeutungsvoll ist unter anderem, wen und welche Beziehung sich jeder Teilnehmer vorgestellt hat.

c) *„Sie teilen ankommenden Menschen ihre Plätze zu."*

Dominanz und Geschmeidigkeit zeigen sich mit deutlichen Unterschieden. Es ist auch interessant und oft vielsagend, ob sich ein Teilnehmer als Polizist, Platzanweiser im Kino, Stewardess oder privater Gastgeber vorstellt.

d) *„Sie* überbringen *(geben) ein Geschenk"*, bzw. *„Sie nehmen ein Geschenk entgegen."* Von der Pflichtgabe für den Chef oder Angestellten bis zum persönlichsten Geschenk kommen alle Formen vor. Vom selbstgebastelten Werk bis zu rasch gekauften Schmuckstücken, von der gestohlenen Blume bis zum „aus der Luft gegriffenen Irgendetwas" (von dem der Geber selbst nicht weiss, was es sein könnte) wird alles gegeben, manchmal sogar das „letzte eigene Hemd". Und in allen erdenklichen Arten wird entgegengenommen. Hier kann das *Geben* und *Nehmen* (siehe auch Kap. 4, S. 197) wirklich durchgespielt, durch*gehandelt* und am Erlebnismaterial durchgearbeitet werden.

e) *„Sie halten eine Rede (einen Vortrag)."* Die übrige Gruppe kann zu Beifall aufgefordert oder zur Ablehnung ermuntert werden. Oft reagiert der „Redner" auf eine Weise, die ihn selbst überrascht, weil er glaubte, nicht so energisch zu werden oder nicht so leicht aufzugeben, wie er es tatsächlich tat.

f) *„Sie wünschen sich etwas ganz besonderes,* was Sie *nur beim* grossen *Märchenkönig (Zauberer)* bekommen können. Hier *hinter diesem Torbogen* (entsprechende Geste) sind seine Gemächer. Davor stehen diese *4 Leibwächter* (Freiwillige oder Ausgewählte), die Sie *pantomimisch* zu *überreden, überzeugen, erweichen oder überwinden* haben."

„Den Leibwächter kann es den Kopf kosten, wenn der Märchenkönig findet, dass er unnötigerweise gestört wurde."

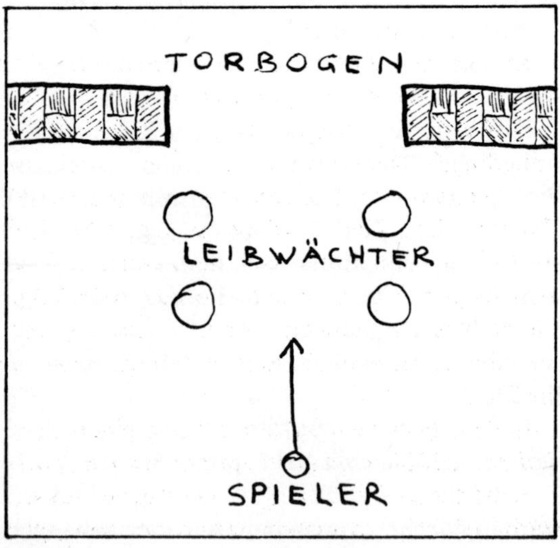

Skizze 9

Überredungsversuche, Bestechungen, grösste Versprechungen, „Liebes"angebote und viele andere Möglichkeiten werden aktualisiert. Eine Frau deutet eine Reihe von Kindern (wie Orgelpfeifen) und einen Mann im Gefängnis an, sie zeigt den Hunger der Kinder und die eigene Traurig- und Hilflosigkeit und darf passieren. Ein Mann spielt einen Schwerbeschädigten auf Krücken und wird zu seiner eigenen Verwunderung abgewiesen. Nachher bekommt er dafür die Erklärung der Wächter: „Du hast so selbstsicher ausgesehen, wir haben gespürt, dass Du den Krüppel nur vortäuschst." Ein anderer Mann kommt ganz freundlich, plaudert mit der Wache und stürzt plötzlich wie ein Rammbock mitten durch, wobei er alle vier umreisst und selbst auf diese fällt. Zwei Wächter haben sich angeschlagen und sind richtig böse. Der „Rammbock" ist stolz über seinen Sieg, kümmert sich aber gar nicht darum, durch den „Torbogen" zu kommen. Nach seinem Wunsch befragt, meint er: „Ich wünschte mir nichts, ich wollte nur zeigen, wie es geht." Ein Wächter sagt dazu: „Ja, alle liegen am Boden, alles ist kaputt und keiner hat was davon ... Du kamst ja auch nicht hinein." Bei dieser Äusserung fallen dem „bittstellenden Rammbock" parallele Erlebnisse aus seinem Leben ein.

Die beiden letztgenannten „Aufgaben" eignen sich gut als Übergang zu

g) *Untergruppen„spielen"* wie *„Schiffbrüchige,* die mit dem Rettungsboot eine Insel erreichen und sich dort zurechtzufinden versuchen". (Eventuell in einigen Teilgruppen, mit nachfolgendem Vergleich der Erfahrungen und Gemeinschaftsentwicklungsformen, im Spiel z.B. auf dem Schiff, das die unfreiwilligen Inselbewohner abholt. Siehe auch gruppenzentriertes Psychodrama, gleiches Kapitel, S. 118.) Andere übliche Themen sind: „Vorbereitung einer Expedition", „Einige kleine Gruppen machen Sketches" (die dann pantomimisch einander vorgeführt werden können) usw.

h) Schliesslich können alle Teilnehmer der *Gesamtgruppe* gleichzeitig und gemeinsam arbeiten, sei es bei einem „Fest", einem „Protestmarsch", einer „Rettungsaktion" usw.

Sehr mobilisierend ist die Anregung

i) *„Verbotene Frucht",* die in Kap. 2, S. 38 ausführlich beschrieben ist. Diese Anregung sollte nie zu Beginn und nur bei einer motivierten Gruppe genügend tragfähiger Teilnehmer gegeben werden, falls eine entsprechende Möglichkeit zu therapeutischer Aufarbeitung besteht. Verschiedene Verzichtformen werden dargestellt: Anschauen und Sichlosreissen, wegwerfende Handbewegung, Nicht(mehr)-sehen-wollen usw. Andererseits kommt verstecktes und offenes Nehmen, mehr oder weniger kurzzeitiges „Leihen", „Mitnehmen" in Form von fotografieren, abzeichnen oder als „Nachgespür" vor. Teilnehmer, die gar nicht hingehen, sind besonders zu beachten. Gelegentlich schaut jemand gebannt oder fasziniert auf „das Ding" ohne sich zu rühren; ein anderer wird unruhig, ein dritter wendet ostentativ den Rücken zu. Wenn der Leser sich selbst intensiv in diese Situation versetzt, werden auch ihm Lösungs- und Darstellungsmöglichkeiten einfallen und recht leicht entsprechende Begebenheiten und Vorkommnisse aus dem eigenen Leben auftauchen.

In Teil 3 können nun aus dem erinnerten Erlebnismaterial einzelne Geschehnisse in überwiegend pantomimischer Form durchgearbeitet werden.

Entsprechende verbale Hilfen in Form von Ermunterungen, Aufforderungen, „Einladungen" usw. sind üblich. Sogar aggressiv getönte Reizung kann gelegentlich nötig sein. Auch das Einnehmen geeigneter Körperhaltungen, leichte oder tiefe „Massage", falls nötig auch leichtes Stupsen bis zum richtigen Zweikampf (oder in Gruppen: entsprechendes Raufen) kann das Aufgreifen und Aufzeigen eines Problems, einer unterdrückten Stimmung oder Regung erleichtern, manchmal sogar erst ermöglichen. So können eventuell aggressiv schwer Gehemmte erstmals dazu gebracht werden, ihre eigene Wut überzeugend bei sich zu spüren und wahrzunehmen. Ein überwiegend hysterisch strukturierter Mann fühlte sich durch das Ein- und Mitgehen des Therapeuten mit seinen körperlichen und Verhaltenssymptomen – und durch diese hindurch – angenommen. Der erwartete Durchbruch, das (von Therapeuten und Angehörigen oft gefürchtete) „grosse Theater", die „schreckliche Szene" setzte ein. Durch das völlige Akzeptieren ging ein kurzes Strohfeuer in ein fast bescheidenes Aufleuchten der unbefriedigten Wünsche und Bedürfnisse über, wonach die fehlenden oder mangelhaften Bewältigungsmöglichkeiten durchgearbeitet werden konnten. Auch bei anderen Behandlungsformen verlaufen hysterische Ausbrüche ähnlich, wenn nicht früh geäusserte Zweifel den Patienten zum haltungsbedingten „Ausspielen stärkerer Trümpfe" zwingen.

In der Praxis wird natürlich nicht zwischen Teil 1, 2 und 3 scharf getrennt, oder gar eine Anzahl von Übungen des zweiten Teiles vorausgesetzt, ehe an die Gestaltung und das Durchspielen persönlicher Konflikte und Probleme gegangen wird. Wenn Gruppenaktivitäten über längere Zeit laufen (z.B. in psychotherapeutischen Kliniken), können in *einer* Gruppe individuelle Fragestellungen direkt aufgegriffen werden, während in einer *anderen* überwiegend Ausdrucksbewegungen geübt und höchstens weniger mobilisierende Aufgaben aus Teil 2 angeboten werden sollen. Während es sich bei der HORETZKYschen *Pantomime* also um Einzeldarstellungen in der Gruppe mit Gruppenrespons und nachfolgender Gruppendiskussion handelt, so sind im Rahmen der *Psychogymnastik* sowohl Einzeldarstellungen (siehe eine Reihe der Beispiele in Teil 2), Kleingruppenaktivitäten und Gesamtgruppen„spiele" je nach Indikation und Abteilungsstruktur bzw. Behandlungsform möglich. Einige „Aufgabestellungen" aus Teil 2 und manche „Durcharbeitungsformen" in Teil 3 sind sehr mobilisierend. Deshalb wird in der Therapie *und* bei Ausbildungsveranstaltungen grosser Wert darauf gelegt, dass übereifrige Teilnehmer nicht zu früh und zu massiv Dinge aufgreifen oder „aufreissen", die dann im gegebenen Rahmen nicht genügend aufgearbeitet werden können. Die Neigung zu „wilder" therapeutischer Aktivität ist überwiegend in der Persönlichkeit des jeweiligen Therapeuten begründet. Der an potenten gestalterischen Verfahren Interessierte muss sowohl lernen notwendige Grenzen zu ziehen, als auch die angezeigte Mobilisierung zeitgerecht zu begünstigen und wohldosiert zu steuern. Die subtile Arbeit an anderen und sich selbst im Rahmen der analytischen Ausbildung einerseits und das Miterlebthaben starker Dynamik in individuellen und Gruppentherapien andererseits erleichtern dieses sehr. Mehr über die zuletzt angedeuteten Fragen kommt in Kap. 4, Umgang mit dem Gestaltungserleben, und Kap. 5, Indikationen.

Katathymes Bilderleben

Das von LEUNER als therapeutisches Instrument entwickelte Katathyme Bilderleben [97, 98], oft auch als Symboldrama bezeichnet, geht auf die, schon von SILBERER [145] beschriebenen *Schlummerbildchen* zurück. Es handelt sich bei diesen um das spontane Vorkommen von – meist farbigen – „Bildern" kurz vor dem Einschlafen. Im Gegensatz zu Träumen können sie, zum Teil vom „Bildernden" gelenkt, ergänzt, verändert und auch gestoppt werden. Sie entsprechen in dieser Hinsicht weitgehend den „aktiven Imaginationen" im Sinne von Jung. Diese Bilderfolgen entsprechen dem Wesen des Betreffenden und sagen über seine üblichen Erlebnisverarbeitungen und Reaktionsweisen etwas aus. Neben relativ konstanten Zügen dieser „inneren Landschaft" sind aber (ebenfalls spontane) Veränderungen dieser Landschaft, des Wetters, der Jahreszeiten, immer wieder zu beobachten; auch ein Wechsel der vorkommenden Tiere, Menschen oder anderen Wesen. Dies kann in verschiedener Stimmungslage, bei aussergewöhnlichen Erlebnissen (sowohl in der Phantasie, im eigenen Körper, wie auch durch äussere Einflüsse) der Fall sein. Allmähliche Wandlungen der Bilder entsprechen eher einer sukzessiven „Umstrukturierung des Charakters", einer Ausweitung der Erlebnisverarbeitungsweisen. Diese spontane, persönlichkeitsspezifische und durch Situation und Stimmung beeinflusste Produktion von Phantasiebildern erlaubt es uns, das Katathyme Bilderleben aus gestaltungstherapeutischem Aspekt zu betrachten und in entsprechender Weise zu verwenden. Wie bei allen anderen genannten „Verfahren" geht es uns auch diesmal nicht um eine Einverleibung in die Gestaltungstherapie, sondern um die Beschreibung der gestalterischen, „schöpferischen" und individuell-spezifischen „Faktoren" und deren therapeutischer Verwendbarkeit.

Nach einleitender Entspannung mit Hilfe von Hetero- oder Autosuggestionen allgemeiner Art, regt man den Patienten an, vor seinem „inneren Auge" eine Wiese erscheinen zu lassen. In der weiteren Folge wird er durch entsprechende Bemerkungen und Fragen zu fortlaufender Beschreibung ermuntert. Der Therapeut kann sich dadurch ein – der Phantasie des Patienten sehr ähnliches – Bild machen, *wie* die „innere Landschaft" aussieht, *wo* der Bildernde sich befindet, *ob* er intensiv erlebt und *was* er tut. Gegebenenfalls hat der Therapeut auch die Möglichkeit, steuernd auf den Erlebnisablauf einzuwirken. Schon kurze Fragen nach der Höhe des Grases, dem Vorhandensein von Blumen und Steinen, nach Wind oder Wolken, nach Farben, Düften, Stimmungen (z.B. Jahreszeiten, Tageszeiten) usw. können dem Patienten helfen, seine Aufmerksamkeit auf erlebnisnahe Details zu richten. Der zur Sachlichkeit erzogene Erwachsene unserer westlichen Kulturgebiete muss oft die gefühlsbetonte, gleichsam malerische Weise zu sehen und zu beschreiben, erst (wieder) erwerben. Dies geschieht am besten durch die gefühlshafte und farbige Ausdrucksweise des Therapeuten, in die der Patient bald, wie selbstverständlich, selbst fällt. Die Erlebnisintensität steigert sich, wenn nicht nur „schauend und hörend" imaginiert wird, sondern auch Geruchs-, Geschmacks- und taktile Empfindungen erlebt und geschildert werden. Der Therapeut kann auch der Mimik und den Bewegungen des Bildernden folgen und daraus bestätigende, ergänzende oder dem Geschilderten widersprechende Hinweise bekommen. In dem einführenden Büchlein von LEUNER *„Katathymes Bilderleben"*, Unterstufe [98] sind neben dem technischen Vorgehen besonders die Indikationsfragen, die Kombinationsmöglichkeiten mit anderen psychotherapeutischen Verfahren und die Mindestvoraussetzungen beim Therapeuten klar und einfach dargestellt. Letztere sind für die Unterstufe natürlich wesentlich weniger hoch als beim *Symbol-Drama auf tiefenpsychologischer* Basis. Jedenfalls eignet sich Leuners Einführung, zusammen mit den zugehörigen praktischen Übungen, sehr gut zum Erlernen eines pragmatisch zu verwendenden psychotherapeutischen Verfahrens. Bei entsprechender Ausbildung und Erfahrung des Therapeuten können die Indikationen erweitert werden. Im Laufe der Jahre hat sich mir das Katathyme Bilderleben sowohl bei leichteren Neurosen und exogenen Krisen, aber auch bei schweren Neurosen, Charakterstörungen, psychosomatischen Krankheiten und Funktionsstörungen bewährt. Fast immer ist eine Erlebnisvertiefung und -verbreiterung und das Offenwerden für eine bisher nicht zugelassene Gefühlshaftigkeit zu erreichen. Auf tiefenpsychologischer Basis können mit dieser Tagtraumtechnik Probleme und Konflikte, Fehlhaltungen und neurotische (Re-)Aktionsweisen in allegorischer und/oder symbolischer Form durchgearbeitet werden. Es ist immer wieder erstaunlich, dass Widerstandsphänomene die Bearbeitung um so viel weniger behindern, wenn den Erlebnisabläufen auf der Phantasieebene gefolgt wird.

Die jeweils nötigen Interventionen des Therapeuten können vom *einfühlenden Mitgehen* oder *steuernden Hinlenken* bis zum gelegentlichen (aber indizierten) *ermutigenden Drängen* oder aber *klaren Abhalten* von etwas gehen (mehr darüber in Kap. 4, S. 172).

Ein Beispiel: Ein 45jähriger Fabrikant war in einen sich aktuell zuspitzenden *Konkurrenzkonflikt* mit seinem einige Jahre jüngeren Teilhaber geraten. Obwohl er sich im Rahmen der Familie und bisher auch im Betrieb immer gut durchsetzen konnte, fühlte er sich nun hilflos und schwankte zwischen dem Bedürfnis, den Teilhaber heftig anzugreifen oder dessen (tatsächliche)

Übergriffe allzu leicht zu verzeihen. Nach einigen Gesprächen wurde ihm das „Bildern" als – in diesem Falle zusätzliche – Möglichkeit angeboten. Da er seit einigen Jahren die Grundstufe des Autogenen Trainings beherrschte und manchmal bereits spontan Farberlebnisse dabei gehabt hatte, begann der erste Versuch mit einer vom Patienten selbst durchgeführten Entspannungsübung. Danach wurde er angeregt, eine Wiese vor seinem inneren Auge auftauchen zu lassen und diese zu beschreiben.

Zusammenfassend kann über sein erstes „Bildern" gesagt werden, dass es sich um eine *freundliche Wiese* handelte. Rechts hinter dem Patienten stieg sie leicht an und war von einem relativ dunklen Wald begrenzt. Nach vorne rechts zu ging ein Weg, der kaum 30 m weiter asphaltiert und wesentlich breiter wurde. Von hinten links kam ein Bach, der bald zu einem Flüsschen wurde und in einen kleinen See mündete, der vor dem Patienten die Wiese begrenzte. Am diesseitigen Ufer war ein Bootssteg und ein kleines Ruderboot. Die Schilderung des Patienten war lebhaft, die Farben frisch, er erlebte spontan den Geruch der Wiese, „befühlte" einige Gräser, die er besonders mochte, „spürte" den leisen Wind, folgte den Schönwetterwolken mit den Augen und verspürte Lust, mit dem Boot auf den See hinaus zu rudern. Er war neugierig, was im Walde zu finden sei und wirkte dabei zugleich ein wenig gespannt. Ohne dies selbst zu bemerken, hob er beide Hände, wie abwehrend und Distanz haltend, leicht an. Da die kritische geschäftliche Situation Eile gebot und Zeichen einer schweren Neurose weder aus der Lebensbewältigung noch aus dem ersten „Bild" abzuleiten waren, wurde der Patient in der zweiten Sitzung ermuntert, doch nachzusehen, ob vielleicht aus irgendeiner Richtung etwas oder jemand käme.

Patient („schaut sich um", an der Bewegung der Augen unter den geschlossenen Lidern zu sehen): „Ganz weit weg auf der Strasse geht jemand ... ich kann noch nicht sehen, wer es ist."

Therapeut: „Vielleicht kommt die Figur (beachte: Vermeidung vorzeitiger Geschlechtsangabe) näher?"

Patient: „Ja ... er (!) kommt langsam auf mich zu." (bewegt leicht das rechte Bein)

Th.: „Was möchten Sie tun?"

P.: „Ich gehe ihm entgegen, bis dahin, wo der Asphalt anfängt. Es ist mein Teilhaber (greift also direkt den Konflikt auf) ... er schaut schon wieder (deutlicher Unwillen) so d'rein, als hätte er was angestellt."

Th. (ermunternd): „Ich frag' ihn mal."

P.: „Was ist denn wieder los?"

(Pause)

Th.: „Was tut er jetzt?"

P.: „Ich kann sein Gesicht nicht sehen ... wenn er mir frech kommen würde, wär's mir leichter ... (überrascht) ... da hinten vom Wald kommt noch jemand, wie ein Schatten ... das ist ja ... (gespannt) ... das ist ja mein kleiner Bruder, mein gefallener Bruder ... er kommt auf uns zu ... er lächelt sein scheinheilig freundliches Lächeln, wie immer, wenn er was ausgefressen hatte ... komisch ... er geht in Albert (der Teilhaber) hinein ... und jetzt sehe ich auch das Gesicht, es ist das gleiche Lächeln ..."

Th.: „Albert *ist* aber *nicht* Ihr Bruder!"

P. (mit Nachdruck): „Nein ... ich sag's ihm ... also, Albert, was ist los?"

Th.: „Was sagt er?"

P.: „Ich (Albert) habe dem Werkmeister in unserem Namen den Auftrag gegeben ..." ... (mit eigener Stimme:) „Na hör mal Albert, Du hast mich ja gar nicht gefragt" ... (Albert, lächelt verschmitzt:) „Wir sind doch Kompagnons" ... (eigene Stimme:) „deswegen kannst Du nicht einfach über mich verfügen. Du erinnerst mich an meinen Bruder, Du weisst, der gefallen ist, der hat es auch immer so gemacht, aber Du bist kein kleiner Bruder von mir. Wir gehen jetzt in die Fabrik, schauen uns die Sache gemeinsam an und beraten dann, wie wir's machen." (Albert:) „Du wirst mich doch vor dem Werkmeister nicht blossstellen?" (eigene Stimme:) „Du kannst ihm ja selber vorsorglich sagen, dass Du irrtümlich glaubtest, ich sei einverstanden" ... (Albert, zögernd:) „Muss ich das?" (eigene Stimme:) „Wenn Du Dir die Blamage ersparen willst, ja! Am besten gehst Du voraus, ich will noch mit meinem Bruder reden ... jetzt geht er ... aber Hans ist auch nicht mehr da (schaut sich suchend mit geschlossenen Lidern um)."

Th.: „Vielleicht kommt er beim nächsten Besuch auf der Wiese wieder. Wie sieht es denn jetzt in Ihrer Umgebung aus?"

P.: „Es ist alles ziemlich gleich ... (zögert) ... der Wald sieht etwas heller aus und die Wiese ist ein wenig flacher. Albert ist schon weit voraus ..."

Th.: „Dann ist es wohl am besten, wir verlassen auch die Wiese. Schliessen Sie die Übung ebenso ab, wie Sie es beim Autogenen Training tun."

Nachdem der Patient alle Muskeln gespannt, sich gestreckt, tief durchgeatmet und die Augen geöffnet hatte, schwieg er zuerst eine knappe Minute und sagte dann: „Dass ich nie diese Ähnlichkeit bemerkt habe. Es muss daran liegen, dass Albert und Hans so verschieden aussehen ... und Hans war ja nur 16, als er kurz vor Kriegsende fiel ... jetzt möchte ich aber wirklich mit Albert sprechen."

Das tat der Patient auch! Seine Hilflosigkeit dem Teilhaber gegenüber war geschwunden. In einer weiteren Sitzung, eine Woche später, tollte er als etwa 15jähriger mit dem 13jährigen Bruder Hans auf der Phantasiewiese herum und traf auch seine Eltern. Es zeigte sich, wie diese den „Kleinen" schützten und den „Grossen" bremsten.

In der Realität des Lebens hatte der Patient jetzt keine Schwierigkeiten mehr und war zum Aufgreifen seiner früheren Problematik mit Bruder und Eltern nicht motiviert. Da er auch sonst mit seinen Dingen gut zurecht kam, bestand kein Anlass (über die *Krisenhilfe* hinaus), auf weitere Bearbeitung zu drängen.

Im Kap. 5, S. 255 sind Hinweise auf die Verwendung des Katathymen Bilderlebens als „Methode der Wahl" zu finden. Ein weiteres Beispiel ist im Kap. 4, S. 172 angeführt.

Handpuppenspiel

In der Arbeit mit Handpuppen verbinden sich die formenden und bildernden Elemente der Gestaltungstherapie ganz natürlich mit den darstellenden, falls die „Spieler" ihre Puppen vorher selbst anfertigen. Dabei ist es für einsichtsvermittelnde Psychotherapieformen sicher vorteilhaft, die Puppenköpfe und später die Kleidung möglichst frei gestalten zu lassen.

Häufig wird sich in einer Arbeitsgruppe oder während einer Atelierstunde – unterstützt durch eine alle „Schöpfungen" akzeptierende Haltung des Gestaltungstherapeuten – bald eine Stimmung freizügiger Probierlust entwikkeln, die das Entstehen sehr origineller, auch absonderlicher Puppen begünstigt. Es sei aber nicht übersehen, dass zutiefst Persönliches die Stille des Alleinseins und -arbeitens verlangen kann. Beim „Werden" eines Archetyp-Repräsentanten, auch beim zögernden Versuch, optische Trugbilder oder „Stimmen" zu verkörpern, kann die laute und manchmal aufgekratzte Stimmung der Gruppe stören. Gelegentlich ist schon die Anwesenheit auch nur *eines* anderen Menschen – und sei es der Therapeut – zu viel und verhindert die Gestaltung. Ein andermal ermöglicht die Nähe einer (bestimmten) Person erst die Arbeit, sei es durch Minderung von Ängsten auf ein erträgliches Mass, sei es durch Provokation von Impulsen. Hier ist schon bei der Wahl des „Setting" Hellhörigkeit und Eingehen auf die besonderen Bedürfnisse und Möglichkeiten des Gestalters von grösster Bedeutung.

Ähnliches gilt für den „Spielverlauf". Es können z. B. Märchen, von der Gruppe geschriebene oder auch nur in den Grundzügen festgelegte, aufgeführt werden. Reine Stegreifszenen ergeben sich oft wie von selbst in der entspannten Atmosphäre der Atelierstunde (Beispiel 1). Sie geben dem Therapeuten gute Möglichkeiten, selbst mit Hilfe der Puppen verschiedenartige „Botschaften" (klar getrennt nach Impuls-, Abwehr- und Realitätsrepräsentanzen) an den Patienten heranzutragen. Beim spielerischen Übernehmen völlig ungewohnter Rollen ist der Übungs- und Lerneffekt nicht zu unterschätzen (Beispiel 2). Die Zweiersituation schliesslich ist besonders geeignet, einer Begegnung verschiedener Persönlichkeitsrepräsentanzen zu folgen und gegebenenfalls modifizierend direkt oder auch mit Hilfe einer Handpuppe einzugreifen (Beispiel 3).

PFEIFFER hat über die therapeutische Verwendung von Handpuppen geschrieben [122] und in der spanisch-englischen Publikation von ROJAS-BERMUDEZ [130] wird besonders der Aspekt der Handpuppe als *intermediäres Objekt* herausgestellt.

Beispiel 1: Ein 28jähriger Patient hatte funktionelle Herzbeschwerden in Form von gelegentlich auftretenden Tachycardien mit Unruhe und Angstzuständen. In der klinischen Psychotherapie war er mehrfach von Mitpatienten auf sein schüchternes Wesen gegenüber jüngeren Frauen und sein höfliches Verhalten beim Umgang mit älteren Menschen aufmerksam gemacht worden. Scherzhaft war er schon *„männliche Jungfrau"* genannt worden. Prompt versuchte eine „freche Handpuppe", seine korrekte, wohlbemalte, dunkelblau gekleidete „Ich-Puppe" zu locken. Der Patient war auch in Puppengestalt ausserstande, darauf einzugehen oder sich wenigstens erfolgreich zu wehren.

Patient (macht mehrere Ansätze zu sprechen, bewegt den Puppenkopf ruckartig vorwärts, bringt nichts heraus, dreht die Puppe – wie verlegen – von der frechen Puppe weg).

Therapeut (hat die Kasperpuppe in der linken Hand, den „Doktor" im weissen Mantel an der rechten; selbst in Rollkragenpullover und alter Hose, sagt er als Kasper): „Jetzt pack' sie doch schon und küss' sie, sie will's ja haben!"

Patient (schaut entsetzt, seine Puppe prallt ein Stück von der „frechen Puppe" zurück): „Oh nein!!"

Therapeut, als Doktor (bewegt „wichtig" den Kopf der Puppe und sagt mit würdiger Stimme): „Du musst an Dein Herz denken."

Patient: „Ja, ja!"

Th. als Kasper (lässt Kasperpuppe vergnügt hüpfen): „Na wenn Du schon Herzklopfen hast, dann tu doch was für Dein Herz und nimm die freche Kleine."

Patient (seine Ich-Puppe dreht sich unsicher hin und her): „Ja, aber ... aber ..."

Th. als Doktor: „Schone Dein Herz, Du musst auch an Deine Mutter denken ... und an Deine Gesundheit."

Patient nickt stumm.

Th. als Kasper (lacht): „So ein Blödsinn, da lebst Du dann und hast nix davon ... das wär nix für mich!"

Freche Puppe: „Na, wie ist's mit uns?"

Patient: „Ich weiss nicht ... weiss doch nicht ..."

Th. (lässt Kasper und Doktor sinken, sagt mit unverstellter Stimme): „Da sind Sie in einer sehr schwierigen Lage, das könnten wir uns ein wenig näher ansehen."

Hier genügt der Hinweis auf die *Impulsmobilisierung* durch den *Kasper,* die *„Gewissensbremse"* durch den *„Doktor"* und das *Bearbeitungsangebot* durch den *Therapeuten.*

Beispiel 2: Eine 32jährige hilfsbereite Patientin, die unter anderem Durchsetzungsschwierigkeiten hatte, war von einem sich unterdrückt fühlenden Mann aufgefordert worden, die Rolle seiner angeblich herrschsüchtigen

Frau zu übernehmen. Sie sollte ihn dazu bringen, Geschirr zu spülen. Er suchte zu diesem Zweck die Puppenfigur der *„bösen Liese"* heraus und stülpte diese über die rechte Hand der überraschten Patientin. Sie war ausserstande, abzulehnen.

Patientin (sanft): „Bitte hilf mir doch beim Spülen."

Gatte: „Falsch ... Du musst das schärfer sagen."

Patientin (bewegt die Puppe): „Hilf mir doch beim Spülen!"

Aus der Gruppe: „Na, so trau' Dich doch!"

Patientin (lauter): „Hilf mir jetzt beim Spülen!"

Gatte: „Falsch ... meine Frau ist viel lauter und knapper, wenn sie böse ist."

Patientin: „Jetzt hilfst Du mir aber beim Spülen."

Aus der Gruppe: „Mach schon!"

Patientin: „Spüle jetzt das Geschirr!"

Aus der Gruppe: „Mensch, Du bist doch die ‚böse Liese'!"

Patientin (lacht kurz, stellt dann die Handpuppe zweimal fest auf den Tisch, sagt sehr laut und bestimmt): „Los! Abspülen!"

Gatte (lacht auch): „Nein, ganz so schlimm ist es nicht."

Aus der Gruppe: „Das hast Du aber gut gemacht ... siehst Du, Du kannst es ja."

Therapeut: „Es kann schon gelegentlich einmal nötig sein, sich klar und scharf auszudrücken." (Bejahung des Anspruches und der Fähigkeit mit Relativierung der überschiessenden Impulsmobilisierung durch die Gruppe.)

Die Patientin war am meisten darüber überrascht, dass ihr der befehlende Ton sogar Spass gemacht hatte; sie fügte hinzu: „Jedenfalls mehr als meine lahme Herumzieherei."

Während derartiger Szenen ergeben sich häufig Gelegenheiten, bisher ungenügend oder gar nicht zur Verfügung stehende Verhaltens- und Reaktionsweisen zu wagen und im vorerst spielerischen Feld zu üben.

Beispiel 3: Der bei der Behandlung 24jährige Patient war im 18. Lebensjahr, kurz nach dem Tode seiner Mutter, psychotisch geworden und hatte versucht, vor „einer befehlenden, bedrohlichen Stimme" fortzulaufen. Er meinte, dass diese Stimme, von der Tenne her kommend, alles durchdringe. Auch im Krankenhaus hörte er sie in gleicher Lautstärke. Mehrfache Versuche während der letzten 6 Jahre, ihn wieder nach Hause zu entlassen, waren nach 6–10 Tagen gescheitert. Der Patient begann jedesmal heftig zu halluzinieren, verkroch sich ängstlich in sein Bett, drehte sich zur Wand, zog die Decke über den Kopf und konnte vom immer milden und verständnisvollen Vater weder zum Aufstehen noch zum Essen gebracht werden.

Nach Monaten gestalterischer Aktivität (Zeichnen, Malen und Modellieren) wagte der Patient sich daran, die *Stimme von der Tenne* als Handpuppenkopf zu formen. Er machte ein kegelkopfartiges Gebilde mit zwei einfach gegabelten Hörnern, die aber seitlich – „wie bei einer Kuh", sagte ein

Mitpatient – aus dem Kopf entsprangen, dazwischen setzte er ein Jägerhütchen. Es gab weder Nase noch Mund, Ohren oder Augen. Er bemalte die Hörner gelbbraun, den ganzen Kopf weiss und das Hütchen grün. Als Kleidung wählte er ein blau-weiss kariertes Leinenstück. Das leere Gesicht ergab eine durchaus gespenstische Wirkung. Der Patient wagte nicht, die Handpuppe über seine Hand zu ziehen, wollte andererseits niemandem in der Gruppe die Puppe leihen oder sie auch nur berühren lassen. Er nahm sie mit in sein Zimmer. Bei nächster Gelegenheit zeigte er sie seinem Therapeuten in einer Zweiersituation und war einverstanden, dass dieser die Puppe über seine Hand zog.

Therapeut (mit tiefer, lauter, befehlender Stimme): „Du bist ein ganz nichtsnutziger Kerl, kannst nicht einmal mithelfen, bist einfach faul."

Patient (schüttelt den Kopf, lacht kurz auf): „So ist das nicht!"

Th.: „Zeigen Sie es mir!" (Er nimmt die Puppe ab und hält sie dem Patienten hin, der sie ohne weiteres überzieht.)

Pat. (mit durchdringender, schneidender Stimme, die fast ins Falsett übergeht): „Du bist verloren ... Du ehrst Vater und Mutter nicht ... Gott will nicht Deine schwarze Seele ..." (verstummt und schaut gebannt auf die Puppe über seiner Hand).

Th. (nimmt rasch eine Kasperpuppe und spricht als diese zur „Stimme"): „Du bist aber wirklich schaurig, da kommt einem ja das Gruseln" (wendet sich ab, versteckt den Kopf und „zittert" am ganzen Körper).

Pat. (nickt ernsthaft ... dann als „Stimme" zu sich selber): „Du verdienst das Leben nicht, Deinem Vater tut es leid, Dich gezeugt zu haben ..."

Th. (als Kasper): „Warum bist Du denn gar so grässlich böse zu ihm ... (deutet auf den Patienten) ... der ist ja schon ganz verschreckt!"

Patient nickt mehrfach stumm.

Th. (wendet sich als Kasper zum Patienten): „Hast Du den da ... (deutet auf die ‚Stimme') ... wirklich so beleidigt oder gekränkt?"

Pat.: „Ich weiss nicht ... ich weiss einfach nicht."

Th. (als Kasper zum Patienten): „So frag' ihn doch."

Pat. (entsetzt): „Nein! Oh nein! Das darf ich nicht!"

Th. (als Kasper): „Ich schon! ... (zur ‚Stimme', in neugierigem Tonfall) Hat er Dich so beleidigt?"

Pat. (als Stimme): „Er ist ein nichtswürdiger Sünder."

Th. (als Kasper): „Was, wirklich? ... Du bist aber auch nicht nett." (wendet sich zum Therapeuten) „Was sagst Du denn dazu?"

Therapeut: „Einer ist gekränkt, der andere hat schreckliche Angst und ich weiss so wenig von beiden ... und beiden geht es gar nicht gut."

Von dieser Begebenheit an war es dem Patienten möglich, offen über den Inhalt seiner Erlebnisse mit der Stimme zu berichten. Erst viel später wurden ihm einige Details der „Stimmenfigur" klar. Er verband das Jägerhütchen mit dem Vater, der früher einmal beim Wildern ertappt worden war und die

Hörner mit der heimlichen Liebelei der Mutter mit dem Jagdherrn (Hörner aufsetzen + Zusammenhang Kuh-Mutter). Die blau-weisse Kleidung erinnerte ihn an die Hemden des Grossvaters, der ihn als einzigen Enkel sehr geschätzt und bevorzugt hatte. Während seines letzten Besuches beim Grossvater nahm er dessen alte wertvolle Taschenuhr mit, um sie einem Nachbarjungen zu zeigen. Der Grossvater war wegen des vermeintlichen Diebstahls sehr betroffen. Ehe der Patient – eine Woche später – das Missverständnis aufklären und die aktuelle Kränkung aus der Welt schaffen konnte, war der Grossvater plötzlich gestorben. Der Patient war während des Berichtes erschüttert und tief berührt. (Wir sprechen hier von inhaltlichen Zusammenhängen. Inwiefern diese als ursächliche und auslösende Faktoren eine Rolle spielen, bleibe offen.)

Ein weiteres Beispiel ist in Kap. 2, S. 51 zu finden. Neben den schon erwähnten Möglichkeiten (Stücke schreiben, Stegreifspiele, Arbeit in Zweier-Situationen) ist es manchmal angezeigt, Träume mit den Puppen in psychodramatischer Form oder in „Gestalttherapie-Art" zu spielen und anschliessend durchzuarbeiten.

Spiel mit Szenomaterial (und anderen standardisierten Spielmaterialien)

Die diagnostische Brauchbarkeit des bewährten Szeno-Testes, v. Staabs [149], in der Kindertherapie wird im folgenden nicht zusätzlich hervorgehoben. Knehr betont die *Konfliktgestaltung im Szeno-Test* [88], die offenkundig darin enthaltene und oft verifizierbare „Mitteilung des Spielers" an den Therapeuten. Das genormte und standardisierte Spielmaterial ermöglicht vor allem vergleichende Rückschlüsse und somit auch therapiefördernde Hinweise.

Im Rahmen der Gestaltungstherapie mit Erwachsenen treten beim Vorliegen ausgeprägter Rationalisierungstendenzen oft initiale Schwierigkeiten auf. Aufgabe oder Material wirken zu „kindisch" auf den Gestalter, was nicht ausschliesslich als Widerstandsphänomen im psychoanalytischen Sinn aufgefasst werden sollte. Viele Erwachsene, besonders solche, die im Berufsleben mit praktischen und handfesten Dingen arbeiten, sind kreativen und spielerischen Tätigkeiten völlig „ent-wachsen". Umso mehr liegt es dann beim Therapeuten, Wege zu finden, die auch diesen „verkopften" Patienten den Einstieg ermöglichen.

Beim Szeno-Test wird üblicherweise der Deckel der Holzschachtel als Spielfläche angeboten. Dies empfiehlt sich auch bei psychotherapeutischer Anwendung des Materials. Die strikte Einhaltung der Grenzen kann ebenso wichtig für die Bearbeitung sein, wie ihre unbemerkte Überschreitung oder das „Aus-dem-Weg-Räumen" des Deckels, um mehr Platz zu haben. Menschen, die unter keinen Umständen kindlich oder gar „kindisch" erscheinen wollen, bieten wir das Szenospiel etwa folgendermassen an (der Kasten wird mit einer Schmalseite rechts vor den Patienten gestellt und der Deckel so danebengelegt, dass er eine Längsseite dem Patienten zuwendet): „Hier haben Sie eine Bühne ... stellen Sie sich vor, Sie seien Autor, Bühnenbildner und Regisseur in einer Person ... und alle diese „Requisiten" und „Personen" (Geste auf das Material) stehen Ihnen für eine Szene oder ein „Stück" zur Verfügung ... (falls der Patient nicht zugreift) ... schauen Sie es sich nur ein wenig näher an ... (eventuell kann bei einem zögernden Patienten der eine oder andere Bauklotz, ein Fahrzeug, ein Tier oder auch eine Menschenfigur vorgezeigt und wieder in den Kasten zurückgelegt werden)."

DieArt der Wahl (zögernd, rasch, entschieden, unsicher usw.) von Personen und Dingen ist zu beachten. Auch ist oft zu erkennen, ob der Gestaltende von einem fertigen inneren Bild ausgeht und dieses „nachbaut" oder ob er sich von anfänglich probeweise aufgenommenen Figuren oder Gegenständen inspirieren, vielleicht sogar führen lässt. Gar nicht so selten „verselbständigt" sich das „Spiel". Selbstgespräche, aber auch spontane Dialoge zwischen einzelnen „Personen" auf der Bühne können auftauchen. Vorschnelle oder gar richtungsweisende „therapeutische" Eingriffe hindern öfter als sie nützlich sind. Bei längeren Stockungen können durch einen möglichst neutralen Hinweis auf das eben Entstandene oder durch Wiederholung der zuletzt gesagten Worte das Gestaltungsgeschehen und die Mitteilungen wieder in Gang gebracht werden.

Als Beispiele für die häufigere Bearbeitungsform (ungestörtes „Spiel" mit nachfolgendem Durchsprechen) mögen die beiden Szenen in Kap. 1 (S. 15, Abb. 1 und S. 21) dienen.

Erst nach mehreren bis vielen „Szenen" oder wenn man den Patienten aus anderen Behandlungsformen gut kennt, können Sofortinterpretationen typisch wiederholter Fehlverhaltensweisen sinnvoll sein. Die Einflussnahme während des Spieles soll mit Hilfe folgender Szene verdeutlicht werden.

Die 36jährige Patientin, Mutter zweier Kinder (9 und 4 Jahre alt), ist seit 4 Wochen wegen Kopfschmerzattacken, Herz„stichen" und Tachykardien, sowie Angstzuständen in klinischer Psychotherapie. Im vierten „Spiel" mit dem Szenomaterial plaziert sie *ihren Mann* neben dem Auto *ausserhalb* des Schachteldeckels, worauf der Therapeut sofort sagt: „Jetzt ist er wieder draussen!" Die Patientin stutzt, lächelt dann und sagt schmunzelnd: „Diesmal wartet er auf mich, wir wollen ins Theater." Nach kurzem Zögern fügt sie hinzu: „aber komisch ist das schon, er wartet sonst immer im Vorzimmer und schaut immer wieder ins Bad oder Schlafzimmer, ob ich endlich fertig bin." Der Therapeut hatte sich zum sofortigen Aufgreifen entschlossen, weil der Ehemann bei den drei vorigen Spielen auch jedesmal ausserhalb des „Hauses" war. In der ersten Szene lag er in der Garage unter dem Auto „um es zu repararieren", was er in der Wirklichkeit noch nie getan hatte (Abb. 37). Bei der zweiten Darstellung „malte er den Zaun" – auch dies entsprach keineswegs der Realität. In der dritten Szene (der einzigen, in der es sich auch die Patientin gemütlich gemacht hatte) kam er nur insofern vor, als die Patientin sagte: „Mein Mann ist schon wieder auf einer längeren Dienstreise." Nach dem vierten Spiel berichtete die Patientin schliesslich, wie sehr sie unter innerem Druck stand, wenn ihr Mann daheim war. Es störte sie sehr, dass er sich um die Dinge daheim nicht so kümmerte, wie sie es gerne hätte. Sie hatte es aber nicht gewagt, ihre Wünsche und Ansprüche anzumelden. Nach diesem Gespräch wunderte es sie nicht mehr, dass ihre Beschwerden eine klare zeitliche Koinzidenz mit der Anwesenheit ihres Mannes hatten.

Mit mehreren Szenokästen kann man auch einige Patienten zum gleichen Thema je eine Szene darstellen lassen (z. B. „Vor dem Ausflug", „Weihnachten", „Sonntagvormittag" usw.), wobei dann die unterschiedlichen „Verarbeitungen" gemeinsam verglichen und durchgearbeitet werden können. Auch das gemeinsame Angehen einer Aufgabe kann sinnvoll sein, besonders wenn die Teilnehmer in therapeutischer Gemeinschaft leben oder in Milieutherapie sind. Ähnliche Themen wie beim gruppenzentrierten Psychodrama sind nützlich, z. B. „Auf eine Insel verschlagen" (dargestellt durch 3 bis 4 zusammengeschobene Kastendeckel), „Auf einem Campingplatz", „Unser Luftschloss" und viele andere. Natürlich ist die Verwendung jedes standardisierten Spielmaterials im Rahmen der Gestaltungstherapie möglich. Ich habe aber – ausser mit dem Szenomaterial – nur begrenzte Erfahrung mit dem Spielmaterial des Ericastiftelsen, HARDING [59], bei Eltern, deren Kinder in kinderpsychiatrischer Betreuung waren und bei jugendlichen Ekzematikern.

Psychodrama

MORENO hat nach seinen Erfahrungen mit dem *Stegreiftheater* [112] und mit Rollenspielen mit Kindern in Wiener Parks vor über 50 Jahren das Psychodrama eingeführt. Er selbst und viele andere haben seither dieses „Verfahren" weiterentwickelt. Es gibt eine reichhaltige, kaum noch überschaubare Literatur über die verschiedenen Formen, Techniken und Kombinationsmöglichkeiten. Wer über das Psychodrama schon einiges gelesen oder gehört hat, möge den folgenden Abschnitt mit der allzu kurzen und gerafften Zusammenfassung überschlagen. Grundlegendes ist (in deutscher Sprache) in MORENOS „Gruppentherapie und Psychodrama" [113] und in LEUTZS „Das klassische Psychodrama nach J. L. Moreno" [99] zu finden. Weiterentwicklungen und spezielle Formen des Rollenspieles sind in „Angewandtes Psychodrama" von PETZOLD (Hrsg.) [120] beschrieben und mit ausführlichen Literaturangaben versehen.

Im klassischen Psychodrama wird der „Erzähler einer Episode oder eines Erlebnisses" im Augenblick des Spielbeginns zum *Protagonisten.* Die Mitspieler sind sogenannte *Hilfs-Iche* (auxiliary Ego's). Das klassische Psychodrama ist protagonisten-zentriert. Man unterscheidet eine *Einleitungs-* bzw. *Anwärmphase* (warming up), eine *Spiel-* oder *Aktionsphase* und eine *Abschluss-, Diskussions-* oder *Durcharbeitungsphase.*

In der ***Einleitungsphase*** wirkt das Erzählen einer oder mehrerer erlebter Begebenheiten anwärmend und wird vom Psychodramaleiter entsprechend gefördert. Dies kann durch ein „In-Gang-Kommen" (Dialog im Gehen) und durch Konkretisieren der Szene (hinsichtlich Ort, Einrichtung, Jahres- und Tageszeit, Atmosphäre der Gegend oder des Raumes) geschehen. Der Übergang in die Gegenwartsform (Protagonist: „... da stand ein roter Stuhl ...", Leiter: „... hier steht also ein roter Stuhl ...") trägt zur Aktualisierung bei. Wenn niemand eine Begebenheit oder ein Erlebnis erzählen kann oder will, werden *Erwärmungstechniken* verwendet. Häufig ist dies *„der leere Stuhl".* Dabei soll jeder Teilnehmer für sich – eventuell mit geschlossenen Augen – auf einem Stuhl (den er sich ebenso gut als Sofa, Sessel oder Hocker vorstellen kann) eine (oder mehrere) Person(en) imaginieren und anschliessend deren Bewegungen und Worte beschreiben.

Eine andere Erwärmungstechnik ist die *„katathyme Szene:* alle Teilnehmer schliessen die Augen, machen es sich bequem und versetzen sich (jeder für sich) auf eine Wiese oder eine sanfte Kuppe, eventuell auch in einen gemütlichen Raum. Von dort folgen sie den eigenen Einfällen und Wünschen. Unter Umständen kann auch eine Begegnung mit jemandem intendiert werden, z.B. mit dem Hinweis: „da drüben bewegt sich doch etwas, wer (oder was) kann denn das wohl sein? "

Von den anschliessenden Berichten wird dann einer ausgewählt, der das teilnehmende Interesse der Gruppe gefunden hat und dessen Erzähler bereit ist, zu spielen. Meist wird nach dem Anfang der Geschichte oder des Erlebnisses unterbrochen. Die dadurch sicher gesetzte Frustration sollte in erträglichen Grenzen gehalten werden. Bei einer von PLOEGER entwickelten speziellen Technik [123] ist diese Unterbrechung des Berichtes *ein* wirksamer Bestandteil der Behandlung. Auch allgemein scheint es so zu sein, dass die unterbrochene Erzählung bei angebotener (offengelassener) Spielmöglichkeit nicht nur den Schritt vom Reden zum Handeln erleichtert, sondern durch den unvollständigen Bericht auch den späteren Rollenwechsel notwendig macht. Das Aussuchen der Mitspieler (Hilfs-Iche) geschieht meist durch den Protagonisten selbst. Die Wahl hat manchmal mit äusserlichen Ähnlichkeiten, oft aber auch mit Haltungen, Charakterzügen und Verhaltensweisen der Betreffenden zu tun.

Es wäre aber dem Anwärmungsprozess abträglich, *jetzt* auf rationeller Ebene zu diskutieren, warum gerade dieser oder jener für eine bestimmte Rolle ausgesucht wurde. „Regieanweisungen" durch den Protagonisten werden möglichst verhindert. Dagegen erfragt der Psychodramaleiter für das Spiel wichtige Dinge (Name, Anredeform, Alter, aus welcher Richtung oder durch „welche Türe" jemand kommen soll usw.) und *bringt* dadurch zugleich *die Mitwirkenden ins Spiel.* Dies kann beispielsweise so vor sich gehen:

Protagonist: „Sie können meinen Bruder spielen."

Psychodramaleiter (PL) zum Protagonist (Pr.): „Sie sind 11 Jahre alt (im Spiel!) und Ihr Bruder ist ...?"

Pr.: „2 Jahre jünger."

PL: „Und wie nennen Sie ihn? "

Pr.: „Pauli".

PL: „Und er Sie?"

Pr.: „Fred ... nein ... ich glaube ... noch Fredi."

PL: „Du (zeigt auf den Mitspieler) bist also der 9 Jahre alte Pauli und Du (wendet sich zum Pr.), Fredi, bist schon 11. (Beachte: Übergang zu altersentsprechender Anrede). Und wo kommt der Pauli herein?"

Pr.: „Da (zeigt auf die imaginäre Türe) durch die Tür von der Terrasse." (Das „Da" und besonders das Zeigen sind recht sichere Zeichen, dass der Protagonist schon „im Spiel" ist. Die Szene kann beginnen.)

Auch während der ***Spielphase*** gibt es verschiedene Möglichkeiten, den Ablauf zu begünstigen oder das Geschehen zu verdeutlichen. Da der Mitspieler nicht wissen kann, wie die Person, die er darstellen soll, sich in Wirklichkeit verhalten hat, wird er notwendigerweise „falsch" spielen. Manchmal löst dies beim Protagonisten nur ein leichtes Kopfschütteln aus. Wenn er gut im Spiel ist, stutzt er vielleicht oder blickt überrascht auf, gelegentlich sagt er sogar: „Nein, so ist der (die, das) nicht!" Hier kann der Psychodramaleiter den *Rollenwechsel* vornehmen lassen, der mehrere Funktionen hat:

a) er zeigt dem Mitspieler, wie er seine Rolle zu spielen hat (d.h. wie der Protagonist es erlebte oder erinnert);
b) er bringt den Protagonisten in die Rolle des Gegenspielers (in die er sich bisher vielleicht noch gar nicht versetzt hat);
c) der Gegenspieler übernimmt die Protagonistenrolle, wodurch einerseits der Protagonist „sich selber" (dargestellt, glossiert oder karikiert) sieht, andererseits aber auch der Gegenspieler in eine für ihn neue oder ungewöhnliche und somit lehrreiche Situation kommen kann;
d) im Protagonisten werden im Verlaufe des Miterlebens der „falschen" und „richtigen" Versuche eigene, eventuell auch schon lange zurückliegende Erlebnisse *aktualisiert;*
e) allen (Teilnehmer, Psychodramaleiter und Assistenten) wird deutlicher, was sich abgespielt hat;
f) zugleich werden „falsche" Ansätze klar, also Stellen oder Abschnitte der Szene, wo durch ein anderes Verhalten „alles ganz anders verlaufen wäre

und auch nicht so geendet hätte" (Zitat nach einem überraschten Protagonisten).

Die Technik des *einfühlenden Doppelns* lässt den Protagonisten deutlicher erleben, was wirklich in ihm selbst vorgeht. Das – meist schräg – hinter dem Protagonisten stehende (sitzende, jedenfalls in möglichst ähnlicher Körperhaltung sich befindende) „Doppel" drückt in Ich-Form aus, was der Protagonist denken, empfinden, fühlen, also erleben dürfte. Für Psychotherapeuten, die im Psychodrama wenig geübt sind, ist es besonders schwer, therapeutische Intentionen vorerst wegzulassen und nur das Eigenerleben des Protagonisten herauszustellen. Das liegt an ihrer theoretischen Vorbildung *und* an ihrer *apostolischen Funktion,* Balint [6]. Ganz unerträglich kann es ihnen werden, wenn der Protagonist (ihrer Meinung nach oder auch tatsächlich und offenkundig) einen „falschen" Weg einschlägt, sich unvernünftig bis „unmöglich" verhält.

Bei konsequent einfühlendem bzw. sich identifizierendem (auch mit den neurotischen Zügen und Fehlhaltungen) Doppeln kommt der Protagonist oft genug selbst auf die Nachteile und Gefahren seines Verhaltens. Und sollte dies einmal nicht der Fall sein, dann ist es umso wichtiger, dass er die Folgen im deutlichen Zusammenhang mit seinen (Re-)Aktionen erlebt ... und dies besser im Psychodrama als bei nächster Gelegenheit mit seinen Beziehungspersonen in der Realität. Beispiele für diese Art des Doppelns haben wir auf S. 46 und 47 gegeben; das *Ambivalenzdoppeln* ist auf S. 47 beschrieben. Ichstützenden und -stärkenden Effekt kann ein indiziertes *ermunterndes Doppeln* haben. Bei an sich ausreichenden Ichfunktionen kann das gezielte *absichtliche Falsch-Doppeln* effektiver sein. Im Widerspruch gegen die unrichtige Feststellung des Doppels „ermannt" sich dabei „das Ich" des Protagonisten zu einer eigenen Meinung *und* Aussage. Das therapeutische, das gezielt falsche und das Ambivalenz-Doppeln sind sehr wirksame und bei falscher Verwendung gelegentlich gefährliche Mittel. Sie sollen ohne entsprechendes Training nicht verwendet werden. *Konfrontative Techniken,* wie das „Hinter dem Rücken" (behind your back), der „Spiegel" und der „High Chair" will ich bei dieser Kurzfassung nicht einmal beschreiben. Sie dürfen nur bei genügender Ausbildung, guter Kenntnis des Protagonisten und seiner Situation sowie in Anwesenheit hinreichend vorgebildeter Assistenten zur Anwendung kommen.

Auf die in die Hunderte gehenden Modifizierungen und Nuancen spezieller Techniken ist hier nicht einzugehen. Gegen Ende der Spielphase kann (können) die Szene(n) entweder ihren natürlichen Abschluss finden oder der Psychodramaleiter unterbricht das „Spiel" an (hoffentlich) geeigneter Stelle. Letzteres kann zum Beispiel bei endlosem Kreisen um das Thema am Platz sein. Ganz selten ist es *notwendig,* das Spiel zu beenden, wenn:

a) Mitspieler den Protagonisten allzu lange „missbrauchen", um nicht eigene Dinge einbringen zu müssen;
b) schwerste (auto-)destruktive Tendenzen und Handlungen vorkommen;
c) der Protagonist sich in „genussvoller Selbstdarstellung" verliert.

Für alle diese Fälle gibt es erprobte „Techniken", die eine therapeutische Nutzbarmachung ermöglichen.

In der ***Abschluss-, Diskussions-*** bzw. ***Durcharbeitungsphase*** kann dem Protagonisten – im notwendigen bzw. günstigen Ausmass – *gefühlhafte (An-) Teilnahme* (sharing) „gegeben" und *nahe*gebracht werden. Dies geschieht, indem die Mitspieler ihre eigenen, durch das Spiel angetönten Empfindungen, aktualisierten Erlebnisse und Erinnerungen berichten. Falls der Protagonist diesen Respons bitter nötig hat, ist es ernüchternd und abträglich, manchmal wie eine kalte Dusche und im Extremfall geradezu grausam, das *sharing* mit Rollen-feedback (siehe unten) zu durchmischen. (Nur in indizierten Ausnahmefällen darf und soll diese kalte Dusche gezielt verwendet werden.) Deshalb ist Vorsicht am Platze, wenn ein engagierter Mitspieler oder Zuschauer im Eifer oder in der Freude seiner Entdeckung oder Einsicht, diese dem Protagonisten – vielleicht allzu früh, zu drängend oder massiv – „anbietet". Allerdings ist auch dieser meist wohlmeinende Teilnehmer sehr leicht kränkbar, z.B. wenn der Psychodramaleiter ihn – aus Sorge um den Protagonisten – mit „Sagen Sie ihm (dem Protagonisten) lieber, was Sie gefühlt haben ..." relativ schroff zurechtweist und sich dann abwendet. Geschickter ist es, in derartigen Situationen die gute Absicht ins Gefühlhafte zu „übersetzen"; vielleicht so: „Sie müssen von der Situation des Herrn X (Pr.) aber sehr stark berührt worden sein, dass Sie ihm so gerne helfen wollen ... vergessen Sie nicht, Ihre Idee nochmals zu bringen, wenn wir dann die Rollengestaltungen besprechen." Manche Psychodramaleiter vertreten die Auffassung, dass das *sharing* das entscheidend Wichtige der Abschlussphase ist. In dieser Allgemeingültigkeit teile ich diese Meinung nicht. *Sharing* mag gelegentlich genügen. Manchmal mag im Augenblick sogar nichts anderes angebracht sein, als tiefstes Mitgefühl auszudrücken (aber bitte nur wirklich vorhandenes!). Bei *ausschliesslichem* und immer wiederkehrendem *sharing* setzen wir – möglicherweise allzu unrealistische und verwöhnende – (Ersatz-)Befriedigungserlebnisse, die eventuell bis zur (süchtigen) Gewöhnung an diese „Therapie-Variante" führen, statt zur Entwicklung eigener Fähigkeiten zu genügender Bedürfnisbefriedigung in der Realität.

Im *Rollen-feedback* geben Protagonist und Mitspieler (auch die Doppel) an, was sie in *jeder* Rolle gefühlt und erlebt haben, also auch in jenen, in die sie durch Rollentausch gekommen waren. Ebenso berichten die einzelnen Zuschauer, was ihnen an der Rolle, der Rollengestaltung und den Reaktionen der jeweiligen Spieler bemerkenswert erschien. Häufig fallen dabei dem Protagonisten (oder auch anderen Teilnehmern) weitere Erlebnisse ein, die mit den gespielten Situationen oder Abläufen in Zusammenhang stehen. So kann ganz natürlich die nächste Aktionsphase folgen. Wenn für den Tag oder die Sitzung abgeschlossen werden muss, rundet der Psychodramaleiter häufig das Erlebte und die Diskussion zusammenfassend ab. Seltener werden *unverarbeitete Reste* absichtlich stehen gelassen oder sogar pointiert, um die weitere innere Auseinandersetzung oder auch den nächsten Anwärmprozess zu begünstigen. Im *analytisch orientierten Psychodrama* wird der Psychodramaleiter in der Abschlussphase den Schwerpunkt auf Einsichtsvermittlung in Verhaltens- und Erlebnisweisen bzw. in die Impulssteuerung legen. Bei *Lern- und Übungstherapien* kann er im grösseren Ausmass Erfolgserlebnisse vermitteln und so zu weiterer Beteiligung und fortgesetzter Mitarbeit stimulieren.

Nach dieser grob orientierenden Phasendarstellung des klassischen, protagonisten-zentrierten Psychodramas wollen wir einige Weiterentwicklungen und spezielle Formen skizzieren.

Das ***(fehl-)haltungszentrierte Psychodrama*** wurde im Rahmen klinischer Psychotherapie entwickelt. Diese Psychodramaform eignet sich besonders zur Impulsmobilisierung, Konfliktaktualisierung und zum Aufzeigen erster neurosenpsychologischer Zusammenhänge zwischen persönlicher Entwicklung, Erlebnisverarbeitung und psychischer bzw. psychosomatischer Symptomatik. Das Durcharbeiten wird an analytisch orientierte Gruppen- und Einzelgespräche „delegiert", siehe Kap. 5 und S. 191 sowie [23, 27, 30, 31]. In der Einleitungsphase pflegt der Psychodramaleiter recht zurückhaltend zu sein, wird allerdings gelegentlich von aktiveren Gestaltungstherapeuten unterstützt.

In unserer Abteilung waren die wohlmotivierten Patienten fast immer bereit und oft sogar sehr daran interessiert, ein Erlebnis zu erzählen bzw. ein eigenes Verhalten in Frage zu stellen. Wenn dann, bei den meist kurzen Diskussionsphasen, ähnliche Themen mit gleichartiger Problematik von anderen Teilnehmern erwähnt wurden, übertrugen wir einem davon die Protagonistenrolle für die nächste Szene.

Wir forderten zum *spontanen Rollenwechsel* auf, der vorgenommen werden sollte, sobald der Protagonist den Eindruck hatte, dass etwas „falsch" war. Der spontane Rollenwechsel kommt bei wiederholter Teilnahme am Psychodrama an sich immer häufiger vor und der Leiter braucht nicht mehr rückfragen, ob alles wirklich so war, wie es jetzt gespielt wurde und dann den Rollentausch „dirigieren".

Anstatt den Protagonisten zu doppeln, „klatschten" andere Mitspieler ihn gelegentlich ab. Sie übernahmen also seine Rolle und spielten diese auf ihre eigene Weise weiter, wodurch andere Lösungsmöglichkeiten sichtbar wurden. Es wurden also „persönliche Variationen" verschiedener Fehlhaltungen, Erlebnis- und Reaktionsweisen „durchgespielt", anschliessend besprochen und miteinander verglichen. Dies verdeutlicht einerseits natürlich die jeweiligen Hemmungen (eigentlich Gehemmtheiten) und Fehlhaltungen, erschwert aber andererseits die breite und tiefgehende Arbeit mit der individuellen Problematik des Protagonisten in der Aktionsphase des Psychodramas. Durch die weniger zentrale Stellung des Protagonisten wird dieser weniger belastet und die Gruppenatmosphäre unterstrichen. Häufig wurden auch sogenannte *realitätsnahe Zukunftsprojektionen* durchgespielt (siehe S. 64). Dabei zeichnen sich (erste) Fortschritte ab, aber auch Befürchtungen werden deutlich. Bei diesen Zukunftsprojektionen kann der Patient durch entsprechendes Üben für die Bewältigung der Situation oder Aufgabe vorbereitet werden.

Beim ***gruppenzentrierten Psychodrama*** werden einer (relativ kleinen) ganzen Gruppe, häufig aber zwei bis mehreren Subgruppen, „Aufgaben" gestellt bzw. „Themen" gegeben. Die Gruppen werden also in bestimmte „Situationen" versetzt, wobei dann die weitere Entwicklung innerhalb der (einzelnen Sub-)Gruppen nicht oder kaum beeinflusst wird. Es kann allerdings nötig sein, *Zeitpunkte* zu markieren.

Wenn beispielsweise zwei bis drei Gruppen auf je einer Insel gestrandet sind (die Trinkwasser bietet, genügend warmes Klima hat und wo es keine Menschen und wilden Tiere gibt), kann es bald angezeigt sein, einzugreifen (bei allen oder nur einer der Gruppen) und zu sagen: „Jetzt sind 3 Wochen vorbei, kein Flugzeug oder Schiff ist auch nur in die Nähe der Insel gekommen ... wie haben Sie es sich eingerichtet ... und wie geht es weiter?" Nachdem sich die weitere Entwicklung abzeichnet, kann die nächste *Zeitverschiebung* vorgenommen werden, z.B.: „Ein Jahr ist vergangen ... Sie haben keinen Kontakt mit der Aussenwelt ... wie leben Sie jetzt?" Nach 2, 5 oder 10 Jahren – je nach Verlauf – können die „Insulaner" (zwangs-) abgeholt werden, vielleicht wegen eines bevorstehenden Atomversuches in der Umgebung. Auf dem Schiff, das alle aufsammelt, treffen sie die andere(n) Gruppe(n) und tauschen ihre Erfahrungen aus. Abgesehen von den verschiedenen hochinteressanten Entwicklungen des Zusammenlebens – je nachdem welche Bereiche besonders wichtig genommen, „vergessen" oder ausgespart wurden – lernen die Teilnehmer einander rasch kennen. Deutlich zeigen sich Wünsche, Anschauungen und Eigenheiten, besonders aber (Fehl-) Haltungen während des Zurechtfindens in der *Notgemeinschaft.* Für den Psychodramaleiter ist es auch eine ausgezeichnete Gelegenheit, Eigenschaften und Verhaltensweisen *vorgelebt* zu bekommen, die oft vom Träger deshalb nicht erwähnt oder ins Spiel gebracht werden, weil sie ihm selbst so *alltäglich, natürlich* und selbstverständlich sind, dass er sie gar nicht bemerkt. Verschiedenste Bereiche werden in derartigen Gruppenspielen aktualisiert. Auftauchende Schwierigkeiten können in weiteren (haltungszentrierten, oder wenn ein Teilnehmer besonders angetönt sein sollte: protagonistenzentrierten) Psychodramen in ihren Zusammenhängen geklärt, erlebt und durchgearbeitet werden. Oft empfiehlt es sich Notsituationen anzubieten, die zur Gemeinschaft zwingen (z.B. notgelandetes Flugzeug ohne Funk in den Anden; eingeschneit in einer wohlversehenen Blockhütte usw.). Nützlich sind auch andere Themen, wie z.B. die „Vorbereitung einer Expedition" inklusive eigener Rollenfindung und -zuteilung oder das „Treffen bei einer Demonstration" (wobei Inhalt und Form, auch die Wahl des „Gegners" sehr aufschlussreich über Wünsche der Gruppe und des Einzelnen sein können). Aber auch heitere Aufgaben wie: „Wir bereiten ein Fest vor" (mit nachfolgendem Vergleich der unterschiedlichen Feste) oder „Auf dem Maskenball" sind zu empfehlen. Das Thema: „Auf einem Narrenschiff" sollte nur wohlüberlegt gegeben werden. Es bewegt sich anfänglich gerne in der Mitte zwischen Ernst und Spass. Die „Narrenfreiheit" bringt aber gelegentlich makabre bis schaurige (Tat-)Sachen ans Licht, die nicht immer einfach zu verarbeiten sind.

Wir haben uns jetzt aber noch der Frage zuzuwenden, ob

a) besseres soziales „Funktionieren", das Lernen und/oder Üben bisher nicht beherrschter Fähigkeiten, Verhaltens- und (Re-)Aktionsweisen oder
b) das Durchleben und die Bewältigung tiefer bis tiefster innerer Problematik und Konflikthaftigkeit angeboten werden soll.

Zum ersten: Ein einfaches *Rollenspiel* kann auch vom kaum Ausgebildeten versucht werden. Es wird das Bild des Therapeuten bereichern, konkretisieren und den Patienten zur Darstellung sonst unbeachteter Details und zu direkter Rede statt zu ständigen Raffungen und Beurteilungen veranlassen. Wir dürfen auch nicht vergessen, dass die meisten Ratschläge nach einer knappen Stunde von psychotherapeutisch kaum vorgebildeten Ärzten, Psychologen und anderen Angestellten der verschiedenen sozialen Organisationen gegeben werden müssen, wenn es den Erwartungen vieler Patienten, Klienten und leider oft auch der Kostenträger entsprechen soll.

Das blosse Durchspielen einer Szene, z.B. der letzten Auseinandersetzung mit dem Chef oder das Vorwegnehmen der ersehnten und gefürchteten Begrüssung des Vaters am Bahnhof nach der Entlassung aus der Alkoholistenanstalt, kann kaum schaden. Mit Hilfe mehrfachen Rollentausches wird sich ein klareres Bild ergeben und vorbeugende Hilfestellungen werden dadurch möglich sein.

Zum zweiten: Auf die Notwendigkeit einer gediegenen *Ausbildung* bei allen anderen Psychodrama-Formen – auch schon für das Doppeln – wurde nachdrücklich hingewiesen. Dazu kommt meines Erachtens jeweils die „Behandlungsmethode", mit welcher man kombinieren möchte oder die man dem Durcharbeiten in der Abschlussphase zugrunde legt. Auch diese will gelernt und erworben sein. Das gilt für *alle* Therapieformen, nicht nur für die tiefenpsychologisch orientierten.

Viele Psychodramabeispiele in diesem Buche zeigen fehlhaltungszentriertes und tiefenpsychologisch orientiertes Vorgehen. Es sind aber auch die Ermöglichung einer realitätsadäquaten Katharsis (siehe Kap. 2, S. 31), das vorwegnehmende Spielen kommender Ereignisse (Zukunftsprojektion, Kap. 2, S. 64) und die Verwendung verschiedenartiger Suggestionen in Kombination mit dem Üben (Kap. 4, S. 215) dargestellt. Ich möchte nun noch auf die Verwendung des Psychodramas *„en passant"* in der psychiatrischen, inneren und psychotherapeutischen Klinik, sowie in verschiedenen ambulant laufenden Gruppentherapien hinweisen. Für letztere steht das Beispiel auf S. 158. Auch bei der folgenden Beschreibung von ***Psychodrama-Ansätzen bei Psychosebehandlungen*** war es ein „Vorgehen en passant".

Beim *Einsteigen in psychotische Prozesse* (Psychodrama- und Psychose-Psychotherapieerfahrung vorausgesetzt) ist es möglich, durch Gestaltung einer „ad-hoc-Begegnung" mit halluzinierten Dingen, Personen, Stimmen und anderen Geräuschen vermutete Zusammenhänge zu konkretisieren. Es muss betont werden, dass gerade bei der Psychosen-Psychotherapie eine Verallgemeinerung (ein- „Aha, also *so macht man das*") fehl am Platze ist und sogar gefährlich sein kann.

Ein Beispiel: *„Das Schwein kommt."*

Die Darstellung des familiären und persönlichen Hintergrundes, die Berücksichtigung aller aktuellen Faktoren in und um die hier erwähnte Patientin und die Schilderung aller Behandlungsformen, die sie im Laufe der 24 Jahre in der Krankenanstalt erlebt hatte, würden einen langen Schicksalsroman ergeben, für den hier kein Raum ist. Die 41jährige, wegen Schizophrenie mit fortgesetzten Halluzinationen in Dauerbehandlung stehende Frau, nahm auf leichtes Drängen ihres Klinik-Arztes an einer Mal- und Modelliergruppe teil, die einmal wöchentlich 2 Stunden zusammenkam. Während der ersten drei Monate hatte die Patientin immer wieder, in geringer Variation, kleinkindhafte Blümchen und Häuschen mit dem Bleistift gezeichnet und dann „brav" mit Buntstiften (wirklichkeitsentsprechend) bemalt. Schliesslich zeichnete sie einmal das Haus grösser – erlebte sie es „näher"? – und mit halboffener Tür. Dann folgte ein „Mann", der auf das Haus zuging und einen für das ländliche Milieu feinen Anzug trug. Sein Gesicht (im Profil) zeigte dicke Lippen, die direkt in die Nase übergingen, was eine Ähnlichkeit mit einem Schweinekopf ergab.

Therapeut (zeigt auf den Mann): „Da kommt ja jemand." (*Anstelle der Frage* „Wer kommt da?")

Patientin (mit freudiger Stimme): „Ja, mein Bruder kommt heim."

Therapeut: „Schön, da sind Sie nicht mehr allein."

Patientin: „Nein ... (ihr Gesicht verdüstert sich) ... Nein!"

Danach sagt sie nichts mehr, wirkt zunehmend gespannt, geht nach einigen Minuten hinaus und kommt nicht wieder.

7 bis 8 Minuten später sucht sie der Therapeut. Ihr Mantel hängt noch im Vorraum. Er findet sie hinter halboffener Tür auf dem Toilettenstuhl

sitzend, schwitzend, die Finger der linken Hand in „Gynäkologenhaltung" in ihr Genitale gepresst. (In dieser Stellung war sie vom Personal schon oft auf der Toilette oder im Bett angetroffen worden. Es war nur weiblichem Personal möglich, sie aus der krampfhaft beibehaltenen Lage durch beruhigendes Zureden und Bei-ihr-Bleiben zu erlösen.) Der Therapeut „fällt" in die „Schwein-Bruder-Rolle": „Ich bin Dein Bruder ... und jetzt komme ich."

Pat. (schreit laut mit weit aufgerissenen Augen): „Nein ... Nein!"

Th.: „Du bist dumm! Ich will ja gar nichts mehr von Dir, Du bist mir jetzt schon zu alt und zu dick."

Die Patientin schaut gross, wie „aufwachend", lässt die Hand sinken, steht dann auf, ordnet – ein wenig verlegen – ihre Kleider und kommt erleichtert aus der Toilette.

Ob zur Zeit des Erkrankungsbeginns ein tatsächlicher oder nur ein phantasierter „Geschwisterinzest" als *ein* auslösender Faktor eine Rolle gespielt hatte, wurde nie verifiziert. Nach obigem Vorfall erhielten die Männer des Personals die Anweisung, der Patientin unmissverständlich klar zu machen, dass sie als Sexualpartner überhaupt nicht interessant sei, sobald sie sie in dieser Situation antrafen. Dies führte dazu, dass der „Krampf" jetzt auch dann leicht abklang, wenn männliche Pfleger hereinkamen. Dass das Symptom hier zugleich Schutzstellungs- („hier darfst du nicht herein") und Wunscherfüllungsanteile („Ich bin ganz fest in dir") ausdrücken kann, wurde mit der Patientin nie bearbeitet. Auffällig war noch, dass von diesem Zeitpunkt an die – seltenen – Besuche ihres Bruders ebenso freudig-erwartungsvoll wie bisher, nun aber ohne Symptomverschlechterung (gehäufte Halluzination und Zuhalten des Genitale) erlebt wurden.

Auf eine genaue Darstellung der Verwendung des Psychodramas bei Psychosen kann hier nicht eingegangen werden. Immerhin sei an die Ähnlichkeit von manchen Aktionen Rosens [131] mit Psychodramatechniken hingewiesen. Derartiges Vorgehen ist unter anderem weitgehend von der Person des Therapeuten abhängig und daher nicht als allgemein übliche „Technik" von jedermann anwendbar. Hinsichtlich der Psychotherapie von Psychosen gehen die Auffassungen ja weit auseinander. Bei Berücksichtigung der Therapeutenpersönlichkeit können ein Teil der Verständigungsschwierigkeiten gelöst und die gegenseitigen Vorwürfe in sachliche Diskussionen verwandelt werden. Der Prinzipstreit der „Kontrahenten", die sich gegenseitig der „Unwissenschaftlichkeit" bzw. der Blindheit (aus Angst nichts sehen und versuchen wollen) zeihen, behindert die unvoreingenommene Erprobung ebenso wie die nötige Vorsicht.

Hinsichtlich des *analytisch orientierten Psychodramas,* der verschiedenen Techniken der *Traumbearbeitung* und all der anderen Weiterentwicklungen und Modifizierungen, muss auf die einschlägige Literatur [30, 47, 96, 99, 100, 120, 123] verwiesen werden.

Dieser – allzu geraffte, fragmentarische und unsystematische – Einblick gilt der *psychotherapeutischen Verwendung* des Psychodramas. Sozialhygienische Möglichkeiten sind daraus meines Erachtens leicht abzuleiten. Es gibt auch religiös anmutende Ansätze mit deutlichem „Glauben an das Psychodrama an sich", in welchem dann nicht mehr nur „*ein* Weg" und „*ein* Werkzeug", sondern „*das* Ziel" gesehen wird. Solche Tendenzen sind mir zwar verständlich und besonders in ihrer Suggestivkraft einsichtig, führen aber auf ein Gebiet, das *nicht mehr* (oder *nicht nur?*) Psycho*therapie* ist und somit ausserhalb des Rahmens dieser Arbeit und jenseits meiner relativen „Fachkundigkeit" liegt.

Erfreulich ist, dass die Ausbildungsrichtlinien der meisten Psychodrama-Institute in aller Welt recht einheitlich sind und gediegene Kenntnisse und reiche persönliche Erfahrungen bei der Arbeit an sich selbst vermitteln.

Märchenspiel

Das Märchenspiel wurde in der hier beschriebenen Form von CLAUSER [14] in die klinische Psychotherapie eingeführt, dann von ENKE und MAASS [107] weiterentwickelt und von mir unter anderem auch zu Ausbildungszwecken verwendet. Es überrascht doch ein wenig, dass die – besonders in der tiefenpsychologischen Literatur – so häufig als wichtig herausgestellten Märchen (FREUD [40], SCHULTZ-HENCKE [141], GÖPPERT [51, 52], WITTGENSTEIN [159], FROMM [48], DIECKMANN [21] usw.) meist nur verbal miteinbezogen werden, jedenfalls kaum mit Erwachsenen „gespielt" werden. Dieckmann fragt regelmässig nicht nur nach den Lieblingsmärchen, sondern versucht sich auch ein Bild davon zu machen, welche Figur(en) besonders faszinierte(n), Bewunderung oder Angst auslöste(n) und welche Handlungsabläufe den Patienten als Kind speziell beeindruckten. Es ist z.B. ein durchaus wichtiger Unterschied, ob im Rumpelstilzchen die Not der Königin, die den Verlust ihres Kindes befürchtet, den kleinen Zuhörer stark bewegte oder ob er – immer wieder – die Stelle hören wollte, wo sich Rumpelstilzchen selbst mittenentzweireisst.

In der Psychosomatischen Abteilung der Medizinischen Universitätsklinik Freiburg ging man von der Vorstellung aus, dass das „Durchspielen" der Reifungsschritte in den deutschen Märchen gerade für Patienten mit Reifungskrisen therapeutisch wertvoll sein würde. So wurde anfangs im regelmässigen 3-wöchigen Turnus (1.Woche Märchenspiel, 2.Woche Horetzkysche Pantomime, 3.Woche Psychodrama) folgendermassen vorgegangen:

Die ganze Patienten- und Personalgemeinschaft trifft sich und versucht sich auf ein Märchen zu einigen. Gelegentlich wird auch von den Therapeuten das eine oder andere für einen (oder einige) Patienten therapeutisch wertvolle Märchen mehr oder weniger dringlich vorgeschlagen. Sobald die

Wahl getroffen ist, wird das Märchen – meist von einem Patienten – vorgelesen. Danach kommt die Rollenverteilung. Zuerst werden Vorschläge gesammelt und auch freiwillige Meldungen entgegengenommen, dann kann jeder Teilnehmer seine Stimme dem geben, den er in der eben zur Diskussion stehenden Rolle sehen will. So kann es vorkommen, dass z.B. für den Wolf im Rotkäppchen 4 Patienten vorgeschlagen werden, von denen der erste nur 3, der zweite 17, der dritte 8 und der vierte 2 Stimmen erhält. Die Vorschläge sind sowohl für den Ersteller als auch für die Vorgeschlagenen relevant. Während der Wahl spielt sich eine ganze Menge ab: seien es Zeichen für Trotz, Flucht oder Geschmeicheltsein bei den zur Wahl Stehenden, seien es Worte oder Gesten der Wählenden. Alles gibt Einblick in deren Motive. Nachdem alle Rollen besetzt sind, wird ohne jede weitere Regieanweisung oder Vorbereitung mit dem Spiel begonnen. Abweichungen vom Text, vom Inhalt und von der Stimmung, Auslassung oder auch besondere Ausschmückungen ganzer Szenen sind geradezu erwünscht und oft sehr vielsagend. Wenn noch genügend Zeit zur Verfügung steht, kann das gleiche Märchen in neuer Rollenbesetzung ein zweites Mal gespielt werden. Dann kommen entweder die „Zweitplazierten" oder aufgrund des ersten Spieles besonders „aktuell" gewordene Neugewählte zum Zuge. Dadurch erhalten alle Anwesenden gute Vergleichsmöglichkeiten und die Abweichungen werden leichter bemerkt. Anschliessend werden die Erlebnisse und möglichst viele Beobachtungen gesammelt und gemeinsam besprochen. Patienten stellen dabei oft spontan Beziehungen zwischen der Art der Auslassung, Hinzufügung, Umfärbung oder Umgestaltung und den persönlichen Zügen des Spielers fest. Erst danach *kann* in recht breiter und offener Weise diskutiert werden, „was uns das Märchen alles sagen kann und vielleicht auch will." Ich halte diese Art des Angebotes für besser als *die* Bedeutung eines Märchens zu (er-)klären. Es ist auch vorteilhaft, nicht allzu festlegende Erläuterungen zu geben oder im Raume stehen zu lassen, da diese die Freizügigkeit späterer Märchenspiele wesentlich herabsetzen können. Deshalb sollte sich der Therapeut, der mit dem Märchenspiel arbeiten will, auch nicht auf ein – immer recht begrenztes – Repertoire einengen, er wird sonst leicht in den eigenen (Vor-)Urteilen gefangen.

Ich habe noch kein Märchenspiel – auch der häufig gewählten Märchen – erlebt, in dem nicht ein neuer Aspekt oder Zusammenhang aus dem Spiel oder den Einfällen der Teilnehmer evident wurde.

Das folgende – auszugsweise wiedergegebene – Beispiel soll einen Teil des bisher Angeführten veranschaulichen: Während einer praktischen Einführung in das Märchenspiel für Kunst- und Gestaltungstherapeuten wurde *Rotkäppchen* gespielt. (Für den Vergleich zwischen dem ersten und zweiten Spiel bezeichnen wir die Rollen mit Ziffern, z.B. Rotkäppchen 1 und 2, Wolf 1 und 2 usw.)

a) Mutter 1 *schickt Rotkäppchen zur Grossmutter.* Mutter 1 (spricht wie etwa zu einer 5jährigen): „Du Rotkäppchen, ich kann nicht selbst zur Oma gehen und sie ist doch krank! Kannst Du *schon* allein zu ihr gehen und Kuchen und Medizin (statt Wein!) bringen?"

Rotkäppchen 1: „Oh ja Mutti (spricht kleinkindhaft), ich glaube schon."

Mutter 1 (besorgt): „Sei aber ja vorsichtig, bleib auf dem Weg und geh' ja nicht mit jemandem mit oder lass Dir was schenken."

b) Mutter 2 (wie zu einer 12 bis 13jährigen): „Du könntest mal schnell zur Grossmutter laufen ... die ist ja noch immer krank ... und bringst ihr das Gute, das ich in den Korb getan habe ... aber iss es nicht selber auf ..."

Rotkäppchen 2: „Aber Mutter ... ich ..."

Mutter 2: „Erzähl mir nichts, ich kenn Dich schon ... und geh direkt hin ... und mach bloss nicht wieder Extratouren."

Begegnung mit dem Wolf:

a) Wolf 1 (erblickt Rotkäppchen, sagt zu sich selbst): „Schau her, mmhmm, ein ganz feines junges Gemüse." (kommt näher)

Rotkäppchen 1 (erschrickt): „Oh!"

Wolf 1 (beruhigend): „Hab' keine Angst ... ich tu Dir nichts."

Rotkäppchen 1 (zweifelnd): „Wirklich nicht?"

Wolf 1: „Ganz sicher ... aber wo gehst Du denn hin?"

Rotkäppchen 1: „Zur Oma, die ist krank."

Wolf 1: „Da wüsst' ich ein paar sehr gesunde Kräuter, dass sie rasch gesund wird. Schau her, das Wolfskraut und der Wolfsbart, alles sehr gesund. Die wachsen gleich da drüben."

b) Rotkäppchen 2 (schlendert den „Weg" entlang, sieht sich gelegentlich ein wenig kokett um, summt eine Melodie).

Wolf 2 (kommt in grossem Bogen von hinten an Rotkäppchen heran): „Guten Tag, mein schönes Kind."

Rotkäppchen 2 (neugierig): „Wer bist denn Du?"

Wolf 2 (ein wenig unsicher): „Ich bin ... ich bin ... bei meinem Spaziergang ... und Du?"

Rotkäppchen 2 (schlenkert ein wenig ihren Korb): „Ich bin Rotkäppchen ... siehst Du doch (zeigt auf ihr ‚Käppchen') und ich soll zu meiner Grossmutter." (zieht einen Flunsch)

Wolf 2: „Da könntest Du ihr ein paar Blumen mitbringen. Da hinten (zeigt zur Wandseite) im Wald gibt es schöne."

Rotkäppchen 2: „Ich pflücke lieber welche da drüben ... (geht zur Fensterseite) ... Auf Wiedersehen."

Im weiteren Verlauf verschlingt Wolf 1 die Grossmutter „gegen den ersten Hunger ... hoffentlich kommt bald der Nachtisch ... ein Leckerbissen." Wolf 2 beginnt mit der Grossmutter zu reden und zieht sie schliesslich hinter den Vorhang ohne mit Mund oder Händen eine Fress- oder Schlingbewegung angedeutet zu haben.

Als das *Rotkäppchen kommt* und der *Wolf als Grossmutter* verkleidet *im Bett* liegt, sagt Rotkäppchen 1: „Was hast Du für grosse Augen."

Wolf 1: „Damit ich Dich besser sehen kann."

Rotkäppchen 1: „Und so grosse Ohren ..."

Wolf 1 (schaut ein wenig überrascht): „ ... damit ich Dich besser hören kann."

Rotkäppchen 1: „ ... und so eine lange Nase."

Wolf 1 (zögert ein wenig): „Und schau welch grosse Hände und welch riesigen Mund ... damit ich Dich besser packen und fressen kann." (packt zu, leckt sich die Lippen, schiebt Rotkäppchen unter seine Decke und schmatzt behaglich.)

Im Gegensatz dazu sagt Rotkäppchen 2 zum Wolf 2 im Grossmutterbett eher überrascht und ein wenig „sensationslüstern": „Du siehst ja schrecklich und ganz komisch aus." Wolf 2 wirkt einigermassen hilflos. Keiner sagt etwas, schliesslich „ermannt sich" Wolf 2 und mit einem „na dann komm" nimmt er auch Rotkäppchen, die ohne Erregung folgt, mit hinter den Vorhang.

Auch die Jägerrollen geraten bei diesen Spielen recht verschieden. Jäger 1 macht einen symbolischen „Schnitt in der Luft", gut 20 cm über dem „Wolfsbauch"; Jäger 2 hat ein Lineal als Messer, zieht es über Brust und Bauch von Wolf 2, der offenbar kitzlig ist und fast aus der Rolle fällt.

Beim Herauskommen:

a) Grossmutter 1 (aufgeregt): „Und wo ist denn mein liebes Rotkäppchen ... ach da bist Du ja ... Gott sei Dank, dass Du lebst (schliesst Rotkäppchen in die Arme) ... sonst wär ich nie mehr froh geworden." (Rotkäppchen kuschelt sich stumm an sie.)

b) Grossmutter 2 (humpelt und schwankt): „Ach Gott ... ach Gott ... (greift mit den Händen in die Luft), oh es war so schrecklich ..."

Rotkäppchen 2 (stützt sie, sagt beschwichtigend): „Na komm, es ist ja schon vorüber ... es war ja gar nicht so schlimm."

Anschliessend half Grossmutter 1 beim Zunähen des Wolfsbauches. Dagegen forderte Rotkäppchen 2 den Jäger 2 auf, noch mehr Steine einzufüllen.

Wolf 1 fluchte über seinen schweren Bauch „wie wenn Wackersteine drin wären ... und *sooo* durstig bin ich auch". In den Brunnen gefallen, strampelte, prustete und schrie er, ehe er ertrank. Wolf 2 sagte nur, indem er sich den Bauch hielt: „Ich muss ein wenig trinken, vielleicht wird's dann besser", liess sich in den Brunnen fallen und blieb still liegen.

Grossmutter 1 bedankte sich beim Jäger und lud ihn und Rotkäppchen zum Essen ein, bei der Besetzung 2 tanzten Grossmutter, Rotkäppchen und Jäger um den toten Wolf.

Dies war ein Teil des relevanten „Materials", das von allen Anwesenden anschliessend durchgearbeitet wurde. Der „Geniesserwolf" und der „Zahme" wurden nicht nur verglichen, sondern die möglicherweise durchschimmernden (Lebens-)Haltungen in Frage gestellt. Die besorgte Mutter und die Bescheid-Wissende, das kindhafte und das recht selbstsichere Rotkäppchen, die sich selbst vergessende, besorgte Grossmutter und die auf ihr eigenes Leiden zentrierte, wurden in ihrer Spielweise diskutiert. Zuletzt beschäftigten sich alle Teilnehmer mit der unterschiedlichen „Realitätsnähe" der Spiel- und Handlungsweisen der beiden „Jäger".

Ich gehe mit Absicht nicht auf die Diskussion des „Bedeutungsgehaltes" ein und möchte statt dessen an die in Kap. 2 angeführten Bearbeitungsebenen, die in Kap. 4, S. 166 besprochene Betrachtung auf Subjekt- und Objektstufe und schliesslich an die kategorialen Aspekte (Kap. 4, S. 194) erinnern.

Eine – nur anfänglich überraschende – wiederholte Beobachtung ist hinsichtlich der lebensnahen Basis von Mythologie, Symbolgehalt und Tiefenpsychologie besonders interessant, Kozicka [93]. Menschen, die über ihre Kindheitserfahrungen hinaus nichts vom Märchen wissen, kommen auf einfachen Erlebnis- und Beobachtungswegen, oft ohne es selbst als etwas besonderes zu registrieren, zu tiefsten Erkenntnissen. So wurde z. B. der Sinn des Auftauchens des „Eisernen Heinrichs" im Froschkönig durchaus aus seinen Funktionen erspürt, während des Spielens erlebt und in der nachfolgenden Diskussion erkannt. Obwohl seine Bedeutung durch den zweiten Titel des Märchens („Froschkönig" oder „Der eiserne Heinrich") unterstrichen wird, fassen viele diese Figur beim Lesen als unnötige Dreingabe auf. Im „Spiel" aber erlebte ein „Heinrich" die tiefe Freude über den erlösten und heimkehrenden Prinzen. Das Zerspringen der Eisenringe um das Herz sah er in der nachfolgenden Diskussion als die sukzessive Befreiung von der Sorge und von der Trauer um den Verlust und als ein gefühlhaftes Nachvollziehen des „Wunders" der (Rück-)Verwandlung. Ein anderer „Heinrich" fühlte sich ganz als Vertreter des Vaters des Prinzen und wurde ganz ärgerlich, als die Prinzessin seine Umarmung mit dem Prinzen beim Wiederfinden unterbrach. In der nachfolgenden Diskussion gab er an, bitterböse gewesen zu sein, weil die Prinzessin auf der Fahrt mit dem Wagen seine „dreifache magische Versicherung" (dass es sich um ein Zerspringen der Eisenbande und nicht um ein Zerbrechen des Wagens handle) durch ihr „albernes Geplapper" banalisiert hatte.

Therapeutisch ist für uns entscheidend, dass durch eigenes Erleben gewonnene Erfahrungen, so erarbeitetes „Wissen", wirksamer und fruchtbarer als bloss Gehörtes, Gelesenes und intellektuell Verstandenes sind.

Die aus der Kindheit bekannten oder zumindest den lokalen Traditionen und Kulturempfindungen entsprechenden Märchen rufen schon bei den ersten Märchenspielversuchen starkes Engagement hervor. Später kann es jedoch sehr nützlich sein, völlig „fremde" Märchen, Mythen und Sagen zu spielen, um die im eigenen Kulturkreis sogar beim Märchen ausgesparten, schwerst tabuierten Dinge und Vorgänge indirekt zu berühren. Natürlich hat der Spielleiter die Möglichkeit, geeignete Märchen (für die augenblickliche Situation an der Klinik oder Abteilung, für einen oder einige bestimmte Patienten) anzubieten, anzuraten, im Ausnahmefall sogar als therapeutische Massnahme zu „verordnen". Im „Tischlein-deck-dich" ist (lange Zeit vor Freud) u.a. die Reihenfolge des Erwerbes und das Zusammenwirken oraler, analer und phallischer Möglichkeiten dargestellt. Dieses Märchen hat sich an tiefenpsychologisch orientierten Kliniken für das Durcharbeiten der Reifungsschritte der sogenannten männlichen Entwicklung bewährt. Die Märchen mit einer „Männer-Thematik" sind an sich in der Minderzahl. „Einer der auszog das Fürchten zu lernen", „Hans im Glück" und „Das tapfere Schneiderlein" gehören in die gleiche Gruppe. Wenn auch heute nicht mehr genau dieselben Inhalte für die Männer-Rolle gültig sind, so sind doch die einzelnen Funktionen und Fähigkeiten als solche ebenso notwendig – für Mann *und* Frau.

Viel häufiger sind im deutschen Sprachraum Märchen, die Entwicklungen vom Kind zum Mädchen und zur Frau beschreiben. Das verwundert weniger, wenn man weiss, dass viele der Märchen anfänglich ja keineswegs Kindergeschichten waren, sondern an langen Winterabenden von meist älteren Frauen an die Mädchen weitergegeben wurden, die an ihrer Aussteuer spannen, webten und nähten.

Wenn männliche und weibliche Züge nebeneinander oder im Zusammenspiel personifiziert sind, dann lädt dies geradezu zur Betrachtung auf Objektebene (wie gehen Mann und Frau miteinander um?) *und* Subjektebene (z.B. Animus – Anima) ein. Dieser *Doppelaspekt* ist besonders deutlich *und* therapiefördernd. Wir finden ihn ausgeprägt in „Hänsel und Gretel", „Brüderchen und Schwesterchen", „Jorinde und Joringel" und ähnlichen Märchen. Auch ob mehr oder weniger „gesunde" Beziehungen zur Mutter oder zum Vater aufscheinen, kann für das Anbieten bestimmter Märchen entscheidend sein.

Bei Lern- und Übungstherapien wird es häufiger darauf ankommen, ob gegebene Rollen im Märchen ein Durchprobieren noch nicht erworbener Fähigkeiten, deren Übung oder auch eine Überwindung von hinderlichen Umständen im Spiel ermöglichen. Zuletzt noch ein Wort zu solchen Märchen, die sich angeblich zum Spielen nicht eignen. Es können dies ganz kurze, nur eine Szene herausgreifende und den Rest zusammenfassend berichtende Geschichten sein oder auch scheinbar problem- und konfliktlose „Kindergeschichten". In der Regel genügt es, dass einer oder einige der Teilnehmer sie vorschlagen, um sie „spielenswert" zu machen. Zum Beispiel brachte uns einmal „Das Totenhemdchen" höchst differente Bilder von Mutterschaft, Mutterliebe, Kindererwartungen und -ansprüchen. Gelegentlich ziehen Patienten ein Märchenspiel dem Psychodrama vor, um das Einbringen persönlicher Konflikte zu vermeiden. Dies ist – einmal erkannt – durchaus nicht nur von Nachteil. Die breite Symbolhaftigkeit der Märchen, ihre Anknüpfung an die magische Erlebniswelt der eigenen Kindheit und das – gerade wegen der vermeintlichen Unpersönlichkeit – spontane Spiel, führen oft zu tiefem bis tiefstem Berührtsein.

Verbale Gestaltungen

Ich bringe allen kreativen, gestalterischen Vorgängen grössten Respekt und auch grosses Interesse entgegen, insbesonders den explizit *menschlichen* der Wort-, Begriffs- und Sprachbildung und den damit gegebenen intellektuellen, kommunikativen, schöpferischen und künstlerischen Möglichkeiten. Dass ausserverbale „Verfahren", HAGEDORN [58], überwiegend Gegenstand dieser Arbeit sind und so breiten Raum einnehmen, liegt daran, dass sie bisher weniger als therapeutische (Hilfs-)Mittel untersucht und meines Erachtens zu wenig für Psychotherapiezwecke genützt wurden. Es kann in diesem Rahmen nicht generell auf das Gespräch in der Psychotherapie und auf alle verbalen Ausdrucksfunktionen systematisch eingegangen werden. Grundlegendes über Kommunikation und Metakommunikation ist unter anderem bei WATZLAWICK und Mitarbeitern [156, 157] zu finden. In den Beispielen dieses Buches und besonders im folgenden Kapitel über den Umgang mit dem Gestalter und seinem Gestaltungserleben, sind auch Gesichtspunkte über Gesprächsführung enthalten. In den verschiedenen Psychotherapieformen und -richtungen gibt es auch mehr oder weniger ausführliche und klare Regeln und teilweise sogar „Handanweisungen". Hier wollen wir uns nur mit dem ***„Gedicht"*** und der ***„(Phantasie-)Geschichte"*** (die frei oder thematisch mehr oder weniger gebunden sein können), sowie kurz mit dem kreativen Aspekt des „Erlebnisberichtes" (im Sinne von CLAUSER [17]) und der Kindheitserinnerung in tiefenpsychologischen Anamnesen befassen. Der erzählte oder aufgeschriebene Traum wird manchmal nicht genügend als verbale Gestaltung des manifesten Traumes gesehen. Seine sogenannte „Überarbeitung" folgt ähnlichen Regeln wie Phantasiegeschichten.

Nicht allzu selten drücken Menschen ihre Gefühle und Empfindungen in Versen oder auch in Prosa aus. Während des Ringens um die eigene Identität, bei Verliebtheit, tiefer Zuneigung, aber auch in schwerem Leid und in Angst oder Sorge finden viele den Weg zur Feder. Das Schreiben erlaubt die Beschäftigung mit dem „Bewegenden", seine Gestaltung, oft auch ein Abreagieren und eine „Entäusserung". Diese „verbalen Produkte" spiegeln wider, was und wie der Schreiber erlebt (hat), auch wie er sich selbst sieht und versteht. Oft sind es direkte Reden aus sich oder zu sich selbst. Früher verfasste Gedichte und Kurzgeschichten, aber auch ins poetische gehende Abschnitte aus Tagebüchern, vermitteln gute und erlebnisnahe Einblicke in die damalige innere und äussere Situation des Schreibers. Aktuelle verbale Gestaltungen klären uns über seine jetzige Befindlichkeit (inklusive der Behandlungssituation) auf. Wie bei Bildnereien und Darstellungen können wir das Thema, die emotionalen Inhalte, die Art und Weise der Gestaltung u.a.m. ins Zentrum unseres Interesses rücken. Die im vorigen Kapitel geschilderten 10 Betrachtungsmöglichkeiten und alle folgenden Hinweise für den Umgang mit dem Gestaltungserleben (Kap. 4, S. 146) gelten in vollem Umfang auch für die therapeutische Nutzbarmachung verbaler Kreationen.

So wie wir beim Bild Details und das Ganze, Stimmung, Farbe, Richtungen usw. berücksichtigt haben, sollten wir es auch hier tun. Dass es uns dabei nicht um die künstlerische Qualität geht, ist fast schon selbstverständlich.

Ehe wir uns einem Beispiel zuwenden, seien ein paar „Hilfen" zur Orientierung angeboten, besonders zum vielleicht ungewohnten oder manchen gar befremdenden hohen Einschätzen kleinster Details und vom Gestalter unbemerkter Gewohnheiten in Wortwahl und Satzbau. Wenn man auf sie hinweist, werden sie gerne als „zufällig" und „bedeutungslos" bezeichnet. Als Minimum haben wir uns zu fragen: „*Was sagt* der Gestalter?" (z.B. „Es ist drei Uhr" – Mitteilung einer bestimmten Zeit, als begriffsgebundener Inhalt der Aussage), „*Wie* sagt er es?" Frage nach non-verbalen Mitteilungsinhalten: z.B. ungeduldig, verwundert (mit Kopfschütteln, oder falls geschrieben: mit einem, zwei oder drei Rufzeichen dahinter, mit einigen Pünktchen usw.), vorwurfsvoll, sachlich, abschliessend usw. „Was *sagt* er *damit zugleich*?" Frage nach zwischen den Zeilen stehenden, versteckten oder auch ungewollt hineingerutschten oder herausleuchtenden Bedeutungsgehalten, die über die Begriffs- und Sachmitteilung hinausgehen. Im obigen Beispiel („Es ist 3 Uhr") etwa: „Du hast mich lange warten lassen" oder „Es ist zu spät" oder „Wir haben noch viel Zeit" usw.

Beim Lesen einfacher Sätze, gerade bei der Wiedergabe direkter Rede, verändert sich oft die Aussage sehr weitgehend, wenn man das eine oder andere Wort betont. (Ich habe mir angewöhnt, bei schriftlichen Aufzeichnungen das entsprechende Wort zu unterstreichen, gelegentlich sogar Zusatzbezeichnungen in Klammer zu machen, ähnlich wie in Rollenbüchern.)

Beispiel: *Akzentsetzung*

In einer kurzen Phantasiegeschichte lässt ein 36jähriger Patient die Hauptfigur, einen 9jährigen Jungen, sagen: „Was mach ich weiter?". Ich bitte den Patienten, mir den Satz vorzulesen, um seine Art der Betonung und des Ausdruckes zu erfahren.

Patient (verwundert): „Dieser kleine Satz???"

Therapeut: „Ich weiss nicht, wie *Sie* ihn sagen würden."

Pat. (schaut unverstehend ... dann): „Was mach ich *weiter?*" (Pause) „... Und *jetzt?*"

Th.: „Ich hätte Sie nicht verstanden, wenn ich Ihren Satz anders betont hätte, z. B. *Was* mach ich weiter? oder auch: Was *mach* ich weiter?"

Pat. („vergleicht" mit den Augen, d.h. „fixiert" abwechselnd eine Alternative links und dann eine rechts vor sich, nickt nach mehrmaligem Hin- und Herschauen ein wenig.)

Th.: „Das macht ganz schöne Unterschiede."

Pat.: „Ja ... das ist ganz etwas anderes ob ich ‚*Was* mach ich weiter?' oder ‚Was mach *ich* weiter?' sage. Das eine Mal weiss ich nicht, *was* zu tun ist, das andere klingt, als traute ich mir im Gegensatz zu anderen weniger zu ... oder auch, als gäb's nur mich." (Beachte: bestätigender *und* erweiternder Einfall)

Im folgenden Gespräch ging es um seine eventuelle Ratlosigkeit und Entschlussunfähigkeit (Was), um etwaiges Handlungsunvermögen und seiner Neigung, statt dessen zu grübeln (mach), sein Selbstwerterleben und seine Ichbezogenheit (ich) und seine Zukunftsängste als Neunjähriger und jetzt (weiter).

Besondere Beachtung verdienen *Füllwörter,* die „unnötiger- oder abschwächenderweise" hinzugefügt wurden. Wie es schon FREUD bei den Fehlleistungen [35] tat, lohnt es sich auch hier, zwischen vom Gestalter „verstehend lächelnd akzeptierten" und „mit Nachdruck bis heftig abgelehnten" Bedeutungsgehalten zu unterscheiden. Derartige Wörter (z.B.: eigentlich, beinahe, fast, so was wie, gleichsam usw., aber auch ein nachfolgendes „oder", „nicht wahr", „glaub ich" usw.) sprechen manchmal eine deutliche Sprache. Es ist aber notwendig zu beachten, ob eines dieser Wörter tatsächlich als „Füllwort" gebraucht wurde. Sonst werden fälschlich Dinge unterstellt oder „heraus-" (d.h. in diesem Falle dann *eigentlich* „hinein-") gelesen.

Zur Sicherheit ein kleines Beispiel: Patient G erzählt in der Gruppe: „Vorhin bin ich *beinahe* in das Bassin gefallen". Der Therapeut weiss natürlich nicht, ob es sich um ein Füllwort handelt und einem Interessantmachen entspricht oder ob das „gefallen" an Stelle eines „gestossen werden" abschwächend gesagt wird. Ein Mitpatient klärt die Lage: „Ja, das war um ein Haar, G stolperte über die Betonkante und konnte gerade noch das Gleichgewicht wiederfinden. Ich ‚sah' ihn schon hineinplumpsen!" Es handelte sich also weder um eine Übertreibung noch um ein (Be-)Schützen eines „Stossers", dagegen vielleicht um ein Verschweigen eigener Ungeschicklichkeit (Stolpern).

Austauschbarkeit der Hilfszeitworte. Damit ist gemeint, dass es sich empfiehlt, im Text vorkommende Hilfszeitworte *probeweise* auszutauschen und sich zu fragen, welche davon *eher* oder *auch* zum Schreiber, zum Inhalt und zur Bedeutung passen.

Ein 23jähriger Student sagt: „Ich *muss* heute ins Theater gehen." Unter der Berücksichtigung der Reihe: muss – soll – darf – kann – will – möchte, ist u.a. zu überlegen: „muss er, weil er darüber einen Bericht schreiben muss oder soll" oder „muss er, weil ihn das Stück oder eine Schauspielerin so wahnsinnig interessiert, also weil er ‚will' und ‚möchte'?" *Soll* er (aus Vernunfts- oder Prinzipgründen) gehen und sagt *muss*, um keinen inneren Widerspruch aufkommen zu lassen? *Darf* er beispielsweise von seiner Verlobten aus und sagt *muss* (oder ein anderer: will), weil er gar nicht diskutieren will, dass er teilweise von der Zustimmung seiner Braut abhängig ist? *Will* er gehen und versteckt sich und seine Eigenwilligkeit hinter einem Muss? *Möchte* (Wunschansatz, Bedürfnis) er gerne gehen und kann (will, möchte, darf) er für seine „Wunscherfüllung" nicht direkt eintreten? Auf einem derartig breiten Hintergrund werden dann die relevanten Möglichkeiten erst entsprechend vielsagend.

Fehlleistungen sind in der tiefenpsychologischen Literatur seit FREUD [35, 37, 44] so sehr bekannt, dass sie leicht und fast immer vom Therapeuten „ent-deckt" werden. Ihre gewichtige Bedeutung muss also nicht unterstrichen werden. Übrigens können einige Beispiele dieses Abschnittes unter dem Fehlleistungsaspekt betrachtet werden. Dagegen sind zu *Verneinungen* [45] zwei Dinge zu bemerken:

a) Häufig wird die Behauptung aufgestellt (auch vom Gestalter), dass die Verneinung eines Umstandes oder einer Gegebenheit ja nur an Stelle des bejahten Gegenteils davon stünde und diesem gleichwertig sei. Selbst wenn dies der Sache nach manchmal stimmen sollte, so geht erstens der Verneinung doch der Einfall voraus, der dann verneint, also abgelehnt wird (was auch schon Freud herausgestellt hat); zweitens ist es hinsichtlich der Selbsteinschätzung ein beträchtlicher Unterschied, ob jemand sich als „gar nicht pedantisch" oder „schlampig" bezeichnet oder „nicht aggressiv" statt „gutmütig". Jedenfalls lässt die Verneinung einer Eigenschaft oder Begebenheit immer mehrere Alternativen *anstelle* des Gegenteils offen, während die feststellende Bezeichnung andere Möglichkeiten nur noch *daneben* zulässt.

b) Beim Umgang mit der Verneinung nimmt sich (hoffentlich) der Therapeut keine grösseren Freiheiten heraus als bei der Bejahung. In beiden Fällen ist es nicht er, der – mehr oder weniger selbstherrlich – entscheidet, ob die Verneinung zu Recht vorgenommen wurde oder „Widerstand" beinhaltet und ob die Bejahung stimmt oder einer Gefügigkeitshaltung bzw. Gefälligkeitsgeste dem Therapeuten gegenüber entspricht. Die ergänzenden Einfälle des Patienten *und* sein Verhalten und seine Reaktionsweisen in der Wirklichkeit seines Lebens und in der Behandlungssituation ermöglichen es erst, dass er selbst in Zusammenarbeit mit dem Therapeuten diese Frage jeweils klärt.

Bei gefühlvollen und empfindungsreichen Schilderungen kommen *Eigenschaftswörter* und auch *Umstandswörter* gehäuft vor. Auch unnötiger Gebrauch des *Konjunktiv* oder die Verwendung markanter Hauptworte im *Telegrammstil* sind zu beachten. Bei allen registrierten Besonderheiten entscheidet aber die Gesamt-Gestalt (KÖHLER [91] KATZ [85] PERLS, HEFFERLINE u. GOODMAN [119] usw.) zu welchen Teilen es sich um eine realitätsentsprechende Variante und/oder um eine persönlichkeits-spezifische Ausdrucksform handelt.

Verbale Gestaltungen können anheimgestellt, angeregt, empfohlen und (selten günstig) „verordnet" werden (siehe Kap. 4, Abschn. A, I, S. 148). Der Umgang mit dem dichtenden oder schreibenden Patienten und mit dessen „Produkten" wird entscheiden, ob Therapeut und Patient dies als lohnend, d.h. die Therapie fördernd, erleben. Gute Motivation seitens der Patienten ist fast immer gegeben, wenn in einer psychotherapeutischen Klinik ein „Bunter Abend" oder ein (literarisches) Aktualitäten-Kabarett angeregt wird. Das Personal und die Mitpatienten werden in jeder Weise beleuchtet, aber auch konstruktiv selbstkritische Liedertexte, Gedichte, Sketches und Witze [37] kommen vor und haben keineswegs bloss kathartische Effekte. Das (spätere) Durcharbeiten mit dem „Verfasser", ebenso wie mit den Angesprochenen und Betroffenen, kann therapeutisch äusserst wertvoll sein. Manchmal müssen Einsichten, die sich während der Gestaltung oder beim Zuhören und „Schauen" ergaben, nur noch bestätigt, eventuell mit zugehörigen Beispielen belegt werden. Mir selbst sind unter anderem 15 vierzeilige Strophen in bester Erinnerung. Drei Patientinnen, die *„Drei-Neu-Röschen"*, haben sie über Mitpatienten und Personal verfasst. Abgesehen vom Spass daran, waren sie als Therapeutikum wertvoll. Zwei davon mögen zur Erhellung der damaligen Übertragungs- und Gegenübertragungslage beitragen:

In unserm Therapeutenschwarm
Da gibt es Gustav, der hat Scharm!
Der Robert ist korrekt und flott,
Doch hält er sich für einen Gott.

Zwei ziemlich runde Knaben
Die *geben* und die *laben*.
Der Hans und Emil, es ist wahr,
Die sind als „Mütter" wunderbar.

(Die Namen sind verändert. Anm. d. Verf.)

Die Gefahr des (eventuell sogar gemeinsamen) Agierens auf „Literarischer Ebene" ist natürlich gegeben (siehe Kap. 1, S. 16). Sie ist aber ebenso gross, wenn ein Therapeut in die Bearbeitung von Träumen, Freizeitstörungen, Kindheitssituationen oder was auch immer, „verliebt" ist. Heutzutage werden zumindest die tiefenpsychologisch arbeitenden Psychotherapeuten, aber auch *viele*, die von anderen Modellvorstellungen ausgehen, sich fragen, was das „mitgebrachte Gedicht", die „erfundene Geschichte" mit ihnen selbst und der Behandlungssituation zu tun hat *und* wie sie selbst darauf emotional reagieren.

Themen können auf die Weise gegeben werden, dass man Patienten zu Bildern (TAT, van Lennep usw.) Geschichten erzählen lässt und diese dann nicht nach Testanweisung mit dem Standard vergleicht, sondern als individuelle Gestaltung in die Therapie einbezieht. Besonders ergiebig hat sich mir oft erwiesen, wenn ein Patient angeregt werden konnte, zu eigenen – ihm z.B. unverständlichen – Bildern, Formen und Darstellungen eine „Phantasiegeschichte" zu erfinden. Eine Variante der Themengebung, die zu persönlichkeitsspezifischen und recht emotional getönten Aussagen führt, ist die Empfehlung oder Aufforderung an eine erstmals zusammentreffende (Arbeits- oder Trainings-)Gruppe, sich statt mit der üblichen Berufs- und Interessenschilderung *„mit einer Lüge"* vorzustellen. SYLVIA LANGE aus San Francisco [94], die unter anderem Sozialarbeiterinnen ausbildet, hat uns dies in Vancouver beim 1. Symposium über non-verbale Aspekte und Kommunikationsformen in der Psychotherapie erleben lassen. Ich habe diese „Einstieghilfe" seither mehrfach – hauptsächlich bei Ausbildungsveranstaltungen – vorteilhaft anwenden können. Es ist eben ein beträchtlicher Unterschied, ob jemand „lügenderweise" sagt: „Ich liege am liebsten daheim und ich hasse Pferde" oder ob statt dessen wahrheitsgemäss gekommen wäre: „Ich bin Krankengymnastin, lasse viel aktive Übungen machen, auch reiten." Diese Kollegin war sicher, dass sie bei einer ersten Vorstellung niemals gesagt hätte: „Ich liebe Pferde." Bei einiger Spontaneität ergeben sich recht eigenartige Dinge. In Vancouver hatte ich selbst versucht, auf die Aufforderung zum Lügen hin, etwas „ganz Unmögliches" zu sagen: „Mich interessiert das hier gar nicht, weil ich mit meinem dritten Kind schwanger bin und ganz darauf konzentriert." Alle lachten – ich auch. Aber *nicht lange,* denn mir fiel sofort ein, dass ich zwei Kinder habe und innerlich sehr mit dem vorliegenden Buch beschäftigt war. Dazu kam dann noch die Erinnerung an einen meiner Lehrer in Psychiatrie. HOFF [73] sagte „scherzhaft": „Wenn ein Patient lügt, und hoffentlich so oft, dass ich es wenigstens einmal bemerke, dann weiss ich viel mehr über ihn. Denn lügen kann er nur auf *seine* Weise." Hinzuzufügen wäre für psychotherapeutische Belange, dass beim gemeinsamen Bearbeiten der „Lügen" dann beste Voraussetzungen zur Selbsterkenntnis gegeben sind.

Eine spezielle Themenstellung ergibt sich aus dem „Auftrag", die erste (eine der ersten oder eine frühe) *Kindheitserinnerung* zu berichten (z.B. bei der Erhebung einer tiefenpsychologischen Anamnese) oder aufzuschreiben (im Rahmen des „Erlebnisberichtes"). Seit FREUD sind derartige Kindheitserinnerungen als „Deckerinnerungen" [33, 39] repräsentativ für die natürlich subjektiv erlebte Atmosphäre dieser frühen Jahre. Die geschilderte Begebenheit kann auf *ein* Ereignis zurückführen oder aus Teilen *mehrerer bis vieler* Erinnerungsbruchstücke zu einer Einheit verschmolzen sein. Vielleicht sind nur kleine Lücken phantasievoll ergänzt worden oder die ganze Geschichte entspricht überwiegend nicht *Erlebnissen,* sondern damaligen (und/oder jetzigen) Phantasien, Ängsten und Wünschen, die für den Betreffenden Erinnerungscharakter haben. Dies alles spielt keine entscheidende Rolle, da es ja gerade um das Erleben des Berichters und seine persönliche und individuelle Art der „Gestaltung der Geschichte" geht. Die oben angedeuteten Bearbeitungshilfen (Akzentsetzung, Füllwörter usw.) sind voll verwendbar. Aus all dem Gesagten wird auch die Empfehlung an den Patienten verständlich, einfach „drauflos" zu erzählen. Was beim Schreiben offenkundig „falsch" ist, möge der Patient so durchstreichen, dass es lesbar bleibt.

Die „Anleitung" zum ***Erlebnisbericht***, CLAUSER [17], enthält unter anderem den Hinweis, sich nicht um eine chronologische Ordnung, wie bei einem Lebenslauf, zu kümmern, sondern einfach die „Dinge und Erinnerungen zu schildern wie sie eben kommen". Wenn jemand das starke Bedürfnis hat, ein „geordnetes Material" abzugeben, wird er gebeten, die Schmierzettel oder den Entwurf aufzubewahren und zum Vergleich mitzubringen. Jeder Mensch vergisst und formt in der Erinnerung um. Den Hinweis, dass wir gemeinsam nachschauen können, was uns seine Art der Umformung über ihn selbst erzählen könne" versteht jeder Patient, für den eine einsichtsvermittelnde Psychotherapie in Frage kommt.

Als Beispiel kommt nun auszugsweise die Vorgeschichte, ein Teil des „frei verfassten Lebensberichtes" und der Behandlungsbeginn der gleichen Patientin, deren weitere klinische Psychotherapie in Kap. 2, Abschnitt „Prospektive Zeichen", S. 63 mit Hilfe ihrer Gestaltungen widergespiegelt wurde.

Die 26jährige verheiratete Patientin gibt bei der Aufnahme spontan (in dieser subjektiven Rangfolge; das Schlimmste zuerst) ihre Gefühlskälte und Anorgasmie, heftigste anfallsartige Kopfschmerzen, krampfartige Bauchschmerzen mit Übelkeit und Schwindelgefühlen, Dysmenorrhoe, Schlafstörung bei erhöhtem Schlafbedürfnis und Rückenschmerzen im Bereich der LWS und des Kreuzbeines an. Die Beschwerden seien kurz nach der Geburt ihres einzigen Kindes, einer jetzt 6jährigen Tochter, aufgetreten. Die damalige Schwangerschaft war auch der Anlass für die Heirat. Wegen der Kopfschmerzattacken musste die Patientin oft zu ihrem Hausarzt gefahren werden, der Kriegskamerad ihres Vaters war. Dieser Kollege hatte sich *sehr* um die Aufklärung des Krankheitsbildes der Patientin gekümmert. Die Patientin sagte: „Wenn ich *meine* Spritze von Dr. N hatte, ging es." Erst nach einigen Gesprächen kommt die Patientin auf ihre Angst, Unsicherheit und „Hemmungen" zu sprechen. Im Erlebnisbericht findet sich auch die früheste Kindheitserinnerung: „Meine Mutter schimpfte mit mir, weil ich mich nass gemacht hatte (4. Lj.) ... ein paarmal ... das kam aber nur von den Fliegeralarmen." Auch aus einigen anderen Äusserungen geht hervor, dass sie die

Neigung hat, äussere Umstände als ausschliessliche Ursachen für eigenes Erleben und Handeln verantwortlich zu machen, z.B.: „Später habe ich oft Selbstbefriedigung gemacht, das war, weil ich so oft hörte, wenn meine Eltern Geschlechtsverkehr hatten."

Die Konfliktvermeidung wird aus dem letzten Abschnitt des Lebensberichtes besonders deutlich. Dort geht es nach dem Muster: „Alles gut"; dann kommen eine ganze Reihe von Schwierigkeiten, aber keine Auseinandersetzungen. Um den Unterschied in den Beziehungen der Patientin zum Kind, zum Mann und zur Spritze hervorzuheben, sind die jeweiligen Artikel bzw. Fürwörter kursiv gedruckt.

„Mit *meinem* Mann komme ich sehr gut aus. Er ist zwar sehr aufbrausend, manchmal schon wegen Kleinigkeiten, aber ebenso schnell wieder abgekühlt. Eine sehr grosse Sorge habe ich mit *dem* Kind. *Mein* Mann kann sich nicht mit ihr abgeben ohne mit ihr zu schimpfen. Oft nehme ich sie daher in Schutz und bekomme dementsprechende Schwierigkeiten. Die ganze Erziehung liegt in meiner Hand und wenn etwas nicht klappt, bin ich schuld. Das macht mir sehr viel Kopfzerbrechen. Oft ärgert sich *mein* Mann über die Interesselosigkeit im sexuellen Leben, *aber ernstliche Auseinandersetzungen haben wir noch nie gehabt."*

Am 3. Behandlungstag bringt die Patientin das Bild einer Gebirgslandschaft mit einem Bergsee, einer Wiese mit verzweigten Wegen und einer *Ruhebank* am Anfang des Weges (Abb. 38). Anhand dieses Initialbildes wird der Patientin klar, dass sie meist „Abkürzungen" geht – auch sonst im Leben (z. B. absichtlich herbeigeführte Gravidität um von der Mutter leichter loszukommen) – und dem „Unsichtbaren in der Tiefe" ängstlich ausweicht. Nach einem Hinweis auf die Ruhebank, wehrt die Patientin ab: „Dabei habe ich mir bestimmt nichts gedacht, das Bild erinnert mich an den Urlaub im schönen Österreich, dort waren auch viele Bänke." (Freundliches Angebot mit Hilfe des Ursprungslandes des Therapeuten bei gleichzeitiger Ablehnung der Bedeutungsmöglichkeit der Bank. Gute Rationalisierungen sind so gut wie immer zugleich sachlich richtig.)

In der Abteilung verhält sie sich überangepasst, eckt nirgends an, findet alles schön. Von den Mitgliedern der analytisch orientierten Gruppe wird die Patientin bald auf ihre ausweichende Haltung angesprochen und bringt am 11. Behandlungstag (überwiegend wohl aus Gefügigkeit) ihre Schwierigkeiten mit Mann und Tochter zur Sprache, sieht aber die ganze Schuld am Mann und weist relativierende Hinweise anderer Gruppenteilnehmer glatt zurück.

2 Tage später bringt sie das gleiche Thema folgendermassen ins Psychodrama: „*Mein* Mann und ich wollten in Urlaub fahren und waren uns nicht einig, ob *das* Kind mitgeht oder nicht. Ich war dafür, er dagegen. Er hatte Bedenken, dass er keine grösseren Touren machen kann, wenn *das* Kind mitkommt. Ich habe gesagt: ‚Wir (!) müssen ein bisschen zurückstehen, können

auch andere Sachen unternehmen. Wenn *das* Kind nicht mitfahren darf, will ich auch nicht mitfahren'." In den darauffolgenden 4 Szenen und der anschliessenden Diskussion erkennt die Patientin, dass sie ihr Kind zur Durchsetzung eigener Wünsche verwendet und auf diese Weise die direkte Auseinandersetzung mit dem Gatten vermeidet. Sie kommt danach von sich aus auf ihre „Bequemlichkeit" zu sprechen, stellt sich mit dieser Frage der Gruppe und geht dort, wie in den folgenden Einzelgesprächen, ziemlich freimütig auf ihre Lebensgeschichte ein. Sie versteht jetzt auch den Ärger ihres Mannes, der schimpfend gesagt hatte: „Was heisst, *wir* müssen zurückstehen, *ich* muss verzichten, *Du* sitzt ja lieber im Café." (Weiterer Verlauf siehe Kap. 2, S. 63.)

Für den therapeutischen Wert verbaler Gestaltungen ist sicher mitentscheidend, dass sie als Selbstgeschaffenes einfach authentisch erlebt und empfunden werden. Darum sind sie auch ein guter Einstieg zum „Auf-sich-selber-Hören" und zum „Von-sich- und an-sich-selbst-Lernen".

Konzentrative Bewegungstherapie

Zuletzt wollen wir uns einem „Vorgehen" zuwenden, das vom Körpererleben ausgeht. In seinen Ursprüngen geht es auf Elsa Gindler zurück, die Krankengymnastin und Bewegungstherapeutin in Berlin gewesen ist. In psychotherapeutischer Hinsicht hat sich besonders Stolze [150, 151, 152] um dieses „Verfahren" verdient gemacht, der auch die Zusammenhänge zwischen Bewegen und Erleben mit Hilfe des Gestaltkreismodelles dargestellt und die Beziehung zu Scheidts Inbild-Theorie und damit zur Neurophysiologie aufgezeigt hat.

Als ich den Abschnitt über die Konzentrative Bewegungstherapie von Meyer [111] in „Körpererleben und Psychodynamik" [121] gelesen hatte, war ich darüber verwundert, dass er diese Arbeitsweise – nach einer guten Schilderung mehrerer Aspekte – bloss als Entspannungsübung deklariert. Zweifellos spielen übende und entspannende Elemente eine wichtige Rolle. Sicher ist auch, dass es sich bei der Konzentrativen Bewegungstherapie nicht ausschliesslich oder überwiegend um „kreative" Gestaltungstherapie handelt. Durch ihren hohen Freiheitsgrad ermöglicht und begünstigt aber die Konzentrative Bewegungstherapie das Einbringen und praktische Durchprobieren eigener Einfälle und Ideen, die ihrerseits oft dem Erleben von Bewegungen und Berührungen des eigenen Körpers während des „Übens" entstammen. Es liegt also kein mehr oder weniger festgefügtes Übungsprogramm vor, wie dies bei vielen Entspannungsübungen zweckmässig ist.

Es ist sehr schwierig, das weitgehend averbale Vorgehen auch nur annähernd anschaulich in Worte zu fassen. Dies fängt schon bei der Bezeichnung an, die immer wieder in Frage gestellt wurde und auch jetzt nur bei bestehendem Verstehenswunsch *vielsagend* sein kann. Mit einem einleitenden „konzentrativ" ist jedenfalls die wache Aufmerksamkeit und die (Selbst-) Beobachtung hervorgehoben. Mit der „Bewegung" soll sowohl das Bewegen des Körpers (oder seiner Teile) als auch das (innerliche) Bewegt-Sein angesprochen sein. Dass es uns um die therapeutische Verwendung geht, also um indizierte, gezielte und dosierte Massnahmen zur Linderung oder Beseitigung von Symptomen (im weitesten Sinne) bzw. Verbesserung von (psychischen und physischen) Funktionen, soll noch einmal erwähnt, aber bei der bereits mehrfach deklarierten Ausrichtung dieses Buches nicht mehr detailliert dargestellt werden (siehe Kap. 1, S. 11).

Vielleicht trägt die Ankündigung der Selbsterfahrungsgruppen in Konzentrativer Bewegungstherapie bei den Lindauer Psychotherapiewochen zum verbesserten Verständnis und zum Folgenkönnen bei:

„Das konzentrative Sich-Erspüren und Bewegen ist eine (gruppen-)psychotherapeutische Arbeitsweise, die sich sowohl mit aktiv klinischen als auch mit analytischen Methoden verbinden lässt. Dabei wird die therapeutische Wirkung nicht durch Erlernen von ‚Übungen' oder Vermittlung vorgeprägter Vorstellungsinhalte angestrebt, der Patient wird vielmehr auf dem Wege des Sich-Erspürens durch die Wahrnehmung der sinnhaft-motivierten Bewegung zunächst zum unvoreingenommenen Erleben seiner selbst und zu einem neuen Selbstgefühl geführt. Im spürenden Umgehen mit Gegenständen und Partnern kann er die Beziehung zur Umwelt – zu den Dingen wie zum anderen Menschen – wieder unmittelbar erfahren und voller erleben. Durch Versuchen und Vergleichen wird so in allmählicher Überwindung der neurotischen Fixierungen die Möglichkeit zurückgewonnen, zu wählen, zu entscheiden und dadurch neue Entwicklungen in Bewegung zu bringen." (Ende des Zitates)

In einfach beschreibender und gerade deshalb anschaulicher Weise vermittelt die Arbeit von Henning [71] einen einfühlbaren und nachvollziehbaren Bewegungs- und Erlebnisverlauf.

Bei Patienten, deren Beziehung zu den Objekten (im üblichen und im psychoanalytischen Sinne) nicht emotional getönt oder sonst früh gestört ist, empfiehlt sich eine – manchmal recht lange dauernde – Einzelbehandlung, die im günstigen Falle in einer kleineren und schliesslich auch grösseren Gruppe fortgeführt werden kann. Es braucht manchmal Wochen (bei 2 bis vielleicht sogar 5 Stunden pro Woche), ehe von Berührungen von Gegenständen zum bewussten und absichtlichen Anspüren des eigenen Körpers übergegangen werden kann. Oft sind weitere Wochen nötig, ehe es anzuraten ist, auch einen Partner direkt – und nicht nur über Gegenstände (kurzer Stab, Ball oder Sprungschnur) – anzufassen. Viele „Schizoide" sind natürlich von vornherein imstande, was und wen auch immer zu berühren. Meist ist es dann aber ein für sie emotional „bedeutungsloser" Akt, der somit auch keinen Zugang zu breiteren und „ergreifenden" Erlebnisqualitäten bringt. GRÄFF [54] hat vor Jahren besonders wertvolle Erfahrungen bei Anorexia nervosa gemacht und selbst habe ich mit der Hineinnahme von „Elementen" der Konzentrativen Bewegungstherapie in die Einzelbehandlung einige psychotische Patienten manchmal „besser verstanden". Auch deren Selbstgefühl (sowohl wie man sich und was man bei sich selbst fühlt und spürt als auch als Selbstgefühl) hat sich dabei erhöht und wurde sicherer.

Ein Beispiel: *Die kritische Nähegrenze.* Eine 21jährige Patientin, die im Gefolge von wahnhaften Vorstellungen, Weltverbesserungsideen und schuldgefühlsbesetzten Versündigungsideen einen ernsthaften Suizidversuch verübt hatte, brachte gleich im ersten Gespräch – wohl noch unter dem Einfluss des Gerettetwerdens gegen den eigenen Willen – ihre Absicht zum Ausdruck, nichts sagen zu wollen. Nach meiner kurzen Antwort: „Sie bestimmen, ob Sie etwas sagen wollen ... und auch was", wurde es still. Die Patientin sass mit untergeschlagenen Beinen und ganz gespannt auf der Couch, ich selbst etwa 2 Meter davon entfernt ihr zugewendet und somit mit dem Rücken zum Schreibtisch (siehe Skizze 10). Nach zwei bis drei Mi-

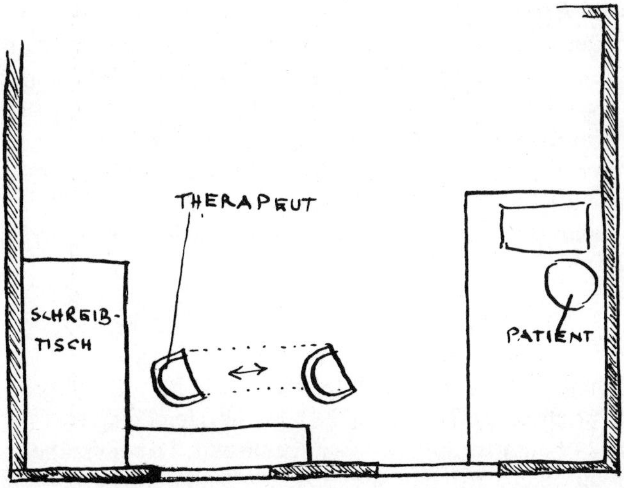

Skizze 10

nuten kroch die Patientin noch mehr in sich zusammen und drückte sich an die Wand. Ich schaute sie ruhig an, rückte langsam mit meinem Sessel die wenigen Zentimeter bis zum Schreibtisch von ihr weg und nickte ihr ganz leise lächelnd zu. Sie schaute mich kurz prüfend an, ich reagierte mit einem andeutungsweisen Nicken und sie liess ihren Blick durch mich hindurch „in die Ferne" bzw. „nirgendwohin" gehen. Nach einigen Minuten schaute sie mit ausdruckslosem Gesicht in meine Augen. Ich blieb ruhig sitzen. Nach einer „sehr langen" Minute löste sich ein Teil ihrer Gespanntheit, die Schultern sanken herab, die Fäuste lockerten sich ein wenig, sie überliess deutlich ihr Gewicht der Unterlage und der Wand. Ich gestattete mir einen – sicher auch sichtbaren – Seufzer der Erleichterung. In den restlichen 20 Minuten der „Sitzung" wurde nicht mehr gesprochen.

Beim nächsten Gespräch, 2 Tage später, schaute ich unverwandt und etwas fragend auf die Patientin, während ich meinen Sessel vom Schreibtisch weg- und ihr zudrehte und dabei den Abstand zur Couch abwechselnd verkleinerte und vergrösserte. Beim Unterschreiten ihrer (augenblicklichen) „kritischen Nähegrenze" nahm ihre Spannung deutlich zu, auch drückte sie sich mehr gegen die Wand. Ich nahm betont den Platz ein, der ihr gerade eben gestattete, sich nicht bedrängt, eingeengt oder vielleicht bedroht zu fühlen. Erst viele Wochen später war am leise bedauernden Gesichtsausdruck, gelegentlich (und noch später) auch an einem angedeutet ironischen Lächeln, die jeweilige maximale Distanzgrenze „ablesbar". Abgesehen davon, dass die Patientin auch bei der Abmachung der Frequenz der Gespräche ihre eigenen Wünsche zuerst spüren, dann äussern, später in realitätsgerechtem Ausmass durchsetzen konnte, ermöglichte unser „Spiel" mit Nähe und Distanz nicht nur den Aufbau ihrer „Berechtigungsgefühle", der Selbstbestimmung *ihres Raumes,* das Bemerken des – jeweiligen – *Abstandes zwischen uns,* sondern auch das – nach und nach verlässliche und dann auch warme, gefühlsbesetzte – Respektieren des anderen in und mit seinen Eigenarten.

Für die Zielsetzung und diesen Respekt mag stehen: „Ich möchte Dir helfen, das, was Du ererbt von Deinen Vätern hast ... zu erwerben ... um es zu besitzen (= verwenden zu können)." Zu obigem Vorgehen des Therapeuten passen zwei Zeilen eines „Gedichtes" von Virginia SATIR (hier in umgekehrter Reihenfolge):

„Invite You, without demanding
Join You, without invading."

Bei den Indikationen nach Persönlichkeitsstruktur ist ein Beispiel von chronisch hospitalisierten Patienten zu finden (S. 229). Die übrigen Beispiele (Kap. 2, S. 42 und Kap. 5, S. 249 entstammen der Gruppenarbeit. Dabei ergeben sich reichlich Gelegenheiten, das Erleben des einzelnen Teilnehmers zu studieren und mit anderen zu vergleichen oder auch Gruppenaktivitäten anzuregen bzw. sich frei entwickeln zu lassen und erst nachträglich entweder in weiteren „Übungen" oder im (Gruppen-)Gespräch durchzuarbeiten. Gerade wegen der Möglichkeit, die Anregungen völlig den äusseren Gegebenheiten, den Zielsetzungen der Behandlung und der jeweiligen „inneren Situation" des (der) Patienten anzupassen, eignet sich die Konzentrative Bewegungstherapie wie kein anderes (mir bekanntes) „Verfahren", das vom Körpererleben ausgeht, zur Kombination mit sowohl einsichtsvermittelnden als auch auf Lern- und Übungsziele ausgerichteten verbalen Psychotherapieformen.

Das Verständnis und die Einfühlung des Lesers kann auch dadurch erleichtert werden, dass hier gebrauchte Worte in ihrer „Grundbedeutung" erfasst werden. Nehmen wir gleich das eben erwähnte Verb: *erfassen.* Im eben gebrauchten Sinne bezeichnet es einen Aufnahme- und Verstehensakt, der über das Sehen (beim Lesen) bestimmte Teile unseres Gehirns in erhöhte Aktivität setzt, was schliesslich dazu führt, dass wir es „begriffen" haben. Wir haben es „gepackt". Es erübrigt sich sicher, diese Rückführungen auf das Packen (mit den Händen), das Begreifen (mit den Fingern) usw. mit weiteren Beispielen zu belegen. Unsere Vorstellungen werden aber nicht nur lebendiger, sie werden auch *körpernäher,* wenn wir uns gestatten, zum Beispiel vor unserem inneren Auge ein kleines Kind zu sehen, das (vielleicht erstmals) etwas durch Begreifen *begreift.* (Übersetzungsmöglichkeiten und -schwierigkeiten zwischen nonverbalen und verbalen Ausdrucksformen sind in Kap. 5, S. 240 beschrieben. Obiger Hinweis kann vielleicht ein wenig helfen.) Verbal ist „das Prinzip" der Konzentrativen Bewegungstherapie ohnehin bestenfalls nur andeutungsweise zu „beschreiben". *Selbsterleben* ist hier eine ebenso unabdingbare Voraussetzung, wie die Eigenanalyse bei der psychoanalytischen Ausbildung. *Vor-Urteile* – besonders solche, die ausschliesslich vom „Kopf her" kommen – sind zwar verständlich (oft im Sinne der Abwehrmechanismen), aber deswegen doch nicht relevant. Es erscheint mir deshalb auch sinnvoller, bei Beschreibungen zu bleiben und das Kapitel über die Darstellung der Arbeitsweisen mit einem Beispiel abzuschliessen.

Hindernisse und Behinderungen:

In einer Selbsterfahrungsgruppe für Ärzte, Psychologen, Sozialarbeiter und Krankengymnasten haben sich während des 3. Treffens (jeweils knappe 2 Stunden) Schwierigkeiten ergeben:

a) *äussere:* „Die anderen Teilnehmer (ihre Anwesenheit, Plazierung im Raum, Tätigkeit, Lautstärke usw.) behindern mich";

b) *innere:* „Ich kann doch nicht einfach ...", „man darf das nicht *so* machen ..." usw. (also Dinge und Handlungen, die der betreffende Teilnehmer bei oder für sich – und vielleicht auch andere – „tabuisiert" hat).

Die Leiter der Gruppe entschliessen sich deshalb zu folgendem Arrangement: Vor Beginn des nächsten Treffens (einen Tag später) bauen sie im Turnsaal Hindernisse auf (siehe Skizze 11) und fragen die nach und nach ankommenden Teilnehmer einzeln, ob sie bereit sind, mit geschlossenen Augen den Turnsaal zu betreten und bis zur anderen Schmalseite hin zu durchqueren. Dabei sollte jeder versuchen, auch auf sein eigenes Erleben zu achten. (Hier werden nur drei Beobachtungen und die zugehörigen Erlebnisschilderungen wiedergegeben.)

Frau A kommt an das Strickhindernis direkt hinter der Eingangstür, zuckt überrascht zusammen, schüttelt den Kopf, wie wenn sie sagen woll-

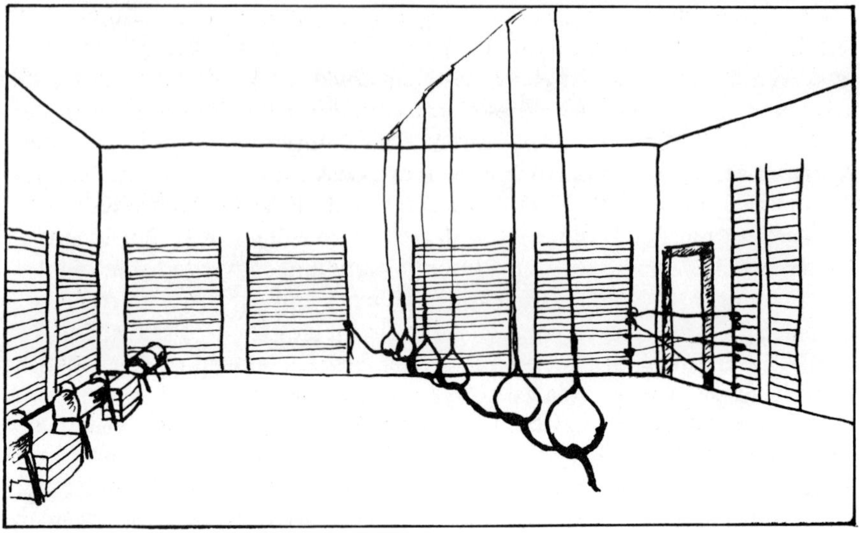

Skizze 11

te: „Was, jetzt schon? " Dann sucht sie mit beiden Händen nach einem Durchschlupf, findet eine „Masche" von etwa einem halben Meter Durchmesser und schlüpft hindurch, ohne die Schnüre und Stricke zu verschieben.

Herr B stösst an die Stricke, grinst (Leitereinfall: „Diese Hunde, hätte ich mir ja denken können."), zieht an der ihm zunächstliegenden Stelle eine „Masche" kräftig auseinander und zwängt sich durch.

Frau C berührt einen Strick ganz links (vom Eingang aus gesehen), folgt diesem mit der Hand bis zur Befestigungsstelle, dann zurück nach rechts, untersucht alle Verknüpfungen, kommt bis an die Längswand, spürt auch dort nach, sucht geduldig die grösste Öffnung und geht dort gebückt durch, indem sie zugleich über die in Knöchelhöhe gespannte Schnur steigt.

(Ein Teilnehmer, dessen Erleben wir hier nicht weiter folgen wollen, knüpft einfach einen Strick los, geht durch und bindet ihn wieder an. Ein anderer Teilnehmer macht das Seil nur los und kümmert sich nicht mehr darum, den alten Zustand wieder herzustellen.)

Auf dem Wege bis zur Mitte des Turnsaals ist bei unseren drei Teilnehmern folgendes zu sehen:

Frau A geht ganz vorsichtig, streckt die Hände – gleichsam abwehrend – vor sich hin und bewegt sich mit zunehmender Verunsicherung auf die Mitte zu, wo nur ein dickes Tau quer über den Saal gespannt und zweifach durch die bis in Brusthöhe gesenkten Ringe gezogen ist. Da sie ihre Arme ganz steif gestreckt in Gesichtshöhe vor sich hält, stösst sie ganz leicht mit der Brust gegen das Tau, zuckt zusammen, flüstert zugleich „na endlich" und geht darunter durch.

Herr B geht zuerst ein wenig vorsichtig, dann zunehmend „forsch" und kommt an das Tau, schiebt es einfach hoch und geht weiter (Leiteridee: „der hat geschaut").

Frau C „tastet" sich mit den Füssen langsam vor, bewegt auch die Arme vorgestreckt auf und ab. (Co-Leiter zum Leiter: „Sie sucht ja") Nach 6 bis 7 Schritten geht die Teilnehmerin seitwärts, zuerst nach links, dann nach rechts, was zusammen mit ihren Fuss- und Armbewegungen den Eindruck des Suchens noch verstärkt. Als sie – endlich – mit einer Hand das Tau berührt, bleibt sie stehen, „atmet auf" und untersucht nun dieses Hindernis über die ganze Saalbreite ebenso interessiert wie vorher die Schnüre.

Bis zur letzten Barriere zeigt sich:

Frau A wird diesmal zuerst sicherer (vermutet sie ein „System?") und passt erst nach einigen Schritten wieder mehr auf. Sie kommt an die ganze Reihe aus Böcken, Pferden, Barren, Kästen, findet bald einen bequemen Weg (unter dem Pferd durch), erreicht kurz dahinter die Wand und lässt sich dort mit einem Gesichtsausdruck nieder der sagt: „So, es ist geschafft und glücklich überstanden."

Herr B setzt hinter dem Tau rasch und „sicher" seinen Weg fort. Er stösst mit der grossen Zehe des rechten Fusses ziemlich hart gegen den Kasten, lässt ein unterdrücktes: „Au, verdammt ..." hören (Leitergedanke: „doch nicht geschaut"), stemmt sich hoch und dreht sich über den Kasten. Sobald er die Wand erreicht, überprüft er durch Entlanggreifen, dass er auch tatsächlich angekommen ist, öffnet dann die Augen und schaut den anderen interessiert zu (er war ja einer der Schnellsten gewesen).

Frau C „sucht zweifelnd weiter", kommt schliesslich an einen Bock, der nahe der Fensterwand steht und wendet sich nach links, bis sie die Wand erreicht und geht dann, alle Geräte betastend bis an die gegenüberliegende Längswand. Dort „entdeckt" sie die Sprossenwand, folgt dieser wieder Richtung Saalmitte, wendet bei der Befestigungsstelle des Taues (die sie offensichtlich wiedererkennt), geht ziemlich geradlinig zum Barren, schlüpft durch und erreicht die „Zielwand". Auch mit dieser macht sie sich in deren ganzen Ausdehnung vertraut, geht dann wieder durch das Gerätehindernis bis zum Tau und probiert dort verschiedene Schwingmöglichkeiten durch. Sie „spielt" noch immer damit, während die anderen Teilnehmer schon eifrig über all die Erlebnisse sprechen, die sie unterwegs hatten.

Frau A berichtet: „Ich war ganz überrascht, dass so schnell ein Hindernis kam und dann war die Strecke bis zum Tau furchtbar lang für mich. Ich erschrak, als mich das Ding am Körper berührte, obwohl ich die Hände vorgestreckt hatte. Zugleich war ich froh, dass endlich die Erwartungsspannung von mir genommen war. Beim zweiten Mal machte mir der Abstand viel weniger aus, da war ich schon darauf gefasst. Dafür hat mich dann die Nähe der Wand recht gewundert. Ich war aber froh, angekommen zu sein." (Die raschen „Gewöhnungstendenzen", vor allem aber ihre „Vor-Eingenommenheit" und deren Auswirkung auf ihr Verhalten, wurden der Kollegin im Gespräch evident.)

Herr B erzählt: „Das *ging* ja gleich los und ich *denke:* ‚Die haben uns was Schönes eingebrockt'. Ich bin ganz überrascht, dass dann einfach nichts kommt und denke: ‚Die wollen uns reinlegen ... bei mir aber nicht!' ... und gehe los, bin dann auch einer der Ersten." Leiter: „Tut die grosse Zehe noch weh?" Herr B (bewegt die Zehen): „Ach wo, nicht der Rede wert." (Herr B wird erst nachdenklich, als er aus den fülligen Berichten der anderen Teilnehmer versteht, dass er selbst *vom Weg kaum etwas erlebt* hat und hauptsächlich auf das Ziel ausgerichtet gewesen ist. Mehrere Parallelen aus seinem Leben fallen ihm dazu ein.)

Frau C meint: „Es war wie eine Entdeckungsreise und so viele interessante Sachen und Kleinigkeiten. Ich habe doch noch nie gesehen oder gemerkt, wie das Leder an einem Bock festgemacht ist. Schon die Knoten bei den ersten Schnüren waren ganz verschieden geknüpft ... (es folgt ein langer, sehr detaillierter Bericht, der an die ausgedehnte Such-Wanderung während der ‚Übung' erinnert) ... es war *so* interessant, ich konnte gar nicht aufhören ... und zuletzt das Tauschwingen war besonders schön."

Herr B: „Mich hat am meisten überrascht, dass Du gar nicht am ‚Ziel' geblieben bist."

Frau C: „Ich war doch dort, aber die Sprossenwand und dann das Tau waren viel interessanter." (Herr B und Frau C kommen in ein Gespräch über Vor- und Nachteile des Ziel- bzw. Wegorientiertseins.)

In der allgemeinen Nachbesprechung tauchen noch Fragen nach dem „richtigen, leichtesten, schnellsten, interessantesten, gefährlichsten und schönsten" Weg auf. Die individuellen Erlebnisweisen und -verarbeitungen wurden allen Teilnehmern evident, ohne dass dies auch noch extra verbalisiert werden musste. Dies führte bei der weiteren Arbeit von vorurteilhaften Feststellungen weg zu interessiertem Schauen, Probieren und Fragen, etwa im Sinne: „Bei mir ist das so, wie ist das bei Dir?", „Was erlebst Du wenn ...?", „Komisch (lustig, toll, interessant), bei mir war's ganz anders (ähnlich)."

Eine der wichtigen Möglichkeiten der Konzentrativen Bewegungstherapie ist ja, *von* der Be- (oder gar Ver-)urteilung, dem *Vor-Urteil weg zur Beschreibung* zu kommen, GOLDBERG [53]. Also zum Beispiel anstatt vorneweg zu sagen: „Ich kann mein Knie nicht weiter abbiegen, weil ..." wird vorsichtig gebeugt und beschrieben: „Jetzt spannt es ein wenig unter der Kniescheibe und jetzt zieht es hier hinter dem Knie ..." usw.

Es ist im Grunde das gleiche Vorgehen, wie wenn wir bei Gesprächen statt Bedingungs- und Folgesätzen Aufzählungen verwenden, also das „Weil" und „Wenn" durch ein vorläufiges „Und" ersetzen.

Es sei noch auf das Beispiel des „Gegenstandweitergebens" bei den Indikationen (Kap. 5, S. 229) verwiesen und abschliessend die unumgängliche Notwendigkeit des Selbsterlebens nochmals unterstrichen.

Kapitel 4: Der Umgang mit dem Gestaltungserleben

In diesem Kapitel beschäftigen wir uns mit folgenden Fragen: *Wann* soll *was, wie* und *unter welchem Aspekt* angedeutet oder aufgegriffen werden? *Wieviel* kann davon therapiefördernd durchgearbeitet und/oder geübt werden? Die Begegnung mit dem Gestalter und seinem Erleben während des Gestaltunsprozesses wird sich – von den persönlichen Besonderheiten von Therapeut und Klient vorerst einmal abgesehen – je nach Zielsetzung und Therapieform sehr verschieden entwickeln. Im folgenden sind deshalb zuerst Bearbeitungs- und Verhaltensweisen im Rahmen tiefenpsychologisch orientierter Behandlungsformen und dann das Vorgehen bei übenden Verfahren dargestellt. Diese Aufteilung ist nötig, weil therapiegerechtes Verhalten im Sinne konflikt- und problembearbeitender, einsichtsvermittelnder Verfahren verschieden, ja manchmal konträr sein kann gegenüber adäquatem Vorgehen bei übenden Therapien, die umschriebene und oft vorgegebene Lernziele anstreben. In beiden Abschnitten sollen Beispiele mit mehr oder weniger vorteilhaftem Vorgehen des Therapeuten angegeben werden.

Für den Umgang mit dem Gestalter und seinem Erleben sind äussere Umstände im weitesten Sinne zu beachten:

a) ob Zeit für eine länger oder kürzer dauernde Therapie vorhanden ist;
b) ob in Einzel- oder Gruppensituation gearbeitet werden kann, soll oder muss;
c) ob ambulante oder klinische Psychotherapie betrieben wird;
d) welche Psychotherapeuten in zumutbarer Entfernung zugänglich sind usw.

Diese Faktoren werden hier nur insofern berücksichtigt, als sie auf die Art des Umganges mit dem Gestalter und seiner Gestaltung Einfluss haben. Ihre Relevanz für die Indikationsstellung zur Gestaltungstherapie überhaupt und zu einzelnen speziellen Verfahren wird im folgenden Kap. 5 dargestellt.

Leider ist mit einigen einfachen, allgemeingültigen Handanweisungen nichts getan. Solche kommen bei der diagnostischen Verwendung gestalterischen Tuns, besonders bei Verhaltensrichtlinien für projektive Testverfahren vor. Aber auch dort sind einander widersprechende Vorschriften an der Tagesordnung. In der Anweisung eines Chefpsychologen für das Vorgehen seiner Praktikanten während eines standardisierten projektiven Testverfahrens steht z. B. folgendes: „Seien Sie spontan (an sich schon ein Paradoxon), offen und warm zugewandt. Geben sie die Testinstruktion wörtlich, mit neutraler Stimme und in wertungsfreier Betonung.“ Die gute Absicht ist offenkundig, das Dilemma des Praktikanten unvermeidlich und der Einfluss auf das Resultat schwer zu bestimmen.

Wir befinden uns in einer ähnlichen Lage wie der erwähnte Chefpsychologe, wenn möglichst allgemeingültige Direktiven erwartet werden.

In den beiden genannten Therapieformen (tiefenpsychologisch orientierte und lernende – übende) gibt es hinsichtlich des Umganges mit Gestaltungen auch Gemeinsamkeiten: So zum Beispiel die Fragestellungen am Anfang des Kapitels. Bei beiden Formen kann in Anlehnung an das Psychodrama auch jeweils von einer

a) Vorbereitungs- oder Anwärmphase
b) Spiel-, Arbeits- oder Aktionsphase und
c) Abschluss-, Diskussion oder Durcharbeitungsphase gesprochen werden.

Wir werden diese Phaseneinteilung im folgenden verwenden.

ERSTER TEIL: DER UMGANG MIT DEM GESTALTER, SEINEM ERLEBEN WÄHREND DES GESTALTUNGSPROZESSES UND SEINEM WERK BEI TIEFENPSYCHOLOGISCH ORIENTIERTEN, EINSICHTSVERMITTELNDEN THERAPIEFORMEN

Für den weniger Erfahrenen auf diesem Gebiet wird es vielleicht enttäuschend sein, dass jetzt keine festen Regeln, Anleitungen und klaren Bescheide kommen. Aber die ungeheuer vielfältig und verschiedenartig entwickelten individuellen Lebens- und Erlebnisweisen erlauben eben keine allgemeingültigen einfachen „Kochrezepte". Der langjährig Geübte erwartet nichts derartiges. Meine Hoffnung ist nun, dass der interessierte Leser vorerst bereit ist, ohne Vor-Urteile ein Stück mitzugehen, wenn wir uns mit Hilfe der folgenden Beispiele zugleich *neugierig* und *respektvoll* einem erweiterten Verständnis für den jeweiligen Gestalter zu nähern versuchen. Den „Gutgläubigen" möchte ich ermuntern, mir anschliessend doch kritisch, selber mitempfindend und denkend „auf die Finger zu schauen". Den „Skeptikern" brauche ich keine Anregungen zu bieten, bin aber an der Hilfe durch ihre Kritik besonders interessiert. Diese zwingt zu nochmaligem Durchdenken, klaren Formulierungen und fördert so die weitere Entwicklung tauglicher „Werkzeuge" für unsere therapeutische Arbeit.

I. Vorbereitungsphase

Wir postulieren aus dem Umstand, dass der Patient Symptome hat und mehr oder weniger freiwillig zur Therapie kommt, keine besondere Motivation für erweiterte oder vertiefte Einsicht. Wir bieten an, mit Hilfe gestalterischer „Verfahren" (leichter) den Einstieg in die „Arbeit mit und an sich selbst" zu finden. Wenn der Patient nicht von vornherein persönliche

Wünsche oder Vorschläge hinsichtlich Material und Beschäftigung gemacht hat, wird dieses Angebot breit und vielfältig sein müssen. Im Erstinterview durch den tiefenpsychologisch Geschulten zeigt sich bald, ob es überhaupt sinnvoll erscheint, eine vorläufige Zusammenarbeit vorzuschlagen. Schon dies sieht für den frei praktizierenden Psychotherapeuten ganz anders aus als für den Kollegen, der etwa einen zwangseingewiesenen Patienten in einer Klinik vor sich hat.

Hinsichtlich der Gesprächsführung im Erstinterview, biographischer und tiefenpsychologischer Anamnesenerhebung, dem Behandlungsversuch, Erarbeitung prognostischer und die Behandlungsmöglichkeiten abgrenzender Kriterien, muss auf die einschlägige Literatur, CLAUSER [16, 17], HEIGL [66], LANGEN [95], SCHULTZ-HENCKE [140] verwiesen werden. Hier geht es nur um den sinnvollen Umgang mit gestalterischen Möglichkeiten *im Rahmen* einer Psychotherapie oder im Einzelfall *als* Psychotherapie der Wahl.

Es versteht sich von selbst, dass der Therapeut je nach eigener Persönlichkeit und Ausbildung nur eine kleine Auswahl der an sich möglichen Kommunikations- und Behandlungsformen anbieten kann. Diese Frage wird in Kap. 6 aufgegriffen. Gehen wir aber einmal von der – illusionären – Vorstellung aus, dass der Therapeut ausser den verbalen auch ausserverbale Kommunikations- und Ausdrucksformen schätzt. Wenn er Erfahrungen bezüglich mindestens eines bildnerischen und eines darstellenden „Verfahrens" hat, kann er (A. in der freien Praxis, B. in der klinischen Situation) zwischen folgenden Möglichkeiten wählen.

A. In der „freien" psychotherapeutischen Praxis

1) *Psychoanalytische Behandlung* (Couchlage, Therapeut ausserhalb des Gesichtsfeldes des Patienten usw.) Wenn diese Behandlung indiziert und der Patient dafür motiviert ist, wird er von vornherein bereit – oder leicht dazu zu bewegen – sein, Träume in die Behandlung zu bringen und diese dort entsprechend durchzuarbeiten. Die Verwendung ausserverbaler Ausdrucksmittel *in* der Behandlungsstunde wird teilweise störend sein und meist nicht wesentlich mehr bringen. Manche Analytiker geben die Anregung, dass ihr Analysand, wenn er es so wünscht oder ihm die Idee kommt, „Produkte" der eigenen Kreativität mit in die Stunde bringen könnte. Die Überschwemmung mit solchem Material kann dann gegebenenfalls als eine Widerstandsform bearbeitet werden.

2) In allen *Einzelpsychotherapieformen auf tiefenpsychologischem Hintergrund*, die im Sitzen, Auge in Auge, Schulter an Schulter oder in ähnlichen Settings vor sich gehen, kann die Anregung, Träume (aufgeschrieben oder

auch nicht) *mitzubringen*, einfach erweitert werden auf: „Träume, Bilder, etwas das Sie selber geformt haben, auch ein Gedicht, eine (Phantasie-)Geschichte (oder eine Melodie)." Manchmal ist es dann nötig oder günstig hinzuzufügen: „Es kommt gar nicht darauf an, dass es schön ist, nur von Ihnen soll es sein ... ein Gekritzel während eines Telefongespräches, ein nicht zu Ende geführter Versuch, etwas zu formen, kann vielleicht mehr erzählen als ein technisch gelungenes oder gar künstlerisch wertvolles Werk". Es hat sich bewährt, mit kleinsten Anregungen zu beginnen. Dies hat den Vorteil, dass sich so die Eigenmotivation am leichtesten erkennen lässt und Gefügigkeits- und Gefällikgkeitstendenzen, die später doch aufgearbeitet werden müssen, nicht provoziert werden. Prinzipiell ist der gerne mit Gestaltungen arbeitende Therapeut in der gleichen Gefahr von diesen „verführt" zu werden wie der von der Arbeit mit Träumen, Freizeitstörungen oder was auch immer inspirierte Analytiker (siehe Kap. 5, S. 241).

3) In der gleichen initialen (Zweier-)Situation kann der Therapeut aber auch *die gestalterische Ausdrucksform in* der *Behandlung „erlauben", ermuntern oder* gar *intendieren.* Wenn der Patient nach Worten sucht oder mit Händen und Armen Gegebenheiten deutlicher zu machen versucht, kann man ihm z. B. sagen:

a) „Wenn Sie wollen, können Sie eine Skizze machen."

b) „Vielleicht würde unser ‚Bild' von der Sache klarer, wenn Sie eine Skizze machen oder ein Modell formen."

c) „Ich kann mir das nicht bildhaft (räumlich) vorstellen. Wenn Sie wollen, dass ich es gut verstehen soll, sollten Sie es uns mit Hilfe einer Skizze (eines Modells) anschaulich machen."

d) Es ist aber auch möglich – und eine sehr klare Form des „Erlaubens" – dass der Therapeut selbst etwas bildlich darstellt. Dazu ein Beispiel: Ein 31jähriger Patient war sich über die Einrichtung des elterlichen Schlafzimmers, in welchem auch er selbst bis zum 6. Lebensjahr sein Bett hatte, nicht klar. Nur, dass sein Bettchen am Fussende der elterlichen Betten stand, wusste er noch. Er sagte mit sicherer Stimme: „Da war aber auch noch ein Tisch beim Bett", kratzte sich dabei am Kopf, „Wie war das nur?" Der Therapeut bot auf einem Zettel die untenstehende Verteilung an und sagte: „Und wo waren Tür und Fenster?" Der Patient ergänzte die Skizze mit Fenstern links neben den Elternbetten. Dann bemerkte er, dass im damaligen Raum gar nicht genügend Platz für eine solche Anordnung von Betten und Tisch gewesen wäre, da an der Wand ein grosser dreiteiliger Schrank gestanden habe und rechts daneben die Tür war, die sich nach innen öffnete. Der Patient zeichnete den Schrank, in welchem er sich mehrfach versteckt hatte – aus Angst, aber auch um zu beobachten – und dann die Tür. Er ergänzte mit dem Tisch und Kinderbett (siehe Skizze) und schliesslich mit Toilettentisch und Spiegel.

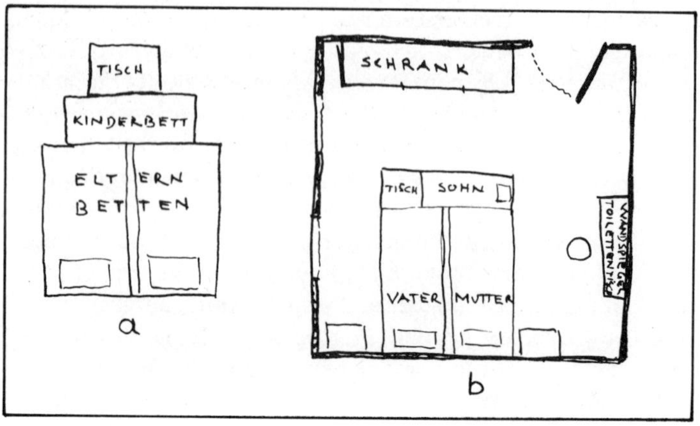

Skizze 12

Bei nächster Gelegenheit skizzierte der Patient spontan ein Häuschen an einem Seeufer, mit welchem er eine seiner wenigen frohen Erinnerungen verband. Als auch diese Kommunikationsform beim Therapeuten „ankam", brachte er bald Zeichnungen aus der Kindheit und dann auch aktuelle „innere Stimmungsbilder" mit in die Behandlung. Erst danach kam er mit Träumen. Der Patient hatte übrigens die erste Anregung, Träume, Bilder usw. mitzubringen, schweigend passieren lassen und sich dann „vernünftigen" und realistischen Themen zugewandt.

Dieses Beispiel zeigt, wie ein realistisch eingestellter Patient über einen ihm vernünftig erscheinenden Weg zum Gestalten und somit „ins Spiel" gebracht werden kann.

4) Eine weitere Möglichkeit besteht im Angebot, *gleichzeitig mit dem Patienten oder* auch *mit ihm zusammen gestalterisch* zu *arbeiten*. Die gleichzeitige Beschäftigung bringt den Patienten weniger ausgeprägt in die Situation, beobachtet zu werden, lässt auch keinen Zweifel darüber, dass der Therapeut diese Art des Vorgehens wirklich ernst nimmt. Beide Menschen befinden sich „im gleichen Boot", allerdings in verschiedenen Rollen und mit unterschiedlichen Aufgaben und Funktionen. Bei „schizoiden" (im neurosenpsychologischen Sinn), „intentional gestörten" (SCHULTZ-HENCKE [140]) und eine „emotionale Grundstörung" (BALINT [7]) aufweisende Patienten ist besonders Vorsicht am Platze (siehe Kap. 5, Punkt II, S. 228).

Als Beispiel für eine gemeinsame Aktivität mit gestalterischen Mitteln sei hier das schon in Kap. 3, S. 74 angekündigte *Kontaktmalen* nach GRÄTZ [56 und 57] etwas eingehender beschrieben. Wenn während der ersten Gesprächsstunden gelegentlich Pausen entstehen, hat der Therapeut unter anderem die Gelegenheit, etwa zu sagen (*keine* standardisierte Formulierung): „Wir können statt mit Worten auch mit farbigen Strichen, Punkten, Linien usw. miteinander sprechen ... nicht um ein gemeinsames Bild zustande zu bringen, sondern einfach wie Rede und Gegenrede." Dabei legt der Therapeut schon ein Blatt zwischen sich und den Gesprächspartner, öffnet den Wasserfarbenkasten und gibt auch gleich den ersten Impuls in Form einer nicht zu langen, quer verlaufenden, mittelblauen Linie in Blattmitte.

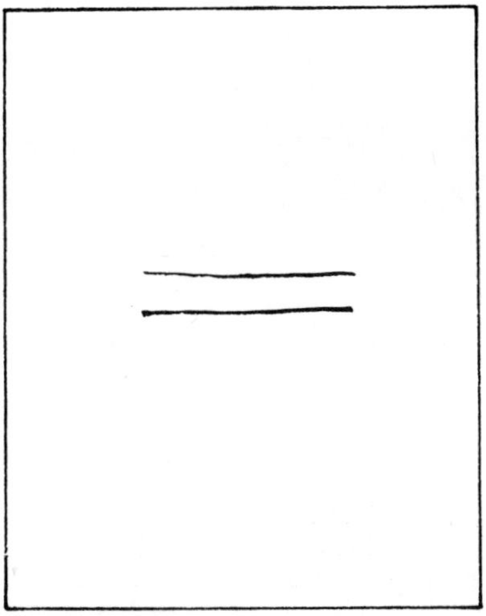

Skizze 13

(1) Therapeut: macht den blauen Strich.

(2) Patientin: schaut fragend, fährt mit dem Pinsel „suchend" über die Farben, wählt schliesslich rot und macht mit ziemlich trockenem Pinsel eine parallele Linie 1,5 cm vom blauen Strich.

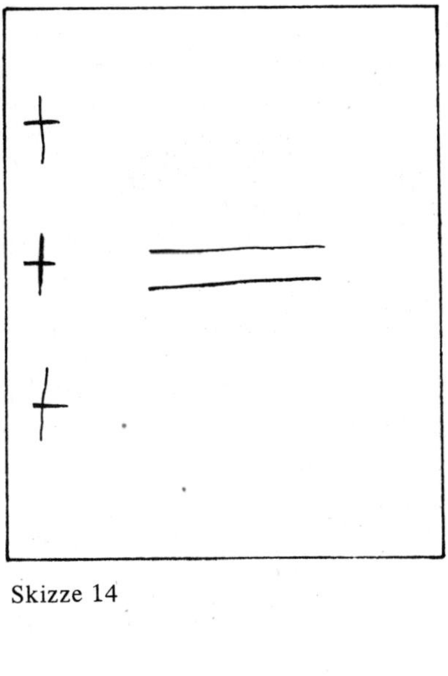

Skizze 14

(3) Th.: malt drei grüne Striche am linken Blattrand; zuerst den (ihm selbst) nächstgelegenen, dann den entferntesten, dann den mittleren (um zu vermeiden, eine „Richtung" zur Patientin hin bzw. von ihr weg anzudeuten).

(4) Pat.: nimmt jetzt blau, macht rasch und „bestimmt" je einen querlaufenden kurzen Strich durch die drei „Grünen".

Skizze 15

(5) Th.: malt mit schwarzer Farbe einen grossen Klecks relativ nahe der Patientin.

(6) Pat.: „Bin ich jetzt dran? " Wartet keine Antwort ab, „holt" reichlich orange Farbe und malt einen fast ebensogrossen, scharfbegrenzten ausgefüllten Kreis neben den schwarzen Klecks.

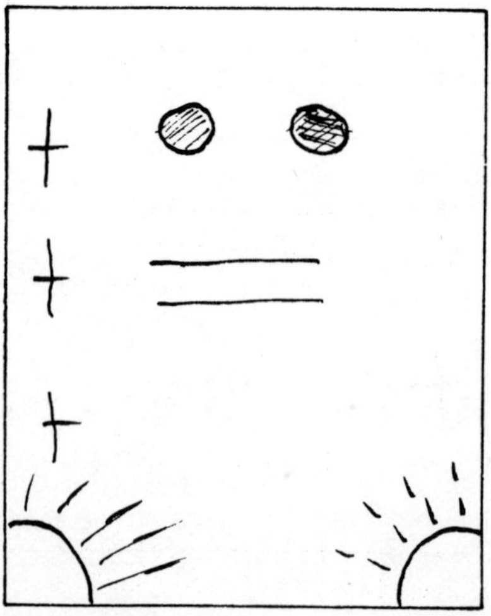

Skizze 16

(7) Th.: macht zwei zarte ockerfarbene Viertelkreisbogen in die ihm nächstliegenden Ecken (Strichrichtung zu sich hin).

(8) Pat.: geht sofort in die gleiche Farbe und malt rasch vier „Strahlen" auf ihrer linken und fünf auf ihrer rechten Seite an die Viertelbögen daran.

(9) Th.: malt in hellem Rot ein kleines Pünktchen zwischen den rechten Viertelbogen und die Blattmitte.

(10) Pat.: schaut zuerst abwartend („ob noch etwas kommt"), lächelt dann, zögert etwas und macht in kräftigem Grün einen langsamen bogenförmigen Strich (vom Therapeuten her gesehen „wie zudecken", von der Patientin her „wie eine Schale").

Skizze 17

(11) Th.: malt in etwas schwächerem, sonst aber gleichem Grün einen, den Bogen der Patientin begleitenden, Strich.

(12) Pat.: schaut etwas zögernd und fragend, lächelt dann „halbverstehend" und macht einen weiteren Bogen um den roten Punkt, diesmal auf der Seite des Therapeuten.

Skizze 18

(13) Th.: malt in gleicher, ebenso kräftiger Farbe und mit „entschiedenem Zug" einen geschlossenen Ring um alle Bogen.

(14) Pat.: schaut „gross" (als wolle sie sagen: „was soll das sein? Was nun?"), nimmt dann schnell von der dunkelroten Farbe und macht einen roten Punkt neben das grüne Gebilde.

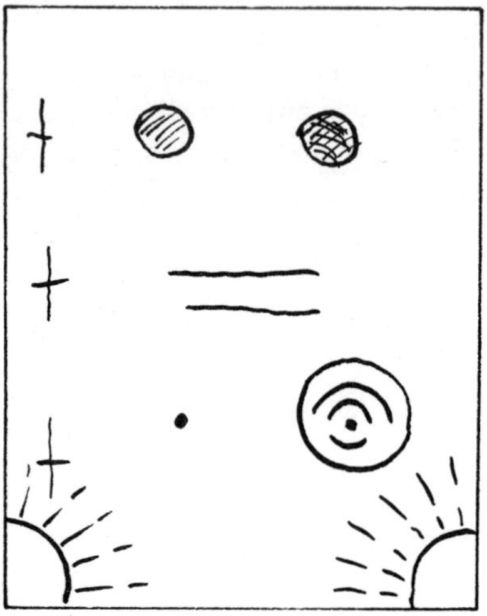

Skizze 19

Erst danach legt der Therapeut den Pinsel zur Seite und bietet der Patientin an, den ganzen Verlauf und was dabei erlebt wurde, so durchzusprechen, als wenn das „Gespräch in farbigen Strichen" eben erst begänne. Die Patientin ist einverstanden.

(1) Therapeut: „Ich mache also den blauen Strich."

(2) Patientin: „Der war mir zu kalt ... auch wie eine Grenze, ich wollte was anderes dagegensetzen, fühlte mich wohl ein bisschen oppositionell."

Th.: „Ja-a?" (mit leichter Tonhebung am ausklingenden a).

(3–4) Pat.: „Dann haben Sie die drei grünen Striche da gemacht ... mit denen konnte ich nichts anfangen, die waren so sorgfältig gemacht, hab' sie durchgestrichen, wollte zuerst Rot nehmen, das hätte aber an Fehler ausbessern erinnert." (Vorsichtsmassnahme gegenüber dem Therapeuten? Warum dann die gleiche Farbe, die der Therapeut ursprünglich verwendet hatte?) ...

(5–6) „,... dann kam ‚dieser da', der scheussliche, düstere ... ich versuchte, ihn ein wenig aufzulockern und aufzuhellen, aber er blieb auf jeden Fall."

Th.: „Sie sagten: ‚Bin ich jetzt dran?', als ich mit dem Klecks fertig war."

(7–8) Pat.: „Ja, ich hatte das Bedürfnis, möglichst schnell etwas dagegen zu tun ... dann machten Sie aber die Bogen ganz da oben (von der Patientin aus gesehen), das erinnerte mich an Sonnen ... ich machte Strahlen dazu, das fand ich schön ... ja und was kam dann?"

Th.: „Was meinen Sie?"

(9–10–11) Pat.: schaut suchend über das Blatt, sagt dann mit anfänglich etwas unsicherer Stimme: „Ich glaube ... ja doch ... dann kam der winzig kleine Punkt ..." (lächelt wieder wie während des Versuches) „... den konnte ich nicht so lassen, dem muss man ja helfen." (Beachte: verfällt ins Präsens!) „Und weniger einsam machen. Ja und dann ... da war ich ein wenig verärgert, da hätten Sie Ihren Bogen schon auf der anderen Seite machen können ..."

Th.: „Wie hätte ich merken können, dass Sie ihn dorthin haben wollen?"

(12–13) Pat.: „Ja, ja ... ich weiss nicht. Jedenfalls *musste* ich dann den Bogen auf Ihrer Seite dagegensetzen (zuckt mit den Schultern) ... und dann machten Sie den Kreis herum ... ja, da war es Schluss."

Th.: „War's da schon fertig?"

(14) Pat.: „Ach nein, ich machte dann ja noch den roten Punkt, der sollte so werden wie Ihr kleiner Punkt."

Th.: „Ja und um den hat sich niemand mehr gekümmert."

Pat.: „Na-ja" (macht eine wegwischende Handbewegung)

Th.: „Wie üblich, ja?"

Pat.: „Eben ... so ist es eben."

Th.: „Muss es immer so sein? Oder gibt es manchmal Stellen, z. B. auch hier in unserem Gespräch, wo Sie es anders machen würden?"

Pat. (schaut eine ganze Weile, sagt dann): „Schon am Anfang wäre mir eine geschwungene Linie lieber gewesen, aber Ihr Blau war so kühl und nüchtern. Die grünen Striche möchte ich jetzt zur Mitte hinziehen und den orangen Kreis hätte ich gerne grösser und lieber dort, wo jetzt mein letzter Punkt ist. (Schaut eine Weile aufs Blatt.) Die Strahlen sind mir recht, aber den grünen Bogen hätten Sie wirklich selber meinem gegenüber machen können."

Th.: „Als Sie Ihren zweiten Halbbogen machten, sah der rote Punkt fast wie ein kleiner Vogel zwischen schützenden Händen aus."

Pat. (mit freudigem Gesicht): „Ja, das ist schön ... aber als Sie dann zumachten, da war's aus."

Th.: „Und Ihr Punkt blieb allein."

Pat.: „Ja – – ja."

Th.: „Der ist aber auch viel grösser und dunkler als der vorige."

Pat.: „Das habe ich noch gar nicht gesehen, ja, der wirkt gar nicht so hilflos ... mehr wie ein Schlusspunkt."

Th.: „Sie sagten ja auch, dass dann Schluss war."

Pat.: „Eigentlich gar nicht so verwunderlich, dass dann nichts mehr kam."

Th.: „Ist Ihnen das im Leben auch schon öfter so ergangen, dass Sie meinten, der *andere* hätte etwas beendet und dass Sie dann einen Schlusspunkt setzten und manchmal vielleicht später erfuhren, dass der andere erst wegen Ihres Schlusspunktes aufgegeben hatte?"

Mit diesem Versuch eines „Brückenschlagens" von der „Spiel- und Versuchsebene" der Gestaltungstherapie zur realen des Lebens, sei die Wiedergabe des Dialoges beendet. Im Verlauf des Gespräches um das Kontaktmalen war die Patientin mit geringer Hilfe „ins Erzählen" gekommen, schilderte detailreich und mit emotionaler Beteiligung die eigenen Erlebnisse und kam in einen recht entspannten Kontakt mit dem Therapeuten. So konnte sie in diesem frühen Stadium kritische Bemerkungen über das Vorgehen des Therapeuten (Moment 5, 11 und 13) freimütig äussern und Erwartungshaltungen schienen nicht nur auf, sondern konnten auch als solche bezeichnet und von der Patientin akzeptiert werden (Moment 10–11. Jede Aktion des Therapeuten und der Patientin wird als ein „Moment" bezeichnet.) Eine Abbildung des Originalversuches ist bei den Bildtafeln zu finden (Abb. 39). Die Aktionen des Therapeuten sind in diesem *Gespräch in Farben* weitgehend vorgegeben (siehe unten), werden aber je nach Persönlichkeitsstruktur und natürlich abhängig von den „Aussagen" der „Mit-Maler" sehr verschieden erlebt. GRÄTZ hat in ihrer Arbeit [56, 57] viele Beispiele und Möglichkeiten angeführt. Ehe man das Kontakt-Malen in den Behandlungen verwendet, sind aber eigene Übungen und das gemeinsame Durcharbeiten möglichst vieler Kontaktmalverläufe unerlässlich. Versuche im Kollegenkreis können wertvolle erste Erfahrungen sammeln lassen. Hier sei nur kurz der „rote Faden" skizziert:

Moment 1: *Vorstellung, Begrüssung;* Blau wird häufig als „kühl" erlebt (ich bevorzuge in den letzten Jahren ein mittleres Grün). Den Strich nicht zu lang machen, sonst wird er zu sehr als Grenze empfunden.

Moment 3: *Unkomplettes Seitenthema;* in anderer Farbe als Moment 2, aber nicht zu leuchtend (helles Grün, helles Braun oder Ocker).

Moment 5: *Plumpe Aggression* bis *schwere Last;* in Schwarz, nahe dem Gesprächspartner, aber nicht an den Rand, so dass noch Platz für „Antworten" bleibt.

Moment 7: *Sich zurücknehmen;* in anderer Farbe als Moment 6, üblicherweise ocker, dunkelgelb, eventuell grün. Die Pinselstriche sind vom seitlichen Rand zum Therapeuten hin zu ziehen, um die Richtung zu markieren.

Moment 9: *Das kleine Angebot;* (früher) hellrot, jetzt lieber in einem zarten Grau, Grün oder (falls nicht in Moment 7 verwendet) Gelb, jedenfalls in anderer Farbe als Moment 8.

Moment 11: *Anpassung;* in gleicher Farbe wie Moment 10, eventuell eine Nuance zarter getönt. Kann als Wiederholung von Moment 10 kommen, falls dieses klein genug ist, sonst als nicht einengender, nicht *zu* naher Folgestrich.

Moment 13: *Einkreisen;* von (mindestens) Moment 12. In gleicher Farbe wie Moment 12, gerne kräftig.

Natürlich kann nach Moment 14 nach Belieben weitergemalt werden. In welcher Weise und zwischen welchen Extremen die verschiedenen Angebote häufig von den Mal-Partnern erlebt werden, ist der Arbeit von Frau Grätz zu entnehmen. Es geht ihr, wie mir, nicht um eine testmässige Verwendung, sondern um die Ermöglichung eines emotional getönten Gespräches in einem sehr frühen Stadium. Gerade wegen seines spielerischen Charakters lässt es Schwierigkeiten und günstige Ansätze im Kontakt zwischen Patient und Therapeut frühzeitig erkennen.

Nach Hunderten von Kontaktmalereien habe ich bisher noch keinen annähernd identisch verlaufenden Versuch erlebt. Die Abb. 40 bis 42 sollen die Verschiedenartigkeit wenigstens andeuten. Auch zur frühen Registrierung von Gegenübertragungszeichen hat sich dieses Vorgehen bewährt; davon jedoch in Kap. 6, S. 265.

5) Schliesslich werden in vielen Psychotherapien die dazu motivierten Patienten zum *Malen aus sich heraus* und zum *Bildern aus dem Unbewussten* nach C. G. Jung [82] angeregt. Es ist mir ein Anliegen, vorauszusckicken, dass es mit einer „Anleitung" nicht getan ist. Wer mit derartigen „Kommunikationsmitteln" – besser „Aussagemöglichkeiten" der Seele seines Patienten – arbeiten möchte, *muss* aus eigenem Erleben dieser Art des „Zwiegespräches" mit dem sich entwickelnden Bild kennen. Die nun folgende „Anleitung" zum Malen soll nur zeigen, wie in etwa einem bestimmten Menschen der Einstieg erleichtert werden kann. Mappes [109]: „Wenn Sie ein Weilchen Zeit für sich haben, nehmen Sie ein Papier (in einem Format, das Ihnen zusagt – irgendwo zwischen Notizzettel und Packpapierbogen), den Farbkasten und einen nicht zu dünnen Pinsel (z. B. Nr. 12). Schauen Sie sich die Farben an und nehmen Sie die, die Ihnen im Moment am liebsten ist. Setzen Sie damit irgendetwas aufs Papier – Strich, Kreis, Punkt, Welle, Fläche, viele Punkte, einen Schwung oder was immer Ihnen einfällt und wie es Ihnen gerade zumute ist. Dann schauen Sie sich das Gewordene an und werden sehen, dass es jetzt etwas ‚verlangt': vielleicht eine zweite Farbe oder ein Gegengewicht im Raum oder eine Stütze oder einen ‚Himmel' – je nachdem. Stellen Sie sich kein Thema vor, sondern gehen Sie ganz spielerisch ‚hinter dem Pinsel' her und den Einfällen nach, die aus den ‚Zufällen' entstehen. Manchmal kommt es zu Klecksen oder Linien durch Ausrutscher. Die sind nicht ‚falsch' sondern kommen mit ‚ins Spiel'. Manchmal entstehen Gebilde, die fast aussehen wie etwas Gegenständliches (Baum, Fisch, Vogel usw.). Wenn es verlockt, dann verstärken Sie diese Anmutung und machen Sie Baum, Fisch, Vogel usw. daraus. Gehen Sie davon aus, dass Sie kein Bild machen müssen, sondern dass das Bild (wenn Sie erst einmal den Anfang gegeben haben) sich selber macht und Sie nur spielerisch

mitzugehen brauchen. Irgendwann kommt dann der Moment, wo Sie spüren ‚jetzt ist es fertig' oder (wenn Sie *meinen*, Sie sollten aufhören) ‚da fehlt noch etwas'. Machen Sie so lange weiter, bis es ‚fertig' heisst. Manchmal gibt es Serien, mehrere Bilder hintereinander gehören also zusammen, da es nach Beendigung des einen zum Weitermalen drängte. Während des Malens gilt es: möglichst wenig zu wollen und zu reflektieren, sondern nur neugierig zu sein, was da kommt."

Viele der Bilderbeispiele in diesem Buch sind „freie Malereien". Aber auch beim Modellieren (siehe „Betende", S. 29f., Abb. 4 und 5), beim katathymen Bilderleben (S. 103), bei allen Rollenspielarten, in der kreativen Musiktherapie (Beispiel Kap. 3, S. 89) und der Konzentrativen Bewegungstherapie (S. 137) „will" das Bild, die Form, die Bewegung nicht selten etwas, das dem Gestaltenden neu ist, das ihn überrascht und manchmal auch erschreckt.

6) Bei *Gruppentherapien* bestehen gute Gelegenheiten, die Teilnehmer anzuregen, eigene *Gestaltungen mitzubringen*. Diese sind dann innerhalb der Gruppe mit Hilfe der Einfälle der Gruppenmitglieder durchzuarbeiten (siehe Bild nach Gruppensitzung, S. 32, Abb. 7).

7) Darüber hinaus kann den Gruppenteilnehmern in geeigneter Form angeboten werden, *in der Gruppe – jeder für sich* – zu *gestalten*. Wann dies indiziert ist, wird in Kap. 5, S. 221 besprochen.

8) Schliesslich ermöglicht die Gruppensituation die *gemeinsame Arbeit* am gleichen Stück oder selben Thema, sei es *in Subgruppen oder in der Gesamtgruppe*. Besonders günstige Gelegenheiten sind:

a) *Meinungsverschiedenheiten* innerhalb der Gruppe, die zum Anlass genommen werden können, die „Streitobjekte" von den Anhängern der zwei oder drei Subgruppen mit konträren Auffassungen malen, formen, darstellen oder auch als Collagen kleben zu lassen.

b) Bei *unklaren Verhältnissen* von Beziehungspersonen zueinander kann die Verteilung der Gruppenmitglieder im Raum angeregt werden und dann eventuell ein einfaches Rollenspiel angeschlossen werden. Selbst in einer analytischen Gruppentherapie war es möglich, eine dazu modifizierte Psychodramatechnik anzubieten, ohne unnötige Ersatzbefriedigungsgefahren heraufzubeschwören. Einem 31jährigen, überwiegend zwanghaften Junggesellen mit Kontaktstörungen (zum Teil auf dem Boden intentionaler Erlebnislücken = emotionaler Grundstörung) war es nicht möglich, den Gruppenmitgliedern und dem Therapeuten ein einigermassen klares Bild der *Beziehung innerhalb seiner Familie* zu geben. Das Angebot des Therapeuten, das Verhältnis eventuell mit Münzen auf dem Boden zu verdeutlichen, wurde von allen Anwesenden begrüsst. Dieser Patient wählte (natürlich

„wie es sich gehört") die niedrigste Münze für sich selbst. Er legte die Münzen in einer Reihe aus und verschob sie so lange, bis er mit den Abständen zufrieden war.

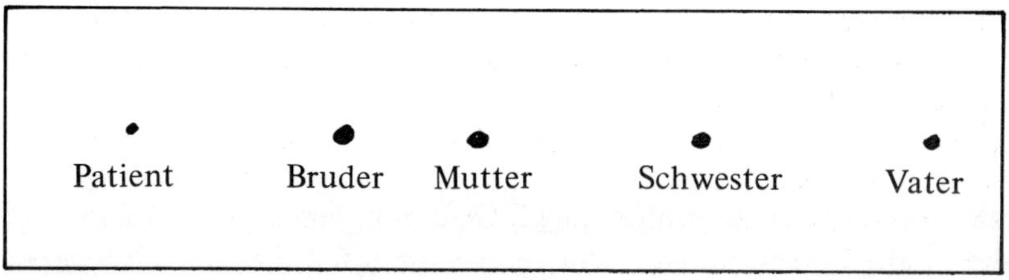

Skizze 20a

Dann sagte ein Teilnehmer: „Da steht also Dein Bruder zwischen Dir und Deiner Mutter und Deine Schwester zwischen Vater und Mutter." Unser Patient machte grosse Augen und sagte: „Nein ... daran habe ich gar nicht gedacht ... ich habe nur den ‚Abstand' zu mir gemeint (an sich schon eine höchst wertvolle Mitteilung und die Möglichkeit zur Einsicht in das ‚Nur-auf-sich-bezogen-Sein') ... dann müsste es mehr so ... und so ... und so sein." Er verschiebt dabei die Münzen auf „Kreisbogen" um die still liegende „Ich-Münze" herum, bis er mit dem Resultat zufrieden ist.

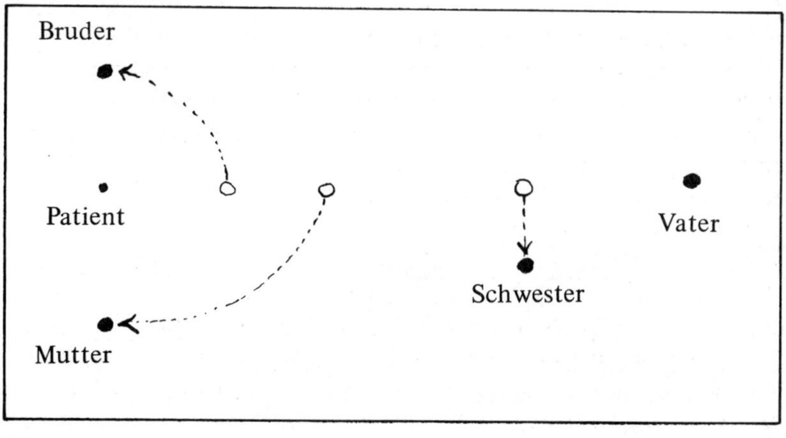

Skizze 20b

Mit Hilfe der nun wiedergegebenen „Familiensituation" ist es Patient und Gruppe ein Leichtes, die nahe Beziehung zum Bruder, die Stellung des Patienten zwischen Bruder und Mutter, die Subgruppenbildung Patient –

Mutter – Bruder kontra Schwester – Vater und die Stellung der Schwester zwischen Mutter und Vater zu sehen und durchzuarbeiten.

9) Seltener kommt es vor, dass ein *gestalterisches Verfahren* oder eine Kombination mehrerer derartiger Aktivitäten von vornherein *als Behandlungsform der Wahl angeboten* werden. Im Prinzip ist dagegen nichts einzuwenden, wenn die äusseren Faktoren und die Ausbildung des Therapeuten dies besonders nahelegen *und* auf Seiten des/der Patienten entsprechende Indikationen bestehen. Zur Frage der Überbewertung eines Verfahrens als „Bestes" und den daraus resultierenden Gefahren siehe Kap. 5, S. 255.

Unser „Fall" im katathymen Bilderleben (Kap. 3, S. 104) und JÖRSTADS Beispiel in „Clay-forming in Psychotherapy" [81] beleuchten indizierte Behandlungen in der Einzeltherapie. Gelegentlich werden auch Psychodramasitzungen als einzige ambulante psychotherapeutische Massnahme verwendet.

B. In der klinischen Situation

Alle bisher geschilderten Möglichkeiten zur Anregung gestalterischer Aktivitäten in der Psychotherapie sind auch für den klinischen Gebrauch geeignet. Die Zielsetzung und der Stil der Klinik oder Abteilung wird entscheiden, welche Angebotsformen dort am Platze sind. So wird z. B. an einer weitgehend psychoanalytisch arbeitenden Klinik eben nicht derjenige Psychotherapeut aktiv in der Gestaltungstherapie mitmachen, der die Einzelbehandlung des betreffenden Patienten übernommen hat. Wenn milieutherapeutische Einflüsse unerwünscht sind, werden Gruppenveranstaltungen wahrscheinlich kaum eingesetzt werden und somit fallen gestaltungstherapeutische „Gruppenverfahren" auch weg.

Es ist auch zu unterscheiden zwischen

a) Psychotherapieabteilungen
b) Abteilungen an welchen unter anderem Psychotherapie betrieben wird und
c) Abteilungen, wo nur gelegentlich und für einen Teil der Patienten psychotherapeutische Hilfen vorgesehen sind. Dementsprechend werden also von den oben geschilderten und den folgenden Anregungs- und „Anwärm"formen die geeigneten auszuwählen sein.

1) *Angebot freiwilliger Teilnahme* an Zeichen-, Mal-, Modellier-, Rollenspiel-, Musik-, Tanz- und Bewegungstherapiezusammenkünften.

a) *Bei günstiger Gelegenheit*, also wenn während der (psychotherapeutischen) Visite, beim Abteilungstreffen (Hausgruppe, Wochentreffen, Abteilungsparlament) oder bei anderen Einzel- und Gruppenveranstaltungen

Sachverhalte auftauchen, die vorteilhaft im Rahmen der Gestaltungstherapie aufgegriffen, durchgearbeitet und therapeutisch nutzbar gemacht werden können. Es ist möglich, das gestalterische Verfahren *einem* Patienten, einer *Subgruppe* oder dem ganzen *Abteilungskollektiv* anzubieten. Wichtig ist, ob es als *zusätzliche Behandlungschance* in die „Freizeit" gelegt werden soll, ob es konkurrierend mit anderen therapeutischen Massnahmen stattfinden oder ausnahmsweise bzw. zeitweilig anstelle der sonst laufenden Behandlung (Einzeltherapie, Gruppensitzung usw.) anberaumt werden soll. In einer Kuranstalt mit psychotherapeutischen Ambitionen ist auch die Frage zu klären, ob balneologische Anwendungen vorrangig oder nicht, gleichzeitig oder zu eigenen Zeiten anzusetzen sind. Als Beispiele für das Einzelangebot mögen das Handpuppenspiel (S. 109) und das geschickte Eingreifen der Schwester (S. 32) stehen. Auf S. 43, Kap. 2 ist zu finden, wie das therapeutische Team die ganze Hausgruppe zur freiwilligen Teilnahme am Märchenspiel „Dornröschen" angeregt hat.

b) *Zeitlich festgelegte* „Atelier"stunden, Psychodrama-, Psychogymnastik-, Pantomime-, Puppenspiel-, Musik- und Tanztherapie- sowie Bewegungstherapietreffen. Andere Therapieformen sollten nur gleichzeitig stattfinden, wenn reichlich Gestaltungstherapiezeiten angeboten werden und somit Ausweichmöglichkeiten gegeben sind. Besonders in Abteilungen mit bewusster Anwendung gruppendynamischer und milieutherapeutischer Prinzipien, werden meist während der Rollenspiele oder Atelierstunden keinerlei andere Behandlungen durchgeführt. An allen Abteilungen dieser Art, die ich von eigener Mitarbeit kenne (Freiburg, Tübingen, Falköping und Växjö), hatte es sich – unabhängig voneinander – so „ergeben", dass während der Gestaltungstherapieveranstaltungen nur ambulante Voruntersuchungen und Behandlungen angesetzt wurden, so dass den stationären Patienten nur die Wahl zwischen Gestaltungstherapie oder therapeutischer Inaktivität blieb. Häufig hängt es – abgesehen von der Motivierbarkeit der Patienten und dem Geschick der Gestaltungstherapeuten – von der Einstellung des Leiterteams der Abteilung ab, ob entsprechend günstige Zeiten für gestalterische Aktivitäten gefunden und dann auch eingehalten werden. Es sollte vor dem Start solcher Vorhaben abgeklärt werden, wie gross das Interesse und die Fähigkeiten aller Teammitglieder sind und wieviel Zeit *gerne* zur Verfügung gestellt wird. Es ist besser „klein" anzufangen, als in Zeitnot zu kommen und – häufig noch dazu unterdrückte und verschwiegene – Konkurrenzgefühle und Therapiewertungsfragen innerhalb des Teams hervorzurufen. Günstige Anfangs-Modelle bewegen sich pro Woche um 1–2mal 1½ bis 2 Stunden Psychodrama und/oder Märchenspiel und/oder Pantomime; 2mal 2 Stunden Malen, Zeichnen und Modellieren und schliesslich eventuell 1½ Stunden Konzentrative Bewegungstherapie für eine kleinere Anzahl von Patienten.

Die richtige Dosierung der Anregung ist eine Frage der Ausbildung, der

Erfahrung und nicht zuletzt von viel Fingerspitzengefühl des Gestaltungstherapeuten.

Da viele Beispiele in diesem Buch vorteilhaftes Verhalten der Therapeuten aufweisen, sollen bei dieser Gelegenheit eine Reihe ***häufiger Fehler*** kurz skizziert werden.

α) *Zu schroffe Ankündigung:* Der Gestaltungstherapeut sagt seine Zeiten für Malen, Zeichnen und Modellieren an und fügt an die Erklärung über die Freiwilligkeit der Teilnahme sofort an: „Und wer nicht kommen will, der hat eben kein Interesse an seiner Behandlung." Dieser schroffen Ankündigung war eine Verärgerung des Gestaltungstherapeuten durch den Abteilungschef vorangegangen. Das macht sie menschlich verständlich. Sie ist aber in ihrer Allgemeingültigkeit und ihrem lapidaren Charakter abschrekkend und fehl am Platz, selbst wenn sie für den einen oder anderen Patienten zutreffend sein sollte.

β) *Zu vorsichtige Ankündigung:* Die Gestaltungstherapeutin sagt ganz zum Schluss der „Hausgruppe", als die meisten Anwesenden nur noch ans überfällige Mittagessen denken: „Ich möchte nur noch ganz kurz mitteilen, besonders für die Neuen, dass ich auch heute von 14 bis 15 Uhr 30 im Atelier bin. Es wäre schon nett, wenn einige, natürlich nur wenn sie Lust dazu haben, hineinschauen würden. Ich würde mich jedenfalls sehr freuen." Tatsächlich waren die Atelierstunden – wie alle anderen freiwilligen Veranstaltungen – damals seit Wochen im Gefolge eines zäh-passiven Widerstandes sehr schlecht besucht. Während auf die vorhin skizzierte schroffe Form, die der Macht gegenüber Gefügigen kommen werden, sind im zweiten Fall eher solche Patienten zu erwarten, die jemandem etwas zuliebe tun wollen, möchten oder „müssen".

γ) *Übertriebenes Lob:* Eine 34jährige Zwangsneurotikerin beschäftigt sich – nach 4 Monaten klinischer Psychotherapie – erstmals mit Lehm. Sie will einen Kopf formen, nachdem sie gesehen hat, dass dies zwei Mitpatienten gut gelingt und der Therapeut sich diesen beiden am meisten zuwendet. Der Erstlingskopf wird auch ganz gut. Der Therapeut sagt (vielleicht unter dem Eindruck,dass es gerade dieser Patientin recht schwer gefallen ist, den Lehm anzufassen): „Das ist ja ein äusserst gelungener Kopf. Sie sind ja sehr begabt. Das kann nicht Ihr erster Versuch sein!" Patientin: „Doch!" Therapeut: „Was, wirklich? Einfach unglaublich." Die sehr selbstkritische und in ihrem Selbstwert und Selbstvertrauen recht gestörte Patientin schaut zweifelnd herum, sieht dann den weitaus „schöneren Kopf" eines Mitpatienten, wendet sich stumm vom Therapeuten ab und sitzt untätig. Der Therapeut fragt: „Möchten Sie etwas anderes versuchen?", die Patientin antwortet: „Ich weiss nicht recht, ich kann das ja doch nie so gut wie Herr N."

Diese Patientin konnte also das – gutgemeinte – übertriebene Lob nicht annehmen. Ausser der Übertreibung ist auch der Hinweis auf den (künstlerischen, ästhetischen) Wert des „Produktes" den gestaltungstherapeutischen Zielen abträglich. (Vielleicht hätte der Hinweis: „Das ist ja ein recht gelungener Kopf. Ist das Ihr erster Versuch? " völlig genügt.) Ein Gespräch über Ähnlichkeiten des Kopfes mit einer allgemein bekannten Persönlichkeit oder eine Bezugnahme auf ein Detail („Mit den Augen ist etwas Besonderes, die schauen so ..., was mögen die sehen?") hätte bestenfalls zu einem „Zwiegespräch" zwischen Patient und modelliertem Kopf führen können.

δ) *Zu harte oder abwertende Kritik:* Wenn mehrere bis viele Patienten in einer Mal-, Modellier- oder Rollenspielstunde anwesend sind, ist darauf zu achten, dass kränkende Bemerkungen durch Mitpatienten entsprechend schonend – für den „Empfänger" *und* den „Kränker" – aufgefangen werden. Dies gilt besonders bei erstmaligem Mitmachen. Viel schwerer wiegen verletzende (ironische, schadenfrohe, „niederschmetternde") Kommentare des Therapeuten: „Ich glaube, Sie wollen garnicht", „ein Vierjähriger macht das besser", oder „ja, ja, reden können Sie, besonders sich rausreden, aber wenn's an's Handeln geht, dann stehen Sie da wie die Pik Sieben". Derartige massive Ausrutscher werden wohl nur sehr selten vorkommen (sind übrigens gute Indikatoren für Gegenübertragungsschwierigkeiten). Aber auch spontane ablehnende Äusserungen des Therapeuten in anscheinend milder Form können schon genügend verletzend sein und weitere Gestaltungen erschweren bis verhindern (siehe auch ζ).

ε) *Ungeduldiges Antreiben oder unnötiges Bremsen:* Ein schüchterner zwanghafter 28jähriger Mann sucht lange mit dem Pinsel über den Farbkasten hin ohne sich entscheiden zu können. Der Therapeut bietet an: „Sie können, wenn Sie wollen, mit geschlossenen Augen die Farbwahl dem Zufall überlassen und irgendetwas aufs Papier malen, eventuell noch ehe Sie die Augen wieder öffnen." Der Patient greift dies „dankbar-gehorsam" auf und bringt ein etwa viereckiges Gebilde in Hellbraun zu Papier. Dann öffnet er die Augen und schaut. Therapeut: „An was erinnert Sie das?" Patient: „An ein Haus", mehrfach deutet er mit dem Pinsel einige Zentimeter über dem Papier ein ‚Dach' an, sucht dann über dem Farbkasten und zögert mehrfach über der ziegelroten Farbe ... sonst passiert nichts. Der Therapeut zeigt leichte Unruhebewegungen, sieht ein wenig „leidend" aus und sagt in hilfsbereit-irritiertem Tonfall: „Hier (zeigt auf das Ziegelrot) ist ja die Farbe, die Sie für das Dach suchen." Patient: „Ja, ja. Danke schön" (nimmt davon und malt das Dach). Falls die Zeit schon reif dafür gewesen sein sollte, wäre vielleicht der Hinweis: „Es ist garnicht so leicht, zu wählen" als einfache Beschreibung der „Befindlichkeit" des Patienten nützlicher gewesen. Später in der Therapie käme in Frage zu sagen: „Wenn es erst einmal hingemalt ist, ist es nicht mehr rückgängig zu machen" oder, falls etwas schärfer formuliert werden sollte: „Wie man's macht ist's falsch, lieber garnicht anfangen." Soll auf die Realitätsebene übergegangen werden, wäre „Im Leben dürfte es Ihnen ähnlich gehen" als Hinweis am Platz oder später: „Bei Ihrer Berufswahl ist es Ihnen ähnlich ergangen, Sie haben brav anderen gefolgt, das führte leider nicht zur Zufriedenheit. Und selbst entscheiden ist ja noch gefährlicher, da tragen Sie dann allein die Verantwortung." (Siehe Kap. 5, Indikationen, S. 232.)

Ein recht ängstlich-unruhiger 33jähriger Patient beginnt eine Bleistiftzeichnung. Seine Striche sind eilig und fahrig, er setzt in eine „Wiese" zwei senkrechte Striche, schliesst dann schräge Striche aufwärts an, es entsteht das Gerüst eines Baumes. Er bricht ab, knüllt das Blatt zusammen, wirft es in den Papierkorb. Dann nimmt er das nächste Blatt, macht „seine" Striche in einem nach oben runden Halbkreis, bricht ab, nimmt das Papier in beide Hände, will es offensichtlich auch zerknüllen, der Therapeut greift ein: „Warten Sie doch! Der Baum wäre vielleicht gar nicht schlecht geworden und das hier könnte ein Igel werden. Versuchen Sie doch einmal das fertig zu zeichnen."

Patient: (macht ein paar Striche dazu, schaut dann unruhig herum) „Das macht mich nervös. Ich kann nicht." Therapeut: (begütigend) „Doch, doch, Sie können schon. Mit ein wenig Geduld werden Sie sehen ..."

Patient (unterbricht): „Entschuldigen Sie bitte, ich muss mich hinlegen, mir ist gar nicht gut." (Er geht aus dem Raum.)

Der Patient scheint im Augenblick ausserstande gewesen zu sein etwas ruhig und ausdauernd zu Ende zu führen. Es wäre vermutlich angebrachter gewesen, ihn zu raschen, kurzen „Bildern" anzuregen und ihn zu ersuchen, die Fragmente nicht wegzuwerfen, sondern – eventuell später – mit zur Besprechung zu nehmen.

ζ) *Zu frühes (einseitiges, sprunghaftes oder massives) Deuten oder Interpretieren:* Es ist sicher am Platze, letztlich auch zeitsparend, sich anfänglich darauf zu beschränken, dem Gestaltenden und seinem Vorhaben Interesse zu zeigen und die Äusserungen des Patienten abzuwarten. Dabei gilt es, auch für seine averbalen Mitteilungen offen zu sein. Später können anstelle zwingender Fragen besser beschreibende Andeutungen angeboten werden. Spontane Ideen des Therapeuten und von ihm entdeckte Zusammenhänge sind wertvoll, sei es wegen ihrer Wichtigkeit, sei es für die Abschätzung seiner Gegenübertragungsgefühle. Ehe er sie dem Patienten mitteilt, hat er sich aber zu fragen, ob Zeitpunkt, Ort, derzeitige „Befindlichkeit" des Patienten und Stand der Behandlung die Annahme berechtigen, dass der „Empfänger" die „Botschaft" auch akzeptieren und assimilieren kann. Er soll ja so damit umgehen können, dass es ihn in der Therapie weiterbringt (siehe Kap. 2/1).

Auf die Notwendigkeit „kleinschrittigen Vorgehens" wurde schon in Kapitel 1 und 2 hingewiesen. In der Vorbereitungs-, Motivierungs- und Anwärmphase sind gröbere Fehler bei den Interventionen besonders „gefährlich". Es kommt leichter zu Behandlungsabbrüchen solange noch keine tragfähige Beziehung zwischen Patient und Therapeut besteht. Ausserdem wird im Anfangsstadium leicht und leider gar nicht selten der gelegentliche Fehler eines Therapeuten als Untauglichkeit des Verfahrens erlebt und als Folge davon eventuell jedwede Psychotherapie für längere Zeit oder gar immer gemieden.

Verschiedene Arten von Fehlern bei Interventionen sind im gleichen Kapitel, Punkt II, S. 174 und III, S. 188, besprochen.

2) *Gestaltungstherapie-,,Verfahren" als indizierte Behandlungsformen.*

In verschiedenen Kliniken bzw. Abteilungen wird die Beteiligung der Patienten an gestalterischen Aktivitäten mehr oder weniger vorausgesetzt. So kann aktive Mitwirkung bei Rollenspielen oder bildnerischer Arbeit als ,,Selbstverständlichkeit" verlangt oder als ,,Auflage" gegeben werden. Das mag in Ordnung sein, wenn eine entsprechende Indikationsstellung der Aufnahme an eine derartige Abteilung vorausgeht. Eine recht- und frühzeitige Information ist jedenfalls nötig. Je nach dem Grad des angewendeten ,,Druckes" können wir folgende Spielarten unterscheiden:

a) Verschiedene gestalterische Verfahren laufen *parallel* und können vom Patienten alternativ gewählt werden.

b) Die Teilnahme an einer bestimmten Gestaltungstherapieform wird *ärztlich/psychotherapeutisch angeordnet.* Bei Weigerung oder Abspringen davon wird dies in der Behandlung durchgearbeitet und eine Umplazierung in eine andere Form kreativen Schaffens vorgenommen, falls dies therapiefördernd erscheint.

c) Die *aktive Beteiligung* an der (den) Gestaltungstherapieform(en), die an der Klinik üblich ist (sind), ist *Voraussetzung* für die Aufnahme.

Es empfiehlt sich natürlich bei den angeführten Möglichkeiten, mit zunehmendem ,,Zwang" die Auswahlkriterien entsprechend enger zu fassen. Im allgemeinen sind äussere Druckmittel einsichtsvermittelnden Psychotherapieformen eher abträglich. Die Grösse des primären Leidensdruckes (SCHULTZ-HENCKE [140]) ist viel entscheidender. Dieser kann durch das Erleben-lassen der eigenen Fehlhaltungen und Mangelfunktionen im Rahmen der weniger belastenden ,,spielerischen Aktivitäten" dosiert gesteigert werden.

II. Arbeits- bzw. Aktionsphase

Innerhalb der einsichtsvermittelnden, konflikt- und problembearbeitenden Psychotherapieformen werden wir in den prinzipiellen Möglichkeiten der Traumbearbeitung auf den verschiedenen Ebenen gute (Anfangs-)Hilfen für den Umgang mit dem Gestalter und seinem Erleben während der Gestaltung finden.

Ein kurzer Exkurs darüber ist am Platze:

Schon FREUD [34] hat die Bearbeitung auf der *Objektstufe* ausdrücklich beschrieben. In einigen seiner Beispiele ist auch die *Subjektebene* klar abzulesen, wenn auch nicht als solche bezeichnet. Dies blieb JUNG [83] vorbehalten, der auch die prospektiven Aspekte hervorgehoben und mit überzeugenden Beispielen belegt hat. Kollektive psychische Begebenheiten, die Jung mit dem Archetypischen zu erfassen sucht, sind mit Hilfe des Freudschen Repräsentanzenbegriffes und den Imagines nicht in jeder Hinsicht auszuloten. SCHULTZ-HENCKE [141] hat, nur wenn keine Einfälle des Träumers und keine Angaben über die Vorgeschichte des Traumes vorliegen, auf die Symboldeutung im Freudschen Sinne zurückgegriffen. Ansonsten wird der Traum, neben Betrachtung auf Objekt-, Subjekt- und Übertragungsebene gerne auf kategorialem Hintergrund untersucht. Es wird dabei versucht, die Kategorie des traumhervorrufenden Impulses festzustellen und der Impulsverarbeitung durch den Träumer während des Traumes zu folgen. Daraus und aus der Art und Weise der spontanen Beschäftigung des Patienten mit seinem Traum beim Durcharbeiten, werden Rückschlüsse auf persönlichkeitsstrukturelle Gegebenheiten und „Konstanten" (Charakterzüge) gezogen. Als einführende Literatur ist KEMPERS Buch über „Die Be-deutung des Traumes" [87] zu empfehlen. Das Umgehen des Patienten mit seinem Traum hat HEIGL in seiner Publikation über die Arbeitsstörungen [65] beschrieben. In Kap. 2, S. 56 sind allerdings an gestaltungstherapeutischem Material Übertragungsebene, prospektive Zeichen und Hinweise auf Symptomatik ausdrücklich berücksichtigt und mit Beispielen belegt worden.

Wir wollen nun anhand eines Traumes zeigen, welche Lebensbereiche berührt und teilweise erhellt werden können, wenn die Traumbearbeitung auf Objekt- und dann auf Subjektebene erfolgt.

Der Traum: „*Lisa schläft* und ich soll in ihrem Zimmer aufräumen. Plötzlich dreht sie sich um und richtet sich ein wenig auf. Ich husche erschreckt hinaus und denke, dass Uwe nun sagen wird, dass ich dies aus Bosheit gemacht hätte."

Dazu die zum Zeitpunkt der Erzählung bekannten einschlägigen Daten: Lisa ist das 8 Monate alte Töchterchen und Uwe der 30jährige Lebensgefährte der 32jährigen Patientin. Uwe ist als Freischaffender im Augenblick stark engagiert und „braucht seinen Schlaf". Die ebenfalls berufstätige Patientin hat vorher schon über Müdigkeit geklagt.

Spontan bringt die Patientin folgende Einfälle zum Traum:

„Uwe hat wieder soviel zu tun daheim."

„Ich bin ihm nicht genau genug."

„Komisch, Lisa schläft in Wirklichkeit sehr gut, das stimmt also nicht mit dem Traum."

„So schreckhaft bin ich nur, wenn Uwe mich anrührt."

„Ich bin doch wirklich nicht boshaft."

Anschliessend fragt sie gleich den Therapeuten mit kindlicher Stimme: „Oder glauben Sie, dass ich boshaft sein könnte?"

Der Therapeut dringt auf die Beschreibung der Details im Traum und das bringt noch folgendes Material: es war hell draussen; Lisa's Haar dunkler als in Wirklichkeit; das Aufrichten geschah mit steifem Oberkörper und Hals („Das könnte sie gar nicht so", sagte die Patientin dazu); die Art ihrer Reaktion auf Uwe habe sie an ihre Kindheit erinnert, wo sie dem Vater gegenüber oft so empfunden hatte.

Auf der *Objektebene* ergibt der Traum – ziemlich vordergründig – erst einmal, dass die Patientin das Zimmer des Kindes aufräumt während dieses schläft; dass sie Angst hat, es geweckt zu haben und dass sie befürchtet, ihr Mann würde ihr dies als Bosheit auslegen. (Wir nehmen dabei den Traum sozusagen als ganze Geschichte.) Da die Patientin spontan die Erinnerung an die Kindheitssituation mit dem Vater brachte, ist auch leicht einzusehen, dass ihr Verhalten gegenüber Uwe bei solchen Gelegenheiten weitgehend der Art entspricht, in welcher sie ihrem Vater früher begegnete. Weiter lag nahe, die Frage aufzugreifen, wie leicht die Patientin davon überrascht wird, wenn sie etwas – an sich zu Erwartendes – auslöst (wie hier das Wecken des Kindes). Anschliessend konnte auch noch besprochen werden, ob es gegebenenfalls „schlauer" wäre, ein paar leise, beruhigende Worte zum halbwachen Kind zu sagen und zu bleiben um notfalls sein Schreien gleich besänftigen zu können, statt (wie im Traum) fortzulaufen und dann horchen oder nachsehen zu müssen, ob es ruhig bleibt. Auf den Hinweis des Therapeuten, dass der Traum aus war ehe klar wurde, wie Uwe reagierte, sagte die Patientin: „... und ich war froh, dass es nur ein Traum gewesen war, als ich an der Stelle aufwachte."

Die Bearbeitung auf der Objektstufe eröffnet also einen Zugang zur Realitätsebene und zwar sowohl zur aktuellen Situation (und somit zum Tagesrestaspekt des manifesten Trauminhaltes), wie auch zu früheren und frühesten Konstellationen. Es ist auf Objektebene gut möglich, die (Fehl-)-Verhaltensweisen des Träumers abzulesen. Meist kann diskutiert werden, inwieweit sie seiner üblichen Art (im wachen Zustand) gleichen oder im Alltag vermiedenen und nur im Traum „gewagten" Verarbeitungsweisen entsprechen (Übergang zu prospektiven Aspekten). Die Zusatzbemerkung der Patientin zu ihrer Behauptung vom Nicht-boshaft sein („Oder glauben Sie, dass ich boshaft sein könnte?") legt auch nahe, die Behandlungssituation und damit die Übertragung der Patientin als einen speziellen Aspekt ihrer aktuellen Situation mit einzubeziehen. Wir wollen uns hier aber auf einige – relativ sichere – Anknüpfungspunkte hinsichtlich der Objektebene (siehe oben) und der nun folgenden Subjektstufe beschränken. Auf der Objektebene stellt jede Person und jeder Gegenstand, auch jeder Vorgang, gerade das dar, was er im manifesten Traum „ist" (Lisa = Tochter, Uwe = Gatte, Ich = Träumender, Lisa's Zimmer = Kinderzimmer usw.). Auf Subjektebene betrachten wir jedes Detail im Traum als Repräsentant eines Wesenszuges, Wunsches, Prinzipes, einer „Möglichkeit" und/oder eines „Hindernisses" *im* Träumer. (Es hat sich eingebürgert, den „jetzt träumenden Menschen" als „Träum*enden*" zu bezeichnen und denjenigen, der einen Traum gehabt hat und diesen erzählt, den „Träum*er*".)

In unserem Beispiel hat die Patientin mit der Anspielung auf das dunkle Haar der Tochter den Übergang zur *Subjektebene* leicht gemacht, da sie selbst dunkelhaarig ist. Wir haben uns also zu fragen: „Was kann in unserer Patientin durch Lisa ‚verkörpert' worden sein?" Mögliche Antwort (aus dem Traum und den Daten): etwas das sich erhebt, das wach werden könnte. Vielleicht „etwas" das schreit, Hunger hat, imperative Forderungen stellt, Hilfe braucht, also etwas, das einem 8 Monate alten Kind entspricht, das zwar schon stehen, aber noch nicht selber gehen kann. „Etwas", bei dem „Spontaneität" noch ganz erlaubt ist usw.

Nächster Punkt: „Welcher Persönlichkeitsanteil ist es, der aufräumt?" Ist es die „vernünftige" Seite, vielleicht ein Dressat aus der Kindheit? Meldet sich hier ein Sauberkeitsideal, vielleicht sogar ein Zwangssymptom? „Gibt es jetzt in der Patientin etwas, das sie dadurch erschreckt, dass es sich plötzlich regt?" *und* „Wie ist dieses ‚Ich' beschaffen, das davonläuft?" Entspricht es den reifen Ich-Funktionen oder ist nur der „Soll-Anteil" (soll aufräumen) entwickelt, die „Will- und Kann-Seite" zu schwach und zwingt deshalb zu heimlicher Flucht?" Weiter: „Steht Uwe für die – delegierte – Entscheidungsgewalt oder eine Gewissensfunktion?", schliesslich: „Hat die ‚Lisa' (in der Patientin) überhaupt einen eigenen Raum und was wird da vom ‚Ich' weggeräumt, weil es Angst hat, von einer offenbar höheren oder mächtigeren Instanz für boshaft gehalten zu werden?"

Der Einfall der Patientin: „So erschrecke ich nur, wenn Uwe mich anrührt" ist zugleich ein Hinweis auf das Symptom der Kontakt- und Sexualstörung. Auf Subjektebene sollte er dazu anregen, im sich erhebenden Mädchen des Traumes *auch* die phallischen Wünsche und Potenzen der Patientin zu sehen. Die Angst, dass der Mann-Vater dies bemerken könnte, spricht auch dafür. Wenn man, wie Freud, den Modus des Sichaufrichtens ganz breit für alle Lebensbereiche nimmt, ergeben sich keine inhaltlichen Schwierigkeiten, sondern nur nomenklatorische. Erst wenn wir den Traum dann *nur* als Zeichen der misslingenden weiblichen Sexualität (fehl-)interpretieren und seine Aussage über das Erwachen und Sichaufrichten nicht auch für alle anderen Lebensbereiche sehen, dann engen wir ungebührlich ein.

Auf der *Objektebene* befassen wir uns mit einem Traum so, wie wir uns in einem Theaterstück für einzelne Personen, ihr Schicksal und ihre Beziehungen zueinander interessieren. Wir können aber die Fragen ganz anders stellen: „Was mag im Autor vorgehen, dass er solche Probleme und Konflikte aufwirft?" und „Welchem seiner Wesenszüge entsprechen welche Figuren im Stück?" Damit tun wir dasselbe, wie bei der Traumbearbeitung auf *Subjektebene.* Dies gibt uns die Möglichkeit, die „innere Situation" des Träumers besser kennenzulernen. Dabei können wir nicht nur seine „Teilaspekte" sehen, sondern auch ablesen, wie diese zueinander stehen und miteinander umgehen. (In sehr klarer und fesselnder Weise hat BARBARA KÖNIG [92] in ihrem Roman „Personenperson" nicht nur die Repräsentanz verschiedener Wesenszüge durch Personen dargestellt, sondern deren Herkunft und Zusammenwirken lebendig werden lassen.)

Ständig gleichbleibende und im Hinblick auf die Realität inadäquate Bewältigungsformen zeigen das Vorliegen „neurotisch" eingeengter und fixierter Reaktionsweisen an. Hier ist der Übergang zu kategorialer Betrachtungsweise am Platze (siehe gleiches Kapitel, S. 194). Wenn wir das ursprüngliche Freudsche Postulat, dass jeder Traum ein „Wunschtraum" ist, dahingehend verdeutlichen, dass „hinter" („unter" oder „vor") jedem Traum ein Impuls (als Sammelbegriff für Wünsche, Bedürfnisse, Triebe, Strebungen welcher Provenienz auch immer) steht, ist es angezeigt, einmal auf Folgendes hinzuweisen: Ein Mensch beginnt also zu träumen. In unserem Falle: *„Lisa"* ...: Es ist *das* (einzige) Kind unserer Patientin. Vielleicht auch jedes 8 Monate alte Kind? Nein, schon nicht mehr; sondern jedes 8 Monate alte *Mädchen*, mit allen Möglichkeiten dieses Alters, inklusive sämtlich möglicher Zukunftsentwicklungen. „... schläft ..." So schön es auch sein mag, sich ein eventuell sogar „selig schlafendes unschuldiges Wesen" vorzustellen, so entspricht dieses „schläft" zugleich einer geradezu ungeheuren Ausschliessung *aller* wachen Zustände oder – daseinsanalytisch gesprochen – Befindlichkeiten bzw. „jeweils vorstellbaren So-seins-Formen". Lisa ist also, zumindest für den Augenblick, als „Schlafende" festgelegt. Wie sehr dies für „das kleine Mädchen in unserer Patientin" zutrifft, ist unter anderem aus der Angst abzulesen, die entsteht, wenn es zu erwachen droht.

Mit jedem weiteren Wort unseres Traumes wird nicht nur eine Richtung eingeschlagen, sondern zugleich *alle anderen* Möglichkeiten *ausgeschlossen.* So wird es immer „enger" und die Impulsverarbeitung zunehmend festgelegt, bis der Traum zu Ende ist. (Ende des Exkurses über die Traumbearbeitung.)

A. Möglichkeiten des Umganges mit dem Gestaltenden und seinem Erleben während der Gestaltung

In einer ähnlichen Situation wie der Träumer kurz vor dem Traum befindet sich der Mensch, der mit vielen Farben und verschiedenen Pinseln vor Zeichenpapier beliebigen Formates sitzt und noch nicht zu malen begonnen hat. Er hat noch *alle* Möglichkeiten offen. Mit welcher Farbe auch immer er etwas noch so Unbestimmtes malt, so wird er davon beeinflusst und kann natürlich auch darauf einwirken. Jedes vorläufige Resultat regt ihn wieder zu etwas an oder hindert ihn daran, in bestimmter Weise weiterzumachen. Je mehr sich etwas „abzeichnet", um so geringer werden die „Freiheiten". Schliesslich „muss" der Gestaltende häufig das „Notwendige" (noch) tun oder hinzufügen, um abschliessen oder auch nur aufhören zu können.

Wozu der ursprüngliche Impuls dann geführt hat, was *aus* ihm geworden oder *von* ihm noch „da" ist und auf welchem individuellen, persönlichkeitsspezifischen Weg es gerade dahin gekommen ist, dem können wir gerade in der Gestaltungstherapie folgen und nachgehen. Dabei haben wir die einmalige Ausformung und das Eigentümliche (das Eigene, Eigentum *und* eigentümlich = sonderbar) zu respektieren. Wenn wir sicher sind, einiges von der Impulsverarbeitung verstanden zu haben, sollen wir uns fragen, *was* und *wieviel davon* wir dem „Eigentümer" aufzeigen oder anbieten wollen, dürfen oder „müssen". Soweit dies *während* des Gestaltungsprozesses am Platz ist, wird es im Folgenden besprochen. Erst im Abschnitt III (S. 185) soll auf die Durcharbeitungsphase eingegangen werden.

1) Beim Versuch, *dem Impuls und seiner Verarbeitung* zu *folgen*, wird uns die eben erwähnte Überlegung von der Einengung ursprünglich unbegrenzter Freiheit und Wahlmöglichkeit helfen. Im günstigen Falle wird es sich um eine realitäts-, ich-ideal- und bedürfnisgerechte Impulssteuerung handeln.

Ich spreche, insbesondere mit Patienten, lieber von Impulssteuerungsmöglichkeiten oder von fixierten Fehlsteuerungen als von „Abwehrmechanismen". Der Laie verbindet mit dem Wort Abwehr nicht nur etwas „Abzuwehrendes", sondern zugleich die Vorstellung, dass dieses „Abgewehrte" etwas Schlechtes, zumindest aber von zweifelhaftem Wert, sein müsse. Es ist unnötig, den Patienten über die ihm bevorstehende Arbeit hinaus auch noch mit der Gewöhnung an eine ihm fremdartig erscheinende und häufig anfangs von ihm missverstandene Terminologie zu belasten. Inhaltlich und von der Funktion her sind natürlich die wohl beschriebenen Abwehrmechanismen (A. FREUD [32] und Ichfunktionen HARTMANN [62], E. H. ERIKSON [24] usw.) gemeint.

Falls die Wahl des Materiales freigestellt wird, ist zu berücksichtigen, wofür sich der Patient entscheidet (siehe Kap. 3, S. 72). Vielleicht kommt er auch schon mit einer fertigen Idee und „zeichnet nur nach". Oder er kommt bei anderer Gelegenheit mit einer ihn „verfolgenden" Melodie in die Musiktherapie und sucht sich ein ihm dafür geeignet erscheinendes Instrument. Ein andermal ist es ein schon vorgesehenes Märchen – vielleicht sein Lieblings- oder „Schreck"märchen aus der Kindheit – das er anbietet. Wir haben also die Frage zu stellen: „*Wie frei* oder *wie festgelegt* oder gar *voreingenommen* beginnt unser Gestalter mit seiner Arbeit?" Dann folgen wir dem gesamten Verlauf ohne einzugreifen, ohne Ermunterung, Lenkung und Behinderung. Dabei sind Mimik und Gestik des Gestaltenden vielsagend. Beim Malen sind sein Wählen einer Farbe, sein Suchen der Stelle auf dem Papier, die er bemalen will, sein Zögern oder rasches Handeln, Stokkungen und Knicke in der Linienführung, Richtungen usw. (siehe Kap. 3, S. 72ff.) ebenso wichtig, wie Stimmungs- oder Themaänderungen während der Entstehung des Bildes. Bei allen gestalterischen Aktivitäten stellen wir uns ähnliche Fragen: *„Was bewegt den Patienten?* Lockt und/oder schreckt ihn die Cimbel, die grosse Handtrommel, die Fingerfarbe, der Ton bzw. die Plastikmasse, die Rolle der Hexe oder des Königs im Märchenspiel, des Sohnes oder Chefs im Psychodrama, die eine oder andere Aufgabe in Pantomime oder Psychogymnastik, die eine oder andere Bewegung oder Kontaktform in der Konzentrativen Bewegungstherapie?" *„Was macht er mit und aus den gebotenen Möglichkeiten in der gegebenen Situation?" „Kann er nur auf die eine Art oder auch anders?"* In Kap. 6, S. 260 sind Vorschläge zu finden, wie Therapeuten ihre Beobachtungs- und Aufnahmefähigkeiten vertiefen und erweitern können. Natürlich hat auch der stille, gut ins Milieu integrierte Beobachter einen noch dazu individuell getönten Einfluss auf das Geschehen. Je nach ihrer eigenen Persönlichkeit reagieren auch die Patienten darauf: fühlen sich sicherer, geschätzt, geführt, beobachtet, getestet, lächerlich gemacht oder verfolgt. Entsprechende Seitenblicke auf den Therapeuten sind in die Arbeit einzubeziehen. Besonders zu beachten sind die Auswirkungen der Reaktionen auf die Anwesenheit des Beobachters im Gestaltungsprozess und deren „Niederschläge" im Werk und in der abgeschlossenen Darstellung (siehe „Bild nach Gruppe", S. 32, Abb. 7 und „Reaktion auf Gestaltungstherapeuten" S. 183).

2) *Begünstigung des Gestaltungsprozesses*

Aus dem eben Besprochenen geht hervor, dass die einfache *Anwesenheit oder Abwesenheit* eines Therapeuten (oder auch anderen Personals) die Möglichkeit, sich gestalterisch auszudrücken, verbessern kann. Es ist keineswegs gleichgültig, welche Person anwesend ist. Die eine verbreitet – auch ohne etwas zu sagen, vielleicht durch interessierte und etwas ungeduldige Blicke und Bewegungen – eine Leistungsdruckatmosphäre, die andere schafft eine wohligentspannte Stimmung, in welcher *ein* Patient gut und ungestört arbeiten kann, *ein anderer* einfach abschaltet und *ein dritter* durch die „verlogen-freundlich-forderungsfreie Art" geängstigt und irritiert wird. Der Therapeut hat auch die Möglichkeit, den *Gestaltungsprozess per Hinweis oder Handlung* zu *begünstigen.*

a) *Vorschläge oder Anregungen von Weiterführungsmöglichkeiten,* die dem Therapeuten aus dem Gestaltungserleben des Patienten schon evident erscheinen, dem Gestalter selbst aber (noch) nicht bewusst sind. Die Formen solcher Hilfestellungen sind sehr unterschiedlich. Einmal kann eine direkte Ermutigung gegeben werden, eine eben begonnene Linie weiterzuführen. Ein andermal wird ein *leise* geflüsterter Fluch beim Psychodrama vom „Doppel" *laut* wiederholt. Oder der eben – nach einem etwas kräftigen Schlag – rasch weggelegte Trommelschlegel kann dem Patienten mit einem aufmunternden Nicken wieder in die Hand gegeben werden oder man fordert ihn mit Hilfe einer eigenen Trommel zu einem Zwiegespräch auf und kommt durch Rede und Gegenrede spielerisch zu grösserer Lautstärke als beim ursprünglich erschreckenden Schlag. Es ist die Kunst des Therapeuten, den Patienten einerseits nicht *zu* sehr in angstauslösende oder für ihn gar noch ausweglose Situationen zu manövrieren und ihm doch andererseits zum geeigneten Zeitpunkt bei der Arbeit an sich selbst eine richtig dosierte Hilfestellung zu geben. Dazu gehört die antriebsfreundliche Haltung des Therapeuten, gegebenenfalls auch ein Bremsen oder gar Stoppen. Wenn der Therapeut sich dabei ständig am Erleben des Patienten orientiert, wird ihm das helfen, seine Anregungen wohl dosiert, kleinschrittig und somit assimilierbar zu geben.

Aus folgendem Beispiel eines katathymen Bilderlebens soll einfaches Dabeisein, einfühlendes Mitgehen, steuerndes Hinlenken, ermutigendes Drängen, Mahnung zur Vorsicht und klares Abhalten deutlich hervorgehen.

Wiese – Bach – Sumpf: Der 33jährige, im „gesunden" Zustand eher zwanghafte Patient befindet sich wegen Neigung zu reaktiven Depressionen in klinischer Psychotherapie. Vorher war er mehrmals wegen depressiver Episoden in stationärer psychiatrischer Behandlung gewesen. Das katathyme Bilderleben war in diesem Fall als *ein* Hilfsmittel im Rahmen der einsichtsvermittelnden Psychotherapie auf analytischer Basis eingesetzt worden, unter anderem deshalb, weil der Patient seine reiche Phantasie im Alltag deplaziert fand und nicht zum Ausdruck bringen konnte. Auch sonst neigte er dazu, sich selbst herabzusetzen und Reichtum und Tiefe der eigenen Erlebnisfähigkeit zu unterschätzen. Im katathymen Bilderleben war er während der beiden ersten Sitzungen – sobald er sich mit geringer Hilfe durch den Therapeuten klar darüber geworden war, dass dies hier erlaubt war und einfach dazugehörte – bald zu detail- und nuancenreichen, emotional gefärbten Schilderungen gekommen.

Nach kurzer Entspannung und mit geringer heterosuggestiver Hilfe stellt sich in der 3. Sitzung wieder „seine" Wiese ein, die ihm heute etwas weiter und frischer vorkommt. Er sieht sich darauf um, entdeckt bald einen kleinen, munter dahinplätschernden klaren Bach. Der Patient steht vor der Entscheidung, bachauf oder -abwärts zu gehen, sagt: „Ich suche lieber zuerst die Quelle."

Therapeut: „Möchte lieber sehen, wo der Bach herkommt."

Patient (wendet den Kopf leicht nach links): „Ja, er kommt von dem Buchenwald da drüben ... es geht sanft bergauf ... die Bäume sind so hell und freundlich."

Therapeut: „Richtig schön ist es hier." *(Einfühlendes Mitgehen.)* Der Patient folgt dem Bach ohne Schwierigkeiten durch lichten Laubwald bis zur relativ nahen Quelle. Bis dahin bestanden die „Rückmeldungen" des Therapeuten nur aus *Dabeisein* und *Mitgehen.* Der Entdeckung des kleinen munteren Baches fügt der Therapeut ein „aha, ein kleiner Bach" bei. Direkt im Anschluss an die Aussage des Patienten: „Hier kommt ja das Wasser unter dem Felsblock hervor" ergänzt der Therapeut: „Ja, die Quelle." *(Einfaches Dabeisein.)*

Bei der Quelle gefällt es dem Patienten so gut, dass er sich niederlässt und einfach bleiben möchte. Der Therapeut geht darauf ein und lässt dann „die Zeit vergehen", indem er zwischendurch sagt: „Jetzt bleiben wir noch eine ganze Weile", nach knapp einer Minute: „Hier möchte ich viele Stunden bleiben" und dann: „Jetzt bin ich schon ganz lange hier, wie hoch steht denn die Sonne?" *(steuerndes Hinlenken auf den Aufbruch).* Als der Patient dazu bereit ist, sagt der Therapeut noch: „Vor dem Rückweg wär's ganz gut, den Durst zu löschen."

Pat.: „Ob das Wasser sauber genug ist? ... Der Bach war ja rein ..."

Th.: „Und die Tiere die ich sah, die trinken sicher auch davon."

Pat.: „Ja, und die sahen gut aus." (Zögert aber immer noch.)

Th.: „Vielleicht erst mal ein wenig davon kosten."

Pat.: „Einen kleinen Schluck nehmen." („Tut" aber nichts.)

Th.: „Das kann keinesfalls schaden." *(ermutigendes Drängen.)*

Pat.: (macht die rechte Hand zu einem Becher, schluckt, sein Gesicht verklärt sich) „Oh, das schmeckt gut" (schluckt mehrfach) „So herrliches Wasser habe ich noch nie getrunken" (trinkt weiter) „ich möchte gar nicht mehr aufhören!"

Th.: „Wenn's auch im Bauch schon ganz kalt wird." *(Andeutung angebrachter Vorsicht.)*

Pat. (geht darauf ein): „Ja, ich habe auch keinen Durst mehr ... jetzt bin ich frisch und könnte meilenweit gehen."

Th.: „Vielleicht den Bach abwärts." *(richtunggebende Anregung.)*

Pat.: „Ja ... ich gehe ganz leichtfüssig ..." Er „geht" rasch durch den Buchenwald, über seine Wiese. durch einen Jungwald auf der anderen Seite. Der Bach wird durch Zuflüsse etwas breiter, fast reissend und breitet sich dann in mehrere Arme aus, die ganze Gegend wird feucht und sumpfig. Der Patient „eilt" lustvoll weiter.

Th.: „Der Grund ist nicht mehr ganz sicher." *(Mahnung zur Vorsicht.)*

Pat. (frisch): „Es geht schon, ist ganz leicht." („geht" weiter) „Ich sinke ja nur bis zu den Knien ein."

Th.: „Ob es auch beim Stehen trägt?" *(Mahnung zur Vorsicht und Anregung zum Vergewissern.)*

Pat.: „Sicher" (probiert es offensichtlich nicht). „Es ist so schön da vorne."

Th.: Und es geht ja nur bis zu den Knien." *(Anfrage in Feststellungsform.)*

Pat.: „Na ja, bis zum halben Oberschenkel."

Th.: „Gut, dass hier ein Seil ist ... das eine Ende um einen Baum, das andere zum Festhalten, da wird es sicherer." *(Hilfsangebot, Bremsung zu notwendiger Vorsicht.)*

Pat. (flüchtig): „Na ja ... das Seil hindert mich, ich will weiter."

Th.: „Es ist recht tief und sumpfig."

Pat. (übermütig): „Das ist egal ... ich habe Lust, weiterzugehen ... der Sumpf geht ja nicht mal bis zum Bauch."

Therapeut (bestimmt): „Hier ist kein Durchkommen ... die Sonne ist auch schon am Untergehen ... besser ein andermal mit Brettern versuchen." *(Starkes Bremsen bis klares Halt!)*

Pat. (bedauernd): „Schade ... es hat so viel Spass gemacht ... jetzt wo ich stehe spüre ich, wie der weiche Boden nachgibt (greift ein wenig ängstlich mit den Händen) ... doch gut, dass ich das Seil habe (er bewegt die Hände wie wenn er sich am Seil entlang herauszöge) ... so, jetzt wird's seichter ..."

Über den Weg zurück zur Wiese ist nichts Besonders zu sagen, der Abschluss bietet keine Schwierigkeiten. Den „Geschmack" des herrlichen Wassers „hat" der Patient noch auf der Zunge, er ist fröhlich, wie nach einem gut abgelaufenen Abenteuer, bedauert nur, nicht durch den Sumpf gekommen zu sein.

Ergänzend sei bemerkt, dass die Vorgeschichte der vergangenen depressiven Reaktion einen klaren „Parallelverlauf" zum beschriebenen katathymen Bilderleben aufwies. Der Patient war im Bekanntenkreis zuerst mehr oder weniger zu einer Beziehung überredet worden. Vom anfänglichen Genuss verführt, hatte er alle Vorsicht ausser acht gelassen und war in den „Sumpf" geraten. Um das Mädchen halten zu können, war er an den Rand der Kriminalität gekommen und anschliessend in die Depression gesunken. Es erhebt sich die „technische" Frage, ob in der oben beschriebenen Szene schon die Ermunterung zum Trinken zu früh oder zu nachdrücklich gegeben worden war. Für die nachfolgende Bearbeitung war es nötig und vorteilhaft, dass der Patient selbst an seinem Erleben ablesen konnte, wie er im Sog eigener, sonst zu sehr aufgestauter Bedürfnisse alle Gefahrenzeichen missachtete.

Vielleicht wäre es in diesem Fall aber – zumindest für den Therapeuten – weniger angstauslösend gewesen, wenn erst im Verlauf mehrerer Sitzungen diese Tendenz, sich fortreissen zu lassen, deutlicher hervorgetreten wäre. Für unseren Zweck genügt es, wenn die Interventionen des Therapeuten die verschiedenen Dosierungsmöglichkeiten klar gemacht haben.

Jetzt wenden wir uns der nächsten Möglichkeit zu.

b) *Anregen von unumgänglich notwendigen Funktionen, die beim Patienten* (noch oder durch Hemmung) *fehlen.* Zu diesen „Funktionen", die für die psychotherapeutische Zusammenarbeit notwendig sind, zählen wir:

das „Hingucken"
das – eventuell schrittweise – Herangehen
das Probieren mit „Durchspielen" verschiedener Varianten
das Nachspüren in sich selbst
das kritische Prüfen und
die Stellungnahme zum eigenen Erleben.

Es empfiehlt sich, auch bei diesen Anregungen nahe am Erleben des Patienten zu bleiben. In der einsichtsvermittelnden Psychotherapie ist man immer in der Gefahr, dass der Patient den Zusammenhang verliert, wenn der (Gedanken-)Sprung zwischen dem, was er bewusst erlebt und dem, was der Therapeut ihm sagt, zu gross ist. Falls der Therapeut auf der Durcharbeitung besteht, wird der Patient leicht in die Gefügigkeit gedrängt. Andererseits ist nicht zu leugnen, dass es gerade bei „früh Gestörten" notwendig ist, „ein Stück Realität und Realitätskontrolle" nicht nur anzubieten, sondern erleben zu lassen, weil sonst die weitere Bearbeitung gar nicht möglich ist. Natürlich ist bei solchen Versuchen wichtig, auf Gefahrenzeichen gerade dann zu achten, wenn der Patient diese noch nicht oder nicht mehr sehen kann. Das eben beschriebene „Bremsen" und „Stoppen" gehört hierher.

Das Beispiel vom „Dornröschen" zeigt auch, wie solche Zeichen beachtet wurden (S. 43). Beim Malen und Zeichnen sind einige derartige Gefahrensignale: das Horizontverschwinden nach oben (siehe S. 79), Formauflösung (S. 274), „unmögliche" Grössenverhältnisse (S. 58), gehäuftes Auftreten „unmöglicher" Farben und andere. Besondere Vorsicht ist am Platze, wenn weder der Patient noch der (noch so) einsehbereite Therapeut Einordnungsansätze finden können. Im „Spiel" können Kohärenzen verlorengehen, Gestik, Mimik, Inhalt „auseinanderfallen" oder statt passender Bewältigung nicht mehr realitätsgerechte Stereotypien auftreten.

Es ist dabei oft leichter, mit den Ängsten und den Impulsdurchbrüchen der Gestaltenden umzugehen, als sich über eigene angstvolle Brems- und schlecht motivierte Antreibtendenzen klar zu werden.

c) *Spielraumerweiternde und zugleich Führung gebende Hinweise:* Meist handelt es sich um paradoxe oder zumindest „doppelte Botschaften". Das schon einmal als Paradoxon erwähnte „Seien Sie spontan!" hat bei aller „Unmöglichkeit" doch zwei wichtige Eigenschaften: es ist erstens ein klarer Auftrag und kann als solcher demjenigen helfen, der einen „Befehl" braucht, um anfangen zu können (S. 232). Zweitens ist es auch eine Erlaubnis, weil es beinhaltet, dass man spontan sein darf. Und gerade das „Nicht-Dürfen" bzw. die Meinung, es jetzt nicht zu dürfen, weil man es früher auch nicht durfte, ist oft der Hemmschuh, der die Spontaneität bremst. Oder denken wir an eine Form der Anleitung bei der Konzentrativen Bewegungstherapie: „Sie können meinen Anregungen folgen oder ebensogut sich mit dem beschäftigen, was sie derzeit interessiert ... (oder auch nichts tun)." Dies bringt auf jeden Fall die Gelegenheit, zwei „Dinge" zu beobachten und eventuell aufzugreifen: Erstens, *was* der Gestaltende macht und zweitens, *wie* er sich der Botschaft gegenüber verhält, die Gegensätzliches gleichzeitig anbietet. *Und:* Es geht ihm (und uns allen) im Leben recht ähnlich, wo auf vielfältige und teilweise unvereinbare Möglichkeiten, Anforderungen, Zielsetzungen, Verlockungen (sowohl inneren wie von aussen kommenden) Antworten gefunden werden müssen, die einigermassen „unter einen Hut gehen".

3) *Beeinflussung* des Gestaltenden, des Gestaltungsprozesses und des „Produktes" *durch Interpretationen bzw. Deutungen während der Aktionsphase:*

Die „gut sitzende" Interpretation „in statu nascendi", also wenn die ge- und bedeutete Handlung gerade vor sich geht, kann besonders wirksam sein. Gerade deshalb ist es doppelt wichtig, dass sie assimilierbar ist, das heisst, sich mit dem Erleben des Patienten „zwingend" verbindet, ihm gleichsam als tertium comparationis unabweisbar ist. Sie soll so formuliert sein, dass sie weitere Gesichtspunkte nicht ausschliesst und dem Patienten sogar Ausweichmöglichkeiten offen lässt. Sie soll also *in sich zwingend* sein, *nicht* aber *aufgezwungen* werden. Im letzteren Fall resultiert leicht ein rechthaberischer Streit, in welchem es für Patient und Therapeut wichtig wird, dem anderen zu beweisen, dass dieser irrt. Meist geht dies mit einer beiderseitigen Verfestigung einher, die der Therapie abträglich ist. Gezielt kann das Herausstellen verschiedener Auffassungen einmal am Platze sein, wenn ein Patient allzu „aufgelockert" ist und eine Konsolidierung aus äusseren Gründen zeitweilig nötig ist.

a) *Art der Interpretation*

Wenn schon Anwesenheit und Persönlichkeit des Therapeuten sowie nicht deutende Interventionen den Gestaltungsprozess beeinflussen, so ist dies umso mehr der Fall, wenn Interpretationen bestimmte Inhalte herausstellen oder Einsichten vermitteln wollen. Wir haben auch zu unterscheiden zwischen vordergründigen „Beschreibungen", dem Aufzeigen von Abwehrfunktionen und den Hinweisen auf dahinterliegende Impulse [153].

α) *Beschreibungen beobachtbaren Verhaltens* – sogenannte *semantische Interpretationen* – sind meist sehr erlebnisnahe und werden leicht akzeptiert. Auch wenn sich der Gestaltende im Augenblick nicht im klaren darüber ist, dass er Anzeichen für bestimmte Emotionen, Affekte und Handlungsansätze geboten hat, so kann er zumeist das Angesprochene noch bei sich spüren. Er wird häufig umso eher dazu stehen können, wenn das „Angebot" als „eines unter anderen" und in antriebsfreundlicher, wertungsfreier Weise vorgelegt wird. Dazu ein Beispiel: Ein 43jähriger Patient mit ausgeprägten Selbstwertstörungen (neben einer Reihe von funktionellen Organstörungen) landet häufig in Opposition. Im Psychodrama einer Mitpatientin ist er ihr Gegenspieler, er soll ihren Freund darstellen. Im Laufe des Spieles sagt sie als Protagonistin zu ihm: „Ich kann das *Wochenende* nicht mit Dir verbringen, muss bei Mutter bleiben."

Patient: „Du hast es mir aber versprochen."

Protagonistin: „Ja, schon, es geht aber nicht."

Pat. (mit ärgerlicher Stimme): „Da bin ich aber traurig."

Prot.: „Deine Stimme klingt nicht traurig, eher verärgert."

Pat. (laut): „Nein! ... ich bin traurig und enttäuscht!"

Prot. (ironisch): „Schau bloss in den Spiegel, wie ‚traurig' Du dreinschaust!"

Pat. (schreit): „Das brauch' ich nicht! Ich bin traurig und enttäuscht und damit basta!"

Protagonistin lacht ziemlich „metallisch".

Patient geht „hinaus" und wirft die „Türe" hinter sich zu.

Hier war es also die Protagonistin, die zuerst eine beschreibende Interpretation gab und in einer rechthaberischen Auseinandersetzung landete. Zugleich griff sie nur den „Böse-sein-Aspekt" auf, engte also auf diesen ein und stellte ihn als – alles andere ausschliessende – „Wahrheit" heraus, was prompt zur Ablehnung führte. In der nachfolgenden Diskussion gab der Patient als Ursache des Ärgers die Tendenz der Protagonistin an, Dinge aus der Luft zu greifen und dann darauf zu beharren.

Der Dialog hätte günstiger – ohne im Streit zu enden – auch etwa so verlaufen können:

Pat.: „Du hast es mir aber versprochen."

Prot.: „Ja schon, aber es geht nicht."

Pat. (mit ärgerlicher Stimme): „Da bin ich aber traurig."

Prot.: „Das verstehe ich ... ich glaube, dass Du mir auch böse bist."

Pat.: „Nein, ich bin nur traurig ... und enttäuscht."

Prot.: „Ja sicher ... und es ist ja auch ärgerlich, wenn Dir etwas, worauf Du Dich freutest, so kurz vorher weggenommen wird."

Pat.: „Das ist wahr ... na ja, nichts zu machen."

Prot.: „Wir können gleich jetzt dafür etwas Nettes tun ... zum Beispiel ... usw."

In dieser Form wäre das einseitige Festlegen und damit auch die Rechthaberei weggefallen. Auch ohne den Störungsgrund – „bei Mutter bleiben" – aus der Welt zu schaffen, hätten so durch Ausdrücken von Verständnis Wege zu konstruktiver Verarbeitung offen gehalten werden können.

β) Deutende Interpretationen oder „Deutungen im engeren Sinn" spielen auf vermutete, dem Therapeuten sozusagen bekannte, Zusammenhänge an. Bei diesen ist es doppelt wichtig, dem Gestaltenden in kleinschrittigen Angeboten die Chance zu geben, mindestens „mit- und nachvollziehen" zu können. Viel besser ist, wenn einige Hinweise dazu führen, dass der Patient *selbst* zu einer Schlussfolgerung, einer (Teil-)Einsicht kommt (siehe Beispiel Kap. 2, S. 41). Nur wenn der Therapeut sicher ist, dass dem gut motivierten Patienten der „Hintergrund" klar *und* zugänglich ist, kann es insofern günstig sein, einmal „in einem grösseren Sprung" zu interpretieren, weil dies zu selbständigem und kritischem Einfühlen und Denken anregt. Je nach Persönlichkeitsstruktur des Patienten wird er sich frei, ernst genommen, allein gelassen, vor Rätsel gestellt, vielleicht sogar gefoppt fühlen. Deutungsformen und -gewohnheiten, die dem Therapeuten besonders liegen, sagen viel über ihn selbst aus. Hinsichtlich verschiedener Deutungsebenen und deren Tiefgang sei auf die Arbeit von STUDT [153] verwiesen, wo auch weitere Literaturangaben zu diesem Thema zu finden sind.

Wie „tief" wird angesprochen? Hier sei nur beispielhaft aus obiger Psychodramaszene abgeleitet:

Patient	einige mögliche Antworten
(mit ärgerlicher Stimme) „Da bin ich aber traurig."	Deine Stimme klingt aber auch ärgerlich." *(Beschreibung)* „Du bist verärgert" (*Behauptung* über den zugrunde liegenden *Affekt)* „Du weichst einem Gespräch über die Beziehung zu meiner Mutter aus" (*Ansprechen auf* die *‚Abwehr'*, in diesem Falle Vermeidung) „Du hast meine Mutter nie gemocht" (Feststellung eines *Grundes für den Affekt*) „Du bist nur neidisch auf mein gutes Verhältnis zur Mutter" oder (schärfer) „Ich kann ja nichts dafür, dass *Deine* Mutter schon tot ist" (Aussage über die *Ursachen des Grundes* für den Ärger)

Da das verbale Durcharbeiten in tiefenpsychologischen Therapieformen häufig nicht während der Aktionsphase sondern anschliessend vorgenommen wird, sind unter Punkt III, S. 185 weitere therapiegerechte Formulierungen beschrieben.

Was wird angesprochen? Neben dem Ansprechen von verschiedenen Erlebnisschichten oder -tiefen ist es auch möglich, verschiedene Erlebensbereiche anzusprechen. Wir wollen beim gleichen Beispiel bleiben. Dort haben wir schon *Neidimpulse* und daneben die Sehnsucht nach bzw. *Abhängigkeit* von der eigenen Mutter erwähnt. Ebensogut wäre es möglich gewesen auf *Selbstwertproblematik* und *Geltungsproblematik* anzuspielen (z. B.

als therapeutisches Doppel): „Natürlich, die Mutter ist ihr viel lieber." Oder – als „dazukommender Bekannter" – auf *Eifersucht:* „Wer weiss, wen von ihren alten Freunden Deine Frau da wieder trifft." Weiter – zum Beispiel wieder als Doppel – hätte der Hinweis: „Und wenn ich mitgehe, dann passe ich mich selber wieder an und ärgere mich nachher darüber" auf *Durchsetzungsschwierigkeiten* gezielt oder die Bemerkung: „Und diese neidische Alte hat ihrer Tochter nichts als Mitgift gegeben, nicht einmal ein wenig Geschirr oder Bettwäsche" alte, unbefriedigt gebliebene *Besitzwünsche* zumindest mit angesprochen.

Wie wird aufgegriffen? Von passenden Formen während des Gestaltungsprozesses seien hier nur folgende erwähnt:

Als Doppel im Psychodrama oder Mitspieler in einem der anderen Rollenspiele;
mit Hilfe einer Handpuppe;
durch eine extra gewählte Aufgabe (wie z. B. in der Pantomime S. 95);
als Zuseher oder Mitmachender bei bildnerischen Gestaltungen;
per Hinweis oder Zusammenarbeit in der Konzentrativen Bewegungstherapie und kreativen Musiktherapie.

Wann wird gedeutet? Der richtige Zeitpunkt kann schon *vor* der gestalterischen Aktivität liegen, das heisst, die therapeutische (deutende) Funktion wird durch entsprechende Aufgabenstellung angestrebt. Wenn *während* des Gestaltungsprozesses interveniert wird, sind störende (Unterbrechung, Richtungsweisen mit Benachteiligung anderer Entwicklungen) und fördernde (Hinlenkung auf sonst Vermiedenes, Interesse zeigen kann ermuntern) Effekte des Eingreifens mit zu berücksichtigen.

Aus dem Gesagten geht hervor, dass die Wahl des geeigneten Inhaltes, der zu erreichenden Erlebnisebene, der passenden Form und des richtigen Zeitpunktes nur dann gelingen kann, wenn der Therapeut nicht nur die verwendete „Technik" beherrscht, sondern auch mit den biographischen Daten und der individuellen Erlebnisverarbeitung des Betreffenden genügend vertraut ist. Solange Interpretationen nicht aus dem „Material" des Patienten geschöpft und in diesem genügend verankert sind, ist anzuraten, sich diese Kenntnisse *vor* eventuellen Interventionen zu verschaffen. Dies kann durch entsprechende Beobachtung, komplettierende „Fragen" und passende Probiersituationen im Rahmen der Gestaltungstherapie geschehen.

b) *Intensität der Intervention*

Hier steht uns eine ganze Skala von Möglichkeiten zur Verfügung, vom zustimmenden Nicken, bedächtigen oder zweifelnden Kopfwiegen oder stummen Kopfschütteln angefangen. Das zustimmende, antriebsfreundliche Akzeptieren (siehe „Zarte Landschaft" S. 37) kann von dem einen Patienten glatt übersehen werden, zu „schwach" für ihn sein, vom anderen so stark erlebt werden, als hätte „man" gesagt: „Was auch immer Du vorher erlebt haben magst, hier bist Du damit willkommen." Im eben erwähnten Beispiel ist herausgestellt, warum auch später nicht interveniert wurde.

Die zentrale Frage bei der Wahl von Art und Intensität der Interventionen lautet: „Ist es der Therapie förderlich, bringt es also meinen Patienten, aufs Ganze gesehen, ein Stück voran?" Die Antwort darauf entscheidet auch, ob im gegebenen Augenblick überhaupt interveniert werden soll und darf.

Feststellungen sind manchmal in Konjunktivform, eventuell sogar mit einem „vielleicht" versehen, leichter als Ausgangspunkt eigener Überlegungen anzunehmen. Manche Patienten erleben vorsichtige Formulierungen (gelegentlich mit gutem Grund) als Zeichen der Unsicherheit des Therapeuten.

Weniger festlegende Aussagen wie: „sieht aus wie ...", „dies erinnert unter anderem an ...", „ausserdem besteht anscheinend ein Zusammenhang mit ..." sind recht gebräuchlich und wecken weniger unnötigen Widerstand. Fragen stören oft den Gestaltungsprozess, bringen „aus dem (Erlebnis-) Fluss" und lenken zu sehr in die erfragte Richtung (siehe Kap. 4, Punkt I, S. 163). Bei Ausweich- und Verzögerungstendenzen kann es durchaus nötig werden, Feststellungen oder auch Schlussfolgerungen – wenn sie sehr gut verankert und dem Patienten erlebnismässig zugänglich sind – klar und bestimmt hinzustellen. Manchmal wird es vorteilhaft sein, die Sicherheit und Relevanz der Interpretation sogar ausdrücklich zu unterstreichen. Im Beispiel „Schwarz-grün-gesprenkelte Raupe" ist eine solche Gelegenheit beschrieben (Kap. 2, S. 55).

Zu ironisierenden – und somit hauptsächlich kränkenden – Bemerkungen wird wohl nur ganz ausnahmsweise ein Anlass gegeben sein. Dabei gehen allerdings die Meinungen oft weit auseinander, wo die Grenze zwischen gutmütig wachrufender Bemerkung und beissender Ironie oder glattem Hohn geht (siehe Gruppenbeispiel S. 183).

B. Einfluss des Setting auf Umgangsformen mit dem Gestaltungserleben

Bei der Besprechung der Vorbereitungsphase (Kap. 4, S. 147) sind schon Unterschiede im Umgang mit Gestalter und Gestaltungsprozess je nach Therapieform herausgestellt worden. Hier wollen wir die grundsätzlichen Möglichkeiten verschiedener Settings *während* der kreativen Aktivität anführen.

Der Gestaltende kann während der Gestaltung allein sein, in einer Zweiersituation mit dem Therapeuten oder mit mehreren oder vielen Patienten zusammensein. Letzteres ist auch wieder bei ab- oder anwesendem Psychotherapeuten möglich.

1) Der *Patient* ist während der Gestaltungstherapie *allein*: Wenn auch das

gezielte Durcharbeiten nach der „Handlungsphase" stattfinden wird, so sind doch zwei Umstände nicht zu vernachlässigen. Erstens haben die bisherige Behandlung und die (eventuell gezielte) Aufgabenstellung Einfluss auf das Tun und zweitens wird auch der Therapeut – so wie er vom Patienten gesehen und erlebt wird – in die gestalterische Tätigkeit „mit hineingenommen". Davon wird häufig berichtet: „Als ich aufhören wollte (mit dem Malen), dachte ich an Sie ... ich hätte mich schämen müssen, da machte ich weiter" oder „Plötzlich fiel mir ein, dass ich die Figur morgen mit zu Ihnen (in die Gruppe) bringen würde, da konnte ich nicht mehr einfach kommen lassen, was kam. Es sollte schön werden und ein wenig hatte ich auch Angst, was Sie (und die Gruppe) daraus erkennen würden." Für viele ist jedoch die Arbeit allein eine gute Gelegenheit, in Ruhe „nachzuspüren", „kommen zu lassen", „einfach einmal zu probieren" und „etwas sich entwickeln zu lassen".

2) *Zweiersituation:* Patient und Therapeut.

Ein ruhiges, ausschliesslich auf den Patienten zentriertes Eingehen auf sein Erleben während der Gestaltung wird möglich. Die Privatheit bietet Möglichkeiten, die in der Gruppe nicht im gleichen Masse gegeben sind. Die Beziehung kann einen einmalig persönlichen Stil annehmen, sogar eine „Privatsprache" wird sich im Ansatz entwickeln. Auch ein konsequentes „Beim-Thema-bleiben und Am-Ball-bleiben" ist dort durchführbar. Die Interessen anderer (z. B. der Gruppenmitglieder) werden nicht gestört, wenn wir in der Zweiersituation versuchen, dem Gestaltenden im Detail (mit-)erleben zu lassen, wie er „funktioniert". Auch die Gefahr, dass der Patient sich ausgeliefert fühlt, wenn der Therapeut durch „ad-hoc-Vergleiche" den Brückenschlag vom Gestaltungserleben zur Realität vornimmt (siehe III, S. 199) fällt weg. In der Einzelsituation ist es auch am ehesten möglich dem Patienten „die Dinge" so anzubieten, wie *er* sie am ehesten in seine Arbeit mit sich selbst einbeziehen kann (siehe III, S. 190 und Kap. 5, Indikationsfaktoren aus der Persönlichkeitsstruktur, S. 228). Bei tiefenpsychologisch orientierten Psychotherapieformen liegt der Grossteil des Durcharbeitens *nach* dem Gestaltungsprozess, da das möglichst unbeeinflusste kreative Tun am besten die individuelle Impulssteuerung und Erlebnisverarbeitung widerspiegelt und zugänglich macht.

3) *Gruppensituation:* Die Gruppe bietet für gestalterische Aktivitäten im Rahmen einsichtsvermittelnder Psychotherapie viele Vorteile. Manche der hier beschriebenen „Verfahren" sind nur in Gruppen möglich (Kap. 3, S. 68). Bei anderen wird der „Einfallsreichtum" der ganzen Gruppe, ihre „Verstärkerwirkung" (Battegay [8]), ihre – auch gewährende – „Mutterfunktion" (W. Schindler [133]), aber auch das Vorhandensein entgegengesetzter und unangenehmer Auffassungen und Normen der therapeuti-

schen Arbeit zugute kommen. Je nach Behandlungssituation und augenblicklicher Zielsetzung sollte die Gruppe

a) allein für sich gestalten;
b) in Anwesenheit eines Gestaltungstherapeuten arbeiten;
c) in Anwesenheit des Gruppentherapeuten gestalten.

a) In der *allein arbeitenden Gruppe* ergeben sich manchmal ganz andere Macht- und Kommunikationsstrukturen, als wenn der (ein) Therapeut (oder Personal überhaupt) dabei ist.

„Wandbehang" (Abb. 34): Eine Patientengruppe war auf die Idee gekommen, Wandteppiche für den Essraum der Abteilung zu machen. Dabei kam eine, sonst in Gruppensituationen anfänglich ängstliche und auch später vorsichtige Patientin kurz nach dem Start der spontanen Gruppenaktivität in eine klare Alpha-Position (Schindler, R. [132]). Es handelt sich um die gleiche Patientin, die „Bild nach Gruppensitzung" (Kap. 2, S. 32, Abb. 7) und „Der Troll" (Kap. 2, S. 58, Abb. 18) gemacht hatte. Im Gegensatz zum „Bild nach Gruppensitzung" sind die Teilnehmer auf dem Wandteppich in gemeinsamer Aktivität liebevoll und „liebenswert" dargestellt. Die Einheit von Troll und Fuchs auf dem Wandteppich wurde von den Patienten mit dem Therapeuten und Personal in Verbindung gebracht. Die Beobachterfunktion ist deutlich, die Stimmung wird als „zugewandt" geschildert und ist – im Augenblick zumindest – nicht bedrohlich. In Wirklichkeit hat die auf dem Wandbehang sich abwendende und zur „Höhle" gehende Patientin selbst alle Vorgänge in der Abteilung beobachtet. Diese observante Haltung war typisch für sie. Bei der gemeinsamen Arbeit mit dem Wandteppich ist es ihr aber erstmals gelungen, etwas zusammen mit den anderen zu machen und nicht in die Aussenseiterposition zu kommen. Von dieser gemeinsamen Arbeit an ist sie nicht nur in die Gemeinschaft aufgenommen, sie fühlt sich auch sicherer und wird freimütiger in Einzel- und Gruppentherapie.

Bald danach kommt sie mit dem Bild „Der Troll" (siehe Kap. 2, S. 58, Abb. 18) und nicht viel später mit ihrer Idee für den zweiten Wandbehang. Das Thema knüpft an *„Rönnedal"*, ein schwedisches Sagenmotiv, an (Abb. 35). Nach meiner Auffassung hat die Patientin mit „Rönnedal" dasselbe gemacht wie der Rekrut mit dem „gefürchteten Oberst", den er sich im Nachthemd vorstellt. Der Weg vom Troll-Fuchs über den Troll zu Rönnedal ist im Sinne der Behandlung erfreulich.

Die Anspielung auf den Therapeuten war der Patientin bewusst, das „Menschlicherwerden" der Vater-Gott-Imago, des Archetypus des „grossen Vaters" dagegen keineswegs.

Das Setting (Gruppe ohne Therapeut und Personal) ermöglicht also, mit dem Gestaltungserleben so umzugehen, dass es sich frei von therapeutischen Soforteinflüssen entwickeln kann, birgt dafür die Gefahr des kollektiven Impulsdurchbruches, also des Überganges von der Gruppe zur Masse (Battegay [8]). Letzteres ist allerdings, so lange es im Rahmen der Gestaltungstherapie bleibt, wesentlich ungefährlicher als andere „wilde Aktivitäten" oder gar Abteilungsrevolten.

b) Der *Gestaltungstherapeut* ist *anwesend*, aber *nicht der Psychotherapeut* der Gruppe oder der einzelnen Gruppenteilnehmer. Dieses Arrangement übt in der Regel weniger „Therapiedruck" aus, es entsteht leicht eine freiere, gleichsam spielerische Atmosphäre. Der Gestaltungstherapeut muss auch nicht im gleichen Ausmass Rücksicht auf die Gesamttherapie nehmen, kann die mobilisierten Impulse und aktualisierten Konflikte und Probleme im Vertrauen auf die Möglichkeit des Durcharbeitens durch den Psychotherapeuten direkter ansprechen oder aufzeigen. Dies setzt eine gute, offenherzige und vertrauensvolle Teamarbeit voraus. Auch muss es sich um Patienten handeln, die dazu motiviert sind ihre Schwierigkeiten und Erlebnisse aus der Gestaltungstherapie mit ihrem Psychotherapeuten aufzugreifen. Der Gestaltungstherapeut wird zu bedenken haben, wieviel er dem jeweiligen Patienten mit Rücksicht auf dessen Belastbarkeit in seiner derzeitigen äusseren und inneren Situation zumuten kann.

Ein Beispiel zu diesem Setting: *„Uns fällt nichts ein."*

In einer Atelierstunde hat ein Patient X eine innere Erschütterung durch ein Detail eines seiner Bilder erlebt. Danach herrscht Stille.

Patient A: „Können wir nicht zusammen irgend ein lustiges Mal-Spiel machen?" (schaut auf die Gestaltungstherapeutin).

Gestaltungstherapeutin: „Wer kann denn etwas vorschlagen?"

Eine halbe bis eine Minute Stille.

Patient B: „Uns fällt nichts ein."

Gest. Th.: „Vielleicht kommt jemand auf etwas?"

Zwei bis drei Minuten Stille.

Gest. Th.: „Ja, ja ... wir haben ja Zeit ..."

Patient C: „Das wird ja langweilig."

Gest. Th.: „Dafür ist es aber sicher und ungefährlich ... wenn ich nichts vorschlage und auch nichts tue, dann kommt nichts aus mir heraus mit dem ich mich dann beschäftigen muss ... d'rum wollen wir lieber spielen." (Spricht damit die Tendenz zum Nichtstun und zur „Spielerei" an.)

Nach und nach beginnen einige Teilnehmer sich mit eigenen Dingen zu befassen.

Hier seien nun einige Reaktionen aus den nachfolgenden Einzelgesprächen wiedergegeben:

Pat. A: „Die Gestaltungstherapeutin war heute aber sauer. Ich wollte die Langeweile überbrücken, prompt hat sie mir hingewischt, dass ich nur spielen will."

Pat. B: „Heute war ‚sie' richtig gut. Uns fiel nichts ein, wir waren wohl alle ein wenig verschreckt durch die Reaktion von Herrn X, da hat sie uns ganz klar gezeigt, wie wir uns drücken."

Pat. C.: „Wenn ich diese Stimme schon höre! Selber tut sie *nichts* und dann diese Ironie: ‚Vielleicht kommt einer doch einmal zufällig auf etwas' ... als ob wir Trottel wären ... und dann noch ‚Ja, ja, ja, wir haben ja soooo viel Zeit und nichts besseres zu tun als zu spielen'."

Patient A war also in seiner Helferhaltung behindert worden und jetzt etwas gekränkt, Patient B hatte (neidvoll) bewundert und Patient C reagierte wie auf seine Mutter und eine (gehasste) Lehrerin. All dies wurde der Bearbeitung zugänglich. Wieviel davon gesagt worden wäre, wenn Gestaltungstherapeut und Psychotherapeut ein und dieselbe Person wären, ist nicht festzustellen. Es ist aber recht sicher, dass oft eine grössere innere Freiheit und ein besseres Selbstwertgefühl nötig sind, als unsere Patienten es anfänglich (manchmal über weite Strecken der Behandlung) haben, um etwas „direkt ins Gesicht" oder auch „nur" in der Analyse sagen zu können.

c) Die *Anwesenheit* des *Gruppentherapeuten* (oder auch der Einzeltherapeuten) hat aber natürlich nicht nur hindernde Effekte. Seine Kenntnis des/der Patienten und des Behandlungsstandes macht es ihm leichter, in geeigneter Weise (siehe auch Kap. 4, Punkt A, S. 169 und Kap. 2, S. 26) gezielt und therapiefördernd mit dem Gestaltungserleben umzugehen. Dabei kann er *(stiller) Beobachter* sein, gelegentlich *Hinweise geben*, eine *Hilfs- oder Leiterfunktion* innehaben oder schliesslich auch *mitmachen*. Je mehr für einen Patienten (oder die Patienten einer bestimmten Abteilung) die „persönliche Begegnung und Auseinandersetzung" mit dem Therapeuten (RIEMANN [129]) indiziert ist, desto mehr wird dieser sich selbst stellen (müssen).

In einer Abteilung für jugendliche „Schwererziehbare" (AICHHORN [2]) oder einer Milieutherapieabteilung für prä-psychotische und psychogen-psychotische Patienten lebt und macht der Psychoanalytiker mit und bringt seine tiefenpsychologischen Hilfen *per Handlung* ein.

Für das Psychodrama (Kap. 3, S. 113) sind dafür Regeln ausgearbeitet, die im Rahmen unserer Darstellung nur skizziert werden konnten, in der einschlägigen Literatur [96, 99, 113, 120, 123] aber ausführlich dargestellt sind.

4) Einfluss *ambulanter oder stationärer Behandlung* auf den Umgang mit dem Gestalter und seinem Erleben während der Gestaltung. Mit der Möglichkeit sofortiger Hilfe können (sollen auch gelegentlich) etwas höhere Belastungen durch Interventionen zugemutet werden. Interpretationen dürfen dann eher einmal konfrontativen Charakter haben, besonders, wenn sie von einer anderen „Instanz" als dem Psychotherapeuten des Betreffenden kommen.

Dies gilt für die Atelierstunde ebenso wie im Rahmen darstellerischer Verfahren. In der ambulanten Therapie ist ja immer zu berücksichtigen, dass die Schonfunktion der Klinik oder Abteilung wegfällt. Der Gestalter muss also zwischen den Treffen oder Stunden imstande bleiben, seine aktuellen Lebensaufgaben in ausreichender Weise zu bewältigen.

Bei einsichtsvermittelnder Psychotherapie wird im allgemeinen wohl nicht während der gestalterischen Aktivitäten (abgesehen von den „Spieltechniken") *ein*zugreifen, sondern *nachher auf*zugreifen sein. Darüber im folgenden Abschnitt.

III. Durcharbeitungsphase

Handhabung und Bewertung des (dem Erleben nachfolgenden) Durcharbeitens sind auch innerhalb tiefenpsychologisch orientierter Behandlungsverfahren durchaus verschieden. Die *ausschliessliche* Verwendung des „verwörterten Erlebnisstromes" aus Couchlage bei einigen Analytikern stellt den einen Pol des Gegensatzpaares dar, der andere findet sich in der extremen Forderung, alles „in action" zu bearbeiten. Letzterer Standpunkt ist für uns hier nur insoferne interessant, als er auch bei einigen Gestalttherapeuten und Psychodramaleitern vorkommt, die nicht nur Katharsis erstreben, sondern durchaus Einsichten vermitteln wollen.

Meistens geht es jedoch um die Bewusstmachung bisher unbeachteter oder verdrängter Erlebnisabläufe, Zusammenhänge und Hintergründe. So werden neurotische Fehlhaltungen, Verhaltensweisen und Reaktionsformen aufgezeigt (z. B. durch semantische Interpretationen), deren „Triebfedern" deutlich gemacht (z. B. durch Deutung der, die Abwehrformen bewirkenden oder aufrechterhaltenden, „Kräfte"). Durch entsprechende Auflockerung im Durcharbeiten soll erreicht werden, dass die bisher nicht (mehr) erlebnismässig „zur Verfügung stehenden Impulse" (wieder) unter Berücksichtigung der Realität, der Idealnormen und der Notwendigkeit der Bedürfnisbefriedigung gesteuert werden können. Erstrebt wird also eine persönlichkeitsgerecht geformte Steuerung der Impulse und nicht deren unbedingte und totale Befriedigung im Sinne einer „Enthemmung". Die Zunahme des Freiheitsgrades dieser Steuerung ist also *ein* Mass für den Therapieerfolg. Da der Klient jedoch zumindest bereit sein muss, die Folgen für seine Entscheidungen und sein Handeln zu tragen, also ein erhöhtes Mass an Eigenverantwortlichkeit übernehmen muss, hat der Therapeut kein Recht, ohne Auftrag (ohne das „innere Ja" des Patienten) Einsichten zu vermitteln, die eine zu hohe Belastung oder unzumutbare Umstellung (Lebensgewohnheiten, soziale Situation, Wertungen u. ä.) mit sich bringen würden.

Es mag zwar zur Verwässerung der Reinheit (und damit der Überprüfbarkeit des Effektes) einer „Methode" beitragen, wenn Aktion und verbales Durcharbeiten (hoffentlich durchdacht) nebeneinander vorkommen oder sinnvoll kombiniert werden. In der Praxis wird es oft nicht nur unvermeidbar, sondern vorteilhaft und gelegentlich sogar notwendig sein.

Übliche Fehler bei den Interpretationen wurden schon im Abschnitt I dieses Kapitels (S. 147) besprochen, die Art und der Umfang der Interventionen auf S. 176.

A. Wann und wo wird aufgegriffen

Wir wollen uns hier aus didaktischen Gründen an eine Nebeneinanderstellung verschiedener Interventionsformen halten und die sinnvolle und zeitgerechte Kombination den mit ihren Patienten und Klienten ja am meisten vertrauten Therapeuten überlassen.

1) *Absichtliches Weglassen der Durcharbeitungsphase:* kann bei bestimmten Gelegenheiten angezeigt sein und hat verschiedene Konsequenzen.

a) *Bei* erstmals (wieder) *aufkeimenden,* noch kaum „gewagten" *Impulsen, Gefühlsregungen* und *Phantasien,* kann die *Ver*wörterung zu grob, zu festlegend, zu sehr einengend und somit zumindest verfrüht sein. Die Buntstiftzeichnung „zarte Landschaft" (Kap. 2, S. 37) möge als Beispiel dafür dienen. Auch bei ersten Andeutungen schwerwiegender Einsichten, kann ein bestätigendes Nicken oder „mhm" vorerst angebrachter sein als der sofort an die Gestaltung anschliessende verbale Versuch, den Patienten zu einer „ichgerechten Verarbeitung" zu bringen.

Dazu ein Beispiel: *„Sieben verhinderte Männer".* Die 28jährige Patientin (mit depressiven Reaktionen und vielfältigen funktionellen Organstörungen) hing mit grosser Verehrung an ihrem – seit langem verstorbenen – Vater. Der einzige Bruder (vier Jahre älter) zog ihr zuerst die jüngere Schwester (zwei Jahre jünger) und später seine Frau vor. Selbst verliebte sich die Patientin zuerst in einen verheirateten Lehrer und dann in einen jungen Mann, der die ersten Weihen zum katholischen Priester hinter sich hatte. Danach fühlte sie sich zu einem schwer zuckerkranken Mann hingezogen, der wegen seiner Krankheit keine Kinder in die Welt setzen wollte. Dagegen konnte sich die Patientin eine kinderlose Ehe nicht vorstellen. Schliesslich spürte sie eine starke Zuneigung zum Mann ihrer Schwester. Als in der klinischen Psychotherapie schliesslich die Gefühle zum (verheirateten) Therapeuten „zum Widerstand wurden", bot sich die Gelegenheit, den wahrscheinlichen Wiederholungscharakter der Wahl eines „verhinderten Partners" anzudeuten. Mit etwas gequältem Lächeln meinte die Patientin: „Dann wär's nicht nur ein böser Zufall oder mein Pech, dass ich mich in Männer verliebe, die ich nicht haben oder behalten kann ..." Der Therapeut schüttelt bestätigend und die Tatsache bedauernd den Kopf und beendet mit einem sicheren Gefühl, dass die Patientin „verstanden" hat, das

Gespräch, indem er schweigend aufsteht. Erst zwei Tage später, im nächsten Einzelgespräch, greift die Patientin das Für und Wider des „verhinderten Partners" auf. Sie beschäftigt sich mit ihren Ängsten, völlig ausgenützt zu werden, sich selbst und jedes Recht auf Eigenständigkeit und Freiheit zu verlieren, sobald sie sich entschieden und festgelegt haben sollte.

b) *Bei* starken *Rationalisierungstendenzen* sollte eventuell jede Diskussion vermieden werden, um die „Flucht in den Kopf" zu verhindern. So wurde das Gespräch mit dem Patienten vom Beispiel „schwarz-grün-gesprenkelte Raupe" (Kap. 2, S. 55) nicht am selben Tage fortgesetzt, um ihm keine Gelegenheit zu geben, die starke innere Erschütterung zu zerreden. Seine Neigung, mit „vernünftigen, logischen" Schachzügen psychologische „Wahrheiten" zu entkräften, ist ja im Beginn des Gespräches bereits deutlich gewesen.

c) Man möchte dem *Patienten* die – unbehinderte und unbeeinflusste – Gelegenheit erhalten, von sich aus seine eigenen *Lösung- und Steuerungsversuche,* Abwehrreaktionen und eventuelle Symptomverschiebungen zu erleben und zu erkennen. Der Therapeut hat also hier schon eine Hypothese über Zusammenhänge, Wirkungsmechanismen und voraussichtliche Bewältigungsformen.

d) Es ist auf eine Diskussionsphase und ein Durcharbeiten im Sinne von „Deuten" zu verzichten, wenn der *Therapeut* (zu Beginn der Behandlung oder während grösserer Umstellungs- und Neuorientierungsversuche des Patienten) noch *nicht* oder nicht wieder *genügend richtungsweisendes „Material"* hat. Er wartet dann besser, bis er „richtige", in der Person des Gestalters verankerte Interpretationen geben kann. Ein emotional getöntes „feed-back" vom Therapeuten oder ein eventuelles „sharing" (siehe Psychodrama, Kap. 3, S. 117) der Gruppe ist möglich und je nach Situation des Gestalters als abschliessende „Technik" der Aktionsphase anzuwenden. Oft motiviert es den Patienten für das spätere Durcharbeiten. Wichtig ist, dass der Patient weder über seine Tragfähigkeit hinaus belastet, noch unnötig (oder gar ihn behindernd) geschont und „getröstet" wird.

2) *Nicht festgesetzte (formalisierte) Durcharbeitungsansätze:* Damit sind alle jene Gelegenheiten gemeint, die sich gleichsam von selbst ergeben. Dies kann während einer (psychotherapeutischen) Visite, während der Freizeitaktivitäten von Patienten in klinischer Psychotherapie, beim Erwähnen von Erlebnissen in darstellerischen Verfahren oder beim Vorzeigen von Bildern und Modellierarbeiten in der Einzel- und Gruppentherapie und ähnliches sein.

a) Gerade das *spontane Aufgreifen* durch den Patienten bzw. das „die günstige Gelegenheit beim Schopfe packen" durch den Therapeuten, schafft oft gute Voraussetzungen für das Gewinnen neuer (Teil-)Einsichten und die Anbahnung weiterer Auflockerungs- und Entwicklungsschritte.

Gelegentlich können auch Fehler beim Umgang mit Gestalter und Gestaltung sofort aufgegriffen werden. So kann man drohende Missverständnisse und die Therapie behindernde und verzögernde Schwierigkeiten zwischen Therapeut und Patient vermeiden.

Dazu ein Beispiel: *Zurückgesunkene Figur.* Die 38jährige, in ihrem ganzen Leben ängstlich-scheue Patientin hat aus einer plastisch bleibenden Masse eine etwa 20 cm hohe Figur modelliert, die bei der psychotherapeutischen Visite auf dem Tisch steht. Die Arme der Figur sind leicht zur Seite gestreckt nach vorne gebogen. Sie steht so schräg nach hinten geneigt auf dem Sockel, dass sie jeden Augenblick umzukippen droht und macht dadurch einen ängstlich-zurückprallenden Eindruck. Der Therapeut der Patientin sagt: „Das ist Ihre Angst: ‚rühr mich nicht an, oder ich falle um'." Die Patientin schweigt und sieht „betreten, gekränkt und den Tränen nahe" aus. Therapeut: „Na, was meinen Sie selber?" Die Patientin schweigt. Therapeut (leicht ärgerlich, wie sich zu „wohlwollender Neutralität" zwingend): „Na gut, wenn Sie nicht wollen ... wir sehen uns ja dann" (gemeint war: im Einzelgespräch). Die Patientin nickt stumm und macht einen leicht aggressiven Eindruck.

Der Gestaltungstherapeut bleibt und sagt, während die Visite das Zimmer verlässt: „Da ist doch irgendetwas schief gelaufen mit Ihrer Figur."

Patientin: „Ja, schon ... aber das macht nichts."

Gest. Th.: „Sie hatten doch gestern solche Freude d'ran."

Pat.: „Die stand da auch noch gerade, fast ein wenig vorgeneigt ... für mich drückte sie gerade das Gefühl aus bereit zu sein, aufmachen und entgegennehmen zu können ... und jetzt ist sie wieder zurückgesunken."

Gest. Th.: „Hoffentlich nur die Figur ... dem ist ja leicht abzuhelfen."

Pat.: „Dabei war es gerade gestern nach meinem Gespräch mit Herrn N. (Therapeut) ... da habe ich mich so frei gefühlt. Wenn er mich aber nur so sieht wie ich immer war, da kann ich ihm das gar nicht sagen."

Mitpatient: „Und ich bin heute früh an die Figur angestossen, habe sie umgeworfen und dann wieder zurechtgedrückt so gut es ging, das kannst Du ihm ja sagen."

Pat.: „Ich weiss nicht recht ... es klang so ‚ein-für-alle-mal' als er so von mir sprach."

Gest. Th.: „Es wird sicher leichter für Sie sein, jetzt, wie bisher immer, ‚zurückzufallen' und verdammt schwer, einen Schritt auf den anderen zu zu tun, noch dazu in leichtem Gegenwind."

Pat.: „Ich muss mal sehen."

Gest. Th.: „Ist recht."

Eine einseitige Deutung kann also, wenn der Patient sie akzeptiert und verabsolutiert, zumindestens zu unnötiger späterer Relativierungsarbeit führen. Schlimmer ist es, wenn auch der Therapeut sich darauf festgelegt haben sollte, weil er dann Sachverhalte und Zeichen, die für andere Möglichkeiten sprechen, allzu leicht übersieht oder auch vom Patienten nicht mehr erfährt.

Der Therapeut N hatte allerdings den andeutungsweisen Fortschritt der Patientin schon in den letzten Gesprächen bemerkt und sich darüber gefreut. Die eigene Enttäuschung (über das Zurückgesunkensein) und die daraus folgende Irritation waren ihm daher erlebnismässig leicht zugänglich. Der leise Versuch der Patientin, im folgenden Gespräch die Lage zu klären, fand also eine offene Tür. Wie der weitere Verlauf der Behandlung ohne „Schützenhilfe" des Gestaltungstherapeuten gewesen wäre, lässt sich schwer abschätzen. Auch die Frage, ob es tatsächlich nur ein Zufall war, dass die Mitpatientin die Figur gerade in die ängstlich-zurückprallende Stellung gebracht hatte, als sie nach dem Umwerfen sie „zurechtzubiegen" versuchte, muss offen bleiben. Sicher ist, dass bei einer weniger festlegenden Interpretation und einem vorrangigen Aufnehmen der Eindrücke und Aussagen der Patientin das ganze Intermezzo nicht stattgefunden hätte. Andererseits erlaubte gerade das Aufzeigen und das spätere Durcharbeiten der aufgetretenen Schwierigkeiten das von der Patientin bisher ängstlich vermiedene „Sich-öffnen und Hervortreten im (leichten) Gegenwind". Wo die Gründe für derartige und andere Schwierigkeiten liegen, beim Patienten allein, in der „Übertragungsneurose" oder in Gegenübertragungsproblemen des Therapeuten, ist zunächst nicht wichtig. Entscheidend ist, dass sie erkannt und dadurch angehbar werden, denn erst dies ermöglicht ja die Bewältigung während und mittels ihrer Durcharbeitung.

b) *Kurze (An-)Deutungen* oder *Hinweise* können auch sehr gut zu weiterer gestalterischer Aktivität führen. Das Verhalten der im Beispiel „Bild nach Gruppensitzung" (Kap. 2, Abb. 7) erwähnten Abteilungsschwester belegt dies ganz deutlich. Der „eigentlichen" Psychotherapie „fernerstehendes" Personal hat hier wichtige Einflüsse. Auch daraus ist die Notwendigkeit der psychotherapeutischen (Weiter-)Bildung des Personals abzuleiten (darüber mehr in Kap. 6). So sehr dieser Hinweis im obigen Beispiel die seit langem fällige Bearbeitung der bisher konsequent geleugneten eigenen aggressiven Impulse möglich machte, so sehr lenkte er natürlich von anderen, ebenso behandlungsbedürftigen gehemmten Antriebsbereichen ab. Aber die Steuerungsvorgänge in den verschiedenen Bedürfnisbereichen sind ohnehin nicht zugleich im Detail zu bearbeiten.

Ganz allgemein ist entscheidender, dass bestimmte Gebiete nicht konsequent übersehen werden oder unberücksichtigt bleiben, als dass stets alle Möglichkeiten offengehalten und dem Patienten „zur Auswahl" überlassen bleiben. Das „Im Auge behalten" aller Antriebsbereiche und das Bemerken von Vermeidungstendenzen bezüglich bestimmter Gefühls- und Triebregungen beim Patienten ist durchaus erlernbar. Kurze Hinweise des Therapeuten geben zwar oft eine Richtung an oder heben einen bestimmten Aspekt besonders heraus, lassen aber andererseits dem Patienten grösste Freiheit wie er damit umgehen möchte (kann, will oder muss). Deshalb hat sich der Therapeut auch zu fragen, ob die mit dieser Freiheit verbundene Belastung vom Patienten derzeit (schon) ertragen werden kann. Er muss ja dann selbst betrachten, wählen, entscheiden und handeln, ausserdem noch das ,,Allein-(gelassen)sein" aushalten.

c) *Genaues und umfassendes Eingehen* auf das Gestaltungserleben bietet sich dann besonders an, wenn verschiedene Lebensbereiche davon betroffen wurden und dadurch ein vertieftes Verständnis für das eigene psychische ,,Funktionieren" vermittelt werden kann. Eine Voraussetzung dafür ist natürlich, dass genügend Zeit zur Verfügung steht. Notfalls muss allerdings die Gelegenheit zum Durcharbeiten auch unter In-Kauf-Nahme persönlicher Zeitopfer geschaffen werden. Bei der Behandlung schwer neurotisch gestörter Menschen kommt dies (hoffentlich) selten vor, da meist wohl eine genügend dichte Aufeinanderfolge der einzelnen Treffen gegeben sein wird. Bei Ausbildungsveranstaltungen dagegen kann die Fortführung der Zusammenarbeit manchmal aus äusseren Gründen erst nach Wochen möglich sein. In derartigen Situationen biete ich gerne von vornherein die Möglichkeit zu einem längeren Gespräch (in Gruppe oder auch – falls so gewünscht – unter vier Augen) an. Dazu ein Beispiel: Eine 31jährige Psychologin modellierte (in Gruppe, wobei jeder für sich allein arbeitete) zuerst eine *zarte Frauengestalt und* dann einen *tanzenden Mann.* Beide Figuren waren in Ausdruck und Bewegung sehr lebendig. Bei mehrfachen Versuchen, die Figuren auf je einer Bodenplatte aufzustellen, ging zuerst die Frau, dann der Mann in der Mitte entzwei. Mit Hilfe von etwas Modelliermasse verstärkte die Psychologin die Körper der beiden Figuren. Dann schüttelte sie den Kopf und formte weiter an den Taillen, bis diese ebenso ,,schmal" waren wie vorher. Die Figuren gingen wieder ab. Ein Teilnehmer machte den Vorschlag, die beiden doch miteinander tanzen zu lassen, so dass sie sich gegenseitig stützten. Die Kollegin schaute zuerst verständnislos, als hätte man ihr etwas völlig absurdes gesagt, legte dann die Figuren hin und schwieg während des Restes der Arbeitsphase. Auch während der ganzen abschliessenden ,,Diskussion" war sie still, wirkte aber sehr mit sich selbst beschäftigt. An der Garderobe sagte ich, als Übungsleiter, zu ihr: ,,Sie waren und sind tief berührt!", worauf die Kollegin fragte: ,,Haben Sie heute oder morgen vor Ihrer Abfahrt noch eine Stunde Zeit?" Im daraufhin arrangierten Gespräch konnten Fragen angegangen werden, die sie während des Schweigens beschäftigt hatten. Es ging um die ,,schwache Mitte", Schwierigkeiten beim ,,Zusammenhalten von Kopf (Vernunft, Prinzip, Wollen) und unterer Körperhälfte (Triebhaftes, Weglauftendenzen)". Sie berichtete von ihren Kontaktwünschen und -ängsten und schliesslich insbesondere von hohen Schönheitsidealen und ihrem Hang zum Ästhetischen. Bisher waren alle Beziehungen immer wieder daran gescheitert, dass praktische Arrangements eben immer auch ,,unschöne oder unwürdige" Aspekte hatten. So waren beispielsweise alle „Stützversuche" an sich schon unwürdig, weil sie Abhängigkeiten beinhalten. Jedes „Geben" und „Nehmen" war zumindest verdächtig, schnöde Geschäftsinteressen auszudrücken und blosser „Handel" zu sein. Nach dem bestens beendeten Studium waren bei höchsten Ansprüchen an sich selbst und die Arbeitskollegen Enttäuschungen auch auf diesem Gebiete nicht ausgeblieben. Weitgehend akzeptiert werden konnten nur noch die wenigbemittelten, aber auf hohem ethischen, ästhetischen und kulturellen Niveau lebenden Eltern und eine seit der frühen Schulzeit geschätzte Freundin. Im Laufe von knapp eineinhalb Stunden konnten wichtige Lebensbereiche berührt werden. Der vorher schon manchmal vage aufgetauchte Wunsch nach eingehender Arbeit an sich selbst und den eigenen Lebensbewältigungsmöglichkeiten aktualisierte und konkretisierte sich. Die Kollegin meldete sich kurz danach zu einer vorerst therapeutischen Analyse an und entschloss sich dann zur Ausbildung an einem psychoanalytischen Institut.

Häufig führen derartige starke Erlebnisse während des gestalterischen Tuns zu verbesserter Behandlungsmotivation. Die Offenheit nimmt zu und auch für den Betreffenden (noch) sehr peinliche Gegebenheiten können bearbeitet werden. In analytisch orientierten Behandlungen mit gegebener Stundenzahl pro Woche und in Lehranalysen folgen oft therapeutisch sehr intensive Phasen. Bei den in der psychotherapeutischen Praxis, aus äusseren Gründen recht üblichen, wenig frequenten Behandlungen (etwa 1 Stunde pro Woche oder weniger) ist es sehr vorteilhaft, wenn die Dichte der Treffen oder Sitzungen für die Zeit des verstärkten Engagementes erhöht werden kann.

3) *Festgelegte Durcharbeitungsformen und -gelegenheiten.* An verschiedenen psychotherapeutischen Kliniken, aber auch in der freien Praxis, haben sich – den jeweiligen Behandlungserfordernissen und/oder den therapeutischen Zielsetzungen oder Anschauungen entsprechend – recht unterschiedliche Kombinationen von „Vorbereitung – Aktionsphase – Durcharbeiten" entwickelt. Wie sich dies beim primären Angebot kreativer Tätigkeiten *als* Therapie auswirkt, haben wir schon auf den Seiten 147 bis 165 dieses Kapitels beschrieben. Unabhängig von völliger Freiwilligkeit oder Dazu-angehalten-Sein *während* der Gestaltung kann dem Patienten die *Möglichkeit zum Durcharbeiten* „gewährt", angeboten, nahegelegt oder als Behandlungsvoraussetzung „abgefordert" werden. Dazu einige Beispiele:

a) *„Eintrittskarte ins Einzelgespräch":* In einer tiefenpsychologisch orientierten psychotherapeutischen Abteilung wurde gefordert, dass jeder Patient zu jedem Einzelgespräch etwas „selbst Geschaffenes" mitbrachte. Dies konnte ein Bild oder eine „Skulptur", ein Gedicht, eine Erzählung, ein Traum, eine Melodie oder auch ein Erlebnis aus einer der „darstellerischen" Veranstaltungen (Pantomime, Psychodrama, Märchenspiel) oder

der Konzentrativen Bewegungstherapie sein. Es ist klar, dass die hohe Einschätzung kreativen Tuns als Ausdrucksmöglichkeit und therapeutisches (Hilfs-)Mittel zur Motivation der Patienten beitrug. Zugleich war eine Situation konstelliert, die Gefügigkeitshaltungen einerseits und bestimmte Trotz- und Protestreaktionen andererseits zumindestens begünstigte. Sofern diese dann entsprechend in die Arbeit einbezogen wurden, war dies eine Bereicherung. Im Sinne einsichtsvermittelnder Psychotherapie war es aber bedenklich, wenn einmal die gefügige Anpassung als „das Normale" unreflektiert blieb oder ein andermal der Protest an sich schon als Fortschritt „belohnt" wurde. Derlei Gefahren (des Übersehens, als normal Betrachtens usw.) bestehen aber keineswegs nur bei gestalterischen Verfahren sondern grundsätzlich bei allen Psychotherapieformen.

b) *Aufforderung zum „Mitbringen"* in die Einzel- und Gruppentherapie. Dies kann durch den Gestaltungstherapeuten oder den Leiter der gestalterischen Gruppenveranstaltung geschehen. In einer anderen Klinik war es Sache des Leiters der therapeutischen Gesprächsgruppe, daran zu erinnern. An einem dritten Orte wurden die Hinweise auf die Nützlichkeit des Aufgreifens von Gestaltungserlebnissen sowohl vom Gestaltungstherapeuten wie auch vom Gruppen- und Einzeltherapeuten gegeben. Die konsequente Beibehaltung des einmal gewählten Stiles durch das Team ist wichtiger als dessen Art. Das folgende Beispiel zeigt, wie es tunlichst nicht sein soll.

„Die Patienten kommen nicht mehr": Bei einer Morgenbesprechung gibt die Gestaltungstherapeutin an, dass etwa ¼ der Patienten seit 3 bis 4 Wochen zu keiner der Atelierstunden und der Rollenspiele gekommen sei.

Es stellt sich heraus, dass alle den gleichen – sehr fleissigen und ernst arbeitenden – Einzeltherapeuten haben. Dieser weist entschieden zurück, sich nicht für kreative Dinge zu interessieren und zeigt auch, dass er jeden einzelnen seiner Patienten aufgefordert hatte, sich möglichst an den Gestaltungstherapieveranstaltungen zu beteiligen und Erlebnisse von dort in die Einzel- und Gruppentherapie mitzubringen. Die Gestaltungstherapeutin bestätigt spontan, dass fast alle der jetzt nicht mehr teilnehmenden Patienten, anfänglich recht gut mitgemacht hatten. Daraufhin kamen Therapeut und Gestaltungstherapeutin überein, gemeinsam der Sache auf den Grund zu gehen. Beide erfuhren nun von den Patienten, dass diese gestalterische Aktivitäten für sekundär bis unwichtig hielten. Mehrfach hatten sie Bilder und „Skulpturen" zu den Gesprächen mitgenommen, diese wurden auch immer gelobt, aber in die Arbeit nicht mit einbezogen. Es stellte sich heraus, dass der Kollege die Gestaltungstherapie mehr im Sinne einer sehr wohl angebrachten, auch allgemein auflockernd und impuls-mobilisierenden Beschäftigungstherapie aufgefasst hatte, nicht aber als therapeutisches Mittel an sich. Er hatte aus Bildern und Erlebnisschilderungen der Patienten auch Anregungen bekommen, aber den Brückenschlag zur Realität nicht in der Weise vorgenommen, dass die Gestalter selbst ihn nachvollziehen und den Zusammenhang erkennen konnten. Dass dem Kollegen die Berichte aus aktuellen Situationen und früheren Gegebenheiten viel wichtiger waren, ergab sich auch daraus, dass er das sukzessive Verschwinden von Bildern und Rollenspielerlebnissen aus dem Inhalt der Einzelgespräche über Wochen gar nicht bemerkt hatte.

c) *Durcharbeiten durch den* – psychotherapeutisch versierten – *Gestaltungstherapeuten.* Auch dabei gibt es natürlich viele Spielformen.

α) *Es bleibt dem Patienten überlassen*, ob er seine Gestaltungserlebnisse direkt im Anschluss an die Aktivität in der Gruppe oder auch mit dem Gestaltungstherapeut allein diskutieren will und/oder ob er sie lieber mit seinem Psychotherapeuten aufgreifen möchte. Bei dieser Form kann natürlich auch der Gestaltungstherapeut *gelegentlich* die weitere Durcharbeitung in der Gruppen- oder Einzeltherapie ausdrücklich empfehlen.

β) *Alle Erlebnisse* während solcher Verfahren, bei denen üblicherweise eine „Durcharbeitungsphase" der Aktionsphase folgt, können *vom* Spielleiter bzw. *Gestaltungstherapeuten* direkt nach der Aktivität *zur „Diskussion" gestellt* werden. Dazu gehören Psychodrama und Märchenspiel, gemeinsame Gruppenarbeiten beim Modellieren, beim Malen und bei Collagen. Häufig werden auch die Erlebnisse und Begebenheiten in der Psychogymnastik und während der Pantomime, etwas weniger häufig solche aus musiktherapeutischen Aktivitäten und konzentrativer Bewegungstherapie „verbalisiert". Wichtig ist auch hier, dass man sich im therapeutischen Team einer Klinik überlegt, welche Verteilung der dort üblichen Behandlungsform und -zielsetzung am ehesten entspricht. Die Frage der Anwesenheit bzw. Mitaktivität des Psychotherapeuten während des Gestaltungsprozesses wurde im gleichen Kapitel (S. 171) schon abgehandelt.

γ) *„Bestimmte Abschnitte" des Durcharbeitens* können den *verschiedenen therapeutischen „Instanzen" zugeteilt* werden. So können z. B. nach einer Psychogymnastikstunde die verschiedenen Lösungsversuche einer Aufgabe (siehe Beispiel Kap. 2, S. 38, „Verbotene Frucht") in der Gruppe nur beschrieben werden und die anschliessende (neurosenpsychologische) Durcharbeitung in der Gesprächs(Einzel- und/oder Gruppen-)therapie erfolgen. Ein andermal kann es sinnvoller sein, dass der Gestaltungstherapeut einige *mögliche Zusammenhänge* als „Behauptungen" hinstellt und die Relativierung bzw. die Ablehnung oder das Gekränktsein des Gestalters dem Einzel- oder Gruppentherapeuten überlässt.

Neben Beschreibung und Impulsmobilisierung kann die Arbeitsverteilung so vorgenommen werden, dass der Gestaltungstherapeut darüber hinaus auch *(Fehl-)Haltungen, Gehemmtheiten und Konfliktformen aufzeigt* und deutlich macht, deren (Hinter-)Gründe und Funktionen aber der Bearbeitung durch den Psychotherapeuten vorbehalten bleiben. In etwa dieser Weise wurde beim Beispiel „Abend am Strand" (Kap. 2, S. 36) vorgegangen.

Sowohl die beispielhaft erwähnten, als auch alle hier nicht angeführten Kombinationsmöglichkeiten setzen dringend ständige und vorbehaltlose Kommunikation des Therapeuten-Teams voraus.

Auch bei ambulanten Behandlungen kommt es vor, dass verschiedene Rollenspielverfahren, kombiniert mit einer von der Körpersphäre her wirkenden „Methode" (z. B. Atemtherapie oder Konzentrative Bewegungstherapie) die verbale Therapie einleiten oder ergänzen. Wir sprechen *hier* allerdings nur von *indizierten* Kombinationen. Von spielfreudigen Patienten oder übereifrigen Psychotherapeuten arrangierte „wilde Aktivitäten" sind meist Ausdruck eines Widerstandes gegen das Durcharbeiten und schaffen entweder Ersatzbefriedigung oder Ausweich-, Vermeidungs- und Verzettelungsmöglichkeiten.

B. Was wird in der Diskussionsphase aufgegriffen?

Mit dieser Frage wollen wir uns anhand der Erlebniskategorien im folgenden zweiten Teil der Beschreibung der Durcharbeitungsphase beschäftigen. Wir sind dazu vorbereitet, nachdem wir in Kap. 2 die verschiedenen Bearbeitungsebenen und therapeutischen Möglichkeiten bei gestalterischem Tun besprochen haben und die dort schuldig gebliebene Klarlegung der Bearbeitung auf Subjekt- und Objektebene im Exkurs über die Arbeit mit Träumen (Kap.4, S. 165) nachgetragen haben.

Ehe wir uns nun dem engeren Thema zuwenden, soll rasch noch einmal an einige der wichtigsten Regeln erinnert werden, die uns bei der Art und Weise des Umganges mit dem Gestaltungsprozess helfen. Diese Regeln lauten etwa:

vom Angebot des Patienten ausgehen;
kleinschrittiges Vorgehen;
evidente Möglichkeiten anbieten;
dem Patienten selbst Zusammenhänge finden lassen;
lebens- und erlebnisnahe Erklärungen geben;
Brücken zu realen Situationen schlagen.

1) *Bearbeitung nach Impulskategorien:* Vereinfacht gesprochen wollen wir das „Erleben des Patienten" aufgreifen. Wir werden deshalb versuchen, den auftauchenden Impulsen des Patienten und deren Steuerung zu folgen, um dann vor allem die Bereiche zu bearbeiten, in denen Fehlfunktionen und gestörte Erlebnisverarbeitungen vorkommen. Die Berücksichtigung von Persönlichkeitsstrukturfaktoren bei der Wahl des/der „Verfahren" ist für die orientierende Einteilung nach neurosenpsychologischen Gesichtspunkten bzw. deren Akzentverteilung wichtig. Für die differenzierte Arbeit mit dem Gestaltungserleben in der Praxis ist sie aber zu grob und auch allzu

leicht mit eigenen Vorstellungsinhalten des Therapeuten erfüllt, das heisst entsprechend einseitig gefärbt. Zur Beantwortung unserer Frage: *„Was wird aufgegriffen?"* ist es besser, in Anlehung an SPITZ [148], ERIKSON [24] und SCHULTZ-HENCKE [140] den Kategorien der Impulssteuerung zu folgen. Wenn wir dabei vom Besitz-Erleben, dem Geltungs-Erleben und dem Kontakt-Erleben ausgehen, haben wir die „Antriebsgebiete" erfasst, die bei der Neurosenentstehung wohl am häufigsten entscheidend sind. SCHULTZ-HENCKE weist darauf hin, dass die gleichen Lebensbereiche im Mönchsgelübde angesprochen werden, also lange bevor es eine Neurosenlehre im heutigen Sinne gegeben hat. Die Mönche haben vor ihrer endgültigen Aufnahme in den Orden auf die Befriedigung ihrer eigenen Besitzwünsche (Armut), Geltungswünsche (Demut bzw. Gehorsam) und erotisch-sexuellen Wünsche (Keuschheit) zu verzichten, um alle Kräfte der gewählten Aufgabe zuführen zu können. Diesen Bereichen haben wir dann das intentionale Erleben (SCHULTZ-HENCKE [140]) bzw. die emotionalen Grundbeziehungen (BALINT [7]) ihrer Entwicklung nach, zeitlich voranzustellen. Wir werden uns also bei jedem Gestaltungsprozess zu fragen haben, ob er mit einer der folgenden Impulskategorien, deren Steuerung, Hemmung, zugehörigen Haltungen, erlebnismässiger Zugänglichkeit oder Unzugänglichkeit etwas zu tun hat und ob die gefundenen Zusammenhänge dem Patienten (schon) angeboten und nahegebracht werden können (sollen, dürfen, müssen usw.).

a) *Intentionales Erleben* bzw. emotionale Grundbeziehungen haben mit der Vertrautheit mit den Dingen und Personen, ihrer erlebnismässigen Nähe, ihrem Zueinander-in-Beziehung-stehen zu tun. Auch damit, wie die Umgebung (im weitesten Sinne) den Betreffenden „anmutet", welche Grundintentionen gegenüber der Umwelt bestehen. Die „intentionalen Störungen" sind in Kap. 5 im Abschnitt über Persönlichkeitsstruktur beschrieben (S. 228).

Bei Bearbeitung dieser Erlebnisqualitäten ist mit Sicherheit die Verbalisierung am schwierigsten und auch therapeutisch am wenigsten „fruchtbringend". Hier ist oft die persönliche Begegnung, die Möglichkeit zu Identifizierung oder – ebensogut – zur Entdeckung eigener anti-thetischer Bedürfnisse unumgänglich notwendig (RIEMANN [129]). Etliche der gestaltungstherapeutischen Verfahren erlauben den (kontrollierbaren) gemeinsamen Umgang mit dem Material, Situationen und Menschen, wobei man dem Patienten Gelegenheit verschaffen kann, auf eigene Impulse aufmerksam zu werden. Jeder, der mit (psychogenen) Psychosen gearbeitet hat, wird wissen, dass dies einen langdauernden, subtilen, an Enttäuschungen und Rückschlägen reichen Prozess bedeutet, der Patient und Therapeut in hohem Masse einbezieht. Die Arbeiten von BENEDETTI [9, 10] und für gestalterische Belange besonders von PANKOW [117], SECHEHAYE [143] und JACOBI [77] mögen dies unterstreichen. Den oben gegebenen allgemeinen „Regeln" ist noch dringlich die Aufforderung zu weitestgehender Offenheit und Ehrlichkeit hinsichtlich eigener Empfindungen und Reaktionen in bezug auf den Patienten hinzuzufügen. Aufgrund der eigenen erlebnismässigen Unsicherheiten des Patienten gegenüber Realität und Gefühlen der Mitmenschen, seiner Fremdheitsgefühle sich selbst gegenüber, hat er – bei entsprechend hoher Intelligenz umso ausgeprägter – oft „Antennen" entwickelt. Diese erlauben ihm, „technische" Eingriffe, angeblich therapeutisch notwendige „Lügen" und ähnliche „Täuschungen" rasch und sicher als solche zu erkennen. Die Folge ist dann ein Rückzug der „Fühler", ein Zerfallen der ohnehin brüchigen Verbindungsstege zwischen ihm und dem Therapeuten und somit oft eine Krise, schlimmstenfalls ein (endgültiger) Abbruch der Behandlung. Ein Versinken oder Ausweichen in Autismus oder andere Symptomverschärfungen bis zur Psychose kommen vor. Auf der Basis fehlender emotionaler Grundbeziehungen konnte aber auch kein entsprechendes sicheres Einfühlungsvermögen erworben werden und Reaktionen im Sinne der „taktlosen Graugans" (LORENZ [103]) können zu persönlich sehr treffenden und entsprechend kränkenden Ausfällen gegen den Therapeuten führen. Die „gutgemeinten Beschwichtigungen" des Behandlers – oft Ausdruck wirklicher Zuneigung und tiefen Engagements – werden eventuell als böswillige und absichtliche Täuschungen erlebt, im günstigsten Fall zurückgewiesen oder verhöhnt, im ungünstigeren durch das schon erwähnte „Unerreichbarwerden" beantwortet. Bei der grossen eigenen Empfindlichkeit und Verletzbarkeit dieser Patienten ist es einerseits besonders wichtig und andererseits sehr schwer herauszufinden, an welchen Stellen sie wofür speziell empfindlich sind. Wenn „intentional Gestörte" schon nicht einfach und direkt „spüren", so registrieren sie glücklicherweise sehr wohl, wenn einmal (vielleicht erstmals in ihrem Leben) ein Mensch ihnen helfen will, *ihre eigenen* Möglichkeiten zu entdecken, zu entfalten und schliesslich zu gebrauchen. Diese eigenen *Möglichkeiten* und ihre praktische Verwendbarkeit, sind also das „Was" das wir aufgreifen wollen und sollen. Gerade bei der (Einzel-)Therapie intentional Gestörter ergeben sich deshalb auch sehr verschieden und persönlich gefärbte Arten des Umgehens miteinander und der gemeinsamen „Privat-Sprache". Im Augenblick des Schreibens erlebe ich sehr stark die eigene Unzulänglichkeit, handfeste und greifbare Hilfen anzubieten. In der praktischen Arbeit mit dem Schizoiden ist es insofern etwas leichter, weil der Patient den Therapeuten auf die eine oder andere Art verstehen lässt, was ihn weiterbringt, wo und wie er verletzlich ist und wie er auf die Interventionen reagiert. Der schizoide Patient ist also in besonderem Masse „Mitteiler und unser Lehrer", was seine Besonderheiten betrifft. Wir können im besten Falle Vermittler einer realitätsangepassten, gefühlshaften und vielschichtigen Beziehung zu Dingen, Menschen (also den Objekten) und Geschehnissen sein. Eben diese Beziehung ist also zugleich Inhalt und Ziel unserer Arbeitsaufgabe.

Die später entwickelten und nun folgenden Erlebniskategorien sind sowohl in ihren Erscheinungsformen wie auch in ihrer Steuerung und Fehlsteuerung wesentlich leichter zu erkennen und zu beschreiben.

b) *Besitzstreben und -erleben:* Hierher gehören alle Impulse, die mit passiver Entgegen- und Aufnahme, aktivem Zugreifen und Sich-Einverleiben, Haben, Behalten, Verlieren, Hergeben, Produzieren, Wegwerfen und Loswerden zu tun haben. Es handelt sich also um das Passiv-Orale, das Oral-Aggressive, das Anale und einen Teil des Anal-Aggressiven. In der Terminologie von SCHULTZ-HENCKE ist es der „Modus" (AHLBRECHT [1]) des Receptiven, Kaptativen, Retentiven und ein Teil der aggressiven Impulse und deren Verarbeitung. Mit dem Modus ist hier die *Funktion* des Nehmens und Gebens in ihren verschiedensten Spielarten gemeint, sei es nun beispielsweise ein „Mit-den-Augen-Verschlingen" (also etwas Kaptatives = oral Aggressives) oder ein „... Schweigen ist Gold" (also ein retentiver Akt mit den Sprechwerkzeugen, inklusive dem Mund).

Wir werden uns also zu fragen haben, inwiefern zu obigen Antriebs- und Erlebnisbereichen gehörende Impulse im jeweiligen Gestaltungsprozess vorhanden und wirksam sind und wie sie gesteuert, teilbefriedigt, abgelenkt, sublimiert, überkompensiert oder abgewiesen werden.

In den drei Ehe-Büchern von HEIGL-EVERS und HEIGL [68, 69, 70] sind sehr schöne Beispiele in Dialogform zu finden. Während meiner Ausbildungszeit waren immer wieder Übungen angesetzt, in denen vielsagende Worte, Redewendungen und Sprichwörter zu begrenzten Antriebsbereichen gesammelt wurden. Anschliessend diskutierten wir, wie gut oder schlecht sie zu „ihrem" Antriebsbereich passten und welche Inhalte aus anderen Impulsgebieten sie zugleich repräsentierten. Oft gab es leise Verwunderung bis beträchtliches Erstaunen über Ausdrücke, auf welche man selbst in diesem Zusammenhang nie gekommen wäre. Wir verbreiterten und bereicherten auf diese Weise unser Verständnis für „persönlichkeitsfremde" Ausdrucksformen und lernten zugleich, eventuell mit angesprochene Antriebsbereiche „herauszuhören".

Hier folgen zwei verschiedenartige Beispiele. Das erste geht von einem „Werkstück" aus, das zweite betrifft einen Teilbereich des Besitzstrebens.

„Die Woge" (Abb. 43 und 44): stammt von der gleichen Patientin, die sich beim Symbolzeichnen in der ersten Behandlungswoche ganz klein und schwach gesehen hatte (Kap. 2, S. 61, Abb. 19 und 20). Sie hatte das Gebilde geformt, getrocknet, gebrannt und glasiert und während der 5. Behandlungswoche in eine Gruppensitzung mitgebracht und als „Woge" vorgestellt. Die Teilnehmer schauten „das Ding" näher an, drehten es in den Händen und machten folgende Bemerkungen:

„Die schaut aber ganz schön wild aus."

„Und bedrohlich ... da möcht ich nicht drunterkommen."

„So eisig mit dem Blau da drinnen."

„Wieso, das ist doch ein nettes kleines Wellengekräusel, grad belebend." (Natürliche Grösse etwa 15 cm lang und 6 cm hoch.)

„Ich seh' keine Woge, ich seh' einen Rachen!"

„Fressen und gefressen werden."

Nach dem Abstellen der Figur auf den Boden in der Gruppenmitte wandten sich die Mitglieder mehr der Patientin zu:

„Das hätte ich Dir gar nicht zugetraut, so viel Bewegung."

„Oh doch, ich habe Dich schon richtig temperamentvoll erlebt."

(Beachte: beide Aussagen auf Subjektstufe: Woge = Patientin)

„Wieso denn, sie wird doch davon verschlungen." (Kaptatives, bzw. oral-aggressives Moment, auf die Umwelt gemünzt; Objektstufe.)

„Und ich dachte, es sei ein Rachen ..."

Gestalterin: „Ja, das könnte auch sein."

„... Nein, ich meinte *Dein* Rachen ..."

„Aber so gierig ist sie doch bestimmt nicht." (Ansprechen des Impulses in verneinter Form.)

„Vielleicht aber so kalt." (Zeigt auf das Blau der Wogeninnenseite.)

„Davon möchte ich nicht überschwemmt werden." (Hingabe- und Gefühlsängste.)

„Ich spiele gerne mit den Wogen, lasse mich verschlingen, das ist herrlich, so ganz umspült zu sein." (Geniessen und Hingabe.)

„Oder sich davon tragen lassen, das ist schön."

Natürlich sagen die verschiedenen Äusserungen mehr über den jeweiligen Sprecher als über den Gestalter aus. Sie veranlassen letzteren aber sehr stark, sich damit zu beschäftigen, ob und in welchem Ausmass diese Aussagen auch für ihn selbst zutreffend sein könnten. Er wird also dazu bewegt, sich mit den angesprochenen Impulsbereichen auseinanderzusetzen. Der Therapeut aber wird immer wieder angeregt, für verschiedene Aspekte und Inhalte offen zu sein und diese sogar erlebnismässig „nachzuvollziehen".

„Behalten": Hier sollen einige Möglichkeiten angeführt werden, wie sich diese „Funktion" in gestalterischen Verfahren ausdrücken kann und welche Nebenaspekte mit anklingen. In den bisherigen Beispielen finden sich „Behalten"-Züge in Kap. 2, S. 26f., Abb. 2 und 3, Kap. 3, S. 73 und Kap. 5, S. 235 und auch noch in anderen.

Es kann sich aber auch um ein „Für-sich-Behalten" während des Gestaltungsprozesses oder um ein „Nicht-Hergeben" im Einzel- oder Gruppengespräch handeln.

Übergänge von leisesten „Behaltenwollen-Ansätzen" bis zum massiven Festhalten sind zu beobachten. Nehmen wir eine Situation aus der Konzentrativen Bewegungstherapie: 10 Teilnehmer mit je einem Ball sitzen im Kreise und sollen mit geschlossenen Augen die Bälle weiterreichen. Nach einigen ungeordneten Runden (manche gaben nach rechts, andere nach links weiter) sitzt ein Teilnehmer (der gleiche 31jährige Oberlehrer wie im

„Dornröschen" Kap. 2, S. 43) mit 6 Bällen im Schoss und in den Händen, andere Teilnehmer sind „ohne". Auf das Stoppsignal des Therapeuten und seine Aufforderung, sich die augenblickliche Ballverteilung anzusehen und – falls möglich – die eigenen Gefühle und Eindrücke zu schildern, kommen folgende Reaktionen:

„Ah! Darum kommt kein Ball zu mir!" (Mit vorwurfsvollem Blick auf den „Bällehalter".)

„Ist ja allerhand."

„So schön, einmal zur Ruhe zu kommen und nicht ständig entgegennehmen und weiterreichen zu müssen."

„Da kann ja kein regelmässiges Weitergeben zustandekommen!"

„Ich finde das hochinteressant!"

„Das ist ganz typisch. Wie mit den Schüsseln beim Mittagessen, die stehen auch immer bei ihm."

Bällehalter: „Ich bitte doch nur darum ..."

Ein anderer: „Ja, und gibst nie etwas weiter oder ab!"

Es stellt sich heraus, dass unser Patient mit all den Bällen gar nichts anzufangen wusste, dass er keine Ahnung hatte, wieviele er schon bei sich liegen hatte „... sie sind gekommen und ganz einfach liegengeblieben". (Dass eventuell ein besonderer Anspruch oder ein etwas überdimensioniertes „Berechtigungsgefühl" vorliegen könnte, ist ihm völlig fremd.)

Bei anderer Gelegenheit und ähnlicher Entwicklung reagierten die jeweils betroffenen Patienten aber in ganz andere „Richtungen", z. B. „Es ist so schön, Ball auf Ball zu legen, sie alle zu spüren und zu halten" (Freude am Sammeln und „Haben"); oder „Ich konnte mich von keinem trennen, ich hätte nicht gewusst, welchen ich hergeben hätte sollen" (Besitzfreude, Verlustangst und vielleicht Gerechtigkeitsideen); oder (mit hilflosem Tonfall) „Die Bälle kamen so schnell, ich kam gar nicht mit dem Weggeben nach" (Überforderungsgefühl, vielleicht auch Verlangsamung unter Zeitdruck); oder „Ich wusste nie, ob ich nach links oder nach rechts weitergeben sollte" (Entscheidungsschwierigkeiten). Eine Patientin sagte: „Ich bekam die Bälle von links und von rechts und meine Nachbarn wollten keine Bälle annehmen" (Durchsetzungsschwäche?). Darauf sagte ein Nachbar: „Ich glaubte immer, Du willst meine Bälle nicht, das hat mich gekränkt, ich wollte, dass Du sie annimmst", der andere Nachbar meinte: „Ich habe Dich angeschaut, Du sahst aus wie eine Marktfrau, die nicht wusste, an wen sie ihre Äpfel loswerden konnte."

In den obigen Klammern sind die jeweils offenkundigen Aspekte angeführt, die neben der Tatsache des Behaltens aktuell sind. Es erschien mir wichtiger, anhand zweier Teilaspekte (des Kaptativen und des Retentiven) etwas genauer auf angedeutete Kategorien einzugehen, als jede der auf Seite 197 erwähnten Möglichkeiten innerhalb des Besitzstrebens zu streifen. Übungshalber können interessierte Leser ähnliches mit den Besitzstreben-Komponenten beliebiger Beispiele aus diesem Buch tun, aber noch besser wäre es, eigenes Material zu verwenden.

c) *Geltungsstreben:* Hierzu gehören alle expansiven Tendenzen, das Machtstreben und ein grosser Teil der Aggression. Aber auch ihr Gegenteil, wie das Sich-zurückziehen, Unterordnen und Sich-führen-lassen zählt zu diesem Erlebnisbereich. Das Gegensatzpaar Durchsetzen – Nachgeben sei nicht vergessen.

In der Persönlichkeitsentwicklung während der frühen Kindheit ist die Bewältigung anstehender Entwicklungsschritte immer auch davon abhängig, wie günstig frühere „Abschnitte" durchlaufen und die angebotenen Fähigkeiten assimiliert werden konnten. Wenn das (Ur-)Vertrauen in die „Umgebung" gestört ist (nie in annähernd notwendiger Weise zustande kommen konnte) oder aber unrealistisch gross ist und dann das Nehmen und Geben (im weitesten Sinne) nicht realitätsentsprechend „gelernt" wurde, muss der „Erwerb" der Steuerungsfähigkeiten im Geltungs- und Machtbereich behindert sein.

Auch im Rahmen der Gestaltungstherapie sollen also Anzeichen für früher und später erworbene Fehlhaltungen und Gehemmtheiten erkannt und ihrer Wertigkeit nach berücksichtigt werden. So kann es zum Beispiel vor dem Angehen (durch Interpretation) einer Gefügigkeitshaltung mit den entsprechenden Durchsetzungsschwierigkeiten nötig sein, die zugrunde liegenden „brüchigen Berechtigungsgefühle" und die herabgesetzten retentiven Fähigkeiten zu bearbeiten.

Hier wollen wir uns allerdings mit dem Aufzeigen der Anzeichen für Geltungserleben im Gestaltungsprozess begnügen. Die Art der Durcharbeitung des „psychischen Materials" (denn dazu ist das in die Psychotherapie gebrachte Gestaltungserlebnis geworden) soll ohnehin den Gepflogenheiten des jeweiligen Therapeuten überlassen bleiben.

Es ist oft nicht leicht zu entscheiden, ob eine überraschende Form- oder Farbwahl einem (drohenden) Realitätsverlust entspricht oder einer eigenständigen, vielleicht eigenwilligen Gestaltungsfähigkeit. Auch kann es Schwierigkeiten bereiten, bei „Durchsetzungshandlungen" das Ausmass von Trotz, Protest, „gesunder" Expansivität, Rache usw. einigermassen richtig abzuschätzen. So ist der Rache- und Vergeltungsanteil im Bild 10 der Serie II (siehe Anhang S. 280, Abb. 78) sicher hoch und auf der Basis der Vorgeschichte gut zu verstehen. Aber auch der „Fortschritt" (aus der aggressiven Gehemmtheit heraus) war dringend nötig (wenn auch später in der Realität adäquater zu steuern). Im Pantomimebeispiel „Ich bin böse" (Kap. 2, S. 29) ist die verschiedenartige Färbung des Erlebnisausdrucks besonders gut und leicht abzulesen. Manchmal ist im Verlaufe einiger Gestaltungserlebnisse (ebenso wie in den Träumen) recht gut zu erkennen, wie der expansive oder aggressive Impuls verarbeitet ist. Er kann „nicht einmal im Ansatz vorhanden" oder aber eingedämmt sein. Vielleicht wurde er aber auch in Freundlichkeit gehüllt, abgelenkt, in Übergefügigkeit verwandelt oder sonst irgendwie „abgewehrt".

Dazu einige Kurzbeispiele:

Zuerst das Initialbild (Abb. 45) einer 29jährigen verheirateten Frau, Mutter von 2 Kindern, die ausserdem kürzlich befürchtet hatte, wieder schwanger zu sein. Bei Betrachtung der beiden frischen Knospen und der einen ganz kleinen fiel ihr die Parallele zu sich selbst auf. Auf die anschliessende Frage, ob ihr auf dem Bild noch etwas fehle, kam nichts. Den Hinweis „eine Rose ohne Dornen?" beantwortete die Patientin ohne Zögern mit „Ja, das möchte ich sein." Der Therapeut versucht die Notwendigkeit reaktiver Aggression bis Destruktivität anzudeuten: „Selbst wenn mich jemand brechen will, ich steche nicht." Die Patientin begegnet mit: „Ich kann es gar nicht und will auch nicht so sein." Auf die Schlussfolgerung „Das kann aber teuer zu stehen kommen", berichtet sie ihre Ehegeschichte. Ihr Mann spielt die beherrschende Rolle, lässt sich zugleich von seiner Mutter gängeln. Auf ihrem Bild sieht die Patientin den Mann nicht repräsentiert. Dass in diesem Weglassen ein aggressiver Akt liegen könnte, ist der Patientin völlig fremd. Der Rosenstamm trägt die Rose und Knospen und könnte sehr wohl unter anderem dem alten Familienbesitz des Mannes entsprechen. Diese Vorstellung kann die Patientin nicht einmal als einen möglichen Aspekt akzeptieren. Dagegen meldet sie spontan ihr „Streben zum Licht, zur Sonne, zur Wärme und Freundlichkeit" an (von dunkelblauer Kälte bis zum hellen Gelb) und bejaht zumindest einen gewissen persönlichen Anspruch, der die eigene Durchsetzung und expansive Tendenzen mit einschliesst. Letztere Impulse wurden in der Situation der Patientin in keiner Weise befriedigt. Selbst unterdrückte sie jede Rachetendenz gegen die behindernde Umgebung. Der zeitliche Zusammenhang zwischen derartigen besonderen Frustrationen und ihren Migräneattacken sowie depressiven Reaktionen war – auch der Patientin selbst – evident.

Ein 35jähriger Mann mit Abitur, guter Berufsausbildung und *„besten Manieren"* wundert sich selbst darüber, dass er bei aller Freundlichkeit immer Schwierigkeiten mit Chefs, Arbeitskollegen und Untergebenen bekommt. Auch hat er keine richtigen Freunde. Er wählt für das Psychodrama eine angeblich typische Begebenheit mit dem Chef und zwei gleichgestellten Mitarbeitern:

Chef: „Dann ist da noch die Sache mit X, die muss noch heute erledigt werden."

Mitarbeiter A: „Das schaffe ich unmöglich noch zu ... dazu."

Mitarbeiter B: „Ich sehe auch kaum eine Möglichkeit ..."

Patient: „Wenn es Ihnen (wendet sich zum Chef) recht ist, kann ich versuchen, es noch unterzubringen und ... natürlich wenn Ihr (zu den Mitarbeitern) nicht das Gefühl habt, dass ich mich in Eure Aufgabenbereiche eindränge, denn es ist ja aus Eurem Gebiet."

Mitarbeiter A und B (süss-sauer): „Aber nein ... gar nicht."
Chef (kurz): „Wenn Sie's nur machen!"
Patient: „Aber gerne, der Auftrag kommt für mich frühzeitig genug."
Der Patient glaubt besonders rücksichtsvoll zu den Kollegen und dienstwillig dem Chef gegenüber gewesen zu sein. Er ist vom feed-back der Mitspieler überrascht. Mitarbeiter A meint: „Der Kerl ist uns glatt in den Rükken gefallen, hat uns beim Chef ausgespielt." Mitarbeiter B: „So ein Dickdarmschliefer!" Der „Chef" freut sich zwar über das Unbehagen der beiden anderen, weil er erhöhte Arbeitswilligkeit erwartet, meint aber bezüglich der letzten Bemerkung unseres Patienten: „So eine scheissfreundliche Art, mir zu sagen, dass ich den Auftrag ruhig früher hätte geben können ... mit dem werde ich in Zukunft lieber vorsichtig sein."

Der Patient selbst sieht diese Aspekte seiner „Rücksichtnahme" und „Freundlichkeit" überhaupt nicht. Er versteht aber sehr gut, dass ihm die Mitspieler in etwa die Hintergründe der Reaktionen seiner beruflichen und privaten Umgebung mitgeteilt haben. Die expansiven und aggressiven Funktionen seiner Freundlichkeit werden ihm erst klar, als er bemerkt, wie böse er wird, wenn ihm auf seine Nettigkeit hin der Weg nicht gerne und selbstverständlich freigegeben, ja sogar geebnet wird.

Wo sich Durchsetzungs-, Geltungs-, Macht- und ähnliche Impulse direkt ausdrücken, sind sie oft recht leicht zu erkennen. Schwerer kann es sein, einigermassen sicher festzustellen, ob es sich um einen ungehemmten Durchbruch, eine wohlgesteuerte Aktion oder eine Folge einer festgefahrenen „aggressiven" Haltung handelt. Jede „Form" kann therapeutisch genutzt werden. Der – vielleicht erste – Durchbruch kann ein notwendiger „Probeschritt" sein, die eventuell vorliegende gute Steuerung wird unnötige Arbeit ersparen und die Anzeichen einer aggressiven Fehlhaltung können Einsichten ermöglichen, Umstellungsversuche motivieren und Auflockerungen einleiten.

d) *Kontaktstreben:* Auch hier haben wir verschiedenste Aspekte zu berücksichtigen. Um in der Therapie an den entsprechenden Stellen in „richtiger" Art eingreifen zu können, ist es günstiger, allgemeine Kontaktbedürfnisse, Zärtlichkeits- und erotisch-sexuelle Impulse nebeneinander zu stellen und von den sogenannten „unreifen, prägenitalen" Formen und der angeblich „reifen, genitalen" Form abzusehen. Für uns ist es ja wichtiger, die jeweiligen Anzeichen zu erkennen, als sie mehr oder weniger berechtigt für reif oder unreif zu erklären.

Das – früher erworbene – „Nehmen- und Gebenkönnen" ebenso wie das „Gelten und Geltenlassen" sind ganz entscheidend für das Zurechtkommen mit den Beziehungspersonen und für die Ausformung und „Färbung" der Kontakte. Wir haben also bei jedem Gestaltungsprozess zu beachten, welche „Kategorien des Erlebens" überhaupt angesprochen oder angerührt sind, wie sie sich miteinander verbinden, einander färben, vertreten oder gar ausschliessen. Während FREUD um die Jahrhundertwende immer wieder sah, dass sexuelle Impulse heftigst abgewehrt und durch andere Phantasien und Handlungen teilersetzt, im besten Falle sublimiert wurden, ist es heute oft umgekehrt. Die starke, zärtliche Zuneigung verbindet ja viel mehr, als manche kurzzeitige und flüchtige sexuelle Begegnung. Sie löst daher auch stärkere Ängste aus, gebunden, verpflichtet, verkauft oder gar verloren zu sein. Wenn die Partner weder „viel voneinander haben" noch „etwas miteinander anfangen können", also im Geben und Nehmen sowie im konstruktiven Umgang miteinander behindert sind, sind die erwähnten Ängste auch völlig verständlich und für die „Betroffenen" Realängste. Sie können ja wirklich nicht damit zurechtkommen. In den tiefenpsychologisch orientierten, länger dauernden Behandlungen werden Kontakt-Erlebensformen immer eine Rolle spielen. Sie ausschliesslich als Übertragungs- und Gegenübertragungsphänomene aufzufassen ist unbefriedigend und verhindert, dass der Stellenwert der persönlichen Begegnung entsprechend hoch eingeschätzt *und* therapeutisch genützt werden kann.

Besonders in Gruppen kann es vorkommen, dass zärtliche (seien sie umsorgend, Nähe suchend, schenkend im Sinne der Agape oder erotisch getönt) und sexuelle Impulse während (oder manchmal auch durch) gestaltungstherapeutische(r) Verfahren in den Vordergrund rücken und auf Befriedigung drängen. Es entsteht somit die Notwendigkeit – und die Möglichkeit – sie aufzugreifen. An sich ist das Auftauchen und Bewusstwerden jedes Impulses zu begrüssen, da er ja dadurch der Therapie zugänglich wird. Nur wenn Impulse eines Antriebsbereiches die anderen sozusagen überwuchern und für die Teilnehmer „uninteressant" werden lässt, ist das Risiko von Einseitigkeit und von Durchbrüchen während und ausserhalb der Behandlung gegeben. Es gilt also, derartige Tendenzen als solche zu erkennen und in die Arbeit mit einzubeziehen. Ihr Ausschluss aus dem Gruppengestaltungsprozess und der nachfolgenden Bearbeitung würde die entsprechenden Aktivitäten *ausserhalb* der Veranstaltung nur begünstigen. Bei Kursen für Kollegen ist diese Gefahr wegen des geringeren (neurotischen) Hemmungsgrades grösser als bei der Arbeit mit Patienten, wo derartige Schwierigkeiten erst im Verlaufe zunehmender Auflockerung auftreten, die auch nicht bei allen Teilnehmern gleichzeitig und gleich „mächtig" kommt.

Zwei Kurzbeispiele:

1) *„Nähe und Distanz":* Während einer Doppelstunde in Konzentrativer Bewegungstherapie (der 8. einer Serie von 12) hat ein Kollege die (an sich konstruktive und interessante) Idee, sich als „Kopf" zusammengerollt „über" (bzw. „vor") die Köpfe zweier nebeneinander am Boden liegender Kollegen zu legen. Er bezeichnet diese als Rumpf und ermuntert andere, sich als Arme, Hände, Beine und Füsse anzuschliessen. Er will die Kommunikation zwischen „Kopf" und „Körperteilen" prüfen. Als er die „Beine"

übereinander legt und die „Arme" über der „Brust" verschränkt, ergibt sich ein enges „Über- und Durcheinander", das offensichtlich für die meisten „lustig" und genussvoll ist. Meine Anregung, zu probieren, wie weit Arme und Beine reichen, wenn sie sich ganz ausstrecken, wird „überhört". Mein Versuch, einen „Arm" ein wenig abzuspreizen, wird durch „Sich-sperren" verhindert. Daraufhin sage ich, dass der „ganze Körper" versuchen könnte, sich so klein und dicht wie nur irgend möglich zu machen, was bereitwilligst aufgegriffen wird. Ich trage selbst durch Hinweise und „Zurechtlegen" zu grösserer Nähe und Enge bei, „lege" schliesslich drei weitere Teilnehmer als „Decke" über die anderen. Da wird es „zu viel" (des Guten?). In die „Befreiungsversuche" und „Raum-zum-Atmen-schaffen-Tendenzen" hinein gebe ich den Hinweis, dass diejenigen, die wollen, nun nach extremer Enge und Nähe sich ganz isolieren und so weit wie möglich von allen anderen entfernen können.

Anschliessend wurden die individuellen Erlebnisweisen durchgesprochen und miteinander verglichen. Wärme, Geborgenheit und das Schöne, aber auch Enge, Unfreiheit und Bedrängtsein der „Nähe" waren ebenso erlebt worden wie Freiheit und Souveränität, aber auch Einsamkeit und Isolierung der (grossen) „Distanz". Die Frage, was davon besser sei oder wie „man sich richtigerweise und am besten" verhalten solle, wurde nicht einmal aufgeworfen. Dagegen diskutierten die Teilnehmer individuelle Unterschiede der Bedürfnisse und den ständigen Wechsel der Intensität. Mühelos kam man zum „Gummibandgleichnis": Jeder sehnt sich nach Nähe, Wärme und Geborgenheit, wie wenn ein dort befestigtes Gummiband ihn hinziehen würde. Ebenso verhält es sich mit der Sehnsucht nach völliger Selbständigkeit und Freiheit. Je mehr nun der Wunsch nach Nähe befriedigt wird, umso mehr wird das Bedürfnis nach Freiheit frustriert und desto stärker „zieht es" den Betreffenden dahin. Vielleicht „reisst" er sich von der „Bindung" an die Nähe los, macht sich „frei". Dann werden aber die Wünsche nach Geborgenheit auftauchen und die Sehnsucht nach Nähe „zerrt" ihn wieder in diese Richtung usw. Die Notwendigkeit einer einigermassen realitäts- und bedürfnisgerechten Steuerung war allen Teilnehmern evident.

2) Ein 43jähriger Kollege spielt im Psychodrama eine Szene, in welcher er mit seiner Geliebten im Frühstadium der Bekanntschaft auf einer *Bank in einem grossen Park* sitzt. Die Mitspielerin kommt nach mehrmaligem Rollenwechsel sehr gut ins „Spiel" und wird von der zärtlich-romantischen Stimmung stark bewegt. Im – sehr kurzen – Sharing und Rollen-feed-back fühlt sich der Protagonist sowohl verstanden wie auch akzeptiert. Die von der Mitspielerin im Sharing erzählten eigenen Erinnerungen und ihre derzeitigen Sehnsüchte werden aufgegriffen. Sie wird zur nächsten Protagonistin. Die folgenden Szenen aus ihrem eigenen Leben machen es dem ersten Protagonisten klar, dass im vorigen Spiel in erster Linie nicht er selbst „gemeint" war. Sie verhindern auch, dass die Kollegin ihr „Angetönt-Sein"

durch die erste Szene mit einer Zuneigung zum ersten Protagonisten verwechseln könnte.

Die Bearbeitung des Gesamtgestaltungsprozesses auf kategorialer Ebene kann aufgrund der Erlebnisnähe und der Möglichkeit, mühelos Vergleiche mit ähnlichen Bedürfnislagen und Verhaltensmustern in früheren und aktuellen Lebenssituationen des Gestalters anzustellen, besonders therapiefördernd sein.

2) *Das Ansprechen auf den Impuls oder seine Verarbeitung* (Abwehr) müssen wir unabhängig von Zielsetzung und „Weg" der Behandlung beim Umgang mit dem Gestaltungserleben berücksichtigen. Dabei ist das *direkte Ansprechen*, das *Anschneiden* und das *tangentiale Berühren* der Problematik zu unterscheiden. Auch ein indirektes Aufgreifen mit Hilfe von Fremdbeispielen ist möglich. Anhand einer Gestaltung sind die alternativen Bearbeitungsmöglichkeiten vielleicht am ehesten deutlich zu machen.

„Die Stoppstrasse": Ein 24jähriger Stotterer ist am Vorabend einem Streit mit einem Mitpatienten erfolgreich aus dem Wege gegangen. In der Atelierstunde zeichnet er zuerst ein Auto, das ziemlich schnell von links nach rechts fährt, die Strasse lässt er rechts auf einen grossen Platz münden. Dann zeichnet er an „seine" einmündende Strasse eine Stopptafel, weiter eine Warntafel und schliesslich noch einen Polizisten, der dem Auto entgegenschaut.

Ein *direktes Ansprechen* auf den (ungehemmten) Impuls wäre: „Am liebsten würden Sie einfach ungehindert durchpreschen", auf „Bildebene" formuliert: „Das Auto rast einfach durch". Ähnlich auf die Abwehr bezogen: „Hier wird alles gestoppt" oder milder: „Diese Einmündung ist aber gut abgesichert."

Beim *Anschneiden* der Problematik kann sowohl der Impulsanteil als auch seine Verarbeitung zugleich erwähnt werden: „Bei derart starken Kräften und gefährlichen Dingen ist schon Vorsicht am Platze", oder in Beziehung zur Situation des Vortages gebracht: „Gestern ist es Ihnen auch gelungen, sich rechtzeitig zu bremsen" oder allgemein: „Sie haben Ihre Affekte immer so sehr unter Kontrolle."

Mehr allgemein und nur die mögliche Diskussion anregend, also *„tangential"*: „Vorsicht und Kontrolle im Verkehr" oder – sich vortastend –: „Geben Sie dem Bild doch bitte einen Titel."

Im *Fremdbeispiel* lassen sich auch die verschiedenen Aspekte entsprechend akzentuieren. Etwa: „Ich sah kürzlich einen Motorradfahrer, der fuhr einfach bei Rot über die Kreuzung ... es passierte nichts (oder: er stiess gegen ein Lastauto und wurde schwer verletzt)." Oder: „Diese unnötige Kontrolle! Wie geschmeidig sich da die Italiener einreihen, die brauchen keine Stoppzeichen und ausserdem gibt's dann keine Stockungen (Anspielung auf sein Symptom)."

Die Differenzierung des Aufgreifens nach verschiedenem Tiefgang ist auf Seite 178 dargestellt.

ZWEITER TEIL: UMGANG MIT GESTALTER UND GESTALTUNGEN BEI ANDEREN PSYCHOTHERAPIEFORMEN

Hier werden – im Gegensatz zur bisher besprochenen Einsichtsvermittlung – die Gestaltungserlebnisse und der jeweilige Gestaltungsprozess gezielt zum Erreichen von Lernzielen und zum Einüben von günstigen Verhaltensmustern und (Re-)Aktionsweisen eingesetzt. Auch zur Schaffung einer freieren Steuerung der Erlebnisverarbeitung kann die Gestaltungstherapie beitragen.

Wir wollen jetzt nicht die einzelnen Therapieformen beschreiben, sondern Beispiele für das therapiebegünstigende Umgehen mit dem Gestalter und seinem Werk geben.

Auch hier ist es natürlich angebracht, den Patienten in geeigneter Form auf das kreative Tun vorzubereiten. Nach entsprechender Einführung ist ihm während der gestalterischen Aktivität nicht nur genügend Raum und Zeit zu geben, sondern er muss gegebenenfalls auch behandlungsgerecht gelenkt werden. Die im ersten Abschnitt beschriebenen Hilfen (S. 148 und S. 169) sind, abgesehen von den unter tiefenpsychologischen Voraussetzungen gegebenen Interpretationen, durchaus übertragbar. Die hauptsächlich der Einsichtsvermittlung in neurosenpsychologische Zusammenhänge dienende „Durcharbeitungsphase" wird in diesem Sinne nicht vorkommen, dagegen eher ein Bestätigen des Fortschrittes und ein Unterstreichen eventueller Erfolgserlebnisse.

Auf eine Wiederholung der Einteilung in Vorbereitungs-, Aktions- und Diskussions-(Bearbeitungs-)Phase wird deshalb verzichtet und lieber das hier besonders wichtige *kleinschrittige Vorgehen*, die Verwendung der *Ermunterung* und insbesondere der Einsatz *suggestiver Hilfestellungen* besprochen. Die Art und Weise, wie sich über gestalterisches Tun eine auf die Spielebene begrenzte und dosierte Katharsis erreichen lässt, ist im Kap. 2, S. 31 zu finden.

Im Hinblick auf die Vielzahl von Patienten, für die aus inneren und/oder äusseren Gründen eine einsichtsvermittelnde Therapie nicht in Frage kommt, erscheinen obige Anwendungsformen für die Praxis besonders wichtig.

1) *Kleinschrittiges Vorgehen:* Die Notwendigkeit der Kleinschrittigkeit muss nach den Arbeiten SIMONS [146] und der sorgfältigen Aufstellung von individuellen Hierarchien und deren konsequenter „Erledigung" in verhaltensmodifizierenden Behandlungsformen auf lerntheoretischer

Grundlage kaum erneut nachgewiesen werden. In den analytisch orientierten Therapien weist ja die Regel, nur (schon) „assimilierbare" Deutungen zu geben, in die gleiche Richtung.

Anhand von zwei Beispielen soll die gezielte und dosierte Verwendung von Material und „Spieltechniken" dargestellt werden.

a) Ein Gestaltungstherapeut war beauftragt, einen 32jährigen Mann, der abgesehen von funktionellen Störungen und Kontaktschwierigkeiten eine ausgeprägte Abscheu vor der Berührung mit allen *klebrigen und schmierigen Dingen* hatte, an den Umgang damit heranzuführen. Der Patient „wählte" in der ersten Atelierstunde einen nicht zu weichen Bleistift und zeichnete mit zarten Strichen einen „alleinstehenden", blätterlosen Baum. Als er einen Schatten anzudeuten begann, regte der Gestaltungstherapeut an, einen etwas weicheren Bleistift zu verwenden. Anschliessend brachte er das Gespräch auf die Jahreszeiten, schliesslich auf den Frühling und das Spriessen der Knospen und Entfalten der Blüten. Der Patient nahm einen spitzen, harten Bleistift und begann, einige Blüten an die Zweige zu setzen. Die „Idee" des Leiters, einen kleinen roten Punkt in die Blüten zu setzen, da der Baum einem Apfelbaum ähnelte, griff der Patient sofort auf. Anschliessend kam ihm selbst „der Himmel" (d.h. die freie weisse Fläche über dem Horizont) farblos und leer vor. Mit einem hellblauen Buntstift machte er zarte Striche eng aneinander, war mit der Schraffierung aber unzufrieden. Den Hinweis des Gestaltungstherapeuten: „Vielleicht geht's besser, wenn Sie den Buntstift ganz schräg ansetzen, da werden die Striche breiter.", setzte der Patient sogleich in die Tat um. Nun „verlangte" die – ebenso leere – „Wiese" ein wenig Grün. Hier waren dem Patienten die etwa parallel gesetzten vertikalen Striche im Vordergrund gerade recht. Gegen den Horizont zu probierte er spontan das Flachhalten des Stiftes. Er merkte, dass horizontale „Streifen" besser den Eindruck einer flachen Wiese hervorriefen als die vertikalen, mit denen er am linken Bildrand (vielleicht in Fortführung der „Grashalmrichtung" des Vordergrundes) begonnen hatte. Jetzt war er aber mit dem „senkrechten Wiesenteil" unzufrieden. An einer kleinen Stelle zeigte ihm der Gestaltungstherapeut, wie man durch Darüberlegen leichter waagrechter Striche und anschliessendes ebenso waagrechtes „Streichen" mit der Fingerbeere einen einheitlicheren Flächeneindruck erreichen konnte. Der Patient machte damit weiter, spürte nach einigen wenigen Strichen Unbehagen, schaute mit etwas gerümpfter Nase auf seine Fingerspitze. Der Gestaltungstherapeut meinte: „Jetzt ist er schon schmutzig, es geht aber nach dem Zeichnen leicht ab, sogar ohne Seife." Wie unter Überwindung eines (kleinen) Widerwillens machte der Patient weiter und versuchte, schnell fertig zu werden. Sein kleiner Fortschritt hinsichtlich Schmutztoleranz wurde nicht erwähnt, dagegen die „Einheitlichkeit" der Wiesenfläche gelobt. Nach einigen Buntstiftzeichnungen, die an Farbigkeit zunahmen, wurden dem Patienten zum

Bemalen einer ,,Plakatwand mitten in der Natur" (er hatte sich im Urlaub über die ,,Verschandelung der Natur durch diesen Unfug des Plakateaufstellens geärgert) Fettkreiden empfohlen, die das ,,Klatschige" des Plakates im Gegensatz zu den ,,zarten und luftigen" Farben der Landschaft besser hervortreten lassen würden. Er ging darauf ein und verteilte sogar die kleinen bröckeligen Kreidereste mit dem Finger, nachdem der Leiter gesagt hatte, dass dann die Fläche glatter und wie auf einem etwas glänzenden Anschlag aussehen würde. Danach wusch er sich sofort. Bei Motiven, die starke und leuchtende Farben verlangten, verwendete er nun Fettkreiden. Er hatte es nach und nach mit dem Waschen nicht mehr so eilig wie zu Beginn, machte es dafür extra sorgfältig am Ende der Atelierstunde. Die Zweckmässigkeit dieses Vorgehens wurde noch dadurch unterstrichen, dass der Gestaltungstherapeut ihn aufmerksam machte, dass es ,,schon gut sei sich zwischendurch zu waschen, wenn man von einer dunklen Farbe auf eine helle, also zum Beispiel von Schwarz oder Dunkelblau auf Gelb oder Hellgrün übergeht".

Mit diesen betont sachlichen Gründen kam man den zwanghaft korrekten Zügen des Patienten ebenso entgegen wie mit den rein praktisch notwendigen Vorschlägen geeigneten Materials oder neuer Techniken.

Mit Hilfe eines besonders gelungenen Fingerfarbenbildes eines Mitpatienten war es möglich, unseren ,,Schmutz- und Schmiere-Scheuen", teils über seine ,,Leistungslinie", teils über die ,,gute Mischbarkeit der Farben und die Möglichkeit, alle Farbnuancen ausdrücken zu können", an die Arbeit mit diesem Material heranzuführen. Er begann mit *einem* spitzen Finger, kam aber bald darauf, dass es leichter ist, eine andere reine Farbe mit einem weiteren Finger aus dem Tiegel zu nehmen. Beim Mischen zweier Farben auf grösserer Fläche benützte er erstmals Zeige-, Mittel- und Ringfinger der rechten Hand zur gleichen Zeit. Bei einem ,,Finger- und Handabdruck-Vergleich" mit anderen Teilnehmern verwendete er schliesslich die ganze Hand. Bald danach konnte er die Konsistenz des Farbbreies zwischen den eigenen Fingern prüfen, um feststellen zu können, ob dieser für den jeweiligen Zweck genügend ,,dick" oder ,,dünn" war. Parallel mit seinem zunehmend sachlichen Umgang mit dem klebrig-schmierigen Material verschwand nach und nach seine übertriebene Vorsicht mit Marmelade und Honig am Frühstückstisch. Sogar seine ,,Abscheu" vor schweissfeuchten Händen (den eigenen und denen anderer) verminderte sich zu einem zwar deutlichen, aber überwindbaren Unbehagen.

b) In einer Patientengruppe wurde im Rahmen der Psychogymnastik die ,,Übung": *Ich zeige jemandem meine Ablehnung"* pantomimisch durchprobiert. Eine 39jährige Teilnehmerin hatte bei ihrem Versuch – laut Eindruck der Gruppe – freundlich genickt und sich dann ,,schnell und scheu" abgewendet.

Selbst hielt sie ihr Benehmen bereits für sehr schlecht. Sie bekam den

Auftrag, es noch ein klein wenig unfreundlicher zu machen. Ihr Nicken fällt daraufhin „knapper" aus, das Abwenden etwas markanter. Bei weiteren Versuchen wird ihr Blick etwas kühler, dann schärfer, sie wendet den Kopf ruckartig ab, wirft ihn beim nächsten mal sogar ein wenig in den Nakken. Mit Hilfe der fortlaufenden Beschreibungen und Hinweise der Gruppe, legt sie schliesslich das Nicken ganz ab, schaut zuletzt ihr Gegenüber durchdringend an und leitet die „Abwendung" mit einem kleinen, aber recht geringschätzigen Achselzucken ein. Ein Teilnehmer sagt: „So möchte ich nicht von Dir behandelt werden, da kommt man sich ja richtig verurteilt und abgeschrieben vor." Die Patientin gibt an, an einen bestimmten Mann gedacht zu haben, den sie sehr gerne „so stocken lassen und abkanzeln" würde. Aber in der Realität sei dies wegen der Abhängigkeit ihres Gatten von dieser Person einfach nicht möglich, ganz abgesehen davon, dass sie es auch jemand anders gegenüber gar nicht fertig brächte. Ein anderes Gruppenmitglied darauf: „Hier hast Du's aber ganz echt hingekriegt ... und es scheint Dir Spass gemacht zu haben." Patientin, lachend: „Ja, schön war's schon ... oh, ich würd's ihm gönnen!", Therapeut: „Ja, schade, dass es zu schwere Folgen hätte ... aber vielleicht gibt es eine andere Möglichkeit, die fast ebenso vielsagend, aber weniger gefährlich ist" (Rücksicht auf situative Gegebenheiten und soziale Umstände.) In der weiteren Folge befasst sich die Gruppe mit dem Durchprobieren realisierbarer Möglichkeiten, wobei vom extra korrekten, scheinheiligen, scheiss-freundlichen Verhalten über gekonnte oder betonte Gleichgültigkeit bis zur Täuschung alles vorkommt. Als „Krönung" wird ein verführendes aus der Reserve Locken mit anschliessender kalter Dusche und sogar das Ausnützen dieser Situation zum Besten des Gatten als Busse für den (provozierten) „unverschämten Annäherungsversuch" durchgespielt.

2) *Ermunterung:* Wenn wir unser Augenmerk in den beiden obigen Beispielen nicht den kleinen Schritten sondern dem Einfluss von Therapeut und Gruppe zuwenden, können wir deutlich Ermunterungen, aber auch Nuancierungen und realitätsgerechtes „Bremsen" erkennen. Hier habe ich absichtlich den sehr allgemeinen Begriff „Ermunterung" gewählt. Er bezeichnet das Gemeinte und ermöglicht es jedem Therapeuten, seine eigenen theoretischen Modellvorstellungen und seine Terminologie „darüber zu legen". Ein Kollege kann also von „positivem (re-)inforcement", ein anderer von „Erhöhung der Motivation", ein dritter von „antriebsfreundlichem Gewährenlassen", ein vierter von „empathischem Mitgehen", ein fünfter von „Heranführen an die Angst-Orte", ein sechster von „Heterosuggestion", ja „posthypnotischem Auftrag" usw. sprechen. Die Stimulierung kann direkt oder indirekt, tangential (siehe Beispiel S. 41) aber auch durch paradoxe Hinweise erfolgen. Wichtig ist bei jeder Art der Stimulierung, die Persönlichkeit, also die Charakterzüge oder (in anderer

Terminologie) die Verhaltensmuster und -gewohnheiten zu berücksichtigen. Nehmen wir einmal folgende einfache Aufforderung an einen Patienten mit Magengeschwüren: „Langsam essen und gut kauen". An einer Klinik war es üblich, dass der Chefarzt diese Anweisung den Patienten auf einer kleinen „Tischkarte" mitgab. Dies wurde von recht vielen als besondere Anteilnahme, als ein „Sich-wirklich-Kümmern" erlebt und deshalb beim Essen vor sich auf den Tisch gestellt und befolgt. Andere wurden ängstlich, denn wenn der Chef sich diese Mühe macht, muss es etwas ganz Ernstes sein. Einige protestierten innerlich gegen die „Bevormundung" oder die „Anspielung" auf ihre Unzuverlässigkeit oder Vergesslichkeit und einer sagte einmal: „Wenn ich den Wisch nur sehe, der mich an meine Magenbeschwerden erinnert, dann kommt's mir schon sauer hoch, bevor ich den ersten Bissen ‚runterbringe'!"

Die im nächsten Kapitel (S. 228) geschilderten besonderen Erlebnisverarbeitungen und Reaktionsweisen verschiedener Menschen aufgrund ihrer jeweils überwiegenden Persönlichkeitszüge können bei der Wahl der voraussichtlich richtigen Ermunterungsform behilflich sein. Im ersten Beispiel beim kleinschrittigen Vorgehen (Kap. 4, S. 206) sind die zwanghaften Züge berücksichtigt. Das folgende Beispiel soll zwei vorbereitende und „ermunternde" Gespräche mit einer 41jährigen (überwiegend depressiv-strukturierten) Patientin auszugsweise wiedergeben und im zweiten Teil zugleich eine Form der paradoxen „Anregung" (Frankl [25], Watzlawick [156] veranschaulichen.

Szene 1: *Im Atelier:*

Patientin (hat zögernd einige Bleistiftstriche gemacht): „Es geht nicht."

Gestaltungstherapeut (munter und sicher): „Das ist doch ein schöner Anfang!"

Pat. (apathisch): „Ich weiss nicht weiter, mir fällt nichts ein."

GT.: „Vielleicht könnten Sie ein Haus daraus machen?"

Pat.: „Ein Haus? ... Das kann ich nicht."

GT.: „Versuchen Sie es nur ... ein schräger Strich fürs Dach ..."

Pat. (setzt „pflichtschuldigst" an, macht einen kurzen schrägen Strich, bricht nach halber Strecke ab): „Das wird nichts ..."

GT.: „Der senkrechte und der anschliessende schräge Strich sehen fast aus wie ein junger Baum."

Pat. (traurig klingend): „Einen Baum konnte ich noch nie zeichnen."

GT.: „Vielleicht geht es mit den Kreiden oder Wasserfarben leichter?"

Pat. (lustlos): „Mit Kreiden???? ... Die Wasserfarben werden mir immer fleckig oder sie rinnen ineinander ... ich kann das nicht."

GT.: „Oh, Sie können es ganz sicher ... wenn Sie's nur versuchen und sich ein wenig zutrauen." (Legt den Farbkasten, Pinsel und Wasserschälchen vor die Patientin.)

Pat. (nimmt zögernd etwas dunkelbraune Farbe, setzt einen kleinen Klecks an den unteren Rand, bricht ab): „Nein ... nein, das ist nichts."

GT.: „Doch, doch, das könnte ein Stück Erde sein ... oder ein Fussball ..."

Pat. (resigniert): „Es hat ja doch keinen Sinn ... ich kann nicht."

GT.: „Na gut, dann versuchen wir es in der nächsten Stunde wieder." (Wendet sich einem anderen Teilnehmer zu.)

Zur nächsten und zu allen weiteren Atelierstunden kam die Patientin nicht mehr. Der Gestaltungstherapeut hatte die (an sich berechtigte) Überzeugung, sich wirklich bemüht und die Patientin ermuntert zu haben. Er hatte aber zusammen mit ihr im Sinne von BERNE [11] das „Spiel": „Versuch mal so, es geht schon ↔ ich kann nicht, es geht nicht" gespielt. Seine Art der Ermunterung wäre für einen Unselbständig-Zwanghaften, der Hilfe zum ersten Schritt, Führung und Erfolgsbestätigung braucht, gerade recht gewesen.

Einige Tage später spielt die Frage der höchst *unbefriedigenden Freizeitgestaltung* die Hauptrolle im Einzelgespräch derselben Patientin mit ihrem Psychotherapeuten:

Szene 2:

Patientin: „Meine Kraft reicht gerade eben, um meine Hausfrauenpflichten einigermassen zu erfüllen."

Therapeut: „Und sich dann noch zum Theaterbesuch aufraffen, das kostet zu viel Energie? Dabei gingen Sie früher so gerne!"

Pat.: „Ja, es ist ein Elend."

Th.: „Und zum Konzert muss man sich auch erst umziehen ... und dann die Strassenbahn ... oder noch schlimmer, einen Parkplatz suchen müssen."

Pat.: „Ich muss mich einfach hinlegen zwischendurch."

Th.: „Und selbst eine Platte aufzulegen (Patientin schaut zweifelnd) ... das Auflegen geht ja noch, aber sich auf gute Musik zu konzentrieren strengt schon an ... und das leichte Zeug ist ja nichts für Sie."

Pat.: „Ich weiss auch nicht ... können Sie ..."

Th.: „Ja, ich wüsste schon einiges ... (Patientin blickt auf)" (Therapeut zweifelnd) „... aber ob das etwas für Sie ist?"

Pat.: „Ja-a-a?"

Th.: „Frau M zum Beispiel lässt sich von ihrem Mann abholen und zu einem schönen Essen ausführen" (schnell, ehe die Patientin mit ihrem ‚aber' kommen kann) „*aber* ... das können Sie ja von ihrem Mann nicht verlangen, Sie fühlen sich ja ohnehin schon in seiner Schuld."

Patientin nickt stumm.

Th.: „Und Schwimmen wie früher ... nein, das ist zu anstrengend ... und Radfahren ... mein Gott, immer dieselben Anfahrtsstrecken und all die verlorene Zeit."

Pat.: „Sie meinen also, es gibt nichts für mich ..."

Th.: „Geben tut es vieles ... aber alles ist mit Hindernissen und Schwierigkeiten verbunden ... in jeder Suppe ist mindestens ein Haar."

Pat.: „Ja schon ... aber (mit bittenden Augen) so hoffnungslos kann es doch nicht sein."

Th.: „Wenn Sie etwas wüssten?"

Pat.: „Ich habe früher ganz gut Bridge gespielt."

Th.: „Ja, sehen Sie, unter Ihren Mitpatienten und dem Personal gibt's sicher einige, die's können ... *aber* ... ach ja ... die muss man erst finden ... und fragen ... und wer weiss, ob die dann wollen und wann die gerade Zeit haben."

Pat.: „Sie trauen mir aber garnichts zu, Herr Doktor!"

Th.: „Doch, doch, an sich können Sie das sicher, aber alle diese Umstände und wer weiss, ob es nach der langen Zeit dann so befriedigend wird."

Pat.: „Das kann schon sein ... aber, das muss man eben versuchen."

Th.: „Sicher ... Sie können ja dann erzählen, wie es ging."

Hier hat der Therapeut das im ersten Teil des Beispiels bereits erwähnte „Spiel" verhindert, indem er selbst, allerdings ohne den geringsten ironischen Beiton, die Zweifler- und Miesmacherrolle übernommen, ja sogar „weggenommen", hat. Dies ruft die verschütteten Ansätze von Initiative und Aktivität wach. Ein Kollege, der diese Art der *paradoxen Aktivierung* meisterlich beherrschte, sagte einmal: „Ein Patient, der spürt, dass er mir nicht gleichgültig ist, der sich dann über mich ärgert und *mir's zeigen will*, der ist zumindest im Augenblick nicht „depressiv" und apathisch ... aber Vorsicht ... eine Erfolgsschwalbe macht keinen Stimmungssommer." So beantwortete ich denn auch den überwiegend erfreulichen Bericht über die erste Bridgerunde mit: „Das ist ja wirklich schön ... sehr schön ... hoffentlich bleibt es so ... der eine oder andere wird leicht müde oder möchte etwas anderes tun ... und noch eine Enttäuschung ... Die meisten Dinge sind mit Schwierigkeiten verbunden und es ist gar nicht leicht, an den erfreulichen Teil heranzukommen." *Meinem* persönlichen Empfinden hätte es eher entsprochen zu sagen: „Das ist schön ... sehr fein ... machen Sie nur so weiter ... und gerne mit anderen Dingen auch ... Sehen Sie, da haben Sie ein Modell, wie Sie aus dem Teufelskreis herauskommen können." Ihren damaligen Möglichkeiten entsprechend, hätte die Patientin meiner Meinung nach nur auf ihr altes „Muster" des: „Ja ... aber ich kann nicht" zurückfallen können, weil sie unter anderem durch so viel Zutrauen in schwerste Verpflichtungsängste gestürzt worden wäre.

Im Abschnitt über Ich-Stärkung und Ich-Stützung (Kap. 2, S. 45) und beim Beispiel über die Steuerung beim Katathymen Bilderleben (Kap. 4, S. 172) ist weiteres über die Dosierung der Ermunterung zu finden.

3) Wenden wir uns nun der Frage *suggestiver Einflussnahme* zu. Hier kann nicht auf hetero- und auto-suggestive Behandlungsmethoden als solche eingegangen werden. Grenzziehungen sind schwierig, mancher nennt noch Überredung, was ein anderer schon als Suggestion bezeichnet. Häufig liegt eine – zumindest teil- oder ausschnittweise – Täuschung oder Selbsttäuschung vor, gerade diese ist aber wirksam. Gehen wir einmal von den einfachen Heterosuggestionen zur Einleitung hypnoider Zustände aus. Der Hypnotiseur leitet mit einer Reihe von Feststellungen, die auf physiologische Tatsachen zurückgehen, ein. Hierher gehören das leichte Augenbrennen und schliessliche Lidflattern beim Augenoffenhalten und die Müdigkeit und Schwere in den Lidern bei forcierter Konvergenz und Blick nach oben. Für den Patienten sind diese „Behauptungen" einerseits überraschend, andererseits kann er sie – einmal darauf aufmerksam gemacht – leicht bei sich selber spüren, erleben und überprüfen. Die später folgenden Suggestionen beinhalten an sich mögliche, aber im Augenblick (noch) nicht gegebene Zustände, Empfindungen oder Veränderungen. Auf der Basis des kurz vorher Erlebten stellen sie sich aber sehr häufig bis regelmässig beim „Hypnotisierten" ein. Die Erwartungen sowohl dessen, der die Suggestion „gibt", wie auch dessen, der von der „Richtigkeit" der Aussagen „überzeugt" ist bzw. sich davon überzeugt hat, spielen sicher eine grosse, vielleicht eine entscheidende Rolle. Vor gut 50 Jahren haben die Versuche von HEYER [72] nachdrücklich gezeigt, dass z. B. die Erwartung und der „Glaube", Zuckerwasser zu trinken oder auch ein Bratenstück zu essen, genau die dazu passende Zusammensetzung des Magensaftes hervorruft, obwohl nichts verabreicht wurde. Bei der Auto-Suggestion von partieller Sonneneinstrahlung oder Wärmeentwicklung (z. B. durch „Erinnern" – spricht „Wiedererleben" – eines heftigen Schlages oder auch einer Verbrühung) werden lokal beträchtliche Hauttemperatursteigerungen (unter anderem elektrisch) registriert. Wir haben also in der psychosomatischen Medizin und ebensosehr bei „rein psychischen Zuständen und Störungen", die ja notwendig und zugleich ihr vegetatives, körperliches oder auch „leibliches" Korrelat haben (und sind), allen Anlass, suggestive „Kräfte" ernst zu nehmen und entsprechend nutzbringend einzusetzen. Es sei auf die grundlegenden Arbeiten von SCHULTZ [138, 139], die klaren und übersichtlichen Publikationen von LANGEN [95] und die besondere Berücksichtigung der Zusammenhänge mit körperlichen Störungen bei LUTHE [106] hingewiesen. Wie sehr individuell gefärbt die „Auslöser" psychosomatischer Reaktionen sind, geht aus der besonders einleuchtenden Arbeit von HARRER [61] über funktionelle Veränderungen beim Hören bestimmter Musikstücke hervor. Leider wird oft alles, was nach Suggestion „riecht" – ausser natürlich bei den hypnoiden und Hypnose-Verfahren – als unwillkommenes, verdächtiges Nebenprodukt angesehen, das die wissenschaftliche Sauberkeit der angewandten Methode bedroht. In fast

allen Psychotherapieformen wurde versucht, geltend zu machen, dass ausschliesslich sachlich überprüfbare Techniken messbare Wirkungen erzielen. Die erlebnismässige Abreaktion, also die Katharsis, die einsichtbringende Deutung, die regelmässige Übung oder ein für den Betreffenden speziell geformter Lernprozess sollen dann den gewünschten Effekt hervorgerufen haben. Es ist aber immer festzustellen, dass sich suggestive (noch dazu je nach Therapeutenpersönlichkeit verschiedene) Elemente „einschleichen". Gerade Hinweise auf überprüfbare Techniken haben Suggestivkraft. Letztere wird noch potenziert durch gleichzeitiges unter Beweis stellen, keinerlei Suggestionsabsichten zu haben. Dies geschieht zum Beispiel:

a) *zu Beginn einer Analyse:* „Es ist wichtig, dass Sie meine Angebote kritisch betrachten und selbst entscheiden, ob diese für Sie zutreffen oder nicht." Dann folgen oft viele „Angebote", die der Betreffende im besten Falle wirklich kritisch und genau prüft. Wie bei der Hypnose sind viele „Angebote" aber so konstruiert, dass die Überprüfung den Patienten überrascht und zur Weiterarbeit motiviert. Ich möchte hervorheben, dass also Suggestionen zur an sich wirksamen Intervention hinzukommen und diese bestenfalls noch effektiver machen.

b) *bei Lern- und/oder Übungsprozessen:* „Wenn Sie dem Lern- (bzw. Übungs-)programm exakt folgen, werden Sie den gewünschten Erfolg erreichen, keinerlei andere (magische oder Übertragungs-)Kräfte sind im Spiel." Die ersten „Aufgaben" betreffen dann die kaum angstbesetzten Auslöser oder sind Übungen, die an sich gar nicht misslingen können, was aber der Betreffende nicht weiss. Sie sind nur Schrittmacher für die „positive Welle", von welcher (getragen) der Klient die nach und nach schwieriger werdenden Aufgaben und Übungen bewältigt. In der „positiven Verstärkung" findet also ein gut Teil Suggestion bequem Platz.

Für unsere praktische Arbeit möchte ich so weit gehen, jeden suggestiven Effekt in dem Ausmasse zu begrüssen und bewusst zu verwenden, in dem er die Erreichung des „Lern- oder Übungszieles" erleichtert oder beschleunigt, manchmal sogar erst möglich macht. Das gilt ebenso für die eventuelle Begünstigung des „analytischen Prozesses".

Es ist nicht meine Absicht, hier der Suggestion andere „Kräfte und Effekte", etwa die von BATTEGAY beschriebene Verstärkerwirkung der Gruppe [8] oder das therapeutische Gewicht eines Aha-Erlebnisses zu subsummieren. Die obige allgemeine Einleitung soll uns nur helfen, suggestive Elemente, die in der Gestaltungstherapie den Erlebnisprozess beeinflussen, leichter zu erkennen und gezielt und dosiert zu gebrauchen. In den Beispielen auf den S. 55 und 121 sind suggestive Elemente besonders deutlich oder wichtig.

Das nächste Beispiel zur Suggestion stammt aus dem Psychodrama, nämlich dem *„Zauberladen"* (magic shop). Zunächst einige Informationen zu dieser Technik:

Ein Psychodramaleiter übernimmt selbst die Rolle des „Zauberers", der zum Beispiel „hinter den Bergen, tief im Walde auf einer kleinen Lichtung, bei einer Quelle in einem Holzhäuschen wohnt. Dort hat er alle Dinge, Fähigkeiten und Eigenschaften, die sich ein Mensch nur vorstellen kann, in seinem Laden." (Dabei werden gerne am Abend und bei gedämpfter Beleuchtung das Häuschen und die Lagerräume arrangiert, vielleicht der Wald durch Kleiderständer oder auch Stühle angedeutet.) „Manchmal kommt dann jemand von weit her mit einem Wunsch oder auch um etwas loszuwerden. Aber der Alte ist ein bisschen ‚eigentümlich', er mag kein Geld! Statt dessen macht er Tauschgeschäfte."

Der Leser wird sich vorstellen können, dass sich diese Technik besonders gut eignet die Wunschwelt anzuregen und in der märchenhaften Stimmung auch illusionäre Wünsche auftauchen und äussern zu lassen. Dabei kann dann der „Alte" mehr auf die Abwehrseite eingehen (also auf die „Dinge", die die Erfüllung der – unrealistischen – Wünsche verhindern) oder die Wünsche umfragen und zwecks eventueller Erfüllung plastischer herausarbeiten. Der „Besucher" wird so zu sonst kaum gewagter, recht realistischer Beschäftigung mit diesen Wünschen angeregt. Dabei können natürlich sehr gut Einsichten in die eigene Wunschwelt und durch diese mobilisierte Ängste vermittelt werden. Es kann aber auch „probierend" oder einer „Wunsch-Hierarchie" konsequent und kleinschrittig folgend eine (partielle) Wunscherfüllung (unter Schwierigkeiten) im Spiel angeboten und deren Folgen erlebbar gemacht werden.

Statt des „Alten im Zauberladen" eignen sich natürlich auch andere „Figuren". Besonders günstig ist es, lokale Gegebenheiten zu berücksichtigen. Im Riesengebirge könnte es also ein Nachfahre von Rübezahl sein. In Schweden arbeite ich lieber mit einem „Alten", der einem Troll ähnelt. Eventuell kann er von einem „Tomte" (meist gutmütige und hilfreiche Männchen, ohne die Fehlproportionen unserer deutschen Zwerge) unterstützt werden. Zur Erleichterung der Imagination haben wir zu entsprechenden Jahreszeiten auch „heiliger Nikolaus und Krampus" oder „Knecht Ruprecht" angeboten. Es kann auch einmal eine freundlich getönte Sphinx oder ein „Halbgott mit grossem Verständnis für die Menschen" besonders geeignet sein.

Die schwache Stimme: Am vierten Tag einer 1wöchigen Ausbildungsveranstaltung wird in der recht niedrigen Stube eines alten Kleinbauernhauses ein „gemütlicher Abend" veranstaltet. Nach dem gemeinsamen Essen wird „der Zauberladen" wie oben beschrieben eingeleitet. Der Psychodramaleiter (PL) setzt sich vor die „Tür" seines „Häuschens und Ladens" und nur noch eine Lampe beleuchtet die Szene von rechts (vom Zuschauer aus gesehen). Dieser Lampe wendet sich der „Alte" zu:

PL (im Selbstgespräch): „Ganz schön mit ein wenig Sonne, das wärmt die alten Knochen ... tut richtig gut so ... ja, ja, Du (zur Sonne) meinst es gut mit mir heute ... da mach ich's mir richtig bequem (räkelt sich zurecht) ... aber freilich, wenn das Wetter so gut ist, kommen wohl wieder ein paar Menschen ... mit ihren Wünschen und Sorgen ... herrje (schüttelt leise den Kopf) und die Wünsche, die einige haben ... und manchmal weiss einer nicht recht, was er möchte ... aber wenn er dann doch findet, was er sucht ... es ist richtig schön, sie froh zu sehen ... nur aufpassen muss ich, dass es überhaupt für sie selbst passt, was sie sich wünschen. Na ja, erst mal hab' ich's recht gemütlich (räkelt sich und wendet sein Gesicht noch ein wenig mehr der ‚Sonne' zu)."

Nach einer Weile – es hat sich inzwischen noch niemand entschlossen – hebt er den Kopf, richtet sich etwas auf und sagt: „Kommt da wer? Ich hab doch was gehört ... (lauscht kurz und ‚sinkt' dann wieder zurück) ... nein, war nichts, vielleicht ein Eichhörnchen ... das ist gut, da hab' ich noch meine Ruhe (schliesst die Augen)." Während der erste Satzteil die Erwartung und Bereitschaft bekundet und dadurch indirekt ermuntert, so hebt der zweite Teil das Lokalkolorit hervor, „suggeriert" die Stimmung und Atmosphäre. Erst der letzte Satzteil regt durch die paradoxe Aussage („ich bin froh, wenn ich ungestört bleibe") zum Kommen an. Nach zwei „Besuchern" (deren Wunschszenen wir hier überspringen) macht sich eine 24jährige Kollegin (Pr.) auf den Weg, geht suchend zwischen den Bäumen herum und murmelt: „Wo es wohl ist, das Häuschen?" (sie kommt also gut „ins Spiel").

PL: „Ich glaube, ich höre schon wieder jemanden ... heut' kommen aber viele ... ja ja, es gibt viele Unglückliche und Wünschende."

Pr. (für sich): „Ah, da ist es ja endlich ... (zum ‚Alten' leise) Guten Tag ..."

PL nickt stumm, schaut Pr. freundlich musternd, ein wenig fragend, an.

Pr. (schaut ein wenig unsicher herum): „Schön und gemütlich sieht's hier aus."

PL: „Alles ist recht alt."

Pr. (sehr leise, mit Seitenblick auf den „Alten"): „Ja, das schon." (Sagt weiter nichts.)

Nach einer kleinen Weile ...

PL: „Hast Du Dich verlaufen?" (Beachte: paradox, um zur Sache zu kommen.)

Pr.: „Nein, nein, ich habe von dem Laden gehört (noch leiser) und jetzt habe ich gesucht und gesucht ..."

PL: „Und wo Du jetzt hier bist ..." (Direkte Aufforderung!)

Pr.: „Ja ... ich möchte ... (leiser werdend) ich möchte ... (ein wenig lauter) ich habe eine *schwache Stimme*."

PL: „Das ist schön, die Leute sind ohnehin alle viel zu laut!" (paradox).

Pr.: „Ja, ja, das schon ... aber ... eben darum, keiner hört auf mich ... (etwas markierter) die anderen merken es nicht einmal, wenn sie mich unterbrechen!"

PL: „Das kann schon schlimm sein ... und was möchtest Du da?"

Pr.: „Eine starke, tragende Stimme!"

PL: „Hm ... da hab' ich zwar eine ganze Reihe auf Lager ... (denkt nach ... aufzählend) eine hohe, schrille von einer zänkischen Frau, eine laute, rauhe von einem Unteroffizier, ha ha, die wollte der nicht mehr haben und eine richtig brummige von dem pensionierten General, ach ja und diese schneidend ironische von dem Staatsanwalt und eine ganz laute, überzeugende von dem Politiker." (Anregung zur Präzisierung des eigenen Wunsches.)

Pr. (zweifelnd): „Ich weiss nicht recht ... sie soll nicht unangenehm sein, nur laut genug, um sich Gehör verschaffen zu können."

PL: „Da finden wir sicher etwas ... aber ... was gibst Du mir dafür?"

Pr. (die Schultern sinken ein wenig herunter, sagt bedauernd, aber überzeugt): „Ich habe ja nichts!"

PL (lächelnd): „Na, na! ... ja, wenn Du gar nichts hast??? "

Pr.: „Geld wollen Sie ja nicht."

PL (scharf): „Bleib mir bloss mit dem Geld vom Leibe, das kann ich nicht brauchen, da kämen alle um das Zeug und ich hätte keine ruhige Stunde mehr!"

Pr.: „Ich könnte hier eine Weile mithelfen."

PL: „Na ja ... ich weiss ja gar nicht, ob Du das kannst, aber nett wäre es, wenn ich mich manchmal ausrasten könnte. Du rufst mich dann nur, wenn Du etwas nicht findest oder wenn ein Besuch gar zu frech wird ... aber für eine starke tragende Stimme muss ich schon etwas haben ... irgendeine Eigenschaft, vielleicht eine, die Du loswerden möchtest, ich kann fast alles brauchen." (Direkte Hilfestellung.)

Pr.: „Ich weiss nicht ...?"

PL: „Wie wär's mit Deiner schwachen, kleinen Stimme?"

Pr. (leise aber deutlich): „Die will keiner haben."

PL: „Oho, oho! Das glaubst Du! Aber die Frau mit der schrillen Stimme, die war schon zweimal hier zum Umtauschen und möchte immer eine noch zartere haben ... Also, kann ich Deine Stimme für eine laute und starke haben?"

Pr.: „O ja, gerne ... sehr gerne."

PL: „Ja dann! (geht und kramt in den ‚Regalen', sucht, murmelt ein wenig, dann) na also, hier haben wir eine gute, recht laute Stimme ... ja ja, das ist schon etwas ... nun komm (nimmt Pr. mit der linken Hand an der Schulter), jetzt nehmen wir Deine Stimme heraus (bewegt mit der rechten Hand ihren Kehlkopf ein wenig ‚lockernd' hin und her, ‚nimmt' ihn dann ‚heraus'), so, da haben wir die Stimme (legt ‚diese' beiseite und nimmt die ‚laute' vom Tisch) ... und jetzt setzen wir die andere richtig ein (drückt etwas gegen den Kehlkopf, rückt ihn gleichsam zurecht) ... aber warte, noch eines ... so eine laute, starke Stimme braucht auch mehr Luft, Du musst ihr richtig Luft geben, sonst klingt sie nicht." (Direkte Suggestion!) „So, jetzt atme einmal richtig ein und dann sag mal laut ‚ich kann meine Stimme gut hören'."

Pr. (atmet tief, sagt einigermassen laut): „Ich kann meine Stimme gut hören."

PL: „Gar nicht so schlecht, aber ein bisschen mehr Luft braucht sie noch und ... (rückt noch ein wenig am Kehlkopf herum) sie sitzt noch nicht ganz gut ... so, jetzt ... noch einmal!" (Direkte Suggestion.)

Pr. (laut und sehr deutlich): „Ich höre meine Stimme gut."

PL: „Ich auch! Sehr gut! Jetzt musst Du Deine neue Stimme aber auch üben ... immer viel Luft geben und deutlich sprechen (direkte Suggestion) ... und wenn sie Dir zu laut oder zu schwach ist, kommst Du wieder, wir finden schon etwas."

Pr.: „Danke schön."

PL: „Mehr Luft! Du kannst gleich heute den ganzen Abend üben, vielleicht hilft Dir jemand dabei (Appell an die Zuschauer um Hilfestellung), sonst vergisst Du's wieder ... Ah, da kommt ja noch jemand! Ja dann also, leb wohl und übe fleissig."

Pr.: „Danke, danke – – – Auf Wiedersehen!"

Während des Abends, auch beim Tanzen, „halfen" einige Teilnehmer, die Kollegin an das laute Sprechen zu erinnern. Es war wirklich auffällig, um wieviel deutlicher sie sprach. Es machte ihr auch sichtlich Vergnügen, sich Gehör zu verschaffen. Bis ein Kollege spontan sagte: „Es ist schön, dass man Dich besser hört und versteht, aber Du bist mir jetzt auf geringe Entfernung zu laut." Sofort sprach sie leise. Ein Hilfs-Ich sagte: „Das ist aber nicht die Stimme, die Du geholt hast!", darauf die Kollegin: „Ich will doch nicht immer die laute Stimme haben." Das Hilfs-Ich: „Dann gehst Du am besten nochmals zum ‚Alten' (der Zauberladen wird rasch noch einmal arrangiert)."

PL: „Du kommst schon wieder? Bist Du nicht zufrieden? Ist die Stimme zu schwach?"

Pr.: „Nein, nein, die Stimme ist schon gut, aber ... ich kann doch nicht immer nur laut sprechen, ich brauche auch eine leise Stimme!"

PL (ein wenig vorwurfsvoll): „Ja, und dann noch eine scharfe und eine zärtliche ... und mal eine kalte und dann eine weiche, warme ..." (indirekte Anregung).

Pr. (schaut zuerst ein wenig betroffen, wirkt innerlich sehr bewegt und sagt dann einfach und doch klar): „Ja, so ist es."

PL: „Na also, da haben wir's! Weisst Du was? Du brauchst gar keine weiteren Stimmen!"

Pr. (enttäuscht): „Kann ich keine mehr kriegen?"

PL: „Nein! Was Du brauchst ist keine Stimme ... Du brauchst eine Steuerungsvorrichtung für Deine Stimme. Dass Du sie, je nachdem, laut und leise, scharf oder zärtlich, weich oder hart, kalt und warm klingen lassen kannst!" (Die vorausgehende Frustration verstärkt den suggestiven Effekt des folgenden „ich weiss, was Du brauchst".)

Pr.: „Ja, ja! ... (vorsichtig) Hast Du (beachte: das erste vertraute ‚Du' zum ‚Alten') so etwas hier?"

PL: „Du hör mal! Ich habe Dir doch gesagt, dass es hier alles gibt! ... Na ja, fast alles ... aber (schüttelt bedenklich den Kopf) ... solche Steuerungen sind teuer und ich weiss auch nicht, ob das etwas für Dich ist ..." (paradoxe Anregung).

Pr.: „Wieso denn ... ich würde alles tun, was ich nur kann, für so eine Steuerung ..."

PL: „Das ist es ja, Du musst dann nämlich selber steuern. Es liegt dann ganz allein an Dir. Du musst Dir dann auch überlegen, wann und bei wem Du welche Stimmlage und Lautstärke verwenden willst."

Pr.: „Oh, das mache ich gerne."

PL: „Das sagt sich so leicht, aber ... na gut, Du kannst es ja versuchen. Was willst Du also dafür geben?"

Pr.: „Ich habe doch schon meine Stimme gegeben und sonst habe ich doch nichts!"

PL: „Ja, ich wüsste schon einiges, was ich brauchen könnte. Wenn Du mir das geben würdest, könntest Du sogar Deine Stimme besser steuern."

Pr. (drängend): „Dann sag's doch!"

PL: „Erstens einmal hab' ich schon Deine immer gleichbleibend leise Stimme, da wartet schon jemand drauf, einer, der so leicht aufbraust. Dann etwas von Deiner Unentschlossenheit aus lauter Rücksicht. Einer, der wie ein Elefant in den Porzellanladen tappt, der würde einiges darum geben."

Pr.: „Das lasse ich gerne hier."

PL.: „Dann sind sicher auch Deine Ausreden Dir selbst gegenüber sehr gefragt, z. B. diese: ‚ich habe ja nichts', die wäre gut für jemanden, der immer zu viel gibt. Und Deine Vorbehalte: ‚ich kann doch bei meinem Chef nicht so laut reden', die hindern Dich auch nur. Und der aufbrausende Mann würde nicht so oft seine Stellung wechseln müssen, wenn er zuwarten könnte ohne loszubrüllen."

Pr.: „Gut! Ich gebe Dir die immer leise Stimme, die Unentschlossenheit und diese Ausreden und werde versuchen selbst meine Stimme zu steuern."

PL.: „Du kannst ja zurücktauschen, wenn's Dir zu mühselig wird. Einige Wenige wollen ja gerne selber steuern, selbst auf eigenes Risiko. Die geben dann viel für so einen Steuermechanismus. Also hier (‚montiert' an der Seite des Kehlkopfs ein kleines ‚Ding' ein) und jetzt versuche mal! Erst laut: ‚ich spreche laut'." (direkte Suggestion).

Pr. (recht laut): „Ich spreche laut."

PL: „Sehr gut. Und jetzt ganz leise."

Pr. (flüstert fast): „Ganz leise, dass sonst niemand etwas hört."
PL: „Und scharf!"
Pr.: ???????
PL: „Du gemeiner Kerl ... oder so etwas ähnliches."
Pr. (scharf und ein wenig zischend): „Du Schuft, du gemeiner!"
PL: „Gut! Gut! Da war sogar etwas eigenes dabei. Und jetzt etwas zärtliches."
Pr. (zögernd, dann warm, ein bisschen gequetscht): „Ach so ein liebes Kleines ..."
PL: „Na ja, nicht so schlecht, aber ... tja, das musst Du vielleicht bei passender Gelegenheit üben ... ja, und all das andere auch."
Pr. (ernst): „Das will ich tun."
PL: „Und wenn es mit der Steuerung nicht klappt, kannst Du ja kommen, es gibt da auch noch Zusatzdinge, aber da weiss man anfangs nicht welche, denn so eine Selbststeuerung ist eine verflixt schwierige Sache manchmal ... Na schön, leb wohl."
Pr.: „Leb wohl ... und danke schön nochmals."
Die suggestiven Elemente sind zum Teil an Ort und Stelle erklärt, die Übungsansätze sind leicht zu erkennen. Die Leiterinterventionen tragen auch der Impulssteuerung Rechnung und sind auf tiefenpsychologischem Hintergrund gegeben.

Die adäquate Verteilung von Lernen, Üben, Einsicht vermitteln und neurotische Widerstände auflösen und überwinden liegt mir besonders am Herzen. Unter Berücksichtigung der Wünsche und Möglichkeiten des Patienten werden Ausbildungsrichtung und Zielsetzung des Therapeuten sowie äussere Umstände Einfluss auf die erwähnte Verteilung haben. Vielleicht wäre es gut, wenn der psychoanalytisch arbeitende Kollege noch einmal überlegt, wieviel an Lernen und Üben in Setting und Verlauf, aber auch im analytischen Prozess selbst, enthalten ist. Wir greifen hier nur heraus, dass der Patient es *lernt*, sich in der antriebsfreundlichen Atmosphäre der Analyse mit seiner „Impulssteuerung" zu beschäftigen und somit dieses Umgehen mit sich selbst dort auch übt. Umgekehrt ist der Inhalt der heutzutage angebotenen Lern- und Übungsprozesse in hohem Masse von den zum Allgemeingut gewordenen tiefenpsychologischen Erfahrungen abgeleitet. In Übereinstimmung mit vielen Kollegen, die verschiedenste ernsthafte Psychotherapieformen ausüben aber nicht einer oder gar „der richtigen" Schule hörig sind, bin ich der Überzeugung, dass die Wahl des Behandlungsverfahrens oder entsprechender Kombinationen eine Frage der Indikationsstellung sein soll. Unter welchen Voraussetzungen sich uns die „kreativen Verfahren", sei es als Katalysator, als Komplettierung oder gelegentlich auch einmal als Methode der Wahl, therapeutisch nützlich erwiesen haben, soll im folgenden Kapitel über deren Indikationen aufgezeigt werden.

Kapitel 5: Zur Indikation gestalterischen Tuns in der Psychotherapie

Nach Besprechung der verschiedenen Betrachtungs- und Bearbeitungsmöglichkeiten, Beschreibung einer ganzen Reihe von „Verfahren" bzw. Vorgehen und den Hinweisen auf den Umgang mit dem Gestalter und seinem Erleben während des Gesamtgestaltungsprozesses, sind wir nun in der Lage, uns mit den Fragen der Indikationsstellung eingehender zu befassen. Wir werden beachten müssen, inwieweit der *Stand der Behandlung* besonders für die Verwendung gestalterischer „Massnahmen" spricht; inwiefern die *Persönlichkeitsstruktur* (Erlebnisverarbeitungskonstanten, „feste oder verfestigte" Verhaltens- und Reaktionsweisen) die Indikation zur Gestaltungstherapie generell oder die Auswahl bestimmter Angebote beeinflusst. Eventuelle besondere *Begabungen* (nicht so sehr künstlerische) *des Patienten,* hinsichtlich seiner Ausdrucksmöglichkeiten und seiner Fähigkeit, Zusammenhänge zwischen Spiel und Leben zu erkennen, haben wir ebenso zu berücksichtigen, wie die individuellen *Persönlichkeitszüge des Therapeuten* und seine *Ausbildung* und *Vorerfahrung.* Zuletzt werden wir *äussere Umstände* und *Risikofaktoren* (also *relative und absolute Kontraindikationen*) zu besprechen haben.

I. Indikationen aus dem Stand der Behandlung

Hier sind also solche Situationen und Zeitpunkte gemeint, die die Verwendung gestalterischer Möglichkeiten besonders günstig erscheinen lassen oder geradezu nahelegen.

1) *In der Vorbereitungs- und Anfangsphase der Therapie bei Patienten mit ungenügender oder schlechter Behandlungsmotivation.* Weder im Rahmen der klinischen Psychotherapien, noch bei ambulanten Behandlungen können wir davon ausgehen, überwiegend wohlmotivierten Patienten zu begegnen. Oft sind sie von Kollegen „geschickt", weil sie Symptome haben, zu deren Erklärung keine ausreichenden organischen Veränderungen und Ursachen gefunden wurden. So wird leider nicht selten nach körperlicher Untersuchung auf Ausschliessungsbasis die Behauptung geäussert, dass „es mit den Nerven zusammenhänge", „nervös bedingt sei". Der günstige Einfluss gestalterischer Verfahren in dieser Situation ist je nach Therapieform (einsichtsvermittelnd oder lernend-übend) unterschiedlich.

a) *Bei einsichtsvermittelnder, tiefenpsychologisch orientierter Behandlung:* Der *Einsichtsvermittlung* (Kap. 2, S. 40) in neurosenpsychologisch relevante Zusammenhänge kommt in dieser Anfangsphase grösste Bedeutung zu. Gestalterische Verfahren rufen, dank der vorerst oftmals „spielerisch" (Kap. 1, S. 13) anmutenden Betätigung, keine so massiven Widerstände auf den Plan, wie die Aufforderung, über eigene Schwierigkeiten und Probleme zu sprechen. Viele Aktivitäten der Gestaltungstherapie ähneln ausserdem beliebten Beschäftigungen des kleinen Kindes. In seinen Spielen war es – wahrscheinlich – durch die gleichen Faktoren behindert, die insgesamt zur neurotischen Fehlentwicklung geführt oder zumindest beigetragen haben. Hier bieten sich also durch Malen, Formen, Rollenspiel, einfache Musiktherapie (man denke nur an Topfdeckel = Cimbel, Kochlöffel und Topf = Trommel und Schlegel usw.) und Bewegungsspiele der Konzentrativen Bewegungstherapie Zugänge zu den damals durch Umwelteinflüsse verschütteten kreativen Möglichkeiten an. Auf diesem „Spielfeld" können alte und verfestigte *Restriktionen gelockert* (Kap. 2, S. 31) und den früher gehemmten Impulsen nach und nach erneut genügend „Spielraum" gegeben werden. Ihre realitätsgerechte Steuerung kann im Rahmen der Gestaltungstherapie probiert und „geübt" werden. Ein überschiessender oder danebengehender Impuls hat hier auch nicht die gleichen schicksalsschweren Konsequenzen, wie wenn dasselbe mit Partner, Chef, Freund oder Gegner „passiert" wäre. Im Verlauf des Gestaltungserlebens soll dem Patienten auch manches deutlich (gemacht) werden, was mit seinen Beschwerden, seiner Symptomatik und seinen (ihn selbst) störenden Fehlhaltungen und (Fehl-)Verhaltensweisen zusammenhängt. Auch *woher* derartiges kommt, *wodurch* es genährt und aufrechterhalten wird, kann verständlich werden. Diese Einsichten führen im günstigen Falle zu einer erhöhten Motivation für die weitere Durcharbeitung.

b) *Bei Behandlungen mit Lern- oder Übungszielen* ist es durchaus möglich, die kreativen Betätigungen einigermassen lustbetont zu gestalten. Dies ist bei reinen verhaltensmodifizierenden und Übungs-Therapien umso eher möglich, wenn man persönlichkeitsstrukturelle Gegebenheiten (siehe S. 228) bei der Art des Vorgehens berücksichtigt und mit verwendet (siehe Kap. 4, S. 211). Man kann die Motivation für die folgenden Übungen oder Lernprozesse durch dosierte „Lustbefriedigungsmomente" (seien es nun Erfolgserlebnisse, Teilbefriedigungen oder vermindertes Leiden), also durch (Re-)Inforcements verbessern.

Durch entsprechende Auswahl von Material, Themen, Verfahren und Techniken können bestimmte Verhaltensbereiche besonders angesprochen und bearbeitet werden. So werden z. B. mit Fingerfarben viel eher gemeinsame Malereien und „Schmierereien" gemacht als mit Buntstiften. Ein Xylophon regt viel mehr zum Finden einer Melodie, eine Handtrommel dagegen zum rhythmischen Schlagen an; ersteres spricht mehr Gefühlhaftes an (aber weniger als ein Psalter), die Trommel wird eher Gelegenheit zu Dominanz- und Durchsetzungsübungen geben (siehe Kap. 2, S. 89). Bei den Themen kann z. B. die ergänzte WITTGENSTEINsche Elementen-Serie „Quelle – Bach – Fluss – See – Strom – Meer – Wasser" durchaus „weiterstrebende Kräfte" und befruchtendes lebenspendendes Nass ausdrücken. Die individuelle Ausformung der Themen gibt über Wünsche, Ängste und deren Verarbeitung Bescheid, die die Planung des Behandlungsganges erleichtern können. Es ist aber auch möglich, den Patienten mit den für ihn wichtigen Themen und Subthemen weiter gestalterisch arbeiten zu lassen. Eine Reihe von *Bildnereien* wurde zum Beispiel bei einer Brückenangst empfohlen und gemalt: „Unbemerktes Rohr unter der Strasse", „Unterführung einer kleinen Strasse unter der Autobahn", „Breite Brücke über Eisenbahn in Bahnhofsnähe", „Brücke über Fluss im Tal", „Schmale Brücke im Gebirge", „Steg über Schlucht", „Schwankende schmale Hängebrücke" und „Langer Stamm über eine Klamm". Auch realitätsnahe *Rollenspiele* mit zunehmend „gefährlichen Brücken" bieten gute Bearbeitungsmöglichkeiten. Manchmal erlauben märchenähnliche oder exotische Szenen wie z. B. „Lianenseil über Afrikafluss" (mit Krokodilen darin) eher die spielerische Bewältigung der Situation.

2) *Bei sogenannten „initialen Widerständen" in analytischen oder tiefenpsychologisch orientierten Behandlungen.*

Selbst bei klarem Behandlungswunsch und angeblich guter Motivation zeigen sich diese Widerstände einerseits als Nicht-zur-Sprache-Bringen bestimmter Umstände oder ganzer Erlebnisbereiche, andererseits häufig als *Nichtträumen* bzw. *keine-Träume-erinnern-Können.*

a) *Ausweichtendenzen:* Es mag einmal richtig sein, den Patienten direkt darauf anzusprechen, ein anderes Mal treibt es ihn unnötigerweise in den „Widerstand". Wir wissen, dass verschwiegene Impulse, Handlungen und Erinnerungen gehäuft in Träumen aufscheinen. In gleicher Weise haben sie eine Tendenz, sich sozusagen – an den Kontrollinstanzen vorbei – in die Bilder, Skulpturen und Darstellungen der Gestalter „einzuschleichen". Dort tauchen sie manchmal überraschend unverhüllt, oft aber in symbolischer, allegorischer oder sonst versteckter Form auf (siehe Kap. 2, S. 31 und S. 36). Sie direkt aufzugreifen, ist anfänglich selten günstig. Meist ist es besser, „durch die Blume" zu sprechen oder z. B. im Rollenspiel nur auf die augenblicklich dargestellte Rolle einzugehen und die Impulse und deren Steuerung nur indirekt zu bearbeiten.

b) *Nichtträumen* oder *ständiges Vergessen der Träume:* Dieses „Geständnis" wird manchmal scheu, dann schuldbewusst, sich selbst als unfähig hinstellend, mit leise ironischem Lächeln oder mit deutlicher „Schadenfreude" und selten offen aggressiv vorgebracht. Wie dem auch sein mag, so ist es initial oft von Vorteil, nur auf die Tatsache einzugehen und selber festzustellen, dass dagegen eben nichts zu machen sei. Etwa: „Haben Sie den Traum vergessen oder wissen Sie nicht einmal, dass Sie geträumt haben, so können Sie auch nichts aufschreiben." Dann kann als Ausweichmöglichkeit das Freie Malen oder Modellieren angeboten werden, bei welchem es „Ihnen nicht passieren kann, dass gar nichts auftaucht oder etwas wieder verschwindet, denn ob Sie sich hinsetzen und etwas zeichnen oder malen wollen, darüber bestimmen Sie selbst." Anschliessend spielen sich nun anhand der vorgeschlagenen Gestaltungen die für den jeweiligen Patienten typischen Widerstandsformen ab: vergessen zu malen, Farben verlegt, Kinder haben Farben verschleppt, Angehörige stören, keine Zeit gehabt, Blatt daheim vergessen, aufs Blatt gekleckst und *so* fleckig nicht mitbringen wollen, Auftrag als Scherz verstanden usw., usw. Oder aber er (sie) beginnt zu gestalten, kommt über sein Erleben in ein mehr emotional getöntes Gespräch (und eine entsprechende Beziehung) mit dem Therapeuten und der (analytische) Behandlungsprozess kommt in Gang. Sehr häufig kommt es vor, dass im gleichen Augenblick, in dem (besonders farbige und figürliche) Gestaltungen mitgebracht und entsprechend (siehe Kap. 2, S. 63) angenommen und durchgearbeitet werden, auch Träume erinnert und in die Therapie einbezogen werden. Ein Patient hatte sich zuerst 4 Wochen abgemüht, Träume zu erinnern. Er wollte das Malen nicht probieren, da ihm dies als ein „Der-eigenen-Schwäche-Nachgeben" gekränkt hätte. Es überraschte ihn selbst, als nach einigen Bildnereien die ersten Träume auftauchten. Er sagte: „Das ist zu dumm ... und auch komisch ... so wie wenn ‚mein Kontrolleur' sagen würde ... ‚na gut, wenn Du mir mit den Bildern ohnehin ein Schnippchen schlägst, kannst Du auch gleich die Träume nehmen'."

3) *In verschiedenen Gruppensituationen.*

Einige Therapeuten verwenden gestalterische Arbeitsweisen in ihrer Gruppenarbeit. Das geht von gelegentlichen Aktivitäten (z. B. wenn das Bedürfnis dazu bei einem oder einigen Teilnehmern auftaucht) über intermittierende und regelmässige Verwendung bis zur Anwendung als Methode der Wahl (z. B. Psychodrama oder Konzentrative Bewegungstherapie). Hier möchte ich jedoch Situationen herausgreifen, in denen kreatives Schaffen *in* der Gruppe (aber auch das Mitbringen von „Werken" mit nachfolgender Schilderung des Erlebens während des Gestaltungsprozesses) besonders hilfreich sein kann:

a) *Initial zur Einsichtsvermittlung,* wenn Ängste, Gehemmtheiten und Haltungen das verbale direkte Angehen verhindern oder zumindest beeinträchtigen. Die bisher genannten Gesichtspunkte (Mom. 1, S. 221 und Mom. 2a) S. 223) gelten auch für die ambulante oder klinische Gruppentherapie.

b) *Zur Verdeutlichung, Konkretisierung und Aktualisierung* von eingebrachtem „Material" für die anderen Gruppenteilnehmer, aber auch den „Berichter" selbst. Dabei kann es manchmal günstig sein, den Weg über „bildhafte und figurale" Darstellungen mit ihrem förderlichen Einfluss auf das Zulassen von Gefühlshaftigkeit und der zugleich geringeren narzisstischen Kränkbarkeit (siehe Kap. 1, S. 14) zu wählen. Bei anderer Gelegenheit bietet möglicherweise ein Rollenspiel (sei es ein zum Thema passendes Märchen, eine entsprechende „Aufgabenstellung" aus der Psychogymnastik oder eine Form des Psychodramas wie zum Beispiel in Kap. 4, S. 158) einen besseren Einstieg. Im zugehörigen Abschnitt (Impulsmobilisierung und Konfliktaktualisierung) sind beleuchtende Beispiele zu finden.

c) *Bei Störungen der emotionalen Grundbeziehungen* (BALINT [7]) *bzw. überwiegend schizoider Persönlichkeitsstruktur* (SCHULTZ-HENCKE [140]) bieten gerade einige gestalterische Gruppenverfahren gute Möglichkeiten, gefühlsgetönte Beziehungen zu den „Objekten" (und zwar zuerst zu Dingen, dann über Gegenstände zu Menschen und erst dann im direkten Kontakt zum Mitspieler und Mitübenden) anzubahnen und nach und nach wachsen zu lassen. Über Malgruppen und entsprechend günstige Themengebung wurde bereits in Kap. 3, S. 73 berichtet. Gerade in Gruppen mit diesen Frühgestörten hat sich unter anderem aus der Konzentrativen Bewegungstherapie das „Sich-bekannt- und -vertraut-Machen" mit einem Gegenstand bestens bewährt. Einfache Gegenstände werden zum Beispiel (möglichst mit geschlossenen Augen) betastet, auch berochen und in der (kleinen) Runde der am Boden sitzenden Patienten weitergegeben (siehe Kap. 5, S. 229). Über Auswahlkriterien geeigneter Verfahren für den überwiegend schizoid strukturierten Patienten siehe Abschnitt II/1, S. 229.

d) In Gruppen mit andauernden und ausgeprägten *Rationalisierungs- und Intellektualisierungstendenzen* kann es gelingen, die Mitglieder durch eine logische und plausible Einführung zum Gestalten zu bringen: Regisseur und Autor sein (Kap. 3, S. 111), Skizzen zur Veranschaulichung (Kap. 4, S. 149, Vorbereitungsphase) und ähnliches. An sich „verführt" das Gestaltungserleben, besonders während der Aktionsphase, zum „Reden, wie einem der Schnabel gewachsen ist". Aber auch beim nachfolgenden Durcharbeiten, das oft noch als dem „Spiel" zugehörend empfunden wird, ist die Diskussion entspannter und gefühlshafter. Damit sind natürlich die Rationalisierungs- und Intellektualisierungstendenzen keineswegs „behoben". Bei wiederholtem Mitmachen und Erleben solcher aufgelockerter Gruppentreffen und insbesonders wenn mehrfach ein therapeutischer, sich auf die Lebenspraxis auswirkender „Nutzeffekt" erzielt wurde, kommt es zu sukzessiven Umstellungen und „Umgewöhnungen", sei es nun via Einsicht oder der einen oder anderen Form von Lernen.

e) *Zur Rettung eines – gestalterisch begabten – Omegas einer Gruppe:* In tiefenpsychologisch orientierten therapeutischen Gruppen wird es kaum je vorkommen, dass ein und dasselbe Mitglied dauerhaft, das heisst also in verschiedensten Hinsichten, Antriebsbereichen und bei allen Gelegenheiten in der Omega-Position verbleibt (SCHINDLER [132]). Als Prügelknabe oder schwarzes Schaf ist der Betreffende (schwacher) Repräsentant des jeiweils gerade unterdrückten Impulses. In Kleingruppen, die von ihrem Leiter betreut, geführt, animiert und geschützt werden sollen, ist die langdauernde Omega-Stellung desselben Teilnehmers unter anderem wegen der immer vorhandenen „Geschwister"rivalität besonders zu beachten. Das eben erwähnte Gruppenmodell, das eine Identifizierung mit dem Leiter ermöglichen soll, finden wir bei der Behandlung sogenannter Psychotikergruppen, bei Süchtigen und bei jüngeren Adoleszenten. Da die *ständige* Omegaposition sehr belastend ist, die Therapie behindert und sogar gefährlich werden kann (Therapieabbruch bis Suizidversuch), ist es notwendig, den betreffenden Teilnehmer wenigstens auf einem Gebiet aus dieser „Rolle" zu bringen. Diesbezügliche Möglichkeiten hat Heigl-Evers [67] beschrieben. Ergänzend kann dazu gesagt werden: Falls eine „Omegafigur" auf dem einen oder anderen gestalterischen Gebiet begabt ist, kann sie dadurch für die Zeit der Aktivität und der folgenden Bearbeitung in eine günstigere Position innerhalb der Gruppe kommen. Das Beispiel mit dem „immer daneben liegenden Patienten in der Musiktherapie (Kap. 2, S. 48)" mag zur Illustration dienen.

4) *Zur (Wieder-)Mobilisierung eines „dynamischen Gefälles" in verbal geführten Einzel- und Gruppentherapien.*

Es kann geschehen, dass der analytische Prozess und die Bearbeitung relevanter konfliktbesetzter Umstände und Beziehungen nicht in Gang kommen oder dass im Laufe einer (länger dauernden) Behandlung die Dynamik der Begegnung zwischen Patient(en) und Therapeut stagniert. In der Einzeltherapie können zum Beispiel einige Lebens- und Erlebnisbereiche „frei zugänglich geworden" sein. Patient und Therapeut begnügen sich (unbemerkt) damit, vielleicht weil ein bisher nicht bearbeitetes „Gebiet" für beide recht belastend ist. Es kann aber auch ein schönes Gleichgewicht in der Behandlung erreicht worden sein, das Patient und Therapeut befriedigt. Bei tiefenpsychologischem Vorgehen gibt es eine „Einigung" auf Bearbeitung „schöner Träume". Oder der Patient bietet die gleichen Problematiken immer wieder an, wobei weder er selbst noch der Therapeut bemerken, dass gewisse Klippen ständig umschifft werden. In den Gruppen dreht es sich häufiger um die Ausbildung einer starken Gruppenkultur oder Gruppennorm (Battegay [8], Heigl-Evers [67], Hofstätter [77]). Es ist zur Institutionalisierung der Gruppe (Schindler [132]) gekommen. Gewisse Themen und Erlebnisverarbeitungen werden dann nicht mehr berührt. Durch Anregen kreativer Betätigungen werden häufig sowohl in der Einzel- wie in der Gruppentherapie „versteckte" oder unterdrückte Impulsbereiche angesprochen und kommen im Gestaltungsprozess zum Ausdruck. In der Einzeltherapie können diese dann vom Therapeuten aufgezeigt und der Durcharbeitung zugeführt werden, wodurch der therapeutische Prozess oft eine Belebung erfährt. In der Gruppentherapie führen gestalterische Aktivitäten oft ohne direktes Eingreifen des Therapeuten zu Spannungen in oder zwischen einzelnen Teilnehmern und somit zum Wiederauftreten eines „dynamischen Gefälles".

5) *Zur Veranschaulichung der inneren und äusseren Situation für Patient und Therapeut bei Krisen und vor Beendigung der Therapie.*

In erster Linie werden dabei Übertragungszeichen und Gegenübertragungshinweise (siehe Kap. 2, S. 56), prospektive Zeichen (Kap. 2, S. 63) und die Betrachtung auf kategorialer Ebene (Kap. 4, S. 194), sowie auf Objekt- und Subjektstufe (Kap. 4, S. 166) hilfreich sein. Von der Möglichkeit des Therapeuten, sich dadurch Erkenntnisse zu verschaffen, die er vorwiegend für sich selbst (zur Stützung oder Korrektur seiner Auffassung) braucht, wollen wir hier nicht sprechen. Dies ist der – selbstverständlich auch wichtige – diagnostische Aspekt des Gestaltungsprozesses. Dagegen gehört zu unserem Thema die Verwendung des Gestaltungserlebens als *Mittel der Therapie.* Am günstigsten, da für den Patienten am meisten relevant, ist es natürlich, wenn das Gestaltungserleben oder das fertige Werk selbst zum Gestalter spricht. Dies war zum Beispiel vor Beendigung der Behandlung bei der „Zukunftsprojektion" des Psychodramas (Kap. 2, S. 64) beim Vergleich mit dem bisherigen Verhalten der Fall. Aber auch die Anwendung als Beleg, übertrieben scharf formuliert als „Beweismaterial", kann wertvoll sein. Unser Beispiel „Hand vor dem Mund" (Kap. 2, S. 26, Abb. 2 und 3) zeigt dabei, was für die Patientin gleichsam evident war, was ihr sofort oder erst später angeboten werden konnte und was gar nicht zur Sprache kam. Sicher handelte es sich bei der eben erwähnten Situation um eine Krise in der Behandlung. Auch für das Beispiel „Bild nach Gruppensitzung" (Kap. 2, S. 32, Abb. 7) gilt dies. Hier gelang es der Schwester, die Krise der Patientin über gestalterische Aktivität der Bearbeitung in der Gruppe zuzuführen. Dieselbe Patientin hatte dann in der ebenfalls kritischen Situation dem Therapeuten gegenüber schon die Fähigkeit, von sich aus wieder über ein Bild („Der Troll", Kap. 2, S. 58, Abb. 18) ihre Schwierigkeiten zur Sprache zu bringen.

Gerade nach der Beschreibung einiger Gegebenheiten, Zeitpunkte und Umstände in verschiedenen Psychotherapien, bei denen gestaltungstherapeutische Hilfen besonders indiziert sind, erscheint es notwendig, auf die Verwendbarkeit kreativer Verfahren als gelegentliche Ergänzung, als integriertes therapeutisches Mittel und – seltener – als alleinige Behandlungsform hinzuweisen. Dies „richtig" zu entscheiden und zu dosieren, wird von allen folgenden Kriterien, nicht zuletzt von der Persönlichkeit und somit auch den Neigungen und der Ausbildung des Therapeuten abhängen.

II. Indikationen aus der Persönlichkeitsstruktur des Patienten

Die Kategorien des Besitz-, Geltungs- und Kontaktstrebens wurden in Kap. 4, S. 194ff. beschrieben und ihre praktische Bedeutung bei der Behandlung der einzelnen Patienten hervorgehoben. Hier möchte ich, zur Erleichterung der Indikationsstellung, eine Einteilung nach den vorwiegenden Zügen der Persönlichkeitsstrukturen folgen lassen. Diese sind unter anderem von DÜHRSSEN [22], HEIGL [65], KEMPER [87], SCHULTZ-HENCKE [140] und besonders anschaulich (für den psychisch „Gesunden" wie den Neurotiker) von RIEMANN [128] beschrieben worden.

Um Missverständnissen – vor allem bei Kollegen, die weniger gewöhnt sind, mit diesen Modellvorstellungen zu arbeiten – vorzubeugen, sei auch hier folgendes unterstrichen: Reine Strukturen gibt es nur im (gedachten) „Idealfall". Es versteht sich im Grunde von selbst, dass ungenügend bewältigte Entwicklungsaufgaben einer früheren Phase die ungestörte Aneignung weiterer grundlegender Fähigkeiten während der folgenden Entwicklungsschritte entsprechend tönen, hemmen und sogar verhindern können.

Wir wenden uns nun den vier Grundstrukturen bzw. den bei ihnen hervortretenden schizoiden, depressiven, zwangsneurotischen und hysterischen Zügen zu und wollen besprechen, inwiefern diese zu besonderen Indikationsstellungen Anlass geben. Dies ist für Lern- und Übungstherapien genau so wichtig wie für tiefenpsychologische Behandlungen, da die zur Persönlichkeitsstruktur passende Formulierung des Angebotes und der entsprechende „Stil" des therapeutischen Eingriffes oft entscheidend dafür sind, was der Patient akzeptieren, assimilieren und integrieren kann.

1) *Überwiegend schizoid strukturierte Patienten:* Bei ihnen liegen Störungen der intentionalen Grundbezogenheiten vor, ein ganz früher „Anteil" des „basic trust" im Sinne von ERIKSON [24] ist beeinträchtigt, die emotionale Grundbeziehung, BALINT [8] konnte nicht entsprechend breit und tief etabliert werden. Häufig ist ihre Wahrnehmung mehr oder weniger in der Weise gestört, dass die „Objekte" (im gewöhnlichen und im psychoanalytischen Sinn) undeutlich, blass und verschwommen erlebt werden, wobei die zugehörige gefühlsmässige Tönung verzerrt, verschoben ist oder sogar fehlt. Oft werden Details übersehen, der Patient „sieht vor lauter Wald die Bäume nicht", HEIGL [65] oder er bleibt an einem Detail hängen und missdeutet dann den Rest und das Ganze. Dies öffnet dann Tür und Tor für sensitive oder paranoid gefärbte Meinungen, Auffassungen und Überzeugungen. An ihrem Blick kann auffällig sein, dass er leicht „in die Ferne bzw. ins Nichts" gleitet, „ins Schwimmen gerät" oder auch „darüber hinschwebt", DÜHRSSEN [22]. Diese Form des „Sehens ohne zu schauen" ist recht leicht zu unterscheiden von gesenkten bis niedergeschlagenen Blicken, von sich an einem Punkt starr festhaltenden, fixierenden und alles andere beiseite

lassenden Blicken und von neugierig weiterhüpfenden, die Dinge nur kurz musternden, die bei den folgenden „Strukturgruppen" gehäuft zu beobachten sind. Wie die Wahrnehmung, so ist auch die Gesamtbeziehung zur eigenen Tätigkeit, zu den Darstellungen und Gebilden, gestört. Bei oft starkem Kontakthunger besteht zugleich grosse Angst vor Nähe und Intimität. Mehr und Genaueres über Gegebenheiten und Neigungen bei den überwiegend schizoid Strukturierten ist der angeführten Literatur zu entnehmen; besonders die „Grundformen der Angst" von RIEMANN [128] geben ein lebendiges und nicht bloss auf den Neurotiker eingeengtes Bild.

Bezogen auf die Gestaltungstherapie ist also zu empfehlen, „Verfahren" zu wählen, die nicht von Anfang an starke gefühlsmässige Kontakte oder gar körperliche Berührungen aufzwingen. Bei Bildnereien und beim Formen ergibt sich häufig die Möglichkeit, vom „unpersönlich und nüchtern" erlebten Bleistift über Buntstifte und/oder bunte Kreiden zu Farbe und Pinsel und erst dann zu den „hautnahen" Fingerfarben und zur Modelliermasse überzugehen. Auch Gemeinschaftsarbeiten in Gruppen sind nicht an den Anfang zu stellen. In der Konzentrativen Bewegungstherapie wird vorteilhaft mit Einzelstunden begonnen. Das Verhältnis zum Boden, zu Gegenständen, eventuell zu eigenen – weniger „geladenen" (welche das sind, ist individuell höchst verschieden) – Körperteilen und -regionen ist erst zu erarbeiten. Dann kann in kleiner Gruppe mit realitätsgerechtem und zugleich emotional getöntem Sich-Bekanntmachen und Wiedererkennen von Gegenständen (siehe Kap. 5, S. 225) fortgesetzt und nach und nach zu „Übungen" übergegangen werden, die existentielle Berechtigungsgefühle und Besitztönung ins Erleben bringen. Bei Rollenspielen ist die Protagonistensituation in Gruppen von weniger belastungsfähigen Patienten besonders wegen zu grosser „Nähe" und „Wärme" oft nur schwer zu ertragen. Eher sind die eventuell selbst eingebrachten Verkennungen und Missdeutungen in der Mitspielerrolle als solche erlebbar zu machen. Noch besser geht dies während der Diskussion der Unterschiede zwischen dem Erleben eines Protagonisten und des ihn doppelnden Schizoiden, aber leider führt bei Patienten mit massiven intentionalen Störungen die verbale Bearbeitung nur zu besserem *intellektuellen* Verständnis. Für einen Zuwachs an Urvertrauen und emotionaler Bezogenheit ist das Selbsterleben von entscheidender Bedeutung. Bei all den verschiedenen Möglichkeiten des Vorgehens sind gerade bei diesen in ihrer Persönlichkeitsentwicklung „Frühst-Gestörten" die Kontinuität, das Einhalten des Kleinschrittprinzips und die Echtheit der gefühlsmässigen Zuwendung von ausschlaggebender Bedeutung. Zu letztgenannter möchte ich für den Umgang mit den Schizoiden hinzufügen: Lieber den echten Ärger zeigen und zugleich erleben lassen, dass deshalb weder die Welt einstürzt noch die Beziehung abgebrochen wird, als ein „freundliches" Gefühl ausdrücken, von dem gerade der intentional gestörte Patient sehr leicht bemerkt, dass es erzwungen oder vorgetäuscht ist. Aufgrund seiner mangelnden Intuition (im Sinne von gefühlsmässig „richtig" spüren) hat er diesbezüglich – entsprechende Intelligenz vorausgesetzt – „Antennen", das heisst eine ungeheuer feine Registrierfähigkeit, ausgebildet. Wenn alle angedeuteten Voraussetzungen günstig sind, kann es dem Patienten gelingen, das „Interesse" an sich selbst und an der Umgebung, die „Intentionalität" im Sinne von SCHULTZ-HENCKE [140] an Hand der zuverlässigen und tragfähigen Beziehung nach und nach gefühlshaft zu tönen. Dies wird besonders in der Arbeit mit der „Eigengestalt" von PANKOW [117], dem sukzessiven Weiterformen und -entwickeln einer Mensch-Figur aus geschmeidig bleibender Modelliermasse, deutlich. Manchmal stört schon der Beobachtungsanteil der Therapeutenrolle empfindlich. Gelegentlich kann die aktive Beteiligung des Therapeuten an den gestalterischen Aktivitäten helfen (siehe Kap. 3, S. 108). Die nötige Vorsicht und die hier angedeuteten Einschränkungen sollen aber nicht abschrecken, sondern nur die Schwierigkeiten herausstellen, die zu beachten und zu erwarten sind. Das Beispiel aus der Musiktherapie (Kap. 2, S. 90) und die weiteren Beispiele (S. 32, Abb. 7 und S. 121) zeigen, dass es durchaus angebracht ist, in geeigneter Weise, möglichst zum „richtigen" Zeitpunkt, zielgerichtet aktiv zu werden. Eine weitere Voraussetzung ist allerdings, dass die äusseren Bedingungen sicher genug sind, also genügend Zeit vorhanden ist, eventuell notwendige Schutzmassnahmen ergriffen werden können und die Umgebung des Patienten bereit ist und ihrerseits gestützt wird für die schwere und subtile Arbeit.

2) *Überwiegend depressiv strukturierte Patienten:* Hier steht zumeist die Passivität im Vordergrund. Der Patient wartet ab und „bemüht sich nicht", HEIGL [65]. Dabei können zwei Umstände eine Rolle spielen: Einmal die illusionäre Erwartung, dass der Therapeut es ja besser könne und das Nötige an Stelle des Patienten machen möge. Ein andermal kann die zu Schuldgefühlen führende übersteigerte Leistungsforderung an sich selbst so ausgeprägt sein, dass sie nur mit Resignation beantwortet werden kann. Häufig hört man von Patienten mit derartigen Persönlichkeitszügen: „Ich kann nicht ... es geht nicht ... ich bin nicht begabt ... es wird ja doch nichts" und ähnliches. Statt die Dinge (Umstände, Pläne, Kontakte) zu gestalten, lässt sich der Patient von diesen bestimmen. Bei Ansätzen zu eigenem Aktivwerden besteht neben der Angst zu versagen und wieder ein Misslingen zu erleben, das ebenso gefürchtete Risiko, noch mehr aufgehalst zu bekommen. Aus „Mitgefühl" oder „weil andere es brauchen", machen viele dieser Patienten zu viel und werden durch ihre *Opferhaltung* gelegentlich bis in die Erschöpfung getrieben. Es ist aus dem bisher Gesagten verständlich, dass sie auf Lichtblicke, erste Fortschritte und erfreuliche Entwicklungen leicht mit einer *negativen therapeutischen Reaktion* „antworten".

Vor oberflächlichem Ermuntern ist zu warnen. Es wird überwiegend als billiger Trost und ein „im Grunde ja doch nicht Verstanden-Werden" erlebt.

Auch längerdauernde Kuren und andere Massnahmen, die Schonhaltungen beinhalten, verstärken die Passivität der Patienten, bis sich schliesslich „alles wie ein unüberwindlicher Berg" vor ihnen häuft.

In leichteren Fällen kann es angebracht sein, Berechtigungsgefühle zu vermitteln, wobei Besitztönung und Selbstverfügungsrecht eine wichtige Rolle spielen. Dies ist durch gestalterische Einzel- und Gruppen„methoden" oft leichter möglich als im Gespräch. In Gruppen sollten dabei die Einmaligkeit der individuellen Ausdrucks-, Spiel- und also Persönlichkeitsformen der anderen *und somit* auch unseres überwiegend depressiv Strukturierten an *konkreten* Beispielen erlebbar gemacht werden (aber möglichst keine Übertreibungen). In einigen unserer Beispiele treten diese Züge besonders hervor (Kap. 2, S. 43, „Dornröschen", Kap. 2, S. 61, „So schwach und klein", Kap. 4, S. 201, „Rose ohne Dornen" und hinsichtlich neurotoider, also „gesunder" Entwicklungen, Kap. 4, S. 215, „Die schwache Stimme"). Im Psychodrama und anderen Rollenspielen gelingt gerade Menschen mit „depressiven Zügen" der Einstieg leichter über ein „Müssen", zum Beispiel weil die anderen Patienten ihre Mitwirkung brauchen und eventuell schon ungeduldig warten. Das bedeutet, dass man die beim Patienten gegebenen Charakterzüge, also seine Struktureigentümlichkeiten benützt, um ihn zu einem „Spiel" zu veranlassen, in welchem seine Symptome, Konflikte und Probleme in die Behandlung einbezogen werden können. Hierbei ist es gleichgültig, ob die folgende Behandlung dann eine lernend-übende oder eine einsichtsvermittelnde sein soll. Ein ausführliches Beispiel dafür ist „Im Atelier" (Kap. 4, S. 210). Dort ist auch der mobilisierende Effekt des „Vorwegnehmens" der negativen (therapeutischen) Reaktion besprochen. Dieses Unterlaufen der zu erwartenden resignativ-passiven Antworten ist sehr wirksam, darf aber nicht zu provozierend sein. Neben der – den Patienten reizenden – geäusserten negativen Erwartung, muss die Überzeugung des Therapeuten spürbar sein, dass die Bewältigung – an sich – auch für den aktuellen Patienten möglich ist. Es wird dabei also seine Passivität, sein Aufschieben und Aufgeben aufs Korn genommen und *nicht* seine (von ihm selbst eventuell vorgeschobene) Unfähigkeit.

Dem guten Zugang zu gefühlshaftem Umgehen mit Dingen und Menschen kann man therapeutisch durch anfängliches Angebot zarter Farben (Aquarell, trockene Kreiden) und leicht zu knetender, gut bindender Modelliermasse (in diesem Fall besser als Ton) nützen. Auch beim Geben von Themen werden gefühlbesetzte Anregungen (Weihnachten, Frühling, meine Familie usw.) eher akzeptiert als mit Leistung oder Härte verknüpfte (Konkurrenz, Mein Revier, Sieger und Besiegter usw.). Letzteres berührt natürlich gerade Themenkreise, die besonders zu berücksichtigen und zu bearbeiten sind, sobald der Patient „eingestiegen" ist. Im Psychodrama können dazu Lebenssituationen des Betreffenden gespielt werden. Mit Hilfe entsprechender „Aufgaben" in der Psychogymnastik, einem passenden Märchenspiel oder im Umgang mit einer grösseren Handtrommel sind die gehemmten und/oder unentwickelten Bereiche angehbar. Auch in der Konzentrativen Bewegungstherapie lassen sich geeignete Situationen gut konstellieren (siehe Kap. 4, S. 198, Behalten).

Es soll aber keineswegs übersehen werden, dass nicht nur die Wahl der „Verfahren" und Themen der Gestaltungstherapie wichtig sind, sondern manchmal mehr die Art, wie der Gestaltungstherapeut bei deren Verwendung mit dem Raum, der Zeit und dem Patienten umgeht. Der gewährte *Zeit-Raum* hat sehr viel mit der Entwicklung eigener Berechtigungsgefühle zu tun. Auch ist es wichtig, ob diese Zeit und der Raum *geschenkt, bereitgestellt, gewährt* oder *entzogen* werden und ob der Patient ihn sich (später?) *verdienen, erkämpfen,* ihn *verteidigen* oder *abgeben* muss. (Die hervorgehobenen Wörter der beiden letzten Sätze legen Themen für Bildnereien und Rollenspiele nahe und regen zu Aufgabestellungen beim kreativen Musizieren und in der Konzentrativen Bewegungstherapie an.)

Es dürfte kein Zufall sein, dass gerade bei der Schilderung der Bedeutung depressiver Züge die Idee auftauchte, den Leser zum Einfühlen, Nach-Lesen (Lese = Ernte) und Nachspüren anzuregen (RIEMANN [129]), da doch die Einfühlung (bis zur Selbstaufgabe) bei dieser Form der Erlebnisverarbeitung eine grosse Rolle spielt. Wenn im Laufe der Behandlung die Nachteile der Passivität vom Patienten selber sukzessive stärker erlebt werden und Ansätze von (leisesten) Neidimpulsen an Stelle mancher ressentimentgeladener (Opfer- und schuldbesetzter Verpflichtungs-)Haltungen auftauchen, wird es möglich sein, zielgerichtete Aktivitäten entwickeln zu helfen. Dies kommt dann der gewählten Behandlungsform wieder zugute.

3) *Überwiegend zwangsneurotisch strukturierte Patienten:*

Hier finden wir auf der Basis von Rationalisierungs-, Distanzierungs- und Isolierungstendenzen relativ ausgeprägte Widerstände gegen die gefühlsmobilisierenden, impulsanregenden und oft Affekte ausdrückenden kreativen Aktivitäten. Es wird meist gegrübelt statt gehandelt. Die Freiheit zu wählen, die Entscheidung: „*Diesen oder jenen* Schritt *jetzt* aus eigener Initiative und auf eigenes Risiko zu tun", wird bedrohlich erlebt. Dazu kommt der oft bei weitem überhöhte Anspruch an die eigene Leistung und Effektivität. Durch Aufschieben der Entscheidungen wird erreicht, folgende Illusion zu erhalten: „Wenn ich einmal anfange, dann aber ... (kommt das goldene Ei, zum richtigen Zeitpunkt, in richtiger Ausführung und am rechten Platz)." Sobald diese Entscheidungen von einem „Leiter" übernommen werden und entsprechend sachlich motivierte Direktiven kommen, wird oft willig (bis übergefügig), sauber und exakt, linientreu und oft unter Gefühlsvermeidung „gearbeitet" (gemalt, geformt, gespielt). In den Besprechungen nach den Aktivitäten ist es für diese Patienten meist wichtig, ob sie es „richtig" gemacht haben und ob ihre Leistungen akzeptiert werden.

Im Extremfall muss jede Handlung im Sinne eines „kategorischen Imperativs" allgemeingültig bis normbildend sein.

Anfänglich werden also die weniger gefühls- und impulsmobilisierenden Materialien und Techniken „vernunftgerecht" anzubieten sein. Bleistifte, saubere Modelliermasse, realistisch sinnvolle Übungen und auch für den Patienten einsehbar lebensnahe Rollenspiele kommen in Frage. Wenn dabei noch Führung angeboten und der Leistungsaspekt ein wenig hervorgehoben wird, erleichtert dies dem Patienten den Einstieg sehr. Auch hier also wieder die Möglichkeit, den Struktureigentümlichkeiten ein Stück weit entgegenzukommen und dadurch die Behandlungsmotivation zu verbessern (siehe Kap. 4, S. 194). An Hand der Beispiele „Farben zu dreckig" (S. 207), „Beherrschung über alles" (S. 34), „verschiedene Köpfe" (S. 51), „Katze und Maus" (S. 57), „übertriebenes Lob" (S. 162) und „Die Stoppstrasse" (S. 205) sind überwiegend zwanghafte Züge und mehr oder weniger glückliches Umgehen damit wiedergegeben. Wenn wir den persönlichkeitsstrukturellen Gegebenheiten des Patienten anfänglich Rechnung tragen, dann nicht nur um ihm den Einstieg zu ermöglichen, sondern zugleich weil wir wissen, dass wir durch das Material- und Themenangebot den emotionalen Bereichen rascher näher kommen. Unter kleinschrittiger Auflockerung der „Regeln" ist es gerade der spielerische Umgang mit Farbe, Musik, Rollen, Raum, Zeit und Bewegung, der Patient und Therapeut einen Zugang zu den abgewehrten Bereichen eröffnet oder ein therapeutisch nützliches Lernen und Üben gestattet. Die Betonung von „sukzessive" und „kleinschrittig" erscheint mir hier nötig, weil mit der Möglichkeit massiver und kaum zu integrierender „Impulsdurchbrüche" gerechnet werden muss. Es sollte also nicht einseitig und forciert auf die Impulsmobilisierung zentriert werden, wenn man vermeiden möchte, in die Rolle von Goethes Zauberlehrling zu kommen. Wenn wir uns ständig am Erleben des Patienten orientieren und seine direkten und indirekten, verbalen und nonverbalen Zeichen und Hinweise beachten (siehe Wiese-Sumpf-Bach, Kap. 4, S. 172), ist die Wahrscheinlichkeit gross, dass wir einigermassen richtig dosieren werden. Der Patient braucht ja auch während seiner eigenen Behandlung eine zunehmende Freizügigkeit im eigenverantwortlichen Handeln und im gefühlhaften (intimen) Umgang mit den Objekten (im üblichen und psychoanalytischen Sinn) und sich selbst. Wenn wir bei der Bearbeitung der „Erlebnislücken" (SCHULTZ-HENCKE [140]), also dessen, was der Patient aufgrund von Gehemmtheiten und Haltungen *nicht erlebt,* die „Hindernisse" (Abwehrmechanismen) in den Vordergrund stellen, werden wir die Impulse nicht einseitig und zu stark ansprechen. Damit ist auch die FREUDsche Forderung, „von der Oberfläche auszugehen" [36, 38, 44], erfüllt. Mehr über Risiken siehe gleiches Kapitel, Punkt V, S. 247.

Hier sei noch an einige Einleitungshilfen erinnert. Das Anbieten des Szenomaterials (oder anderer „Spiel"materialien) als Theaterrequisita und die

Rolle des Autors, Regisseurs und Bühnenbildners für den Patienten wurden schon erwähnt. Aktuelle Themen, zum Beispiel in Anknüpfung an Tagesereignisse, die bevorstehen oder eben stattgefunden haben und Probleme, die mehrere bis viele einer Patientengemeinschaft praktisch betreffen, werden leichter angenommen. Ein Bild zu Behandlungszwecken ist von diesen Patienten leichter zu erreichen, als eines „bloss zum Spass". Einsehbarer Sinn und Nützlichkeit (im Leben, für die Therapie) verbessern die Motivation. Das besondere Kunststück des Therapeuten wird aber sein, dem Patienten „Anleitungen" zu geben, die nach und nach immer weniger Anleitungen sind. Hier sind auch Paradoxa am Platze. Bei den thematischen Kriterien (Kap. 3, S. 73) ist schon „Ein (Tag-)Traum" erwähnt. Besonders typisch ist aber, dass gerade von überwiegend zwangsneurotisch Strukturierten der Auftrag, „Ein freies Thema" zu malen oder zu formen, als echte Hilfe erlebt wird. Ähnlich ist es mit der Erlaubnis oder der Aufforderung: „Malen (formen, spielen) Sie spontan". Vom „Heute wollen wir ein Stegreifspiel machen" über „Nächstes Mal fangen Sie an" bis zum „Sie dürfen arrangieren, was Sie möchten – fangen Sie an, wann Sie wollen" (wobei wir uns auf den Gruppendruck und in der Einzelsituation auf seinen Realitätssinn und die Effektivitätsforderung an sich selbst verlassen), kann es ein weiter Weg sein. Er ist aber innerhalb der Gestaltungstherapie meist früher und leichter zu gehen (und somit modellschaffend) als in der Patientengemeinschaft der Abteilung oder gar im Lebensmilieu des Patienten.

4) *Überwiegend hysterisch strukturierte Patienten:*

Hier werden wir die Sprunghaftigkeit und die planlosen Aktivitäten berücksichtigen müssen. Kaum angefangen, „ermüdet" der Patient und sein Interesse erlischt. Als Auslöser dafür sind in unseren Augen geringste Unbehaglichkeiten, Wiederholungstendenzen und Verpflichtungsansätze zu finden. Diese führen dazu, dass „es langweilig wird". Wenn – wie häufig – dann der Patient auch noch spontan angibt, „die Lust verloren" zu haben, ist leicht vorstellbar, wie die eventuell leistungswillige und pflichtbewusste Umgebung (Familie, Bekannte, Mitpatienten, aber nicht zuletzt auch das therapeutische Team, Personal oder der Einzeltherapeut) darauf reagiert. Dazu kommt, dass der Patient sich mit gleich grosser Begeisterung und ebenso planlos dem nächsten „Versuchungsobjekt" zuwendet, wieder enttäuscht wird, ermüdet oder abspringt usw. Eigen- und Rollenorientiertheit überwiegt stark die sachlichen Interessen und Bezogenheiten. Der hauptsächlich hysterisch Strukturierte *sucht* die Bestätigung (unter anderem) vom Therapeuten. So kann er fragen: „Wie haben Sie mich in der Rolle gefunden?", oder Lob heischend: „Wie hab' ich das gemacht!" (*ohne* Fragezeichen, mit Betonung auf „wie" und „ich" und *absteigender* Terz von „ge-" nach „-macht"). Zur Veranschaulichung der Unterschiede der

„Strukturen" schieben wir Beispiele entsprechender Antworten auf die Frage: *„Wozu brauchen Sie 10000 Mark?"* ein. Ein recht Schizoider schaute durch den Frager durch, sagte: „Bitte?" und auf wörtliche Wiederholung der Frage, unberührt: „Wozu sollte ich sie brauchen?". Eine überwiegend depressiv Strukturierte antwortete: „Da könnte ich meiner Tochter einen Gebrauchtwagen geben und das Klavier meines Mannes herrichten lassen." Ein ziemlich Zwanghafter: „Erst würde ich sie in einer Bank anlegen, einen Bausparvertrag abschliessen; zuerst ein Mehrfamilienhaus und von den Mieten ein Zweifamilienhaus bauen, oben für die Eltern, unten für uns ..." usw. in klarer Planung. Und ein hysterisch Strukturierter: (Augen leuchten auf) „Für mich!!" Dann folgen nach kurzer Pause Billigstes und (mit 10000 Mark) Unerschwingliches in bunter Folge. Auch inhaltlich schliesst sich vieles gegenseitig aus (von nun an auf einer Yacht leben, eine vier Jahre lange Ausbildung beginnen, allein (?) in einem Haus in der Heide leben usw.).

Beim Überwiegen hysterischer Züge wird anfänglich vieles dem Therapeuten „zuliebe" gemacht und es entstehen entsprechende Fehlerwartungen. Der Einstieg muss keineswegs erleichtert werden, meist hat der Patient selbst Lust, etwas Neues zu probieren. Dagegen sind Hilfen nötig, um all das Versuchte und Mitgemachte auch wirklich zu *er*-leben. Sobald etwas „ernst" wird, „unter die Haut geht" und stark berührt, kommen diese Patienten in grösste Schwierigkeiten. Sie blenden dann aus, bagatellisieren, überspielen oder springen gar ab. Hier wird es also nötig sein, den Strukturgegebenheiten insoferne Rechnung zu tragen, als Durststrecken mit Hilfe von ausreichenden (aber auch nicht mehr!) „Lichtpunkten" (Teilbefriedigungserlebnissen) anfangs so weit erleichtert werden, dass sie durchstehbar werden. Dies gelingt keineswegs immer (siehe S. 81, Abb. 27 bis 32). Im günstigen Falle kann nach und nach auch die Freude an zuerst kurzfristiger, später mehr umfassender Planung vermittelt werden.

Es ist auch wichtig, sich durch das „Viel", „Schnell" und „Bunt" weder täuschen noch verärgern zu lassen. Dies gelingt leichter, wenn man sich vor Augen hält, was der hysterisch strukturierte Patient an Dauerhaftigkeit, Tiefgang und Bedeutungsgehalt versäumt und verspielt.

Die oben erwähnten (Selbst-)Täuschungsmanöver können, sobald Konflikthaftes berührt wird, z.B. beim Malen zu lebhaften und bunten sogenannten „Tapeten- und Gardinenmustern" führen. Man fragt sich manchmal, was dahinter oder darunter stecken möge. Häufig „muss" das ganze Blatt bedeckt, die ganze Knetmasse aufgebraucht, die ganze Zeit mit febriler Tätigkeit (z.B. im Psychodrama die anderen an die Wand spielend) ausgefüllt werden. GRÄTZ [56] sieht dies zum Beispiel beim Kontaktmalen (Kap. 3, S. 74 und Kap. 4, S. 150ff.) als Zeichen der Angstabwehr. So malte eine Patientin auf das Angebot des kurzen blauen Begrüssungs- und Vorstellungsstriches in Blattmitte zuerst eine grosse rötliche Fläche, setzte dann mit gelber Farbe fort, malte nach und nach mit verschiedenen Farben das ganze Blatt voll und schob es mir mit einem kurzen „So!" und freundlichem Lächeln zu.

Bei manchen Verfahren – einzeln und in Gruppe mit genügend anders Strukturierten – ist es sogar möglich, den „Sturm anzufachen und sich austoben zu lassen." Zumeist wird es ein überraschend kurzes Stürmchen mit einer nachfolgenden Flaute, in der tiefere emotionale Schichten anzusprechen und zu erreichen sind. Fingerfarben auf grossen Flächen eignen sich dafür gut. Auch Tanzgestaltungen zu sich steigernder Musik, zum Laufen und Springen forcierende Anregungen in der Konzentrativen Bewegungstherapie und gewisse aktivierende Techniken in Psychogymnastik und Psychodrama sowie bestimmte Rollen im Märchenspiel ermöglichen dies. Abgesehen vom (vorübergehenden) Entlastungseffekt der Katharsis wird Erlebnismaterial zugänglich *und* in der Enttäuschungsphase ist der Patient eher bereit, eigene Verhaltensweisen in Frage zu stellen. Die Agiergefahr ist in Gruppen mit vielen hysterisch Strukturierten natürlich gegeben, besonders wenn der Leiter von der Buntheit und Lebhaftigkeit mitangeregt oder gar mitgerissen werden sollte.

Dass jeder Patient strukturspezifisch auf die charakteristischen Eigenheiten des Therapeuten reagiert (und umgekehrt) ist verständlich, geht auch aus unserer Beschreibung des Einflusses der Therapeutenpersönlichkeit (siehe S. 241) hervor und ist in RIEMANNS Arbeit über die Persönlichkeitsstruktur des Analytikers und deren Bedeutung für den Behandlungsverlauf prägnant herausgestellt [129].

III. Indikationen aus der Begabung des Patienten

Es stellen sich einige wichtige und schwierige Fragen: Welche der nun zu besprechenden Begabungen sind vererbt und durch umweltbedingte Umstände nur begünstigt oder zusätzlich behindert worden? Welche Begabungen aber sind Folge von und Ausdruck für gut oder in spezieller Weise bewältigte Entwicklungsphasen oder sogar kompensatorische Fähigkeiten aufgrund bestimmter ungünstiger Einflüsse in der frühen Kindheit? Wie sieht die Kombination beider Faktoren bei den einzelnen „Begabungen" aus? Was und wieviel davon wird sich demzufolge während einer geplanten Psychotherapie ändern und besser oder schlechter konfigurieren? Gerade die letzte Frage hat grosse praktische Bedeutung für unsere Arbeit. Heute können wir diese Fragestellungen nur berücksichtigen, aber keineswegs endgültig beantworten.

Für die Belange der Gestaltungstherapie spielt die künstlerische Begabung die geringste Rolle. Auch das technische Können ist weitgehend unwichtig. Mit beiden „Begabungen" ist es ähnlich wie mit der Intelligenz bei den üblichen (verbalen) Psychotherapieformen, die der Durcharbeitung *und* dem Widerstand dienen kann. „Begabungen" können also der therapeutischen Arbeit förderlich sein, ihr direkt oder indirekt zugute kommen, ebenso leicht aber auch zum Selbstzweck werden und dadurch schlimmstenfalls die notwendige Behandlung schwerwiegender psychischer und körperlicher Symptome und neurotischer Charakterzüge vereiteln. Im seltenen Ausnahmefall gibt die künstlerische Betätigung (sei es als Hobby, in abgewandelter Form in einem Beruf oder sogar als freischaffender Künstler) soviel an Befriedigung, dass der Preis der unveränderten, eventuell sogar verschärften Symptomatik dem „Träger" angemessen erscheint.

Sollte der Therapeut ein an Kunst und Künstlertum interessierter Mensch sein (was gar nicht so selten der Fall ist), besteht auch die mehrfach erwähnte Gefahr begeisterter Partizipation und/oder Identifizierung. Bei einsichtsvermittelnden Psychotherapien wird dann der analytische (tiefenpsychologische) Prozess vernachlässigt bis „vergessen", bei Lern- und Übungsbehandlungen kann es leicht zu übertrieben optimistischen und auch in ihrer Richtung unrealistischen Zielsetzungen kommen. Es wird dann in der einen (verbalen) oder anderen (ausserverbalen) Weise unreflektiert gehandelt, also agiert bzw. mitagiert (siehe Kap. 1, S. 16 und Kap. 5, S. 254 bei den Risikofaktoren). Die „technische Begabung" kommt hauptsächlich den Ausdrucks- und Einsichtsmöglichkeiten zugute, solange sie als Mittel zum Zweck eingesetzt und nicht zum Selbstzweck wird. Hierher gehören Geschicklichkeit beim Malen und Formen, die Fingerfertigkeit in der Musiktherapie, Beweglichkeit bei Tanzgestaltungen, das Gespür für Rollengestaltungen und vieles andere. Dabei gehen die Tendenzen beim überwiegend schizoid Strukturierten eher in Richtung von übergeordneten Systembildungen und funktionalen Modellen, beim Zwanghaften mehr in Richtung Leistung, Exaktheit und Linientreue. Depressiv und hysterisch Strukturierte werden kaum das technische Vorgehen in den Vordergrund stellen. Es sei denn, der Depressive kann dadurch jemanden helfen, oder der Hysterische damit brillieren. Immerhin ist technische Begabung bei allen gestalterischen „Verfahren" in der Therapie zu beachten. Einmal wird die Neigung bestehen, alle Situationen und Beziehungen gleichsam „technisch zu lösen" , ein andermal gibt es Tendenzen, mangelnde technische Begabung vorzuschieben, um Ängsten oder Unbequemlichkeiten auszuweichen. Durch den Abbau der Hindernisse (= neurotische Gehemmtheiten und Fehlhaltungen) und durch Verbreiterung der Möglichkeiten und Auflockerung der Steuerung im Verlauf von Übungs- und Lernprozessen, können technische Begabungen aber oft erst freigemacht werden. Diese Freisetzung wird durchaus gelegentlich *das* oder doch *ein* zentrales Behandlungsziel sein; MATUSSEK [110]. Sie kann zum Beispiel für den Beruf und die

Freizeitgestaltung, aber auch für das Umgehen mit eigenen intrapsychischen *und* interpersonellen Schwierigkeiten ausschlaggebend werden. Die künstlerische und technische Begabung ist aber auch noch in Gruppensituationen zu berücksichtigen. Bei der „Rettung aus der (langdauernden) Omegaposition" (siehe S. 225) kann jede der beiden „Fähigkeiten" eingesetzt werden. Auch wenn es indiziert ist, entweder anderen Teilnehmern Anregung zu bieten oder aber ihre Neidimpulse und Konkurrenzgefühle erlebbar zu machen, kann die Funktion eines (nicht allzu überlegenen) Begabten nützlich sein. Dabei wird die Gruppe dem Begabten seinen „Vorsprung" und seine Überlegenheit umso eher gönnen können, je weniger hervorragend (je weniger Alpha-Figur) er in anderen Hinsichten ist. Die Reaktionen der Gruppe werden aber auch in einem beträchtlichen Ausmass von der Art abhängen, in welcher der Therapeut mit der Begabung eines Einzelnen umgeht. Er kann sie ja als Bereicherung für die Gruppe verwenden, als „Stachel" für einen extra Bequemen einsetzen oder als glücklichen Umstand bei jemanden hervorheben, der es sonst schwer hat. Es ist wünschenswert, die verschiedenen Reaktionsmöglichkeiten der Gruppenmitglieder und deren voraussichtliche Auswirkungen auf den Begabten vor und bei der Auswahl des Vorgehens zu berücksichtigen.

Nun aber zu den beiden Begabungen, die bei der therapeutischen Nutzbarmachung des Gestaltungsprozesses besonders im Rahmen einsichtsvermittelnder Psychotherapieformen eine wesentlich grössere Rolle spielen.

Zuerst zur *Ausdrucksbegabung.*

Sie kommt gerade dem in der verbalen Kommunikation ungeübten und gehemmten Patienten zugute. In Kap. 2, S. 28, haben wir schon erwähnt, dass dieses Ausdrucksvermögen zwar mit künstlerischer oder technischer Begabung gekoppelt sein kann, dies aber keineswegs der Fall sein muss. Einfachste Zeichnungen und Malereien (siehe „Katz und Maus", S. 57, Abb. 17), ungeschickte und geringste Gesten oder auch deren Wegfall können höchsten Ausdruckswert haben. Hierzu noch ein Beispiel: *„Vulkan"* und *„Schaukel".* Eine 23jährige verheiratete Frau, Mutter eines 1½ Jahre alten Kindes, leidet seit 3 Jahren (seit sie die Mutter verlassen hat) an häufigen Diarrhöen und Tenesmen. Dreimal hatte sie blutige Stühle: zu Beginn der Erkrankung, zwei Jahre später und einige Wochen vor der Aufnahme; das Bild einer Colitis ulcerosa war auch röntgenologisch verifiziert. Der Patientin fiel es sehr schwer, sich in Worten über anderes als praktische Dinge auszudrücken. An Hand der beiden – ohne Zweifel weder künstlerisch noch technisch wertvollen – Bilder (Abb. 46 und 47) ergab sich ein bedeutungsvolles Gespräch.

Die Patientin erzählt, dass der „Vulkan" auf Bild 1 viel und auch überraschend speie, das Segelboot bedroht sei usw.

Therapeut: „So schön könnte es sein ... und da: Pffrrrrssst (erlebnisnahe Analität) ... ist alles im Eimer."

Patientin (schaut gross, nachdenklich): „Wie bei mir, wenn's los geht."

Th.: „Und dann sind immer andere mit betroffen."

Pat.: „Meinem Mann passt es gar nicht, wenn ich schon wieder springen muss."

Th. (um die Beziehung zur Mutter wissend): „Ein Mann ist eben selten nur mütterlich besorgt."

Das Gespräch dreht sich dann um Bedrohungen des Schönen und Störungen beim Geniessen. Zum zweiten Bild sagt die Patientin: „Ich habe zuerst die Schaukel gemalt ... die war dann so hoch oben. Da dachte ich an Kinderspielplatz und habe noch das Schaukelbrett dazugezeichnet."

Th.: (deckt die unteren Figuren ab): „Die hängt wirklich hoch oben."

Pat.: „Ja ... und sitzt so steif."

Th.: „Das Schaukeln muss auch recht schief gehen, mit diesen beiden verschieden langen Seilen."

Pat.: „Die beiden unten schauen lebhafter aus."

Th.: „Ja, die könnten Spass haben."

Pat.: „Wenn nicht der eine den anderen oben ‚verhungern' lässt."

Th.: „Bei gegenseitigem Vertrauen kann es lustig sein, aber wann ist man schon sicher."

Pat.: „Ja, ja ... (seufzt) ... und ich hab' mir gar nichts beim Malen gedacht."

Th.: „Ich weiss auch nicht, ob ich das untere Bild mehr als Spiel um das äussere oder innere Gleichgewicht sehen soll, es kann ja beides zeigen."

Pat.: „Ja ... soll ich so oder soll ich so!"

Th.: „Und wenn's zu sehr schaukelt, prallt man mit dem Hintern auf oder der eine Wunsch ‚verhungert'. Und wenn sich beide Seiten ganz ruhig die Waage halten, wird es langweilig."

Pat.: „Ich bin auch recht ungeduldig und will alles schnell machen, wenn mir etwas einfällt."

Th.: „Da können Sie ganz schön in Fahrt kommen. Schwer zu sagen, wer da schneller macht, Sie oder Ihr Darm." (Zeigt auf den Vulkan von Bild 1.)

Auf diesen Versuch, einen Zusammenhang zwischen Erlebnisverarbeitung und Symptom anzubieten, geht die Patientin nur kurz ein und beschäftigt sich dann intensiv mit ihrem recht labilen inneren Gleichgewicht. Anschliessend vergleicht sie das unregelmässige „Zusammenspiel" mit ihrem Mann mit dem – ihr (noch) ideal erscheinenden – früheren Verhältnis zu ihrer Mutter.

Die äusserst einfachen (wenn man so will: primitiven = ursprünglichen) „Bilder" haben dieser Patientin entscheidend geholfen, sich auszudrücken und sich selbst in einem kleinen Bereich besser zu verstehen.

Auch der Patient, der in der Pantomime „Ich bin böse" spielen sollte und als wütender Berserker gesehen worden war (Kap. 2, S. 29), hatte grosse Schwierigkeiten, sich in Worten nuanciert auszudrücken. Seine Gesten aber waren geradezu karikierend deutlich. Die Einsicht des ,,bockig-bösen" Patienten verhalf auch ihm zu einer Einsicht in das eigene Wesen und in die Reaktionen seiner Frau. Auf verbalem Wege war er vorher nicht dazu gekommen.

In welchem Ausmass diese Ausdrucksbegabung nun mit „genügend erworbener Intentionalität" (Details *und* Ganzes sehen *und* Beziehung dazu haben) zusammenhängt und mit „gelungener Analität" im Sinne des Produzierens zu tun hat, soll hier keineswegs entschieden werden. Ob diese – und noch andere – Faktoren einen mehr oder weniger grossen Anteil an der Ausdrucksfähigkeit haben, ist aber eine wichtige Frage. Ihre Beantwortung ermöglicht erst eine differenzierte therapeutische Verwendung. Für den Schizoiden werden ausserverbale Ausdrucksmittel oft zum einzig funktionierenden Vehikel der Verständigung, bei vielen anderen zu Möglichkeiten, dem Gefühlshaften näherzukommen. Je nach Persönlichkeitsstruktur sind die vorherrschenden Ausdrucksformen verschieden. Die Wahl therapiebegünstigender Ausdrucksmittel, deren Anwendung, aber auch deren Begrenzung und gelegentlichen Ausschluss soll unter anderem durch dieses Buch, wenn auch nicht vereinfacht, so doch letztlich erleichtert werden.

Wenn bei der Ausdrucksbegabung sehr wohl erbliche Faktoren eine beträchtlich bis manchmal entscheidende Rolle spielen mögen, so scheint mir die Entwicklung einer *Übersetzungsbegabung* (zwischen ausserverbalen Kommunikationsmitteln und begriffsgebundenem Denken und Verstehen) noch mehr von Einflüssen der Umwelt abzuhängen. Neben der schon erwähnten Intentionalität spielt sicher die „Produktivität" eine gewisse Rolle. Bedeutungsvoller ist einerseits die Fähigkeit, Erlebtes in lebendiger Form sprachlich wiederzugeben, andererseits das Vermögen, zu Wortgebilden szenische, bildhafte und musikalische Vorstellungen zu haben oder entwickeln zu können.

Für derartig Begabte ist die Gestaltungstherapie natürlich keine Notwendigkeit, wie sie es für die vorher erwähnte Gruppe der Schizoiden sein kann. Wenn wir noch einmal auf das Beispiel aus der Pantomime (Kap. 2, S. 29) zurückgehen, so finden wir, dass der „bockig-böse" Patient die „Wortangebote" der Ratenden sehr gut mit seinem mutmasslichen Aussehen (Haltung, Mimik und Gestik) in Beziehung setzen und Zusammenhänge mit der Reaktion seiner Frau verbal aufzeigen konnte. Der „Wütend-Böse" konnte dies nicht selbst. Aber es war ihm möglich, nachzuvollziehen, zu verstehen und eine Parallele zu sich zu ziehen. In Gruppen ist die Anwesenheit und Mitwirkung eines solchen „Übersetzers" sehr wertvoll, weil mit seiner Hilfe sowohl die vorwiegend begrifflich Erlebenden als auch die von bildhaften Vorstellungen Berührten erreicht werden. Jeder Psychotherapeut sollte bei sich die Entwicklung dieser Fähigkeiten begünstigen; und sei es nur, um Missverständnisse aufgrund verschiedener Ausdrucks- und

Erlebnisebenen seltener werden zu lassen. Wer auf dem einen oder anderen Gebiet beträchtliche „blinde Flecke" hat, wird sich bei der „verbalisierenden, therapeutischen Anwendung kreativer Verfahren" sehr schwer tun. Diese „Übersetzungsfähigkeit" kann, nach Auflockerung eventuell vorliegender Hindernisse (Gehemmtheiten und Haltungen), durch Lernen und Üben weitgehend verbreitert und verbessert werden (siehe Kap. 6).

Zusammenfassend sei noch einmal gesagt: Wenn der Patient *und* der Therapeut künstlerische, „technische", ausdrucksmässige und „Übersetzungsfähigkeiten" unter Berücksichtigung therapeutischer Regeln anwenden, wird dies meist die Behandlung fördern. Sobald die Arbeit mit der Begabung (welcher Art auch immer) zum Selbstzweck wird, verzögert oder verhindert sie den Therapieerfolg – ausser wenn die Entwicklung dieser Begabung mit dem Behandlungsziel identisch ist.

IV. Indikationen aus der Persönlichkeitsstruktur des Therapeuten

Da die Interessen und damit auch die eventuelle (Weiter- bzw. Aus-)Bildungsmotivation weitgehend von der Persönlichkeitsstruktur des betreffenden Therapeuten abhängen, haben wir uns diesem Aspekt zuzuwenden. Die Vorteile einer derartigen Ausbildung werden in Kap. 6 geschildert. Das begrenzte und manchmal einseitige Angebot (aufgrund des Fehlens von kundigen und erfahrenen Gestaltungstherapeuten) beeinflusst natürlich die Indikationsstellung zur Gestaltungstherapie (Kap. 5, S. 221).

Grundsätzlich ergeben sich bei der Berücksichtigung der überwiegenden Persönlichkeitszüge des Therapeuten die gleichen Möglichkeiten und Schwierigkeiten, wie bei den persönlichkeitsspezifischen Einflüssen des Patienten auf die Auswahl geeigneter kreativer Verfahren und auf die Indikationsstellung überhaupt. Dass es dabei ohne Selbsterleben und Selbsterfahrung nicht geht, ist allen Therapeuten einsichtig, die Eigenanalyse, Gruppenerfahrung aber auch Psychodrama- oder Gestalttherapietraining (mit-)gemacht und zu Ende geführt haben.

Die primäre Einstellung von Kollegen zu kreativen Betätigungen und ihr Verhalten während des Gestaltungsvorganges, sowie die Übernahme des einen oder anderen Verfahrens in ihr therapeutisches Repertoire, ist persönlichkeitsspezifisch verankert.

1) Ausgeprägte *schizoide Züge* sind bei tiefenpsychologisch arbeitenden Therapeuten eher selten zu finden. Geringere erhöhen die Neigung zur Abstraktion und Distanz. Bei guter Kompensation kommt dies natürlich dem Verstehen von und Verständnis für ausgeprägt schizoide Patienten, Borderline„fälle" und Psychotiker entgegen und erleichtert die Anfangsphase der Psychotherapie. Im weiteren Verlauf muss sich zeigen, wieviel an Emo-

tionalität und Beziehung zur Realität der so strukturierte Therapeut vermitteln kann. Für stützende Behandlungen und Dauerbetreuungen kann diese „Ähnlichkeit" besonders günstig und eventuell für beide Beteiligten sehr befriedigend sein. Manch gutes Verhältnis, das etwas bizarr und „irgendwo darunter versteckt herzlich" (so sagte ein alter Anstaltspsychiater) über Jahrzehnte hielt, zeugt davon. Gerade für Patienten, denen eine aufarbeitende Psychotherapie nicht zugemutet werden kann – und das sind in der Anstaltspsychiatrie nicht gar so wenige – ist diese schöne Form der menschlichen Beziehung sehr wertvoll.

Leicht „schizoide" Therapeuten ziehen bei den gestalterischen Verfahren oft verbale Gestaltungen vor. Bei Wortneubildungen haben sie grosses Verständnis und ausgezeichnete „Antennen" für deren Inhalt und Sinn. Wenn sie sich nonverbalen Formen zuwenden, dann ziehen sie oft thematisch und/oder formal abgesicherte Zeichnungen den freien Malereien vor. Mit figuralen Darstellungen haben sie gelegentlich ziemliche Schwierigkeiten, auch mit dem Verhältnis zwischen Details und Ganzheit. Bei den darstellerischen Gruppenverfahren werden oft Aufgaben gestellt, die das „Nichteinbezogen-Werden" des Therapeuten garantieren. Bei der Durcharbeitung von Märchenspielen zeigt sich dann wieder das „Gespür" für allegorische Inhalte, das Verstehen des „Sagenhaften". Allerdings erschwert ihre Tendenz, theoretische (*eigenartige* bis leicht bizarre) Systeme zu bilden, ihnen selbst und den Patienten den Vergleich mehrerer Möglichkeiten und das Verstehen von Umständen, die nicht in das System passen. Dies birgt die Gefahr, dass in der Gruppe sich anbahnende Impulsdurchbrüche nicht oder zu spät bemerkt werden. Im allgemeinen vermeiden diese Therapeuten besonders Verfahren, die aufgrund starker Erlebnisintensität zur Erschütterung der eigenen, nicht allzu stabilen Grundgeborgenheit und des Urvertrauens (zu anderen und zu sich selbst) führen.

2) Wenn beim Therapeuten *depressive Persönlichkeitszüge* vorherrschen, werden gerne gefühlshafte Aspekte in den Vordergrund gestellt. Dies kommt depressiv strukturierten Patienten entgegen, die sich verstanden fühlen; hysterische geniessen es gerne „eine Weile" (das Risiko ist gross, dass dann der Therapeut gekränkt ist, wenn es dem Patienten zu langweilig wird); zwanghaften Patienten kann es zu unsachlich (bis gefühlsduselig) erscheinen und schizoide werden von der Wärme und Nähe leicht erschreckt. Aufgrund der – wenn auch milden – Helfer- und Opferhaltung des so strukturierten Therapeuten besteht das Risiko, dass er den Patienten zu sehr schont und ihm zu viel abnimmt. Ungewollt wird so die „Aktivierung" des Patienten verhindert oder doch etwas gebremst, was für die Behandlung Verwöhnter und Bequemer (die gelernt haben „zu klagen ohne zu leiden") verhängnisvoll sein kann. Dafür kommt die genannte Hal-

tung Patienten, die unter hohem Leistungsdruck stehen und in ihrer Fähigkeit, passiv zu geniessen, etwas gestört sind, sicher zugute.

Von diesen Therapeuten werden demnach aus (unbemerkten) persönlichen Motiven oft Arbeitsweisen bevorzugt, die Raum und Gelegenheit für warme, reiche und tiefe Gefühlshaftigkeit geben. Eine nüchterne und sachliche, sozusagen „testähnliche" Verwendung liegt ihnen kaum. Viele arbeiten auch lieber mit einzelnen Patienten. Aber auch in der Arbeit mit Gruppen können Gefühlsinhalte allzusehr ins Zentrum gerückt werden. So kann über der sehr verständnisvollen (und somit entlastenden) Bearbeitung früher und frühester Lebensumstände eines Protagonisten in einem Psychodrama die Bearbeitung seiner aktuellen Schwierigkeiten zu kurz kommen. Werden diese Aspekte schliesslich doch noch angegangen, dann besteht die Tendenz zu vorschneller und allzu ausgiebiger Ich-Stützung im Sinne einer Ich-Entlastung. Die mangelnde Ichfunktion wird nicht angeregt und/oder geübt, sondern ersetzt. Diese Therapeuten befinden sich in der Gefahr, ausgenützt zu werden. Viele Patienten bleiben ihnen gerne über lange Zeit „treu". Langdauernde Behandlungen, die Einfühlung, Fingerspitzengefühl und Geduld erfordern, sind in ihren Händen bestens aufgehoben. Beim Psychodrama sind sie meisterlich als „einfühlende Doppel". Lautes Theater liegt ihnen nicht. Gelegentlich kann es schon einmal vorkommen, dass sie, durch die „Schauspielerei" eines hysterisch Strukturierten getäuscht, seine darunterliegende Not übersehen. Beim Malen sind diesen depressiv getönten Personen zarte und weiche Farben angenehmer, allzu heftige und grelle können erschrecken oder auf Ablehnung stossen. Bunt, blumig und auch füllig darf es aber gerne sein.

3) Beim Überwiegen *zwanghafter Züge* beim Therapeuten können wir exaktes, durchdachtes, vernünftiges und liniengetreues, einer bestimmten Schule folgendes Handeln erwarten. Bei stärkerer Ausprägung besteht die Gefahr der Verabsolutierung einmal übernommener Modellvorstellungen. Nonverbale Verfahren werden zum Teil aufgrund der eigenen Rationalisierungstendenzen und wegen der schlechten Möglichkeit, sie vom „allzu Gefühlshaften" zu isolieren, abgelehnt. Auch deren ungenügende methodische Erforschung wird dazu beitragen, dass beispielsweise der Analytiker die Arbeit mit dem Traum vorzieht. Dabei kann es geschehen, dass dieser Therapeut die Exaktheit des Wortes im Traum überschätzt, weil er selber Bedeutungen und Begriffe sehr ernst nimmt und übersieht, dass der aufgeschriebene Traum ja eine „Übersetzung" des bildhaften Traumgeschehens und der Gefühlstönung in die Begriffssprache des erwachsenen Menschen ist. Die dort verwendeten Worte sind also von den Vorstellungsinhalten des Patienten geprägt, die denen des Therapeuten nur teilweise entsprechen dürften.

Vielen Psychotherapeuten mit zwanghaften Zügen wird der Umgang mit dem Gestaltungserleben leicht zu wenig sachlich sein und als ein Umweg erscheinen. Allein schon das Abweichen von einem kleinen Teil der üblicherweise geltenden Regeln ist für manchen Tiefenpsychologen ein weiterer Grund für grösste Skepsis. Einmal überzeugt, wird aber gerade der genaue und vielleicht etwas pedantische Kollege wertvollste wissenschaftliche Kleinarbeit leisten, Annahmen theoretisch untermauern und – soweit auf diesem Gebiet möglich – statistisch absichern. Beim Zeichnen und Malen werden ihm Schmier- oder Nass-in-Nass-Techniken weniger liegen. Mit grosser Wahrscheinlichkeit zieht er Modelliermassen mit grosser Kohäsion den klebrigen und schmierigen vor. Wirklichkeitsnahe und „vernünftige" Themen sprechen ihn im allgemeinen mehr an als freie, „gefühlsduselige", chaotische, allzu „bunte" oder wechselnde. Bei darstellerischen Verfahren wird der Therapeut mit zwanghaften Zügen leichter einer vorgegebenen Arbeitsweise folgen. Überraschenden Gesichtspunkten steht er eher abwartend gegenüber, dafür ist er aber besonders befähigt, verschiedene Umstände sachlich und kritisch zu vergleichen. Auch im Rahmen der Konzentrativen Bewegungstherapie wird er im Sinne eines vernünftig aufgebauten Übungsprogrammes arbeiten wollen. Bei der Psychogymnastik bevorzugt er das Durchspielen vorher durchdachter Möglichkeiten innerhalb gegebener Impulskategorien. Er neigt zu der Meinung, dass das Auftauchen ungeordneten Erlebnismaterials während des Gestaltungsprozesses die Therapie kaum fördert und rationalisiert damit leicht die eigene Beunruhigung durch die ihn chaotisch anmutende Spontaneität der Gestaltenden.

Der schizoide Patient wird diesem Therapeuten leicht zu bizarr und zu wenig konfiguriert erscheinen, was zu frühzeitig einengenden und stabilisierenden Einflussnahmen führen kann. Der depressiv Strukturierte wird sich bei ihm zwar sicher, aber nicht genügend „warm akzeptiert" fühlen. Beim Zwangsneurotiker besteht die Gefahr, dass alles logisch und vernünftig geklärt wird, dass aber eine Auflockerung der Gehemmtheiten und Haltungen ausbleibt, weil der Therapeut die mangelnde Freiheit und fehlende Gefühlsbezogenheit entweder gar nicht bemerkt oder doch in ihrer Bedeutung unterschätzt. Gelegentlich kann es auch vorkommen, dass der Patient im Namen der – an sich richtig gesehenen – „Notwendigkeit des Lernens (oder Durcharbeitens)" zu früh und „zu kühl" belastet wird. Ein depressiv strukturierter Patient sagte einmal von seinem (etwas zwanghaften) Therapeuten: „Der Mann ist sehr wichtig für mich, der sieht so vieles viel früher und genauer als ich ... und doch friert mich jedesmal, wenn ich hingehe. Er ist wie eine ganz wunderbare Maschine", worauf eine Hysterika entgegnete: „Ach, der ist ja trocken, langweilig und stur."

4) Der Therapeut mit überwiegend *hysterischen Zügen* neigt dazu, sich für Neues leicht zu begeistern, überraschende Dinge beim Patienten nicht nur interessant zu finden, sondern sie in ihrer Bedeutung zu überschätzen. Da-

bei kann er selber allzu leicht und allzu gerne aktiv werden. Im schlimmsten Falle dienen seine Eingriffe – ohne dass er es selbst bemerkt – zu einem beträchtlichen Teil der Selbstdarstellung. Gegenüber der eventuellen Kritik durch Patienten und Kollegen wird er zwar nicht im gleichen Sinne empfindlich sein wie der schizoide, dafür aber leicht Dinge persönlich nehmen, die überwiegend sachlich begründet sind. Es wird ihm leichter als den Therapeuten mit anderen vorherrschenden Zügen geschehen, dass er (in analytisch orientierten Behandlungen) Agiertendenzen des Patienten übersieht, vielleicht sogar unterstützt. Auch in Lern- und Übungsprozessen kann es ihm an Konsequenz mangeln, wenn ein Klient „so nett spielt", dass er am liebsten mitmachen möchte. Diese Gefahr ist natürlich am grössten, wenn er einem hysterisch Strukturierten begegnet. Für Psychose-Therapien hat er zwar die nötige Beweglichkeit und den Einfallsreichtum, aber nur selten genügend Ausdauer und Geduld. Den Depressiven versucht er allzu leicht anzuregen und aufzuheitern und wird von diesem oft als oberflächlich, den „Ernst der Lage" nicht einsehend eingeschätzt und auch abgewertet. Dem zwangsneurotischen Patienten ist er zu sprunghaft und zu ungenau. Umgekehrt erlebt er selbst die zwanghaften Züge von ihrer negativen Seite. Unter den kreativen Aktivitäten wählt er gerne solche, die eigenes Mitmachen und beträchtliche Therapeutenspontaneität erlauben. Beim freien Angebot von Zeichen- und Malmaterial kann er einerseits sehr stimulierend wirken, andererseits aber die – oft langsame – Auseinandersetzung des Patienten mit der Wahlsituation stören. Einmal fordert er allzu früh zu Gruppenarbeit auf, ein andermal bietet er Material an, das der eine oder andere Teilnehmer noch nicht verkraften kann. In der Konzentrativen Bewegungstherapie wird er besser mit lebhaften Kontaktübungen umgehen, langsames Kommenlassen fällt ihm schwer. Bunte Bewegtheit kann er für starkes Erleben halten und stilles, aber tiefes Berührtsein bemerkt er nicht so leicht, besonders wenn er gerade selbst eine „gute Idee" in die Tat umsetzen möchte. Ähnlich verhält sich der Therapeut mit hysterischen Zügen in der Musiktherapie und bei Tanzgestaltungen. Als Anreger und Führer wird er in entsprechenden Situationen Hervorragendes leisten. Er ist ein geeignetes Gruppen-Alpha, mit dem sich weniger einfalls- und initiativreiche aber handlungsbereite Teilnehmer sehr leicht identifizieren können. Dies kommt natürlich den Übungs- und einigen Lern-Therapien überwiegend zugute. Die Behandlung von Jugendlichen und Kindern läuft oft in grösserem Ausmass über Nachahmung und Identifizierung. Auch dabei wird ein leichtes Überwiegen hysterischer Züge beim Therapeuten von Vorteil sein. Dass dem so Strukturierten darstellerische Verfahren besonders liegen, wird uns nicht wundern. Beweglichkeit, Bereitschaft zum Wechsel der Techniken bei raschem Blick für (hoffentlich wirklich) rettende Möglichkeiten in kritischen Situationen erleichtern ihm die Arbeit in der Einleitungs- und Aktionsphase. Schwieriger hat er es, sich in der Spielphase herauszuhalten. So „passierte" es einem Psychodramaleiter bei einer informativen Vorführung, dass er nach der Wahl des ersten Mitspielers die beiden anderen selbst aussuchte, „weil das schneller geht". Während des Spieles übernahm er plötzlich eine Rolle und veranlasste von dieser aus einen Rollenwechsel, weil er rasch eine gute Antwort für einen der Gegenspieler anbringen „musste". Auf dieses Vorgehen hingewiesen, erklärte er in der Diskussionsphase, dass er es in seiner Praxis „natürlich nicht so mache" und nur hier wegen der teilnehmenden Kollegen „schnell ein lebendigeres" Spiel erreichen wollte.

Es erscheint mir notwendig, nach der Hervorhebung der jeweiligen Persönlichkeitszüge nochmals und nachdrücklich darauf hinzuweisen, dass es weitgehend „reine Strukturen" weder bei Therapeuten noch bei Patienten gibt. Neurotoide Menschen sind *Nicht*-Neurotiker, das heisst, sie verwenden zwar die gleichen Steuerungsfunktionen (Abwehrmechanismen), sind aber nicht so starr und einseitig auf einige wenige (bestimmte) festgelegt. Es handelt sich hier also um Akzente, oft nur Nuancen, die durch entsprechendes Selbsterkennen (z.B. in der Eigenanalyse) jeweils ausgeglichen werden können. Ausgleichen heisst hier nicht ausmerzen, sondern: sehen und steuern können. Der Selbsterleben-Anteil in der Psychodrama-Ausbildung z.B. „garantiert", dass Einseitigkeiten zumindest entdeckt werden und im Zuge des Sich-Einstellens auf die verschiedenen Situationen und Menschen aufgelockert werden. Auf diese Fragen werden wir in Kap. 6 über Sinn und Notwendigkeit der Einbeziehung kreativer Elemente in die Ausbildung noch zurückkommen. Der besondere Wert des einfühlenden Doppelns in dieser Hinsicht wurde schon in Kap. 3, Abschnitt Psychodrama, beschrieben.

Die oben angeschnittene Prävalenz eines Strukturanteiles über andere ist beim Neurotoiden oft nicht stärker ausgeprägt, als dass sie vom altersmässig bedingten Überwiegen bestimmter Persönlichkeitszüge übertönt werden kann. Wie RIEMANN [128] so klar herausgestellt hat, entspricht eine „Probieren-geht-über-Studieren-Einstellung" sehr wohl der spätpuberalen Phase und dem jugendlichen Erwachsenen. Dem folgt meistens ein mehr leistungsorientierter Abschnitt, in dessen Verlauf auch dauerhafte Bindungen eingegangen werden. Um die sogenannte Lebensmitte kommt dann eine Wendung oder ein langsamer Übergang zum Inneren und zu Lebensfragen. Verstehen und Einfühlen sind auf der Basis der eigenen Lebenserfahrungen eher möglich (aber leider durch zunehmende charakterliche Verfestigung oft behindert). Ein zwar grobes aber lebensnahes Bild gibt uns der Vergleich zwischen dem Jugendlichen in der Berufswahl und auf Partnersuche, dem im Beruf stehenden Erwachsenen mit Familie und schliesslich den Grosseltern, die Zeit, Erfahrung und Verständnis (im besten Falle nicht nur für die Enkel) haben.

Für den therapeutisch Tätigen können wir also nur *wünschen,* dass er auf der Basis seiner eigenen frühkindlichen Entwicklung, seines bisherigen Lebens und seiner Ausbildung Zugang zu seinen jeweils verzerrten (neurotisch fixierten) Erlebnisformen und -verarbeitungen hat. Er möge also genügend sicher im Intentionalen (in der emotionalen Grundbeziehung) sein, aber auch nicht so sicher, dass er für Eigentümliches und Andersartiges keinen Sinn mehr hat. Er soll sich mit Hingabe, tiefem Verstehen und Einfühlen menschlichen Leidens annehmen können, aber auch mit klarem und sachlichem Blick das „Rechte" erkennen, sowie exakt und systematisch an therapeutische Aufgaben herangehen können, ohne deshalb die Freude am Neuen, das Entdecken überraschender Möglichkeiten und den Spass am Probieren zu verlieren. Wenn es auch diese ideale Mischung kaum gibt, so haben glücklicherweise sehr viele Therapeuten durchaus ausreichende Möglichkeiten und Fähigkeiten, realitäts- und ichgerecht zu reagieren, sobald entsprechende Auslöser vom Patienten und der Behandlungssituation her einwirken. Wo dem noch nicht so ist, beginnt unsere Ausbildungs-Arbeit (siehe Kap. 6).

V. Einfluss äusserer Faktoren auf die Indikation kreativer Verfahren

Vor dem Übergang von persönlichen Gegebenheiten bei Patient und Therapeut zu äusseren Faktoren, sollten eigentlich biologische (Alter, Geschlecht, eventuelle Rassen- oder Typenzugehörigkeit usw.) und soziale Kriterien (Familienstand, Beruf, Klassen- und Religionszugehörigkeit usw.) berücksichtigt werden. Falls die Gestaltungstherapie als Methode der Wahl verwendet wird, sind natürlich diese Umstände – wie bei allen anderen Psychotherapieformen – zu beachten. Zumeist wird aber kreatives Schaffen (Hilfs-)Mittel einer Behandlung sein und deshalb den Regeln der zugrunde liegenden Behandlungsart folgen, auch was biologische und soziale Faktoren angeht. Die nun folgende Darstellung äusserer Faktoren ist auf die besonderen Umstände gestalterischer Verfahren abgestimmt.

1) *Klinische oder ambulante Psychotherapie:* Im Kapitel über den Umgang mit dem Gestaltungserleben wurde auf die Unterschiede dieser beiden Behandlungsformen bereits eingegangen. Gerade in der klinischen Psychotherapie haben kreative Aktivitäten – individuell und in Gruppe – vielerorts ihren festen Platz, siehe z. B. HAU [64]. Sie eignen sich besonders für das „Zwischenfeld", also den Grenzbereich zwischen analytisch orientierter Durcharbeitung und Übungs- bzw. Milieu-Therapie. Der Einbau von kreativen Aktivitäten in den Behandlungsplan ist in der klinischen Psychotherapie natürlich von der Struktur der Abteilung, der Ausbildung des therapeutischen Teams und der Zielsetzung für die Behandlung abhängig. Ganz allgemein eignen sich gestalterische Verfahren gut, wenn ein oder mehrere der in Kap. 2 beschriebenen Aspekte aktuell sind. Besonders günstige Mög-

lichkeiten bieten die kreativen Aktivitäten bei den Gelegenheiten, die im ersten Abschnitt dieses Kapitels (S. 221) hervorgehoben wurden. Es ist auch schon erwähnt worden, dass speziell durch die Impulsmobilisierung und Konfliktaktualisierung Belastungen entstehen können, die man dem Patienten in der abschirmenden Klinik- oder Abteilungssituation eher zumuten kann als in der ambulanten Behandlung. Je grösser die Möglichkeit ist, durch zusätzliche Einzelstunden oder Gruppensitzungen Krisen aufzufangen und therapeutisch zu nutzen, umso stärker wird die gelegentliche Belastung unter Berücksichtigung der Tragfähigkeitsunterschiede der Betreffenden sein dürfen. Dies macht natürlich die Entscheidungen nicht leicht. Es kann gelegentlich grober Leichtsinn sein, einen bestimmten Prä-Psychotiker auch nur zum Hobby-Malen anzuregen, wenn weder Zeit noch eine genügend tragfähige Beziehung vorhanden sind. Womöglich ist auch sonst niemand erreichbar, der das eventuell auf- oder hervorbrechende „chaotische Material" zusammen mit dem Patienten und zu dessen Vorteil auffangen und integrieren helfen kann. Dagegen wird eine Impulsmobilisierung und Konfliktaktualisierung angezeigt sein, wenn neben der Erfahrung des Therapeuten und seinem persönlichen Engagement genügend Zeit und klinische Psychotherapiemöglichkeiten zur Verfügung stehen. Mit einem minimalen Zeitaufwand von ½ bis 2 Stunden täglich während der ersten Monate und 4 bis 5 Stunden pro Woche während der weiteren Behandlung sollte der Therapeut vorsichtshalber rechnen. In der klinischen Psychotherapie ist es leichter, äussere belastende Umstände (Arbeitsplatz, Angehörige, Freizeitgewohnheiten) über kürzere oder längere Zeit auszuschalten. Der Patient gewinnt dort Abstand oder es können milieu-therapeutische Möglichkeiten gezielt eingesetzt werden. Die ambulante Einzelbehandlung erlaubt ein höheres Mass an Privatheit und Intimität und gibt die Möglichkeit, Probeschritte des Patienten in seinem natürlichen Umfeld gleich für die Therapie zu nützen. Nicht allzu selten wird versucht, die Vorteile beider Behandlungsformen zu kombinieren. In analytisch orientierter klinischer Psychotherapie greift zum Beispiel der Einzeltherapeut nie in die Abteilungsrealität ein, sondern bearbeitet ausschliesslich mit dem Patienten, wie dieser mit seiner aktuellen Umgebung zurechtkommt. Dazu gehört dann auch, ob der Patient an den gestaltungstherapeutischen Veranstaltungen teilnimmt, was er dort tut und für sich „herausholt", wie und ob er sich Freiheiten gestatten kann, welche Ausreden und Ausflüchte er findet oder in welche Schwierigkeiten er sich durch Trotz oder Willkürakte bringt. In den Gruppensituationen bekommen Patient und Therapeut ausserdem noch die Spiegelung der Situation durch die anderen Teilnehmer. Das Substrat aller subjektiven Eindrücke gibt zumeist ein relativ realitätsnahes Bild.

In der ambulanten Therapie wird die Wahl der kreativen „Verfahren" meist von den Interessen und der Vorbildung des Therapeuten abhängen. In der klinischen Psychotherapie werden im günstigen Fall erfahrene Mitarbeiter für zumindest die bildnerischen und formenden Arbeiten sowie die eine oder andere Art von Rollenspielen vorhanden sein. Seltener werden ausserdem Musiktherapie und ganz vom Körperleben ausgehende Formen der Gestaltungstherapie (Konzentrative Bewegungstherapie, Eutonie, auf das Erleben abgestimmte Atemtherapie usw.) repräsentiert sein. Wir haben aber bei der Wahl des (oder der) gestalterischen Verfahrens über die Frage des „ambulant oder stationär (klinisch)?" hinaus noch eine Reihe anderer äusserer Faktoren zu berücksichtigen.

2) *Raum und Material:* Für Malen, Modellieren, verbale Gestaltungen, Katathymes Bilderleben, Handpuppen- und Szenospiel in der Einzeltherapie ist die Raumfrage kaum je ein Problem. Bei Einzelarbeiten in Gruppe und besonders bei gemeinsamen Gestaltungen ist ein eigener Arbeitsraum, ein Atelier vorteilhaft. Dabei kann es einmal günstig sein, wenn dieser Raum ausschliesslich dafür zur Verfügung steht, ein andermal kann es gerade therapeutisch wichtig sein, dass die Patienten sich jeweils mit dem „Stück Realität" auseinandersetzen müssen, ob zum Beispiel auf dem Allzwecktisch nun Tischtennis gespielt oder ob er für ein Gruppenmalen verwendet werden soll. Anhand der Raumfrage und der Bereitschaft, das nötige Gestaltungsmaterial zu beschaffen, zeigt sich oft die Motivation für die kreativen Therapieformen beim Patienten, beim Therapeuten und beim ganzen Team. Auch in ungünstigen Räumen und mit dürftigstem Material können wohlmotivierte Leiter und Teilnehmer Ausserordentliches leisten und erreichen. Ich denke hier besonders an einige Psychodrama(ausbildungs)veranstaltungen, bei welchen 12 Teilnehmer und 1 bis 2 Leiter mit einem Raum von 4,5 mal 4 Metern und nur 2.10 Meter Höhe auskommen mussten. Bei einer Traumszene fand der Kieler Bahnhof samt Umgebung „bequem" Platz und für den „High Chair" reichte ein Schemel von 20 cm Höhe. Auch während einer 9 Tage langen Weiterbildungsveranstaltung in Konzentrativer Bewegungstherapie begrenzte eine räumliche Gegebenheit die Arbeit. Der grosse, schöne und helle Raum in einem ehemaligen Kloster war fast in jeder Hinsicht geeignet. Nur zwei wunderschöne und wertvolle *Kristallkronleuchter* erlaubten ganz einfach nicht, dass Bälle geworfen oder die zwei Meter langen Rundstäbe mit geschlossenen Augen durch den Raum bewegt wurden. Auch ein Seil wagte niemand zu schwingen. So wurden expansive und aggressive Impulse schon in jedem Einzelnen gar nicht geweckt, früh unterdrückt oder doch rechtzeitig abgefangen. Nach zweieinhalb Tagen wurde die Stimmung schlechter, einige Teilnehmer waren gereizt, andere zeigten Tendenzen zu Blödelei. Bald darauf kam es zur Entladung während einer Diskussion. Da flogen dann statt Bällen scharfe und kränkende Sätze durch die Luft. Typischwerweise waren die verbalen Angriffe und Ausfälle weit weniger der Durcharbeitung zugänglich als die am nächsten Tag im ehemaligen Klostergarten erlebten Ball- und Lauf„spiele". In diesen ging es ja

nicht in erster Linie um ein Abreagieren, sondern um ein Erleben- und Spürenlassen, um ein „Anschaulichmachen" der bisher unterdrückten Impulse.

Mit diesen beiden kurzen Beispielen sind wir auch schon bei den „Verfahren" angelangt, die etwas mehr Raum und eventuell auch eine besondere Ausrüstung voraussetzen. So kann es besser sein, in einer Patientengruppe, die (noch) nicht so gut ins Spiel kommt, wegen eines zu kleinen Raumes lieber ein Märchen mit Handpuppen zu spielen als in der in Kap. 3 (S. 123) geschilderten Form. Gerade für das Psychodrama, das Märchenspiel, die Pantomime und ähnliche Verfahren eignet sich ein rechteckiger Raum von 4 bis 7 Meter Breite und 6 bis 12 Meter Länge recht gut für eine Gruppengrösse von 10 bis 20 Teilnehmern. Es sollte der Spielteil vom Diskussionsteil getrennt werden können. Dazu ist eine Bühne keineswegs erforderlich, nicht einmal eine eigene Szenenbeleuchtung ist notwendig. Allerdings ist es vorteilhaft, wenn der Spielteil je nach Bedarf ein wenig abgedunkelt oder besser beleuchtet werden kann. Für den Szenenraum sind einige Stühle, vielleicht auch ein bequemer Sessel, 1 bis 2 Tische, eine Couch oder Sitzbank und eine Stehlampe recht wichtig. Für die Anwärm- und Abschlussphase, also die andere Hälfte des Raumes etwa, genügen eine entsprechende Anzahl von Sitzgelegenheiten, die meist in Halbkreis- oder Hufeisenform angeordnet sein sollen.

Natürlich begünstigt eine bessere Ausrüstung die Imagination und lässt besonders Anfänger leichter ins Spiel kommen. Die Art des Verfahrens selbst lässt aber – ein Minimum vorausgesetzt – die Raum- und Requisitenfrage zweit- bis nachrangig werden. Sehr ähnlich ist das beim Märchenspiel, wo schon gelegentlich einmal ein Tuch als Stola, ein Hut als Krone oder ein Schirm als „Knüppel aus dem Sack" das Einleben erleichtert. Richtig ins Spiel gekommen, ist es aber für das Erleben fast nie entscheidend, ob der „Brunnen" (in den der Wolf fällt oder die faule Tochter in der „Frau Holle" springt) nur die Ecke des Raumes, ein kleiner freier Platz zwischen drei umgelegten Stühlen oder eine extra angefertigte Pappattrappe eines „Brunnenrandes aus Stein" ist. Für die Musiktherapie ist es günstig, einen grösseren Raum mit nicht allzu schlechter Akustik zur Verfügung zu haben. Etwas teurer ist die Anschaffung der Instrumente. Auf lange Sicht kommt dieses Material aber billiger als die Verbrauchsartikel beim Malen und Modellieren. Für verschiedene Bewegungstherapien mit kreativen Einschlägen ist natürlich ein nicht allzu grosser Turnsaal, auch schon wegen der gut verwendbaren Geräte, vorteilhaft. Wichtig ist, dass der Boden nicht schmutzig oder gar geölt ist, auch sollte er nicht zu kalt sein. Verschiedene Beleuchtungsmöglichkeiten sind von Vorteil. Aber ein Versammlungssaal ohne zerbrechliche Luster, in dem die Fenster etwa in Nischen und dadurch etwas geschützt liegen, ist völlig ausreichend. Stühle und Tische sind ausgezeichnete Hilfsmittel an Stelle der Geräte. Oft hilft gerade der Umgang mit alltäglichen Gebrauchsgegenständen zu überraschenden „Entdeckungen", wenn man sie ohne Vorurteil einmal auch „ganz anders" verwendet.

3) *Zeit*

Wieviel Zeit können (und wollen) wir für gestalterische Verfahren verwenden? Sowohl insgesamt als auch für jedes einzelne Mal. Hinsichtlich der Zeit ergeben sich kaum Schwierigkeiten, wenn ein Therapeut in seine Arbeit mit einem Einzelnen kreatives Tun in der einen oder anderen Form mit einbezieht, solange es dem Patienten überlassen ist, was er wann machen oder mitbringen will. Sein „Zuviel" und „Zuwenig" sind als Quellen für Einsichten in der Behandlung nutzbar zu machen. Allerdings ist es wenig ergiebig, die „abgelieferten Produkte" nur zu sammeln, nicht durchzuarbeiten und so therapeutisch zu nützen. Andererseits kann ein zu langes Klebenbleiben am Gestaltungserleben und am Werk, ohne die Verbindung zur Realität und Aktualität herzustellen, auch die Behandlung verzögern.

Eine andere Situation ergibt sich bei Verfahren, die eine gewisse Mindestdauer für die einzelne Sitzung oder das jeweilige Spiel verlangen. Das Malen in Gruppe wird inklusive nachfolgender Besprechung oder Durcharbeitung mindestens 1½ bis 2 Stunden dauern müssen, bei etwas grösseren Gruppen (über 6 bis 8) sicher länger. Beim Formen von Handpuppenköpfen ist es recht gut, wenn die Gruppe sich zweimal mit ein bis zwei Tagen Zwischenraum treffen kann, damit so bald wie möglich nach dem Trocknen der Köpfe weitergearbeitet werden kann. Kreative Musiktherapiestunden brauchen eine Anlaufzeit; unter einer Stunde wird die Zeit wohl zu knapp sein. Beim Märchenspiel kann man einmal mit 1½ Stunden gut auskommen, ein andermal werden 3 Stunden zu kurz. Ähnlich ist es beim Psychodrama, der Psychogymnastik und bei spontanen Tanzgestaltungen. Letztere sollten allerdings nicht zu ausgedehnte Aktionsphasen haben. Auch bei der hier beschriebenen Form der Pantomime können sich Längen ergeben, wobei es besser sein kann, einmal auch früher aufzuhören. Bei vielen der gestalterischen Gruppenverfahren ist also die Zeitbegrenzung nicht so exakt möglich (und überwiegend nützlich), wie dies bei psychoanalytischen Behandlungen und auch bei analytisch orientierten Gruppen am Platze ist. Das Anschliessen einer weiteren Szene im Psychodrama kann aus dem Verlauf notwendig werden, besonders wenn keine Möglichkeit besteht, nach ein paar Stunden oder am nächsten Tag weiterzumachen oder wenigstens zu wissen, dass der Patient in einer Gruppe oder einem Einzelgespräch die aufgerührten Dinge weiter bearbeiten kann. Hier spielt also noch einmal die Verschiedenheit der ambulanten und klinischen Situationen herein.

Ausser der Dauer der Einzelsitzung oder Gruppenveranstaltung haben wir beim Faktor Zeit aber auch die Gesamtdauer und die mögliche bzw. indizierte Dichte, also die Behandlungsfrequenz zu bedenken. Dies wird natürlich wieder davon abhängen, ob ein Verfahren oder eine kreative Arbeitsweise als Methode der Wahl, als integrierter Bestandteil oder gelegentliches Hilfsmittel der Gesamttherapie verwendet wird. Für die klinische Situation haben wir *ein* Anfangsmodell dafür skizziert (Kap. 4, S. 161). Mal-, Zeichen- und Modelliergruppen, bei denen ausser der nachfolgenden Besprechung keinerlei therapeutische Aktivitäten vorkommen, werden ambulant oft einmal wöchentlich über längere Zeit (Monate bis Jahre) geführt, dann aber meist 2 bis 3 Stunden per Treffen dauern. Von der alleinigen Anwendung gestalterischer Gruppenaktivitäten bei einmaliger oder bei ganz seltenen Gelegenheiten halte ich – zu therapeutischen Zwecken – recht wenig. Geeignete Zeitpunkte für den Einsatz gestalterischer Verfahren sind bei den Indikationsfaktoren berücksichtigt, die sich auf die Behandlungssituation beziehen (S. 221).

4) *Abstand:* In erster Linie ist die Entfernung des Wohnortes des Patienten vom Behandlungsplatz gemeint. Die Zumutbarkeit muss unter Berücksichtigung der sozialen Lage des Patienten geprüft werden. Seine Bereitwilligkeit, eine grössere Belastung auf sich zu nehmen, muss nicht immer einer besseren Motivation entsprechen, wenn dies auch meist der Fall sein wird. Es können auch Gefügigkeitshaltungen, Weglauftendenzen von daheim oder dem Arbeitsplatz, Bestrafung der Umgebung usw. eine Rolle spielen. Diese Dinge sind von allen ambulanten Psychotherapieformen her bekannt. Für den Patienten selbst gibt manchmal die grösste Entfernung aber auch ein wenig „Abstand" und erleichtert ihm den Wechsel zwischen Realität und „Spielsituation". Unterwegs zum Treffen kann er sich (hoffentlich) auf die nächsten Stunden einstellen und auch danach hat er noch ein wenig Zeit für sich selbst. Dieser „Abstand" kann gerade dann notwendig sein, wenn der Unterschied zwischen Behandlungsmilieu und Heim- bzw. Arbeitsplatzatmosphäre recht gross ist. Noch wichtiger wird dies, wenn starke Abhängigkeiten (egal welcher Richtung) zwischen dem Patienten und seiner Umgebung bestehen. Insofern spielt auch die Entfernung einer psychotherapeutischen Klinik vom Wohnort für bestimmte Patienten und gewisse Symptomatiken eine nicht unwesentliche Rolle. Eine sehr starke Versorgungstendenz der Angehörigen kann zum Beispiel die klinische Psychotherapie einer Pubertätsmagersüchtigen oder eines jugendlichen Asthmatikers an einer offenen psychosomatischen Klinik zum Scheitern bringen. Allerdings helfen da gelegentlich auch grosse Abstände wenig. So „kreisten" zum Beispiel zwei immer schwarz gekleidete Eltern einer schwerst kontaktgestörten präpsychotischen 27jährigen Patientin mit beträchtlichen Ess-Störungen ständig um die Klinik; sie waren vom 700 km entfernten Heimatort gekommen. Der Tochter zuliebe und sehr um diese besorgt, hatten sie sich auf unabsehbare Zeit, so nahe wie möglich, im sehr unbequemen Gasthof des nächsten Ortes einquartiert. In der freimütig redenden Patientengemeinschaft hiess es nur noch: „Die schwarzen Geier kreisen schon wieder ums

Haus." Dieser Patientin war es unmöglich, den Eltern die Enttäuschung zu bereiten, sie nicht zu treffen. Obwohl sie (einerseits) selbst starke Wünsche hatte, sich zu verselbständigen, waren alle Hilfestellungen des Teams und der Klinik vergeblich. Auch eine sehr klare Aussprache mit den Eltern half nicht. Ein paar Tage später waren alle drei ohne Mitteilung abgereist. Derartige Extremsituationen sind aber selten.

So sehr ein grösserer Abstand günstige Auswirkungen haben kann, so sehr behindert er in anderer Hinsicht. An sich notwendige und schliesslich unumgängliche Auseinandersetzungen werden leicht aufgeschoben, wenn viele Wochen und Kilometer zwischen dem Jetzt und Hier und der unausweichlichen Konfrontation liegen. Eine Klientin sagte einmal während einer Psychogymnastikveranstaltung: „Ich kann recht gut einen Geliebten haben, wenn ich ein bis zwei Tage zwischenschalten kann, wo ich allein bin. Aber aus seinen Armen direkt nach Hause, zu Mann und Kindern, das kann ich nicht." Der Abstand, den sich ein wütender Mann verschafft, indem er zum Beispiel in den Wald oder Holz hacken geht, gehört auch hierher. So gut es sein mag, dass dadurch „nichts passiert", so sehr kann es (bei ständigem Vorkommen) die notwendige Auseinandersetzung, auch die konstruktive, verhindern.

5) *Kosten:* Die Ausgaben für den Patienten oder den Kostenträger an Honorar bzw. Gehälter sind etwa gleich hoch wie bei verbalen Therapieformen. Durch das beschleunigte Herankommen an Gefühlsbereiche und durch günstige Einsichtsvermittlungs- und Durchspielmöglichkeiten ist mit einer gewissen Einsparung zu rechnen. Die Instrumenten-, Raum- und Materialkosten kommen allerdings hinzu. In der klinischen Psychotherapie machen sie nur einen geringen Bruchteil der Medikamentenkosten aus, die in einer medizinischen Abteilung anfallen. In der ambulanten Behandlung können sie für den Teilnehmer schon eine spürbare zusätzliche Belastung sein. Die Selbstbeteiligung des Patienten an den Kosten wird auch immer wieder in ihrem therapeutischen Wert diskutiert und hat sicher nicht nur als Mass für die Bereitschaft, Selbständigkeit, Unabhängigkeitswünsche und illusionäre Erfüllungserwartungen eine Bedeutung. Bei meiner Tätigkeit in Schweden zeigte es sich, dass es kein therapie- und erfolgsentscheidendes Kriterium ist, ob der Patient alles oder fast nichts selbst bezahlt. Allerdings ist eine entsprechende Indikationsstellung, Vorbereitung und ein realistisches Durcharbeiten einschlägiger Erlebnisbereiche notwendig. Als weitaus zuverlässigerer Faktor für die Abschätzung der Behandlungsmöglichkeiten hat sich mir der *primäre Leidensdruck* erwiesen. (Dies ist das Ausmass des Leidens unter den eigenen Mängeln und Hemmungen, die die Lebens- und Konfliktbewältigung behindern.)

Die Kostenfrage ist also *praktisch* wichtig und kann manchmal die Verwendung kostspieliger gestalterischer Verfahren in Frage stellen. Als Mass für die Motivation ist sie seltener von ausschlaggebender Bedeutung.

VI. Risikofaktoren

die bei der Indikationsstellung zur therapeutischen Verwendung des Gestaltungsprozesses zu berücksichtigen sind.

Bei der Fülle der „Verfahren" und der Anpassbarkeit verschiedenen gestaltungstherapeutischen Vorgehens ist es nicht angezeigt, Indikationen und Kontraindikationen *festzulegen.* Zu viele Faktoren (siehe oben) spielen in diese Entscheidung hinein. Im Grunde ergeben sich die „relativen Kontraindikationen" aus den bisher in diesem Kapitel erörterten Umständen. Hier möchte ich mich abschliessend einigen klaren Gefahren zuwenden.

1) *Gestaltungstherapie als Selbstzweck:* Meistens sind enthusiastische Therapeuten oder Behandlungsteams die Ursache. Natürlich ist das Phänomen keineswegs auf kreatives Schaffen begrenzt. Allerdings verlocken eigene Gestaltungen schon dazu, sich mehr vom genussvollen „Schöpferisch-Sein" verschaffen und gönnen zu wollen. Von seiten der Therapeuten wird dann vielleicht zu viel und zu oft angeboten, zu sehr ermuntert und zu viel versprochen (also verführt). Ein Teil der Patienten folgt allzugerne. Dabei kann die schon erwähnte Befriedigung locken. Es können auch Gefügigkeit, illusionäre Erwartungshaltungen, Angst vor anderen und viel konfliktreicheren Bereichen und vieles anderes mehr sein, die zum positiven bis begeisterten Aufgreifen des Angebotes führen. In der ambulanten Behandlungssituation ist das Risiko *einseitiger* Angebote höher, während die Gefahr des zu reichhaltigen Angebotes natürlich in der Klinik grösser ist. Es kommt dann einerseits zu bunter Vieltuerei, andererseits zum „Sich-Verlieren" oder auch „Sich-Vertiefen" in schöpferisches Tun, das an sich recht befriedigend sein kann. Für weniger neurotische Menschen kann dies, wie schon erwähnt, zum ergiebigen Hobby, im Ausnahmefall zu einem Beruf führen. Auch Schwerstgestörte, falls sie einer einsichtsvermittelnden, aufarbeitenden Psychotherapie nicht aufgeschlossen oder zugänglich sind, können Lichtblicke erleben oder bestenfalls ein erfreuliches kleines Reservat für glücklichere Stunden erwerben. Die grosse Gefahr besteht bei den Patienten, für die eine tiefenpsychologische Behandlung möglich und indiziert ist. Es ist zu ihrem Schaden (nebenbei auch nachteilig für die Stellung gestalterischer Aktivitäten als „Vehikel" therapeutischer Prozesse), wenn nur noch lustvolle Betätigung bleibt. Diesen Patienten kann es dann geschehen, dass die wirklich hinderlichen Fehlhaltungen und Gehemmtheiten nur umspielt werden, oder die Lern- und Übungsziele über Befriedi-

gungs- und Befreiungserlebnissen vergessen werden. Dass sie dann nach der Entlassung oder ausserhalb der Gestaltungsgruppe in der weniger freundlichen, kaum ein- und nachsichtigen eigenen Umgebung böse Rückschläge und Zusammenbrüche erleben, sollte wenig wundern.

Dieser Risikofaktor hängt also weitgehend mit der Persönlichkeitsstruktur des Therapeuten, seinen Ansichten und seiner Ausbildung zusammen. Auch beim nächsten Gefahrenpunkt ist dies der Fall.

2) *Ein bestimmtes Verfahren als das Beste, als „Allheilmittel":* Auch diese Tendenz kennen wir von verschiedenen Bereichen. Warum sollte gestalterisches Tun davon verschont bleiben? Wenn also irgendein kreatives „Verfahren" als das alleinige oder doch beste Heilmittel für alle psychischen, psychosomatischen und Charakter-Störungen angeboten wird, habe ich die Tendenz, die eventuellen Versprechungen sehr genau zu prüfen und ihnen kritisch auf den Zahn zu fühlen. Bei der starken (Sehn-)Sucht unserer Patienten nach (technischer oder auch wunderbarer) Hilfe von aussen, nach Geborgenheit und „Erlöstwerden", ist die Gefahr von Therapieformen, die Ersatzbefriedigungen anbieten, sehr gross. Wenn ein Verfahren dann auch noch übertrieben angepriesen wird, machen bestimmte Patienten – verständlicherweise – einen Versuch. Es ist auch interessant, die Angebote zu studieren. Aus deren Formulierung ist bereits abzulesen, welcher Personenkreis strukturspezifisch angesprochen und zum Kommen verlockt wird (vgl. unsere entsprechenden Beispiele über kategorial richtige Angebote, Kap. 4, S. 194). Das Resultat ist im günstigsten Fall Enttäuschung, wenn nicht zugleich mit der jeweiligen Aktivität geeignete Verhaltensweisen durch Lernen und Üben oder bessere Möglichkeiten zur Impulssteuerung durch Auflockerung neurotischer „Mechanismen" vermittelt werden. Ziemlich häufig kommt es darüber hinaus leider zur Abhängigkeit von der angebotenen Ersatzbefriedigungsform. Somit ist dann der Weg des Patienten verbaut, sich eigene „Instrumente" zur besseren Lebensbewältigung zu erarbeiten.

Meiner Ansicht nach ist die Verantwortlichkeit des Therapeuten nicht dadurch aufgehoben, dass er therapeutische Merksätze als Schutzformel für sich selbst missbraucht. Nehmen wir als Beispiel den an sich äusserst wertvollen Hinweis aus der Gestalt-Therapie: „You are your own chairman", der also auf Selbständigkeit und Eigenverantwortlichkeit abzielt. Wenn nun ein Therapeut dieses Motto deshalb propagiert, um sich selbst schuldlos fühlen zu können, falls während oder im Gefolge der Behandlung ein „Unglück" geschieht, dann ist dies in meinen Augen bestenfalls eine Selbsttäuschung, manchmal ein billiger Trick und in seltensten Fällen sogar kriminell. Gerade Perls weist in seinem letzten Buch [118] auf die Notwendigkeit der Auswahl von Teilnehmern vor oder am Anfang der Behandlung hin und verlangt, dass der Therapeut die Verantwortung für den Schutz Gefährdeter übernimmt.

3) *Zu hohes Risiko durch „technische" Fehler* während des Gestaltungsprozesses. Prinzipiell kann es sich um eine überschiessende Impulsmobilisierung bzw. Konfliktaktualisierung (also eine „überdosierte" Stimulierung) oder um zu harte, unerträgliche Konfrontationen mit Situationen und eigenen Unfähigkeiten handeln. Auch hier sind die ursächlichen Faktoren vielfältige. Zum Teil liegt es am „Heroismus" des Therapeuten, an seiner Neigung zu „Pferdekuren" oder der – an sich ja verständlichen – Auffassung, dass etwas geschehen müsse. Meiner Meinung nach ist die Verantwortung für das „Liegenlassen" und das „lieber Beschwichtigen" allerdings ebenso gross, wie für das „Mobilisieren um jeden Preis". Öfter als der oben angeführte Heroismus wird es aber ungenügende Kenntnis der Kräfte und zu geringer Respekt (ich meine hier Respekt und nicht Angst) vor der Gewalt der Psychodynamik sein, die den Patienten in Notlagen bringen und (manchmal schwer) schädigen kann.

Für alle Verfahren möchte ich noch einmal vor dem direkten, unreflektierten Ansprechen auf den Impuls, der massiven Sofortinterpretation ohne Ausweichmöglichkeit und den konfrontativen Techniken warnen. Wir verwenden spielerische Tätigkeiten, um dem Menschen da zu begegnen, wo er am meisten „er selbst"[1] ist. Wir müssen wissen, dass „Spielereien" mit den seelischen Kräften schicksalhafte Folgen haben können und haben danach zu handeln. Voraussetzung ist, dass der Therapeut die entsprechende „Technik" beherrscht *und* die nötige Erfahrung im Umgang mit den zu erwartenden Reaktionen oder Impulsdurchbrüchen hat *und* weder die inneren Gegebenheiten des Patienten noch die äusseren Bedingungen (siehe S. 247) dagegen sprechen.

Bei den einzelnen „Verfahren" sind die Riskomomente etwas unterschiedlich. Beim Zeichnen, Malen und Modellieren haben wir bereits das ungleiche Impulsmobilisieren und Gefühlansprechen durch verschiedene Farben, Material und Technik herausgestellt (S. 68). Das Katathyme Bilderleben bringt – ausser den in unserem Beispiel (S. 172) geschilderten Schwierigkeiten – gelegentlich überraschende und nur schwer zu bewältigende Begegnungen mit archaischen, magischen und triebverkörpernden Gestalten. Dies muss keineswegs auf das Hineinschauen oder das Hineinrufen in die Grotte oder Höhle beschränkt sein, oder im Keller oder Dachboden des Hauses bzw. im Wald vorkommen. Dazu ein Beispiel:

Auf heller, sonnenbeschienener Wiese kam ganz plötzlich beim ersten „Bildern" einer 36jährigen Frau, Mutter zweier Kinder, *ein Elch angestürmt*, rannte sie um, stand über ihr und senkte bei jedem Versuch der Patientin, sich herauszuaalen, drohend seine Geweihschaufeln. Ohne Kenntnis der persönlichen Entwicklung und des aktuellen dynamischen Hintergrundes wäre die Situation mehr als nur ungemütlich gewesen. Erst

[1] SCHILLER, F.: Die ästhetische Erziehung des Menschen. Sämtl. W., Bd. 12, 15. Brief.

nachträglich fiel mir ein, dass ich bei der Einführung der Patientin, noch vor der suggestiven Hilfestellung während der Einleitung, auf ihre recht muntere Frage, was da alles kommen könne, ebenso munter geantwortet hatte: „Ähnlich wie im Traum, alles nur Vorstellbare." In ihrem ersten Traum stand sie hinter einem sicheren Holzzaun und warf aus ihrer gerafften Schürze Karamellbonbons handvollweise einem Elch zu. Kurz vor ihrer Aufnahme hatte sie einer Verlockung durch einen anderen Mann widerstanden, beantwortete aber die ihr klar gewordenen eigenen Wünsche und Bedürfnisse mit einem recht ernsthaften Suizidversuch.

Prekäre Situationen können bei allen Rollenspielen entstehen. Es genügt dann oft nicht, sie „irgendwie" zu Ende zu führen oder gar „abzubrechen", im guten Glauben, dass die Erschütterung auf „Spielebene" mit Sicherheit nicht in die Realität des Lebens mitgenommen wird. Auch bei Musikerlebnissen und Tanzgestaltungen kann tiefste Ergriffenheit und stärkstes Berührtsein an unerwarteter „Stelle" auftreten. In der Konzentrativen Bewegungstherapie habe ich einmal erlebt, dass das *Fallenlassen des rechten Unterarmes* nach aussen zu ergriffenem Schluchzen und schwerer Angst führte. Der Übende lag auf dem Rücken, der rechte Ellbogen war aufgestützt. Beim Fallen kam die Hand mit dem Handrücken nach unten zu liegen. Die ganze Verlassenheit und hilflose Resignation einer lebensgefährlichen, Jahre zurückliegenden Kriegssituation *und* auch sein weinendes Zusammenfallen im 5. Lebensjahr, als die Eltern und grösseren Geschwister ihn „mutterseelenallein" im grossen Haus liessen, um Besuche zu machen, waren im wahrsten Sinne des Wortes aktualisiert worden. Sie konfrontierten ihn mit dem „Letzlich-immerallein-Sein". Auch bei Träumen, Szenogestaltungen, Gedichten und Geschichten kennen wir schwere Erschütterungen. Die Feststellung: „Ein Wort kann töten" kann ganz selten, aber leider doch einmal zur Tatsache werden. Wir haben uns deshalb auch noch zu fragen, ob es bestimmte Symptome gibt, die als solche zu besonderer Vorsicht mahnen.

4) *Spezielle psychische und (psycho-)somatische Symptome als besondere Risikofaktoren:*

a) *Psychose-gefährdete Personen.*

Wie schon mehrfach angedeutet, bin ich nicht der Auffassung, dass die Auslösung psychotischer Symptome immer und notwendig ein Nachteil für den Patienten oder gar ein Kunstfehler sein muss. Die „Verurteilung" zu eventuell lebenslänglicher partieller Lahmlegung, zu einem sedierten und nivellierten Schattendasein ist ebenso verantwortungsvoll. Dagegen halte ich die leichtfertige Mobilisierung ohne entsprechende Auffangmöglichkeiten, Durchstehhilfen und therapeutische *Nutzbarmachung* für kontraindiziert. Dass „sonst nichts geschieht", ist kein zureichender alleiniger Grund, anzufangen. Es sind für jeden derart kranken und behinderten Menschen die günstigen und die ungünstigen Indikations- und Behandlungskriterien, HEIGL [66], abzuklären.

b) *Autodestruktive Tendenzen* (oft bei überwiegend depressiv Strukturierten, aber auch bei sehr „brüchigen" Schizoiden und bei Zwangsneurotikern mit höchsten Ich-Idealen).

Hier sind „negative therapeutische Reaktionen" gerade auf Fortschritte und Teilerfolgserlebnisse zu erwarten. Vom Psychiatrischen her kennen wir alle die drohende Gefahr blitzschneller Selbstvernichtung bei wiedererwachender Aktionsfähigkeit auf die ersten „optimistischen" Regungen und Gedanken hin. Ob es dann über ein zutiefst mangelndes Vertrauen, die zur „Gewissheit" werdende Befürchtung, es doch nicht zu schaffen, oder unter dem Druck überhöhter Idealforderungen zum Zusammenbruch oder zum Suizid(versuch) kommen kann, ist für die Ausformung der weiteren Behandlung wichtig.

Von körperlicher, akut-lebensbedrohlicher Symptomatik her sind es besonders zwei „Zustandsbilder", die zur Vorsicht mahnen.

c) *Colitis ulcerosa haemorrhagica* (blutende Dickdarmgeschwüre).

Viele psychotherapeutisch versierte Internisten sind sich einig darüber, diese Dickdarmerkrankung (soweit nicht bakterielle und ähnliche entzündliche Veränderungen vorliegen, sondern psychische Faktoren im Vordergrund stehen) lieber „zudeckend" zu behandeln. Eigene Kolitikerzimmer oder -abteilungen mit extra lieben Schwestern, Wunschkost, Entspannungsübungen, Hypnosetherapie usw. ergeben in der Mehrzahl bessere Resultate als einsichtsvermittelnde, aufarbeitende Behandlungsformen. Letztere mögen immerhin bei besonders gelagerten Fällen am Platze sein. Für uns muss entscheidend sein, dass die vom Patienten selbst „erbetene" Aufklärung, von seinem Dickdarm mit (gelegentlich schwersten, massiven) Blutungen beantwortet werden kann. Diese Patienten bieten ihre Mitarbeit und sich selbst an, sind an sich leicht zu motivieren und durch den „auflockernden Einfluss" gestalterischen Tuns besonders induzierbar. Vermeintlich noch so milde Konfrontationen können letzte (neurotische, aber notwendige) Stützen an tragender Stelle treffen und so die Wirkung eines „Schusses ins Gebälk" haben.

d) Die zweite akute Notsituation kann durch das Auftreten eines schweren *Asthmaanfalles* (status asthmaticus) entstehen. Besonders in Gruppensituationen können Frustrationen auftreten. Manchmal genügt es, dass die bisher zentrale oder führende Rolle verloren geht oder auch nur angezweifelt wird. Ein andermal ist es der drohende, oft auch nur vermeintliche Liebesentzug, der als Auslöser wirken kann. Für die Sicherheit des Patienten und die Arbeitsruhe des Therapeuten ist es wertvoll, wenn die Behandlung mit den Möglichkeiten einer modernen internistischen Klinik durchgeführt werden kann. Zumindest sollte ein gut ausgerüstetes Krankenhaus innerhalb kürzester Zeit erreicht werden können. Gerade nicht (genügend) medizinisch ausgebildete Psychotherapeuten können bei der ambulanten Behandlung von Patienten mit den letztgenannten Symptomen nicht nur in grösste praktische, sondern nachfolgend auch in rechtliche Schwierigkeiten kommen.

e) Der *hyperventilationstetanische Anfall* ist nur für den Nichtmediziner bedrohlich und kann dann auch für den Patienten gefährlich werden. Meist genügt bis zum Eintreffen entsprechend sachkundiger Hilfe die Erhöhung der CO_2-Zufuhr in der Einatmungsluft durch Atmen in eine grössere, dichte Tüte. Bei erregenden Situationen wird vorwiegend bei hysterisch strukturierten Patienten und bei Phobikern mit dem Vorkommen derartiger Anfälle zu rechnen sein. An Gefährlichkeit ist er mit den beiden oben genannten Komplikationen nicht zu vergleichen.

f) Die Einatmung von Erbrochenem nach psychogener (während der Behandlung auftretender) Übelkeit, ein ganz ausnahmsweise fatal endender Ohnmachtsanfall oder eine Gehirnblutung bzw. ein Herzinfarkt im Zusammenhang mit der seelischen Belastung eines Gruppenspieles oder ausgelöst durch die innere Berührtheit bei intensivstem Erleben des Gestaltungsprozesses sind denkbar, aber sicher *seltenste Komplikationen.* Es ist immerhin interessant, dass bei den plötzlichen Todesfällen von Dirigenten während eines Konzertes in der Mehrzahl der Fälle nicht an Stellen grösster körperlicher Anstrengung, sondern an Passagen mit tiefster Ergriffenheit die körperliche Läsion eintrat; HARRER [60].

5) *Ausbildungsstand und Wesenszüge des Therapeuten:*

Es wurde immer wieder darauf hingewiesen, dass Gegebenheiten beim Therapeuten eine bedeutende Rolle für die Wahl des „Verfahrens" und der Techniken, auch für das mehr oder weniger konfrontative Vorgehen und für ungenügendes Einfühlen oder plötzliches „inneres Alleinlassen" des Patienten spielen (siehe Kap. 4, S. 188 und Kap. 5, S. 241). Auch entsprechende Risikomomente wurden dort schon angedeutet. Das folgende Kapitel wird dem Sinn, Weg und Zweck gestaltungstherapeutischer Aus- und Weiterbildung gewidmet sein, unter anderem, weil die sach- und behandlungsgerechte Bewältigung kritischer Situationen in beträchtlichem Ausmass erlernbar ist. Ein wichtiger Punkt ist dabei, dass allzu belastendes oder aufwühlendes Vorgehen bei Berücksichtigung der in diesem Kapitel angegebenen Indikationskriterien entweder vermieden werden kann oder unter genügenden Vorsichtsmassnahmen stattfindet und die Reaktionen des Patienten den Therapeuten nicht unvorbereitet treffen.

Kapitel 6: Gestaltungstherapie in Aus- und Weiterbildung

Zuletzt wenden wir uns noch den Möglichkeiten zu, die sich durch gestalterische Aktivitäten in der Ausbildung und Fortbildung von Psychotherapeuten ergeben. Neben den ambulant und selbständig arbeitenden Kollegen ist dabei an alle Mitarbeiter an Kliniken und Abteilungen gedacht, die in verschiedenem Ausmass und in variablen Formen an den Behandlungen beteiligt sind.

Nehmen wir noch einmal einige Fragestellungen als Ausgangspunkte.

Wozu soll die Beschäftigung mit dem eigenen Gestaltungserleben beim Therapeuten führen oder wenigstens beitragen? Dabei werden Sinn, Zweck und Ziel ins Auge zu fassen sein.

Warum ist zu diesem Zweck vorzugsweise kreatives Tun geeignet? Hier werden wir die Ansätze noch einmal hervorheben, die gerade für den Psychotherapeuten und seine persönlichen Gegebenheiten bedeutungsvoll sind und seine weitere Arbeit vertiefen und erleichtern können.

Welche Ausbildungsmöglichkeiten gibt es? Von institutionalisierten und bestimmte Verfahren lehrenden Formen über (fraktionierte) Ausbildungsgruppen und einführende Fortbildungsveranstaltungen bis zur befruchtenden Einzelbegegnung erstrecken sich die Möglichkeiten.

Wie soll Gestaltungstherapie dem (angehenden) Psychotherapeuten nahegebracht und vermittelt werden? Beobachtungen, Miterleben und Selbsterleben mit jeweils anschliessender Erarbeitung der persönlichen Relevanz *und* der Anwendbarkeit in den Behandlungen werden zu berücksichtigen sein.

1) **Sinn, Zweck und Ziel gestaltungstherapeutischer Aus-, Weiter- und Fortbildung für Psychotherapeuten und deren Mitarbeiter.**

An den Therapeuten sind im Interesse seiner Patienten und Klienten in verschiedenen Hinsichten höhere Anforderungen zu stellen, als es der Zielsetzung bei Patienten und Behandlungen entspricht. Während es für den Hilfesuchenden vollauf genügt, wenn er mit seinen „Dingen" (Gehemmtheiten, Fehlhaltungen, Symptomen, Konflikten, Problemen usw.) gut oder wenigstens einigermassen zurechtkommt, so sollen dem Therapeuten *alle* Lebensbereiche verständlich, einfühlbar und zumindest in der Phantasie voll zugänglich sein. Dazu muss er nicht nur den begrifflichen Inhalt der Sprache seines Patienten verstehen, sondern auch die averbalen und metakommunikativen Mitteilungen aufnehmen können. Die „Regeln" und Gegebenheiten des bildhaften Erlebens und der Bildsprache sind (wieder) erlernbar. Auch Körperhaltungen, Gesten und Ausdrucksbewegungen sind mit ihren (oft vielfältigen und vielschichtigen) Aussagen für Diagnose *und Therapie* wertvoll. Zusammen mit den begrifflichen Inhalten der Worte soll ein umfassender und allseitiger Zugang zum Erleben des Patienten möglich werden. Bei vielen Psychotherapieformen besteht die Tendenz, die Exaktheit der Wortinhalte zu überschätzen. Weiterbildung mit Hilfe teilweise nonverbaler Verfahren soll zur Relativierung solcher Ansichten beitragen.

Die gestalterische Eigenerfahrung des Therapeuten soll natürlich in erster Linie dem Patienten zugute kommen. Dazu ist es nötig, das „Übersetzen" zwischen den verbalen und averbalen „Sprachen" zu üben. Aber auch die Fähigkeit, verschiedene Aussagen durch Bildnereien, Modellieren und andere Handlungen als solche besser verstehen und nachvollziehen zu können, ist ein Ziel dieser Aus- und Fortbildung. Meiner Ansicht nach ist es eine unnötige Belastung für den Patienten, dass im Extremfall er allein und von Anfang an die oft recht ungewohnte Denkweise und Sprache des Therapeuten übernehmen soll (muss). Manche (unnötigerweise) für unmöglich erklärte Behandlung hätte sich bei entsprechender Breite und Vielfalt der Verständigungsmittel des Psychotherapeuten sehr wohl beginnen und auch durchführen lassen. Die erste Phase der Behandlung der Patientin in Serie I (siehe Anhang, Begleittext zum Bild 1, S. 272, Abb. 48) möge als ein typisches, wenn auch nicht allzu häufig in diesem Bedeutungsausmass vorkommendes Beispiel dienen. Die gestaltungstherapeutische Ausbildung wird verhindern helfen, dass unnötige Fehler im praktischen Umgang mit dem Gestaltungserleben vorkommen. Sie wird den Blick für die kreativen Aspekte der therapeutischen Zusammenarbeit schärfen und so für alle konstruktiven Ansätze vorteilhaft sein. Jeder Bericht, jeder Traum, jede Geste und jede Bewegung ist zugleich auch immer Gestaltung. Die Teilnahme an gestalterischen Aktivitäten trägt durch deren Erlebnisintensität *und* deren Lebensnähe dazu bei, dass ein Verharren in „einseitiger Verkopfung" leichter evident und in wenig kränkender Form aufgelockert werden kann. Auch die allgemeine Gefahr des (unreflektierten) Agierens und die diesbezüglichen individuellen Varianten beim einzelnen Therapeuten sollen durch die gestaltungstherapeutische Ausbildung erkannt und steuerbar werden. Der vertraute Umgang mit derartigen Tendenzen bei sich selbst kommt der therapeutischen Nutzbarmachung ähnlicher Vorgänge beim Patienten zugute.

Zuletzt noch ein Zweck, der für die Ausbildung jedes Psychotherapeuten und für seine weitere Arbeit grosse Bedeutung hat. Wer die Bereicherung durch die zusätzliche Verwendung bildnerischer und darstellerischer Verständigungselemente mehrfach erlebt hat, wird selbst in der Ausbildungs- und Supervisionsarbeit bei passender Gelegenheit leicht verdeutlichende Skizzen und aktualisierende und konkretisierende Szenen zu Hilfe nehmen. Für das Psychodrama ist dies bereits eine mancherorts übliche Verwendungsform in BALINT- und ähnlichen Supervisionsgruppen (LEUTZ [100] und eigene Gruppen). Die meisten darstellerischen Gruppenverfahren eignen sich dazu. Eigene Erfahrungen mit Handpuppen, Pantomime und Psychogymnastik liegen vor. Zur Einsichtsvermittlung in aktuelle Übertragungs- und Gegenübertragungstendenzen oder beim Aufzeigen restierender „blinder Flecke" des Therapeuten, die sich in einer bestimmten Behandlungssituation zeigen, sind neben seinen Träumen bildnerische Gestaltungen und Skulpturen hilfreich. Besonders eindrucksvoll und wirksam sind Vorgehen, die Vergleiche zulassen, weil sie vom Therapeuten eine bestimmte Aktion voraussetzen, die dann doch je nach Gegenüber unterschiedlich ausfällt (siehe Beispiel unter Punkt 2, gleiches Kapitel, S. 265).

In Bild, Rollenspiel, Bewegung im Raum und in der Musiktherapie ist der mehr oder weniger wohl gesteuerte Umgang des Patienten mit den eigenen Impulsen und deren Erlebbarkeit für den Therapeuten und den Gestalter oft leicht zu erkennen. Alle erwähnten gestalterischen Ansätze begünstigen auch das Durch- und (im besten Falle) Frei-Spielen aller dieser Erlebniskategorien.

Im letzten Abschnitt haben wir uns bereits der zweiten Fragestellung, nämlich „Warum gerade kreatives Tun auch für den Therapeuten?" genähert.

2) **Gestaltungstherapie als** (in mancher Hinsicht vorzuziehendes) **Mittel und Vehikel in der Aus- und Weiterbildung.**

Wer alle Möglichkeiten und Vorteile gestalterischen Tuns noch einmal wiederholen möchte, muss auf Kap. 1 und 2 verwiesen werden. Hier möchte ich nur die für den *Therapeuten* wichtigsten Gesichtspunkte hervorheben, kurz aus diesem Aspekt betrachten und mit einigen Beispielen belegen.

Für die Ausbildungssituation ist dies recht einfach. Soweit es deren therapeutischen Teil (also der Aufarbeitung und dem Durchlässigwerden eigener Fehlhaltungen) betrifft, gelten die in den bisherigen Kapiteln erarbeiteten Positionen voll und ganz. Beim Lernen, Üben und beim tiefenpsychologischen Durcharbeiten gibt es für den angehenden Therapeuten keine begünstigenden Ausnahmen. Dazu kommen aber jetzt die nur an den Psychotherapeuten gestellten, schon erwähnten erhöhten Anforderungen an Zugänglichkeit, Durchlässigkeit, freier Steuerung des eigenen Erlebens (zumindest in seiner Phantasie und seinem Vorstellungsvermögen in der jeweiligen Behandlungssituation). Diese Freiheit in der Phantasie muss nicht notwendig zu entsprechenden Handlungen in jedem einzelnen Impulsbereich im Leben des Psychotherapeuten führen. Er wird (und darf sehr wohl) Wertungen, Weltanschauungen usw. haben. Entscheidend ist, dass er diese im Interesse des Patienten den Regeln unterordnen kann, die für die Behandlung wichtig und notwendig sind.

Diese gesteigerten Anforderungen gelten aber nicht nur für die Zeit der Ausbildung, sondern von da an während der ganzen folgenden Berufsausübung. Deshalb sind dann auch Weiterbildung, Supervision und Erfahrungsaustausch weiterhin erforderlich.

Einige besondere Vorteile gestalterischer Verfahren in der Aus- und Weiterbildung von Psychotherapeuten seien hervorgehoben:

a) Der *spielerische Zugang* erlaubt auch bei der Verwendung in Weiterbildung und Supervision, dass unnötige narzisstische Kränkungen vermieden, zumindest aber gemildert werden können. Dies mag für Psychotherapeuten, die den sogenannten therapeutischen Teil ihrer Eigenanalyse bzw. ihres sonstigen Trainings hinter sich gebracht haben, nicht im gleichen Ausmass nötig sein, erleichtert aber doch die Supervisionsaufgaben. Bei der Verwendung gestalterischer „Verfahren" zum Erfahrungsaustausch mit nicht psychotherapeutisch vorgebildeten Kollegen und Mitarbeitern aus anderen Berufsgruppen wird die Entlastung durch den spielerischen Einstieg besonders nützlich und manchmal für den Erfolg entscheidend sein (siehe Kap. 1, S. 13).

b) Das *Umgehen mit* (überschiessenden) *Agiertendenzen* kann in Rollenspielen, aber auch in gemeinsamer Beschäftigung mit Bild- und Form-Produkten gelernt und die „Dosierung" geübt werden. Meist lässt sich derartiges Agieren, das ja fast immer anschauliches Material liefert, für die Behandlung nützen, wenn es erst einmal als solches bemerkt wird. Spontane Handlungen kommen ja gehäuft bei kreativem Tun vor, weil dort (ur-)eigenste Ausdrucksweisen begünstigt werden und erwünscht sind. Durch wiederholtes Durcharbeiten dieser spontanen Handlungen kann der Übergang vom Agieren über das Probehandeln zum bewussten (durchdachten, geplanten und reflektierten) Handeln immer wieder geübt und (für sich selbst und später auch für den Patienten) geschmeidiger und bekannter gemacht werden.

c) Für die *erlebbare Relevanz der verschiedenen frühkindlichen Entwicklungspsychologien* ist die prinzipielle Gleichartigkeit gestalterischer Aktivitäten mit den spielerischen Beschäftigungen des Kleinstkindes und Kleinkindes bis zur Einschulung von grösster Bedeutung. Im Umgang mit Farbe, Ton, Collagenmaterial, einfachen Musikinstrumenten, den verschiedenen Rollen und mit Raum, Zeit und Partnern, werden die Behinderungen leichter erkannt und können versuchsweise den entsprechenden Entwicklungsaltern zugeordnet werden. Dort kann dann nach ursächlichen Faktoren zielgerichtet gesucht werden. Die Gestaltungstherapie hat hierbei im günstigen Falle dieselbe Funktion wie das Spiel in der Kindertherapie. Die Parallelität zwischen einem Streit um einerseits ein Stück Modelliermasse von bestimmter Farbe oder „gerade dieser" Handpuppe und andererseits um eine Lebensstellung oder einen bestimmten Partner oder Freund, wird in diesen „Spielen" sehr deutlich. Auch die daran beteiligten grundlegenden Funktionen sind relativ leicht in dem immer verschiedene „Grundbestandteile" umfassenden Geschehen zu erkennen. Diese Grundfunktionen (fühlen, geben, nehmen usw.) können gegebenenfalls in der Gestaltungstherapie isoliert geübt oder ihre Hindernisse über Einsicht und/oder Umlernen umgehbar und überwindbar gemacht werden. Für den Psychotherapeuten ist es jedenfalls ein Gewinn, wenn er sich lebens- und erlebnisnahe Vorstellungen und Erfahrungen über die frühkindlich erworbenen Funktionen erneut „erspielt" hat und ausserdem dabei „Instrumente" erworben hat, diese Funktionen beim Patienten hervorzulocken, zu stimulieren, zu üben und in ihrer Steuerung zu vervollkommnen.

d) Im vorigen Punkt haben wir bereits die *Erlebniskategorien* gestreift. Im Kap. 4, S. 194ff. sind sie eingehender besprochen. Für den Psychotherapeuten ist es nützlich und hilfreich, nicht nur die verbalen Ausdrucksformen zu lernen, wie dies in der Ausbildungssituation anhand von Redewendungen, Sprichwörtern und Patientenzitaten geübt wird. Durch entsprechende Themenangebote beim Malen, Modellieren und Zeichnen und durch Aufgabenstellungen in der Pantomime, Psychogymnastik und anderen Rollenspielformen, aber auch im Rahmen der Musiktherapie und der Konzentrativen Bewegungstherapie, können verschiedene Kategorien selektiv angesprochen werden. Einmal werden dies *Impulskategorien* sein, also mit dem Geben und Nehmen, dem Gelten und Geltenlassen und dem Kontaktstreben (im weitesten Sinne) zu tun haben. Ein andermal sind verschiedene *Ich-* und *Steuerungsfunktionen* oder (allgemeingültige) *Normen* und *Regeln* angepeilt. Bei der Besprechung der Aufgaben in der Psychogymnastik (Kap. 3, S. 98) ist darauf Bezug genommen, ebenso bei der Konzentrativen Bewegungstherapie (Kap. 3, S. 137) und ausschnittweise auch im Rahmen der kreativen Musiktherapie (Kap. 3, S. 89). Einige einschlägige Themengebungen und Aufgabenstellungen sind dort genannt.

Wer mit den Erlebniskategorien gut zurechtkommt, wird auch dem nicht psychotherapeutisch Vorgebildeten ohne grössere terminologische Schwierigkeiten das Wesentliche neurosenpsychologischer Gegebenheiten und Zusammenhänge in lebensnahen Beispielen und mit Hilfe praktischer Übungen vermitteln können. In der Behandlung wird er aus den gleichen Gründen zielgerichteter arbeiten können, gleichgültig, ob er entsprechende Übungen veranlasst oder die gestörten Funktionen mit Interpretationen angeht.

e) Durch bildnerische und darstellerische „Verfahren" wird die *Ausdrucksfähigkeit* des Therapeuten im *Nonverbalen und Verbalen* verbreitert und vertieft.

Wenn man die Verschiedenheit der Erlebnisverarbeitung der Teilnehmer beim thematischen Malen, bei Tanzgestaltungen, in der Konzentrativen Bewegungstherapie oder bei sonstigem gestalterischen Tun mehrfach selbst miterlebt hat, wird man die „selbstverständliche" Erwartung verlieren, so verstanden zu werden, wie man sich auszudrücken meint. Dies führt im besten Falle zum Erarbeiten von exakten, anschaulichen, plastischen, lebendigen und erlebnisnahen Darstellungs- und Ausdrucksweisen. Das Verständnis für – jetzt in übertragener Bedeutung verwendeter – Worte wird konkreter und bildhafter, wenn man die Aussage des jeweiligen Wortes in Bild, Form und/oder Geste (am besten wortlos) „durchgespielt" hat. Dazu ein Beispiel:

In einer Ausbildungsgruppe waren *Zu- und Abwendung* während einer kreativen Musiktherapiestunde ganz deutlich hörbar, als ein Teilnehmer sich mit seiner grossen Cimbel den anderen zu- oder sich von diesen wegdrehte. Auch mit geschlossenen Augen wurde dies von den meisten deutlich erlebt. Als der Cimbel-Spieler sich dann einzelnen Personen näherte, wurden die sehr verschiedenen Toleranzgrenzen von den Betreffenden nicht nur erlebt, sondern auch für einige zuschauende Kollegen sichtbar (Zurückweichen, Gesicht Abwenden, Hände vor die Ohren Halten, Zugreifen usw.). Manche konnten die tönende Cimbel ohne Scheu übernehmen, andere gaben bei der nachfolgenden Besprechung an, dass sie erst nach dem Verklingen imstande waren, die Cimbel zu berühren. Eine Kollegin erlebte erst das Überreichen der Cimbel als wirkliche Zuwendung, als ein Schenken. Bei einer anderen Teilnehmerin zerstörte das Spüren des kalten Metalls die wunderschöne Zuwendung durch den Klang und die erfüllende Wirkung wurde jäh unterbrochen. Die Verschiedenheit des Erlebens und die „individuellen Spielarten" waren allen Teilnehmern evident. Ein Teilnehmer meinte, man müsse eben offen sein für die „Zeichen", die vom anderen kommen und auch nachfragen, um sicher sein zu können, richtig verstanden worden zu sein.

f) Besonders deutliches Aufscheinen von bestehenden *„blinden Flecken"* und von augenblicklichen *Gegenübertragungstendenzen beim Therapeuten.* Bei verschiedenen Rollenspielen (Pantomime, Psychodrama, Psychogymnastik) kommt es vor, dass bestimmte Aufgaben nicht übernommen werden können oder das einfühlende Doppeln trotz aller Versuche einfach nicht gelingt. Neben – bewussten – Idealen und Lebenshaltungen können völlig unbewusste „blinde Flecke", sogenannte Erlebnislücken, SCHULTZ-HENCKE [140], vorliegen. Erstere kann man, wenn sie nicht gleich spontan mitgeteilt werden, erfragen. Erlebnislücken muss man den Ausbildungskandidaten erst durch Hinweise auf das fehlende Erleben und durch Vergleiche mit den (Re-)Aktionsweisen anderer Menschen aufzeigen und anschaulich machen.

Besonders deutlich werden eigene Gegenübertragungstendenzen bei allen gestalterischen Arbeitsweisen, bei denen vom Therapeuten eine gleichbleibende, mehr oder weniger genormte Anregung oder „Antwort" verlangt wird. Bei übenden Rollenspielen kann es vorkommen, dass eines der Hilfs-Iche bemerkt, dass die deutliche und etwas scharfe Aufforderung an einen Patienten, doch endlich mit seinem Vater abzurechnen (im Spiel!) Mitgefühl in ihm selbst hervorruft, während er bei einem anderen Patienten während der gleichen Äusserung zu seiner eigenen Überraschung leise Schadenfreude bei der Vorstellung empfindet, dass der „Vater" den Patienten „ganz schön zusammenstauchen" wird. Selbst ist mir einmal aufgefallen, dass *die schwarzen Flecken* (siehe Kap. 3, S. 150ff.) beim Kontaktmalen ganz verschieden ausgefallen waren. Zum Vergleich formaler (Patienten-)Kriterien hatte ich eine Reihe von Blättern nebeneinandergelegt (siehe Abb. 39 bis 42). Dabei „stolperte" ich über den beträchtlichen Unterschied zwischen einem grossen, tiefschwarzen und einem knapp halb so grossen, hellgrauen Fleck. Ersteren hatte ich einem angriffslustigen 40jährigen Mann „verpasst", der erst zwei Tage an der Abteilung gewesen war und alles in überlegener Manier bekrittelte. Nicht mehr als einen hellgrauen Fleck (allerdings im trockenen Zustand) hatte ich einer recht erschöpften Depressiven einige Tage nach einem Notrufsuizidversuch „zugemutet". Und dies trotz meiner damaligen festen Absicht, immer gleiche Reize zu setzen.

Aus den erlebten eigenen Gefühlsreaktionen und den anschaulichen und überprüfbaren Anzeichen beim Bildern und Formen, aber auch bei eingespielten (Film, Band, Videotape) Bewegungen und Szenen, ergibt sich die besondere Brauchbarkeit kreativer „Verfahren" für die Supervision und den Erfahrungsaustausch.

Was FRIEDEMANN [47] bezüglich der Ausbildung von Kinderpsychotherapeuten über die Möglichkeiten des Psychodramas hervorhebt, gilt – in entsprechend übertragener Weise – ganz allgemein für die Verwendung gestalterischer Arbeitsweisen in der Aus- und Weiterbildung von Psychotherapeuten.

3) **Ausbildungsmöglichkeiten für die Heranziehung kreativen Tuns in der Psychotherapie.**

Eine koordinierte Ausbildung zum Gestaltungstherapeuten, die Bildnerisches, Darstellerisches, Musiktherapie und Körpererleben umfasst, gibt es meines Wissens bisher nicht. Dagegen sind einzelne Verfahren (z. B. das Psychodrama) und Bereiche (z. B. Musiktherapie) mancherorts *institutionalisiert* und entsprechende *Ausbildungsrichtlinien* festgelegt. Einige gestalterische Arbeitsweisen sind *aus dem (Lehr-)Gebäude* der verwendeten Psychotherapieform *entstanden* oder abgeleitet. Dies trifft in etwa für die Bildnereien aus dem Unbewussten bei JUNG [82] und seinen Nachfolgern [72, 77, 102, 109, 144] zu, auch für Rollenspiele auf gestalt-therapeutischem Hintergrund (S. 249). Andere „Verfahren" haben, oft abhängig von ihrem Urheber und eventuellen „Weiterentwicklern", leider nur *lokale Bedeutung.* Dabei finden wir oft recht ähnliche Ansätze und Grundgedanken, die sich dann verschieden entwickeln und zu unterschiedlichen Akzentsetzungen führen. So haben innerhalb der Verfahren, die mit dem Körpererleben zusammenhängen, allgemeine Richtigkeitsvorstellungen bei der Eutonie, Übungsaspekte bei der Kreativen Dramatik (WIKHOLM [158]) und stark persönlichkeitsbezogene Aspekte bei der Konzentrativen Bewegungstherapie (Kap. 3, S. 137 ff.) ein relatives Übergewicht.

Bei den Verfahren, die (bisher) nur lokale Bedeutung haben, besteht neben der Teilnahme an *Selbsterfahrungsgruppen* und bei einschlägigen *Weiterbildungsveranstaltungen* gelegentlich noch die Möglichkeit, selbst an Ort und Stelle Erfahrungen zu sammeln oder den „Erfinder" zum Abhalten eines *Einführungskurses* zu bewegen. Bei entsprechender Aufgeschlossenheit, besonderem Interesse und Begabung, kann *eine* kurze, aber *intensive Begegnung* mit einem „Verfahren" und/oder seinem Urheber einen guten Schritt weiterbringen oder zur eingehenden Beschäftigung mit seinem Vorgehen anregen.

a) Als *Prototyp der etablierten,* weltweiten Arbeitsformen finden wir auf dem weiten Feld der Gestaltungstherapie das Psychodrama und seine Weiterentwicklungen. Im deutschen Sprachraum ist in erster Linie das Moreno-Institut mit Sitz in Überlingen und Stuttgart zuständig. Angaben über Arbeitsgruppen in Österreich, der Schweiz, weitere Institute in Europa und in aussereuropäischen Ländern sind den Institutsprogrammen und dem Buch von LEUTZ „Das klassische Psychodrama" [99] zu entnehmen.

Hinsichtlich der Musiktherapie möchte ich auf einschlägige Ausbildungslinien am Mozarteum in Salzburg und auf die ORFF-Institute (z.B. in Salzburg, Hellbrunn) hinweisen.

b) *Eingebaut als feste Bestandteile* bestimmter Psychotherapieausbildungen finden wir auch gestalterische Elemente. In den C.G. Jung-Instituten gehört der Umgang mit dem Bildhaften, Allegorischen und Symbolischen zum täglichen Brot. Natürlich wird es ebenso wie gestalterische Einschläge in den Ausbildungsstätten der Psychoanalyse (nach Freud *und* seinen mehr oder weniger „treuen" Nachfolgern) aus dem jeweils dort im Vordergrund stehenden Blickwinkel gesehen. Über den Umgang mit Träumen sind aber die meisten Repräsentanten von (zumindest *auch*) tiefenpsychologisch orientierten „Schulen" gut für die Arbeit mit all den anderen Gestaltungsformen vorbereitet. In manchen Instituten beginnen auch gestalterische Verfahren einen zwar, dem Umfang nach, bescheidenen, aber doch gesicherten Platz einzunehmen. (Am Institut für Psychoanalyse und Psychotherapie in Freiburg ist zum Beispiel pro Semester eine 6 bis 12stündige Einführung in die Gestaltungstherapie vorgesehen, die jeweils dem Bildern, Modellieren und den verschiedenen Rollenspielen zugedacht ist und bei welcher Selbsterfahrung und praktische Übungen im Vordergrund stehen.) In den Gestalt-Therapie-Instituten sind Rollenspiele und verschiedene Arbeitsweisen, die vom Körpererleben [121] ausgehen, in die Ausbildung integriert. Bei allen Therapieformen, die auf Behandlung der Interaktionen und der Kommunikationen ausgerichtet sind, also beispielsweise bei der Familientherapie und verschiedenen Gruppentherapieformen, werden neben der verbalen Bearbeitung bildnerische, darstellerische und die Körperbewegung (Bewegen und Bewegt-Sein) einbeziehende Ausdrucks- und Kommunikationsmittel in zunehmendem Masse verwendet.

Weitere gestalterische Arbeitsformen und -methoden sind eben dabei, sich zu institutionalisieren. Dies ist hinsichtlich der Abgrenzung und der Definition ihrer Inhalte und Zielsetzungen ebenso wertvoll, wie es zur Erarbeitung ihrer wissenschaftlichen Grundlage beiträgt und zumindest zur Überprüfung der Arbeitshypothesen und Theorien veranlasst. Andererseits ist es ja im Rahmen der Psychotherapie – insbesondere sobald kreative, schöpferische Faktoren ins Spiel kommen – bedauerlich, wenn die „Begegnung zweier (mehrerer) *Menschen* in der Therapie" von übergreifenden Theorien, Systemen oder gar Prinzipien in den Hintergrund gedrängt zu werden droht. So sehe ich als Psychotherapeut auch die an sich notwendigen staatlichen Psychotherapieausbildungsvorhaben (zum Beispiel in Schweden) aus obigen Gründen mit einem lachenden und einem weinenden Auge. Es wird – wieder einmal – eine unserer wichtigsten Aufgaben sein, die (dann eventuell) zu kurz kommenden, „vergessenen" oder gar abgelehnten Bedürfnisse und Strebungen der nicht ins Konzept Passenden zu vertreten.

Nur zwei dieser festere Formen annehmenden Arbeitsweisen seien hier als Beispiele herausgegriffen:

Im deutschsprachigen Raum hat Frau Dr. M. Schröder [101, 137], Hamburg, sich um die Bildung eines kreativ-musischen Arbeitskreises für Therapie und Erziehung verdient gemacht, der unter anderem die Ausbildung von Gestaltungstherapeuten (Bildern, Formen, Musik-Malen u. a. m.) ermöglichen will. Im Rahmen der Konzentrativen Bewegungstherapie haben sich regionale Weiterbildungskreise mit Sitz in München, Hamburg, Freiburg und Heidelberg gebildet. Dem norddeutschen Kreis ist informationsmässig auch die schwedische Arbeitsgruppe (Göteborg-Växjö) angeschlossen. (Den besten Einblick in den derzeitigen Stand der Organisation hat Frau T. Schönfelder [101], Professor an der Universität Hamburg; die längste Erfahrung und den grössten Überblick über die Entwicklung dieser Arbeitsweise H. Stolze, München [101, 150, 151, 152].)

c) *Selbsterfahrungsgruppen* und *praktische Übungen* bei grösseren *Arbeitstagungen,* gelegentlich mit Fortführungen als *Intensivkurse* oder als *fraktionierte Selbsterfahrungsgruppen.*

Von den grösseren Fortbildungsveranstaltungen stehen zumindest im deutschen Sprachraum die Lindauer Psychotherapiewochen auch hinsichtlich des Angebotes von „kreativen Verfahren" zweifellos an erster Stelle. Von allen 135 Kursen, praktischen Übungen und Selbsterfahrungsgruppen in Lindau 1976, betreffen nicht weniger als 23 die Gestaltungstherapie und bei weiteren 34 sind schöpferische und/oder spielerische Elemente mittragende Faktoren der jeweiligen Arbeitsweise [101]. Ähnlich liegen die Verhältnisse bei den Norddeutschen Psychotherapietagen in Lübeck [116], wenn auch dort das Gesamtangebot zahlenmässig geringer ist. Auch bei den österreichischen (Gastein, Gleichenberg u. a. m.) und schweizerischen (Sils u. a. m.) Veranstaltungen sind im engeren und weiteren Sinn gestaltungstherapeutische Übungen und Selbsterfahrungsgruppen fest im Programm verankert.

Es ist kein Zufall, dass ich zuerst die Arbeitstagungen und erst in zweiter Linie grosse Kongresse erwähne. Bei letzteren ist nur im Ausnahmefall genügend Zeit für eine einigermassen ausreichende Information und *besonders* für praktische Übungen und somit für das *Selbsterleben* vorhanden. Und die Eigen-Erfahrung, das Selber-Spüren, ist im Bereich der Gestaltungstherapie eine conditio sine qua non.

Bei der Weiterführung in (geschlossenen oder „slow-open") fraktionierten (Intensiv-)Selbsterfahrungsgruppen gelten für gestalterische „Verfahren" dieselben Vor- und Nachteile, die SCHINDLER [134] bezüglich analytischer Selbsterfahrungsgruppen hervorgehoben hat.

d) Bei entsprechend intensivem Interesse für eine Arbeitsweise, die bisher nur an wenigen Orten praktiziert wird, ist die zeitweilige *Mitarbeit an der dortigen Klinik* oder dem entsprechenden Institut sehr zu empfehlen. Falls viele Mitarbeiter ein derartiges Interesse teilen, wird es zweckmässig und billiger sein, den oder die *Repräsentanten* des „Verfahrens" zu einem nicht *zu* kurzen *„Kurs" einzuladen.* In Schweden ist es uns so gelungen, den ersten Anstoss zur Arbeit mit dem Psychodrama, dem Katathymen Bilderleben und der Konzentrativen Bewegungstherapie zu geben. Auch bildnerisches Schaffen als Teil der Behandlung, Musiktherapie und andere Gestaltungstherapieformen konnten kräftig stimuliert werden. Psychodrama, Katathymes Bilderleben und Konzentrative Bewegungstherapie haben sich inzwischen verselbständigt und bieten, wenn auch in kleinem Ausmass, dem derzeitigen internationalen Stand entsprechende Ausbildungsmöglichkeiten, teilweise noch mit gelegentlicher Hilfe von Gast-Kursleitern aus dem Ausland.

e) Die *einmalige oder kurzzeitige Begegnung* mit einer Arbeitsweise und/ oder ihrem Vertreter ist nicht zu unterschätzen. Natürlich ist dabei die Gefahr der anfänglichen Überschätzung mit nachfolgender Enttäuschung und Ernüchterung gegeben. Bedenklich und manchmal gefährlich wird dies erst, wenn eine Arbeitsweise unreflektiert und ohne sie genügend zu beherrschen ins eigene therapeutische Arsenal aufgenommen und am Patienten „ausprobiert" wird. Meine positive Einstellung gegenüber der kurzen Begegnung gilt vielmehr ihrer *Anregung zur intensiveren Beschäftigung* mit dem entsprechenden „Verfahren", egal ob es sich um einen Ausbildungskandidaten oder einen „ganz Erfahrenen" handelt. Letztere haben – falls ihre Erfahrungen nicht zu vorurteilshafter Festlegung geführt haben – allerdings gute Chancen zu erkennen, in welcher Weise das eben erlebte Neue übernommen und die eine oder andere Behandlungsform ergänzen und bereichern kann.

4) **Arten der Vermittlung gestaltungstherapeutischer Erfahrungen.**

a) Der *Information* kommt in sachlicher Hinsicht wohl überwiegend eine vorbereitende Funktion zu. Als Ausbildung ist sie sicher unzureichend. Unter Berücksichtigung der persönlichkeitsstrukturellen Gegebenheiten (siehe Kap. 5, S. 241) kann sie aber darüber hinaus anfängliche Widerstände auflockern, Vorbehalte hintanstellen helfen und dadurch manchmal die Beschäftigung mit kreativem Tun als Mittel der Therapie erst ermöglichen. Dabei haben einmal klare, sachliche Beschreibungen im Vordergrund zu stehen, ein andermal Bilder, Skizzen und textbuchähnliche Darstellungen das Einfühlen, Miterleben und Nachvollziehen zu erleichtern.

Aus dem eben Gesagten ergab sich mein Versuch, zwar Ein- und Zuordnungen anzubieten, im übrigen aber durch Beispiele eine grosse Erlebnisnähe und ein „Mitfühlen und -gehen" zu ermöglichen.

b) *Beobachtungen* und deren anschliessendes Durcharbeiten im (meist Gruppen-)Gespräch führen zu breiterem und vertieftem Verständnis für die individuellen Ausdrucks- und (Re-)Aktionsweisen der Teilnehmer. Zugleich ermöglichen sie das Erleben und Deutlichwerden eigener – bisher vielleicht selbstverständlicher und unreflektierter – Gewohnheiten, Haltungen und Wertvorstellungen. Das Vorgehen bei der Pantomime (S. 93ff.), ein Teil der Arbeit in der Diskussionsphase beim Psychodrama (S. 113ff.) oder nach einer Psychogymnastik-Übung, aber auch das Dabeisein bei einer Atelier- (S. 161ff.) oder Musiktherapiestunde (S. 89ff.) bieten gute Ausganspunkte für diese Arbeitsweise. Wenn aber stärkere Rationalisierungstendenzen oder „Reaktionsbildungen" (z. B. gegen „das Agieren") vorliegen, wird auch das „Zuschauen" nicht zu Erfahrungen von Erlebnisqualität führen. Sollte ein solcherart behinderter Weiterbildungsteilnehmer – aus verschiedensten Gründen – doch zum „Mitmachen" entschlossen sein, so sind Albereien und Übertreibungen (bis zum Ad-absurdum-Führen) sehr häufig. Wenn daraus auch die persönlichkeitsspezifischen Haltungen erkennbar sind, so kann der Gestalter doch keine grössere Erlebnisnähe und -intensität „zulassen".

c) Erst das *Selbsterleben gestalterischen Tuns* erlaubt es, dass die verschiedenen Antriebsbereiche mit ihrer individuellen Ausformung der Erlebnisverarbeitung evident werden. Mit Hilfe des eigenen kreativen Schaffens werden also:

einerseits die jeweilige „Methode" praktisch erlernt;
Selbsterkenntnis und Selbsterfahrung vermehrt;
andere (Re-)Aktionsweisen gesehen;
das unterschiedliche Umgehen damit geübt und
die – gelegentlich gefährliche – Gewalt psychodynamischer Vorgänge (aber eben auf einem Probierfeld) erlebt.

Als Beispiele dafür mögen alle jene Szenen und Gestaltungen in diesem Buche dienen, die Ausbildungsteilnehmer und Therapeuten als selbst kreativ Tätige berühren (im Verzeichnis über alle Beispiele mit einem „T" versehen).

d) Für die praktische Verwendung gestalterischer „Verfahren" als therapeutisches Mittel ist es noch nötig, dass der daran interessierte Psychotherapeut *eigene Erfahrungen als Leiter und Co-Therapeut* sammelt. Dies wird beim Selbsterleben im Kreise der anderen Ausbildungsteilnehmer zu einem

Teil möglich sein. Eigene Versuche im Bekanntenkreis sehe ich mit einiger Skepsis und Beunruhigung. Es wäre an sich eine gute Übung, wenn man sie auf ein Lernen des „Materialsammelns" und einen „wertungsfreien" Vergleich der Erscheinungsformen beschränken könnte. Aber wer kann von sich sagen, an dieser Stelle eine sichere Grenze ziehen zu können. Es geht ja um Menschen, die einem nahe stehen und zu denen man starke gefühlsmässige Beziehungen verschiedenster Art und Färbung hat. Hier spielen demnach Arbeit als Co-Leiter, Supervision und Erfahrungsaustausch eine wichtige Rolle, weil einseitige Erlebnisweisen natürlich die Gefahr in sich bergen, zu ebenso einseitigen Handlungsweisen zu führen. Demnach halte ich von einer „gläubigen" oder gar „hörigen" Ausrichtung auf *einen* Lehrer, Supervisor oder „Meister" recht wenig. Auch unseren Klienten und Patienten kommt es zugute, wenn unsere therapeutischen „Instrumente" ihren Möglichkeiten einigermassen entsprechen. Soweit es die Gestaltungstherapie betrifft, ist durch das Vertrautwerden mit einer bildnerischen und einer darstellerischen Arbeitsweise ein guter Anfang gemacht.

Anhang

Bildserie 1

Die 21jährige Patientin hatte auf Drängen der Mutter viermal ambulant den Oberarzt für Aussenbetreuung aufgesucht, der sie als schweigsames, scheues, rundlich-pastöses Mädchen mit ausgeprägten Kontaktschwierigkeiten und gesenkter Stimmungslage beurteilte. Der *Verdacht auf beginnende Hebephrenie* wurde geäussert. Zugleich bestanden Organfunktionsstörungen, im Vordergrund krampfartige Schmerzen im rechten Oberbauch und im Unterbauch.

Auch bei den beiden ersten Gesprächen mit mir zeigt sich keinerlei emotionale Beteiligung. Die Patientin verhält sich völlig passiv, sitzt in schlaffer Haltung auf der vorderen Stuhlkante, antwortet langsam, leise und gleichförmig auf gezielte Fragen, wobei sie angibt, dass alles in Ordnung sei, daheim, am Arbeitsplatz, überall.

Daraufhin versuchte ich es mit dem Kontaktmalen, das – vom Engagement her gesehen – ebenso apathisch verlief wie das Gespräch. Ohne viel Hoffnung empfahl ich der Patientin, daheim ein „Ich", „Du" und „Wir" zu malen oder zeichnen.

Bildserie 1, Bild 1

„Ich" (Abb. 48)

Zu meiner Überraschung kam beim Symbolzeichnen des „Ich" dieses Bild zustande. Sie wollte zuerst das ganze Blatt schwarz anlegen, malte dann aber die roten diagonalen Bänder. Zuletzt machte sie die „geladenen" Pinselstriche quer über das Muster. Auf meine Frage, ob sie zum Beispiel einmal einen Kochtopf auf den Boden geschleudert habe oder jemals etwas ähnliches geschehen sei, errötet die Patientin heftig, kichert, beginnt zu schluchzen, schliesslich zu weinen und der Konflikt mit der Mutter, „den man ja nicht erwähnen soll", bricht hervor. Danach erst entschliesst sich der Therapeut zur Übernahme der Behandlung.

Bildserie 1, Bild 2

„Haus ohne Tür" (Abb. 49)

Der Patientin fällt auf, dass sie die Türe im Haus vergessen hat, dass die Pflanzen an der Hauswand hochgewuchert sind und dass sich der Weg, wo er vom Haus weggeht, teilt. Damals wurde die Frage des Eingeschlossenseins nicht besprochen.

Bildserie 1, Bild 3

(Abb. 50)

Von der Patientin *„ein Stilleben"* genannt. Besteht aus einer Vase (mütterlich?) und einer Frucht, wobei der Patientin auffällt, dass letztere sehr nahe der Tischkante liegt.

Bildserie 1, Bild 4

(Abb. 51)

„Ein Weg", den die Patientin von links nach rechts gehen will (Patientin ist Rechtshänder), für ihr Empfinden „hinaus", in die Zukunft bzw. weiter.

Bildserie 1, Bild 5

(Abb. 52)

Die Patientin gibt dem Bild den Titel *„Ein Zaun"*. Sie beschreibt: „Das ist eine Grenze zwischen Himmel und Erde, auf der Erde das fruchtbare Grün, die Nahrung (gelb = Pfifferlinge) und die Gefahr (Fliegenpilz)." In der Diskussion wird der Zaun als eine Grenze zwischen Prinzip-Gewissenssphäre einerseits und Bedürfnissen und Trieben, also Impulssphäre andererseits erlebt. Während dieses Gespräches war erstmals eine gewisse Spontaneität zu beobachten.

Bildserie 1, Bild 6

(Abb. 53)

„Eine leere Vase". Die Patientin wollte ursprünglich den Hintergrund bemalen, dagegen hatte sie von vornherein beabsichtigt, die Vase leer zu lassen. Dass statt eines Inhaltes Blumen auf die Vase gemalt sind, wird besprochen.

Bildserie 1, Bild 7

(Abb. 54)

Nach einer Pause von 12 Tagen bringt die Patientin drei weitere Bilder. Das erste (Abb. 54) soll nach Angaben der Patientin *weiche, farbenfreudige Gefühle* ausdrücken; sie sagt: „Ich möchte das ganze Blatt füllen." Mir erschienen zwar die Formen weich, ein wenig flüchtig – (noch) nicht gewagt – und das ganze ziemlich blass, doch sagte ich nichts darüber. Das Angebot der Patientin war wichtig und sollte nicht gestört werden.

Bildserie 1, Bild 8

„Hastige Striche" (Abb. 55)

Die Patientin berichtet, dass sie dazu nur knapp ½ Minute gebraucht habe, bezeichnet es als zugleich unruhig und lebhaft und schildert, dass sowohl Farbwahl wie Strichführung gleichsam „von selbst" geschehen sei.

Bildserie 1, Bild 9

(Abb. 56)

„Das soll wohl *eingerahmte Blumen* darstellen." In der folgenden Besprechung gibt die Patientin an, dass sie den Eindruck habe, nicht ihr eigenes Leben zu leben. „Wenn andere mir sagen, wie angepasst und vernünftig ich bin, so fühle ich mich dumm und hab oft gedacht, dass ich ja in Wirklichkeit gar nicht so bin." (Es dürfte eine Reaktion auf die beiden, direkt vorher gezeichneten Bilder sein, ein Versuch aufzufangen bzw. abzuriegeln.)

Bildserie 1, Bild 10

(Abb. 57)

Nach weiteren 13 Tagen – vielleicht eine „schöpferische Pause", in der etwas reift und dann zum Ausdruck kommt – bringt die Patientin das Bild, das sie selbst später als den „Wendepunkt" bezeichnet. Sie hatte zuerst die braune „Umgebung", dann das „Schwarze" und zuletzt den „grünen Punkt in der Mitte" gezeichnet. Sie sagt: *„Das kann eine Blume sein."* Darauf ich, zögernd: „Jaa ... es *kann* eine Blume sein." Die Patientin schweigt ein Weilchen und sagt dann ernst: „Der grüne Punkt in der Mitte bin schon ich ... und ich komme nicht 'raus."

Bildserie 1, Bild 11

(Abb. 58)

Es ist direkt nach dem vorhergehenden Bild gezeichnet. Die Patientin sagt dazu nur: *„Es bläst im Gebirge, es ist kalt."* Inwieweit es der Angst der Patientin vor der Kühle „draussen" entspricht, wurde damals nicht verbalisiert.

Bildserie 1, Bild 12

„Katzen in Grenzen" (Abb. 59)

„Das sollten Katzen werden und die unnatürlichen Farben habe ich absichtlich gewählt ... ich gehe auf einem Weg und wage nicht von ihm abzuweichen." Sie identifiziert sich mit der violetten Katze, der Therapeut zeigt auf diese und fragt: „Will sie überhaupt hinaus?", darauf die Patientin mit grossem Nachdruck: „Ja, das will ich ... aber ich weiss nicht wie ... es muss aber irgendwie gehen."

Bildserie 1, Bild 13

(Abb. 60)

Es wird von der Patientin *„Der Weg durchs Leben"* genannt und sie glaubt sich in der 1. Kurve am unteren Bildrand zu befinden und geht dann weiter von links nach rechts. Nach Angaben der Patientin soll der Weg am rechten Blattrand nicht aufhören, sondern weitergehen (beachte Verteilung von Sonne, blauem Himmel und dunklen Wolken).

Bildserie 1, Bild 14

(Abb. 61)

Wiederum *leere Vasen,* wobei aber jetzt Basis und Hintergrund ausgeführt sind. Die Vasen haben auch verschiedene Farben und Formen. Wenn man im blauen Element *in diesem Falle* unter anderem das mütterliche Prinzip vertreten sieht (blaue Blumen auf Blatt 2, blaue Vase auf Blatt 3, blaue „Vorgänger-Katze" auf Blatt 12), so fällt die Grössenverminderung auf.

Aus Gruppen und Einzelsitzungen ergab sich, dass in dieser Zeichnung auch erstmalig der Wunsch nach einer Familie enthalten sein dürfte.

Bildserie 1, Bild 15

(Abb. 62)

Nach 3 Wochen Pause bezüglich der Bildarbeit kommen drei Bilder, wovon die beiden ersten durch gerichtete Bewegungen auffallen. Laut Patientin sind es Kräfte, die „hinaus- oder vorwärtsdrängen". Obiges Bild bezeichnet die Patientin als *„tosender Bach".* Er soll von links nach rechts fliessen (tut er das?). Die Windrichtung ist die gleiche, auch für den Beschauer sicher abzulesen.

Bildserie 1, Bild 16

(Abb. 63)

Diese Zeichnung nennt die Patientin *„Brücke",* wobei zu beachten ist, dass alle Autos von links nach rechts fahren (im Heimatland der Patientin war damals Linksverkehr). Im Verhältnis zum dominierenden Blau des Wassers wirkt die „Brücke" substanzlos.

Bildserie 1, Bild 17

„Schwarzer Himmel" (Abb. 64)

Das 3. Bild vom gleichen Tag ist wahrscheinlich Ausdruck der gesteigerten Spannung im Heim der Patientin, wo die Mutter darum kämpft, ihr „kleines Mädchen" behalten zu können. Es dürfte auch die Schuldgefühle der Patientin beinhalten, nachdem sie aus der religiösen Sekte, welcher die Mutter angehört, ausgetreten ist ohne zuerst um Erlaubnis gefragt zu haben. Von einem Mitpatienten wird sie in der Gruppe darauf aufmerksam gemacht, dass trotz des drohenden Himmels die Erde relativ hell und freundlich erscheint.

Wenn wir dem „Blau" der 3 letzten Bilder folgen, so kommen wir vom „tosenden Bach" über das flächenmässig dominierende Wasser zu den drohenden Wolken. Während das Blau – auf Objektstufe gesehen – interessante Beziehungen zur Mutter der Patientin nahelegt, würde es auf der Subjektebene ähnliche Kräfte und Möglichkeiten der Patientin anzeigen.

Bildserie 1, Bild 18

(Abb. 65)

Nach 18 Tagen – diese Pause war ebenso wie frühere durch andere Aktivitäten ausgefüllt (Einzel- und Gruppengespräche, Arbeit mit Träumen, Modellieren und Entspannungsübungen) – kommen die letzten Bilder. Zum ersten Blatt (Abb. 65) meint die Patientin: *„Gestutzte Bäume, die wieder ausschlagen."* Der druckarme, zarte Strich wirkt (noch) schwach, dennoch sieht das Spriessen recht überzeugend aus.

Bildserie 1, Bild 19

„Ein See mit einer Entenfamilie" (Abb. 66)

Das animalische Element taucht jetzt in Familienform und in passender Umgebung auf (vgl. Bild 12, Abb. 59).

Die Patientin hat inzwischen selbständig einen Weg gefunden, wie sie sich aus der Abhängigkeit von der Mutter lösen kann, ohne selbst in Gewissensqualen zu kommen. Während der restlichen Behandlungszeit griff sie alle Themen offen, eingehend und vielschichtig auf. Sie zeichnete nicht mehr und sagte einmal diesbezüglich: „Ich glaube, ich brauche das nicht mehr, ich kann's gleich in Worten sagen."

7 Wochen später wurde die Patientin entlassen, die Funktionsstörungen traten nicht mehr auf. Sie nahm eine Arbeit als Verkäuferin in einem Warenhaus auf, verlobte sich etwa 5 Monate nach Abschluss der Behandlung und bewältigte die Schwierigkeiten mit ihrer Mutter. Sie nahm ohne Medikamente

gut 9 kg ab „weil ich mich so wohler fühle und besser aussehe" und heiratete schliesslich ihren Verlobten 17 Monate nach Ende der Behandlung.

Impulsmobilisierung und Konfliktaktualisierung

Bild 1
„*Regen*" (Abb. 67)

Erstes und vorletztes Bild der Serie einer 22jährigen, ledigen Patientin, die wegen Adipositas, Obstipation und depressiven Zuständen bei neurotischer Persönlichkeitsentwicklung 7 Wochen in stationärer Psychotherapie war.

In Einzelgesprächen (biographische Analyse, Symptomanalyse, Traumarbeit und Bildarbeit), in analytisch orientierter Gruppentherapie und unter Anwendung von Psychodrama, Pantomime und Märchenspiel kam die Patientin zu immer bewussterem Erleben ihrer eigenen Ambivalenz. Die gegensätzlichen Strömungen deuten sich bereits im Bild 1, „*Regen*" (Abb. 67) an. Dieses zeigt links das Elternhaus, rechts den Hügel des beruflichen Erfolges (die Patientin studiert) und in der Mitte einen Wald, auf den es niederregnet. Die Patientin stellt sich vor in diesem Wald zu sein und möchte sowohl zurück ins Haus als hinauf auf den Hügel.

Bild 2

„*Gegensätzliche Kräfte*" (Abb. 68)

Im vorletzten Bild der Serie kommt die Impuls- und Abwehr-mobilisierung am stärksten zum Ausdruck.

Bildserie 2, Bild 1

„*Heideweg*" (Abb. 69)

39jährige, ledige Patientin, die wegen hypodynamer Kreislaufregulationsstörung, Schwindel, Ohrensausen, wechselnd ausgeprägter Schwerhörigkeit und Schlafstörungen sowie zunehmender Arbeitsstörung durch Gereiztheit zur Aufnahme kam. Obiges Bild stammt vom 15. Behandlungstag. Bis dahin hatte die Patientin sich sehr bescheiden und reserviert verhalten, hatte im Rahmen der Hausgemeinschaft nur beim Singen mitgemacht. Patientin meint zu dem Bild: „Die Heide ... die Lüneburger. Wir (Patientin und eine etwas jüngere kontaktfreudige Kollegin) sind dort lange gewandert, stundenlang, ziellos, es war sehr ruhig und einsam, die Farben sehr schön."

Man beachte die Richtung des Weges von links unten zur rechten Mitte des Blattes, für einen Rechtshänder oft nach aussen, „weiter" bzw. in die Zukunft. Offensichtlich kein Ziel. (Das folgende Bild ist direkt im Anschluss an das obige gemalt.)

Bildserie 2, Bild 2

(Abb. 70)

(15. Behandlungstag): „*Die Gäste-Pension*" oder „*Verschlossenheit*". Die Patientin stellt sich als Besitzerin vor. Die Liegestühle seien für die Gäste vorbereitet, der Garten gepflegt (an anderer Stelle im gleichen Gespräch sagt die Patientin von ihrem Garten: „Der Garten ist meine Welt, den wollte ich als meine Welt schaffen.") Es sei alles mit einer Hecke wohl abgeschirmt, so dass niemand hereinsehen könne, zum einsameren Teil der Wiese führe ein Steg. Dann fällt der Patientin selbst auf, dass das Haus abweisend wirkt, viel zu kleine Fenster habe, „eher wie eine Burg".

Bildserie 2, Bild 3

„*Sonnenuntergang*" (Abb. 71)

(18. Behandlungstag): „Ich mag diese Farben, ich habe das Bild nur deshalb und wegen des Sonnenunterganges gemalt." Erst viel später in der Behandlung fällt der Patientin auf, dass die Hügel steil wie ein Berg vor ihr stehen (vgl. mit Bild 9, 15 und 16 dieser Serie).

Bildserie 2, Bild 4

„*Allein gelassen*" (Abb. 72)

(22. Behandlungstag): Am gleichen Tag Abreise des Therapeuten für 2 Wochen. Die Patientin fühlt sich in der Gruppe noch nicht verankert. Sie ist in der Abteilung stets hilfsbereit, nimmt verschiedene Arbeiten, die im Rahmen der Selbstverwaltung der Patienten anfallen, bereitwilligst auf sich. Die Erwartung, dafür voll angenommen zu werden, erfüllt sich jedoch nicht. Man beachte die Blickrichtung der einsamen roten, an die Pinie gelehnten Gestalt (rot als dominierende Eigenfarbe? vgl. Bild 1, 2, 4, 6, 8, 9, 10 und 11, besonders deutlich in Bild 13).

Bildserie 2, Bild 5

„*Weg – Schlange*" (Abb. 73)

(41. Behandlungstag): Die Patientin hat inzwischen eine weitere, dem Bild 3 ähnliche Hügellandschaft und am Tag ihrer Wahl zur Hausmutter einige vergnügte Bögen und Kringel in hellen Farben gemalt. Am Tag bevor die Patientin obiges und das folgende Bild gemalt hat, hatte sie Schwierigkeiten in der Abteilung, meinte: „Ich habe gestern Krach gehabt ... eigentlich keinen Krach, sondern bin mir ausgenutzt vorgekommen." Sie schildert ihre Ent-

täuschung darüber, dass ihre Hilfsbereitschaft nicht entsprechend ankommt, meint, es sei völlig trostlos. (Fortsetzung nächstes Bild.)

Bildserie 2, Bild 6

„Die Spinne" (Abb. 74)

„Die Spinne ... sie ist so dominierend, kommt direkt auf mich zu ... (nach langer Pause) ... Mutter hat uns zur Zurückhaltung erzogen, ich kann nicht aus mir herausgehen ... bestenfalls ist jemand dankbar, wenn ich hilfsbereit bin." (Therapeut: „Was würden Sie sich wünschen?")

Bildserie 2, Bild 7

„Explosive Kräfte" (Abb. 75)

(74. Behandlungstag): Anlässlich der Entlassung einer anderen Patientin beschäftigt sich die Patientin mit ihrer Befürchtung, auch demnächst entlassen zu werden. In der Nacht vor dem Malen hatte sie vier Träume, in denen sie 1. ihren Garten ändern wollte, im 2. sei daheim alles kaputt gewesen (Einfall der Patientin dazu: „Wenn ich wütend werde, tue ich weh."). Im 3. Traum sei sie aktiv geworden, „es kam ein Mann vor ... ich hab ihn mir geschnappt ... überredet." Im 4. Traumteil, „da kam der Mann zu mir, war zärtlich"; schliesslich meint die Patientin: „ich will als Frau wirken."

Man beachte die explosionsartige Entwicklung von links nach rechts.

Bildserie 2, Bild 8

„Die Hügel" (Abb. 76)

Die Hügel (von Bild 3, Abb. 71) sind niedriger geworden und weniger steil, die Farben leuchtender, der Horizont weiter.

Bildserie 2, Bild 9

(Abb. 77)

(74. Behandlungstag): Auftauchen der ersten *Strichmännchen,* die sich auf dem Bilde tummeln; es soll wieder die Wiese der Pension darstellen. Der Zaun ist verschwunden, das Bild belebter, wenn auch nur flüchtig mit Kohle skizziert (noch nicht gewagt?). Die Patientin meint dazu: „Zuletzt habe ich mir das Haus gegönnt" (breiter, auf dem Hügel, Fenster etwas grösser, verglichen mit Bild 2; „objektiv" wohl immer noch unfreundlich, fehlender Schornstein, unsichere Basis usw.) ... die Leute und die Autos kommen zum Haus" (passive Erwartungshaltung hinsichtlich des Kontaktes).

Bildserie 2, Bild 10

„Abgerissene Köpfe" = „Aggressive Tendenzen" (Abb. 78)

(84. Behandlungstag): Die Patientin hat obiges Bild vor dem Einzelgespräch gemalt, meint dazu: „Stehe zu den Mitmenschen wie vor einer Mauer, alle Gesichter sind gleich, unpersönlich, das Gelbe entspricht der Gleichgültigkeit, gelb mag ich nicht ... meine Gedanken sind so schwarz wie die Striche." Beim Tanzabend am Tage zuvor hatte die Patientin sich abgelehnt gefühlt. Sie habe den Kopf verloren, niemand im ganzen Haus möge sie. Das Bild sehe aus wie abgerissene Köpfe. Auf meinen Hinweis, dass es sich um 23 Köpfe handle (Gesamtanzahl der Mitpatienten), ist die Patientin erschüttert. Es kann erstmals ihre aggressive, meist abweisende Haltung eingehend besprochen werden.

Bildserie 2, Bild 11

(Abb. 79)

„Sind *2 Köpfe, wie* man sie *aus Wolle* macht ... grüne Augen bei Frauen sind gefährlich ... rote Haare gefallen dem Chef sehr gut. Dem Männerkopf habe ich blaue Augen gemacht, weil ich die mag. Die Nasen habe ich ganz klein gemacht ... meine ist zu gross." Der Umstand, dass der Frauenkörper sich dem Mann zuneigt, während der Kopf sich abwendet, gibt der Patientin sehr zu denken.

Bildserie 2, Bild 12

(Abb. 80)

(89. Behandlungstag): Die Patientin fühlt sich durch ihre Schwerhörigkeit wie ein *gestrandeter Fisch.* Sie beklagt sich darüber, dass der Leiter der Abteilung bei der Visite ganz leise gesprochen habe, obwohl er doch wisse, dass sie schlecht höre. Im Bild identifiziert sie sich mit dem Fisch links oben auf dem Felsen. Ihr fällt nicht ein, dass er ins Wasser zurückspringen könnte. Sie schildert die Angst vor den Polypen, weiter den Wunsch des Fisches, zu fliegen wie die Vögel auf dem gleichen Bild, wobei ihr das lustige Spiel der Fische an der Oberfläche des Wassers und die farbenfreudigen Seesterne am Grunde offenbar entgehen. Hinsichtlich des Polypen vergleiche Bild 6 (Abb. 74) der Serie.

Bildserie 2, Bild 13

(Abb. 81)

(96. Behandlungstag): Die Patientin versucht, ihre *Isolierung* darzustellen (vgl. wieder Eigenfarbe). Der Patientin ist zuerst nicht aufgefallen, dass die

Figur sich von den einsamen Strichmännchen auf der rechten Bildseite ab- und der Musik (die Patientin spielt zweite Geige, allerdings kommen keine Trompeten vor!) und den Paaren und Grüppchen zuwendet.

Bildserie 2, Bild 14

„Schwerhörigkeit" (Abb. 82)

(96. Behandlungstag): Die Patientin schildert anhand des Bildes ihre Kontaktstörungen, dass sie nicht verstehen könne, was die anderen sprechen, dass sie versuche, mit den Augen abzulesen. Es fällt ihr dabei überhaupt nicht auf, dass die *Blitze von* dem überdimensional gross gezeichneten *Ohr weggerichtet* sind. Als sie darauf aufmerksam gemacht wird, meint sie: „Besonders wenn ich da sein will, dann höre ich schlechter ... wenn man nicht hört, kann man nicht verstehen ... (lächelt) ... dann brauch ich nicht bitten."

Bildserie 2, Bild 15

(Abb. 83)

(103. Behandlungstag): Wiederkehr des *Hügel*motives, auf diesem Bild in ganz verschwommenen Farben. Die Patientin gibt an, die Technik versucht zu haben, es habe sie dann zum folgenden Bild angeregt.

Bildserie 2, Bild 16

„Die ferne Stadt" (Abb. 84)

(103. Behandlungstag): Wieder die Hügellandschaft, diesmal mit Wiesen und Feldern im Vorder- und Mittelgrund. Im Hintergrund erstmals eine Stadt. „Es geht zwar kein Weg hin, aber sie ist da." (Die Patientin hat sich in den vergangenen Tagen entschlossen, nach ihrer Entlassung die analytische Therapie ambulant fortzusetzen.) Am gleichen Tag hat sie noch das folgende Bild gemalt ...

Bildserie 2, Bild 17

(Abb. 85)

(103. Behandlungstag): „Ich habe *statt Masken Gesichter* malen wollen."

Am 114. Behandlungstag wurde die Patientin entlassen, sie konnte ihren Beruf wieder aufnehmen, wechselte allerdings den Arbeitsort, um die ambulante Therapie zu ermöglichen.

Die Schlafstörungen, die hypodyname Kreislaufregulationsstörung und die Schwindelgefühle waren geschwunden. Die Schwerhörigkeit trat zeitweise – meist für die Patientin verstehbar – wieder auf. Im Kontaktverhalten war sie deutlich gelockert, kleidete sich fraulicher und setzte sich mit ihren eigenen Wünschen und Möglichkeiten freier und zugleich realitätsgerechter auseinander.

Literaturverzeichnis und Quellennachweis

[1] AHLBRECHT, W.: (persönl. Mitt.) Seminar über allg. Neurosenlehre, Inst. f. Psychoanalyse u. Psychotherapie, Freiburg 1965.

[2] AICHHORN, A.: Verwahrloste Jugend. Huber, Bern/Stuttgart/Wien, 5. Aufl. 1965.

[3] ALEXANDER, F.: Psychoanalysis and Psychotherapy. Norton & Co, New York 1946.

[4] ARGELANDER, H.: Das Erstinterview in der Psychotherapie. Wissensch. Buchgem. Darmstadt 1970.

[5] BACH, S.: Spontanes Malen schwerkranker Kinder. Documenta Geigy, Acta Psychosom. *8,* Basel 1966.

[6] BALINT, M.: Der Arzt, sein Patient und die Krankheit. Klett, Stuttgart 1957.

[7] BALINT, M.: Die Urformen der Liebe und die Technik der Psychoanalyse. Huber, Bern/Stuttgart/Wien und Klett, Stuttgart 1966.

[8] BATTEGAY, R.: Der Mensch in der Gruppe. Bd. 1 und 2, Huber, Bern/Stuttgart/Wien 1967.

[9] BENEDETTI, G.: Klinische Psychotherapie. Huber, Bern/Stuttgart/Wien 1964.

[10] BENEDETTI, G.: Psychiatrische Aspekte des Schöpferischen und schöpferische Aspekte der Psychiatrie. Verl. f. Med. Psych. im Verl. Vandenhoek und Ruprecht, Göttingen 1975.

[11] BERNE, E.: Spiele der Erwachsenen. Rowohlt, Hamburg 1976.

[12] BRESGEN, C.: Musikalisches Schaffen als Heilmöglichkeit. In Teirich, H. R.: Musik in der Medizin. Fischer, Stuttgart 1958.

[13] BRESGEN, C.: Einführung in die Musiktherapie. Protokoll d. 12. Fortbildungskurses in Psychiatrie. St. Sigfrids Sjukhus, Växjö, Schweden 1973.

[14] CLAUSER, G.: Märchen als Rollenspiel. In Arzt im Raum des Erlebens. München 1959.

[15] CLAUSER, G.: Bildgestaltung und Bilderleben. Ciba-Symp. *8,* 13, 1960.

[16] CLAUSER, G.: Gestaltungstherapie. Praxis der Psychotherapie *5,* 268, 1960.

[17] CLAUSER, G.: Lehrbuch der biographischen Analyse. Thieme, Stuttgart 1963.

[18] DERBOLOWSKI, G. und U.: Bemächtigungstherapie als psychotherapeutische Kategorie. Praxis d. Psychoth. *11,* 6, 1966.

[19] DERBOLOWSKI, U.: Bemächtigungstherapeutische „Abfälle" aus der gruppenzentrierten analytischen Psychotherapie. Ausstellung beim VII. Int. Kongr. f. Psychoth. Wiesbaden 1967.

[20] DERBOLOWSKI, U.: Ton-Bild-Band: Bemächtigungstherapie.

[21] DIECKMANN, H.: Das Lieblingsmärchen der Kindheit und seine Beziehung zur Neurose und Persönlichkeitsstruktur. Praxis d. Kinder-Psychologie und -Psychiatrie, Heft *6,* Aug./Sept. 1967.

[22] DÜHRSSEN, A.: Psychogene Erkrankungen bei Kindern und Jugendlichen. Verl. f. Med. Psychologie, Göttingen 1965.

[23] ENKE, H.: Bipolare Gruppenpsychotherapie als Möglichkeit psychoanalytischer Arbeit in der stationären Psychotherapie. Zeitschrift f. Psychoth. und med. Psychologie *15,* 3, 1965.

[24] ERIKSON, E. H.: Childhood and Society. New York 1950.

[25] FRANKL, V.: Theorie und Therapie der Neurosen. Einführung in Logotherapie und Existenzanalyse. 3. Aufl. Reinhardt, München/Basel 1970.

[26] FRANZKE, E.: Die Verwendung von Gestaltungen in der analytisch orientierten

Gruppentherapie. In 4. Int. Gruppenpsychotherapiekongress, Verl. d. Med. Akademie, Wien 1968.

[27] FRANZKE, E.: Einsichtsvermittlung in neurotisch fixierte Fehlhaltungen durch kombinierte verbale, gestalterische und übende Verfahren. Zeitschrift für Psychoth. und med. Psychologie, *6,* 1968.

[28] FRANZKE, E.: Das Initialbild in der analytischen Psychotherapie. In Confinia psychiatr., Karger, Basel/New York, Band *12,* 1969.

[29] FRANZKE, E.: Zur Indikation gestalterischer Verfahren in der analytischen Psychotherapie. Zeitschrift f. psychosom. Med. und Psychoanalyse *1,* 1972.

[30] FRANZKE, E.: Das Psychodrama als gestaltungstherapeutisches Verfahren in einer analytisch orientierten psychosomatischen Klinik. In Petzold, H.: Angewandtes Psychodrama in Therapie, Pädagogik, Theater und Wirtschaft. Jungfermann, Paderborn 1972.

[31] FRANZKE, E.: Gestaltungstherapie im Rahmen klinischer Psychotherapie. In Hau, T. F.: Klinische Psychotherapie in ihren Grundzügen. Hippokrates, Stuttgart 1975.

[32] FREUD, A.: Das Ich und die Abwehrmechanismen. Kindler TB, Geist und Psyche Nr. 2001.

[33] FREUD, S.: Über Deckerinnerungen. Gesammelte Werke, Bd. I. S. Fischer, Frankfurt a. M. 1961–1967.

[34] FREUD, S.: Die Traumdeutung. Über den Traum. Gesammelte Werke, Bd. II und III. S. Fischer, Frankfurt a. M.

[35] FREUD, S.: Psychopathologie des Alltagslebens. Gesammelte Werke, Bd. IV. S. Fischer, Frankfurt a. M.

[36] FREUD, S.: Die Freud'sche psychoanalytische Methode. Gesammelte Werke, Bd. V. S. Fischer, Frankfurt a. M.

[37] FREUD, S.: Der Witz und seine Beziehung zum Unbewussten. Gesammelte Werke, Bd. VI. S. Fischer, Frankfurt a. M.

[38] FREUD, S.: Über „wilde" Psychoanalyse. Gesammelte Werke, Bd. VIII. S. Fischer, Frankfurt a. M.

[39] FREUD, S.: Eine Kindheitserinnerung des Leonardo da Vinci. Gesammelte Werke, Bd. VIII. S. Fischer, Frankfurt a. M.

[40] FREUD, S.: Märchenstoffe in Träumen. Gesammelte Werke, Bd. X. S. Fischer, Frankfurt a. M.

[41] FREUD, S.: Erinnern, Wiederholen, Durcharbeiten. Gesammelte Werke, Bd. X. S. Fischer, Frankfurt a. M.

[42] FREUD, S.: Der Moses des Michelangelo. Gesammelte Werke, Bd. X. S. Fischer, Frankfurt a. M.

[43] FREUD, S.: Mythologische Parallelen zu einer plastischen Zwangsvorstellung. Gesammelte Werke, Bd. X. S. Fischer, Frankfurt a. M.

[44] FREUD, S.: Vorlesungen zur Einführung in die Psychoanalyse. Gesammelte Werke, Bd. XI. S. Fischer, Frankfurt a. M.

[45] FREUD, S.: Die Verneinung. Gesammelte Werke, Bd. XIV. S. Fischer, Frankfurt a. M.

[46] FREUD, S.: Die Zukunft einer Illusion. Gesammelte Werke, Bd. XIV. S. Fischer, Frankfurt a. M.

[47] FRIEDEMANN, A.: Vorbereitung von Kindertherapeuten zur Spieltherapie über das Psychodrama. In Petzold, H.: Angewandtes Psychodrama in Therapie, Pädagogik, Theater und Wirtschaft. Jungfermann, Paderborn 1972.

[48] FROMM, E.: The Lost Language. Holt, Rinehart and Winston, New York 1951.

[49] GALLÉE, H.B.: Kreatives Form-, Klang- und Farberleben in der Arbeit mit Erwachsenen. Protokoll d. 12. Fortbildungskurses in Psychiatrie. St. Sigfrids Sjukhus, Växjö, Schweden 1973.

[50] GLASER, H.: Über die therapeutischen Wirkungen von Intervallen. In Musikerziehung *14,* 1960/61.

[51] GÖPPERT, H.: Die menschliche Reifung im Bild der Mythen und Märchen. Vortragsreihe, Lindauer Psychotherapiewochen, 1963.

[52] GÖPPERT, H.: Reifung und Sexualität. Praxis der Psychoth., Bd. 8, 1963.

[53] GOLDBERG, M.: Konzentrative Bewegungstherapie. Kurse in Lindau 1963–1975 und in Växjö 1970.

[54] GRÄFF, C.: (persönl. Mitt.) Lindau 1963, München 1966.

[55] GRÄSER, L.: Die Familie in Tieren. Reinhardt, München/Basel 1957.

X [56] GRÄTZ, E.: Ausdruckszeichnen, Kontakt- und Symbolmalen. (persönl. Mitt.), Kurse bei Lindauer Psychotherapiewochen 1963 und 1964.

[57] GRÄTZ, E.: Kontaktmalen. (In Vorbereitung.)

[58] HAGEDORN, E.: Zur Problematik der Bewertung verbaler und ausserverbaler Kommunikation im psychotherapeutischen Prozess. In: Festschrift zum 50. Geburtstag von T.F. Hau, Freiburg 1974.

[59] HARDING, G.: Leken som avslöjar. Natur och Kultur, Stockholm 1965.

[60] HARRER, G.: Musiktherapie (Hrsg.). Stuttgart 1975.

[61] HARRER, G. und H.: Polygraphische Untersuchungen (EEG, EKG, Atmung, Oszillogramm, Myo-Mechanogramm, galvanischer Hautreflex) unter dem Einfluss von Musik und anderen affektiven Reizen. In Fellinger, K.: Funktionsabläufe unter emotionellen Belastungen. Karger, Basel/New York 1964.

[62] HARTMANN, H.: Ich-Psychologie und Anpassungsproblem. Psyche *14,* 81, 1960.

[63] HAU, T.F.: Über das Agieren, Abriss zur Technik. Inst. f. Psychoanalyse und Psychotherapie, Freiburg i. Br. 1973.

[64] HAU, T.F.: Klinische Psychotherapie in ihren Grundzügen. Hippokrates, Stuttgart 1975.

[65] HEIGL, F.: Neurotische Arbeitsstörungen in der analytischen Psychotherapie. Zeitschrift f. psychosom. Med. *1,* 51–55 und 135–140, 1954/55.

[66] HEIGL, F.: Indikation und Prognose in Psychoanalyse und Psychotherapie. Verl. f. med. Psychologie. Göttingen 1972.

[67] HEIGL-EVERS, A.: Die Gruppe unter soziodynamischen und antriebspsychologischen Aspekten. In Preuss: Analytische Gruppenpsychotherapie. München/Berlin/Wien 1966.

[68] HEIGL-EVERS, A., HEIGL, F.: Geben und Nehmen in der Ehe. Verl. f. Angew. Psychologie, Stuttgart 1961.

[69] HEIGL-EVERS, A., HEIGL, F.: Gelten und Geltenlassen in der Ehe. Verl. für Angew. Psychologie, Stuttgart 1963.

[70] HEIGL-EVERS, A., HEIGL, F.: Lieben und Geliebtwerden in der Ehe. Verl. f. Angew. Psychologie, Stuttgart 1969.

[71] HENNING, A.: Konzentrative Bewegungstherapie. Praxis dynam. Gruppenarbeit. Bitter, Stuttgart 1972.

[72] HEYER, G.R.: Organismus der Seele. J.F. Lehmann, München 1959.

[73] HOFF, H.: Vorlesungen über Psychiatrie. Universität Wien 1952.

[74] HOFSTÄTTER, P.R.: Gruppendynamik. Hamburg 1964.

[75] HORETZKY, O.: Das gezielte Pantomimenspiel in der Gruppenpsychotherapie. Topic. Probl. Psychoth. *4,* Karger, Basel/New York 1963.

[76] JACOBI, J.: Malen mit Gruppen schizophrener Patienten. Vortrag beim Kongr. d. deutschspr. Gesellschaft f. Psychopathologie des Ausdrucks. Freudenstadt 1968.
[77] JACOBI, J.: Vom Bilderreich der Seele. Walter, Olten 1969.
[78] JAKAB, I.: Psychiatry and Art (Hrsg.). Karger, Basel 1968.
[79] JAKAB, I.: Psychiatry and Art (Hrsg.). Vol. II, Art Interpretation and Art Therapy. Karger, Basel 1969.
[80] JAKAB, I.: Psychiatry and Art (Hrsg.). Vol. III, Conscious and Unconscious Expressive Art. Karger, Basel 1971.
[81] JÖRSTAD, J.: Clay forming in Psychotherapy. In Acta Psychiatr. Scand. *41*, 4, 1965.
[82] JUNG, C. G.: Gestaltungen des Unbewussten. Zürich 1950.
[83] JUNG, C. G.: Praxis der Psychotherapie. Zürich/Stuttgart 1958.
[84] JUNOVA, H., KNOBLOCH, F.: Psychogymnastik als eine Methode der Psychotherapie. Praxis der Psychotherapie, *11,* 1966.
[85] KATZ, D.: Gestalt-psykologi. Stockholm 1942.
[86] KAUSEN, R.: Ist die Rechts-Links-Richtung von Zeichnungen für die klinische Psychodiagnostik verwertbar? Zeitschrift f. Psychoth. und med. Psychologie *22,* 1972.
[87] KEMPER, W.: Der Traum und seine Be-Deutung. Rororo (rde) 4.
[88] KNEHR, E.: Konfliktgestaltung im Szenotest. München/Basel 1961.
[89] KNOBLOCH, F., und J.: Psychogymnastik. In Petzold, H.: Psychotherapie und Körperdynamik. Jungfermann, Paderborn 1974.
[90] KOCH, CH.: Der Baumtest. Bern 1962.
[91] KÖHLER, W.: Gestalt-Psychology. London 1930.
[92] KÖNIG, B.: Die Personenperson. dtv 438, München 1967.
[93] KOZICKA, N.: Persönl. Mitt. bezüglich Märchenspiel. Lindauer Psychotherapiewochen 1975.
[94] LANGE, S.: (persönl. Mitt.) „Eine Lüge beim Sich-Vorstellen". 1. Int. Symp. on Nonverbal Aspects and Techniques in Psychotherapy, Vancouver 1974.
[95] LANGEN, D.: Methodische Probleme der klinischen Psychotherapie. Thieme, Stuttgart 1956.
[96] LEBOVICI, S.: Das psychoanalytische Psychodrama. In Petzold, H.: Angewandtes Psychodrama in Therapie, Pädagogik, Theater und Wirtschaft. Jungfermann, Paderborn 1972.
[97] LEUNER, H. C.: Die Leistungen, Indikationen und Grenzen des Symboldramas. Zeitschrift f. Psychoth. und med. Psychologie *10,* 45, 1960.
[98] LEUNER, H. C.: Katathymes Bilderleben, Unterstufe. Thieme, Stuttgart 1970.
[99] LEUTZ, G. A.: Das klassische Psychodrama nach J. L. Moreno. Springer, Berlin 1974.
[100] LEUTZ, G. A.: Psychodrama im Erfahrungsaustausch. Holstein. Ärzteblatt 8, 1975.
[101] Lindauer Psychotherapiewochen, Programm für 1976. Hrsg. Stolze, H. und Mitarb.
[102] LOHMANN, H.: Die Methode des „Unbewussten Bildern" von C. G. Jung bei der Psychotherapie psychosomatisch Kranker. VI. Int. Psychotherapiekongress, London 1964.
[103] LORENZ, K.: Er redete mit dem Vieh, den Vögeln und den Fischen. dtv 173, 1964.
[104] LORENZ, K.: Die Rückseite des Spiegels. Piper, München 1973.
[105] LÜSCHER, M.: Psychologie der Farben. Basel 1949.

[106] LUTHE, W.: Autogenic Therapy. Vol. I–VI, New York 1969.
[107] MAASS, H.: Theorie und Praxis der Gestaltungstherapie in der psychosomatischen Klinik. In Beiträge zur Inneren Medizin. Schattauer, Stuttgart 1964.
[108] MAASS, H., KNOSP: Das mythische Tanzdrama. Persönl. Mitt. Landhaus Umkirch 1963.
[109] MAPPES, R.: „Anleitung" zum (freien) Malen. Persönl. Mitt. 1974.
[110] MATUSSEK, P.: Kreativität als Chance. Piper, München 1974.
[111] MEYER, J.E.: Konzentrative Bewegungstherapie. In Petzold, H.: Psychotherapie und Körperdynamik. Jungfermann, Paderborn 1974.
[112] MORENO, J.L.: Stegreiftheater. Kiepenheuer, Berlin 1923.
[113] MORENO, J.L.: Gruppenpsychotherapie und Psychodrama. Thieme, Stuttgart 1959.
[114] NAVRATIL, L.: Schizophrenie und Kunst. München 1965.
[115] NELL, R.: Art and Psychotherapy. In Voices, The Art and Science of Psychotherapy, Vol. *4,* 4, 1968.
[116] Norddeutsche Psychotherapie-Tage, Lübeck: Programm 1975. Hrsg. Iversen, G., Koch, W., Leuner, H., Völkel, H.
[117] PANKOW, G.: Gesprengte Fesseln der Psychose. Reinhardt, München/Basel 1968.
[118] PERLS, F.: In and Out the Garbage Pail. Bantam Books. Toronto/New York 1969.
[119] PERLS, F., HEFFERLINE, R.F., GOODMAN, D.: Gestalt-Terapi. KF's Bokförlag, Stockholm 1958.
[120] PETZOLD, H.: Angewandtes Psychodrama in Therapie, Pädagogik, Theater und Wirtschaft. (Hrsg.) Jungfermann, Paderborn 1972.
[121] PETZOLD, H.: Psychotherapie und Körperdynamik. (Hrsg.) Jungfermann, Paderborn 1974.
[122] PFEIFFER, W.M.: Das Spiel mit Handpuppen in der Therapie der Psychosen. Zeitschrift für Psychoth. und med. Psychologie *15,* 1965.
[123] PLOEGER, A.: Die Aktivierungstechnik. Praxis der Psychotherapie XIV, 1969.
X [124] PRINZHORN, H.: Bildnerei der Geisteskranken. Berlin 1922.
[125] READ, H.: Education through Art. London 1947.
[126] REICH, W.: Charakteranalyse. Wien 1933.
[127] RENNERT, H.: Die Merkmale schizophrener Bildnerei. Fischer, Jena 1962.
[128] RIEMANN, F.: Grundformen der Angst. München/Basel 1961.
[129] RIEMANN, F.: Die Struktur des Analytikers und ihr Einfluss auf den Behandlungsverlauf. In Fortschritte der Psychoanalyse *1,* Göttingen 1964.
[130] ROJAS-BERMUDEZ, J.G.: Puppets and Psychodrama. Genitor, Buenos Aires 1970.
[131] ROSEN, J.N.: Direct Analysis. New York 1953.
[132] SCHINDLER, R.: Grundprinzipien der Psychodynamik in der Gruppe. Psyche *XI,* 1957/1958.
[133] SCHINDLER, W.: The Role of the Mother in the Group-Psychotherapy. Int. Journ. of Group-Psychoth., Vol *XVI,* 2, 1966.
[134] SCHINDLER, W.: Fraktionierte Selbsterfahrungsgruppen. Klett, Stuttgart 1969.
[135] SCHRENK, M.: Formen der Musiktherapie. Hippokrates *36,* 6, 1965.
[136] SCHRENK, M.: Musiktherapie. Möglichkeiten und Grenzen. Vortrag, Symp. der H.v. Karajan Stiftung, Salzburg 1972.
[137] SCHRÖDER, M.: Die Bedeutung und Deutung des gestalterischen Ausdrucks in der Psychotherapie. Prot. des 10. Weiterbildungskurses in Psychiatrie, St. Sigfrids Sjukhus, Växjö, Schweden 1972.
[138] SCHULTZ, J.H.: Die seelische Krankenbehandlung. Fischer, Stuttgart 1958.
[139] SCHULTZ, J.H.: Das Autogene Training. Thieme, Stuttgart 1960.

[140] SCHULTZ-HENCKE, H.: Lehrbuch der analytischen Psychotherapie, Stuttgart 1951.
[141] SCHULTZ-HENCKE, H.: Lehrbuch der Traumanalyse. Thieme, Stuttgart 1961 (unveränd. Nachdruck).
[142] SCHWABE, CH.: Musiktherapie bei Neurosen und funktionellen Störungen. Jena 1969, Stuttgart 1972.
[143] SECHEHAYE, M.: La Realisation Symbolique. Bern 1947.
[144] SEIFERT, F., SEIFERT-HELWIG, R.: Bilder und Urbilder. Reinhardt, Basel/München 1965.
[145] SILBERER, H.: Bericht über die Methode, gewisse symbolische Halluzinationserscheinungen hervorzurufen und zu beobachten. JB psychoanalyt. psychopathol. Forschung *1*, 1909.
[146] SIMON, H.: Aktivere Krankenbehandlung in der Irrenanstalt. Allg. Zeitschrift für Psychiatrie 87 und 90, 1927.
[147] SPARRE, N.: Pantomime. Lehrvorstellung Salzburg 1973 (Diskussion, Persönl. Mitt.).
[148] SPITZ, R. A.: The first Year of Life. Int. Univ. Press., New York 1965.
[149] STAABS, G. v.: Der Szenotest. Huber, Bern/Stuttgart/Wien 1964.
[150] STOLZE, H.: Psychotherapeutische Aspekte einer Konzentrativen Bewegungstherapie. In Kritische Psychotherapie, München 1959.
[151] STOLZE, H.: Zur Bedeutung des Leibinbildes für die psychotherapeutische Behandlungsmethodik und die Neurosenlehre. Ärztliche Forschung *XIV*, 1962.
[152] STOLZE, H.: Selbsterfahrung und Bewegung. Praxis der Psychoth., *XVII*, 4, 1972.
[153] STUDT, H. H.: Zur Interpretation in der stationären analytischen Gruppenpsychotherapie. In Gruppenpsychother. Gruppendynamik *3*, 1970.
[154] SYDATH, W.: Plastik und Psychiatrie. Byk-Gulden, Konstanz 1965.
[155] TEIRICH, H. R.: Musik in der Medizin (Hrsg.). Fischer, Stuttgart 1958.
[156] WATZLAWICK, P., BEAVIN, J.H., JACKSON, D. D.: Menschliche Kommunikation, Formen, Störungen, Paradoxien. Huber, Bern/Stuttgart/Wien 1969.
[157] WATZLAWICK, P., WEAKLAND, J.H., FISCH, R.: Lösungen. Huber, Bern/Stuttgart/Wien 1974.
[158] WIKHOLM, R.: Skapande Dramatik 1. Dramikförlaget, Norrköping 1972.
[159] WITTGENSTEIN, O. v.: Märchen, Träume, Schicksale. München 1973.
[160] WITTGENSTEIN, O. v.: The „Element Picture Series" and their Use in Psychiatry and Psychotherapy. Sandoz, Ser. *9*, Basel 1965.
[161] ZULIGGER, H.: Heilende Kräfte im kindlichen Spiel. Klett, Stuttgart 1952.

Verzeichnis der Beispiele (geordnet nach Verfahren)

(Die Zahlen beziehen sich auf die Seiten im Text)

Sachregister

Kursive Zahlen = breitere Darstellung oder Definition

Bildteil

Abb. 1. Fuchs am Waldrand (Szenospiel), siehe S. 15, 112.

Abb. 2. Hand vor dem Mund I (Kohlezeichnung), siehe S. 26, 59, 198, 227.

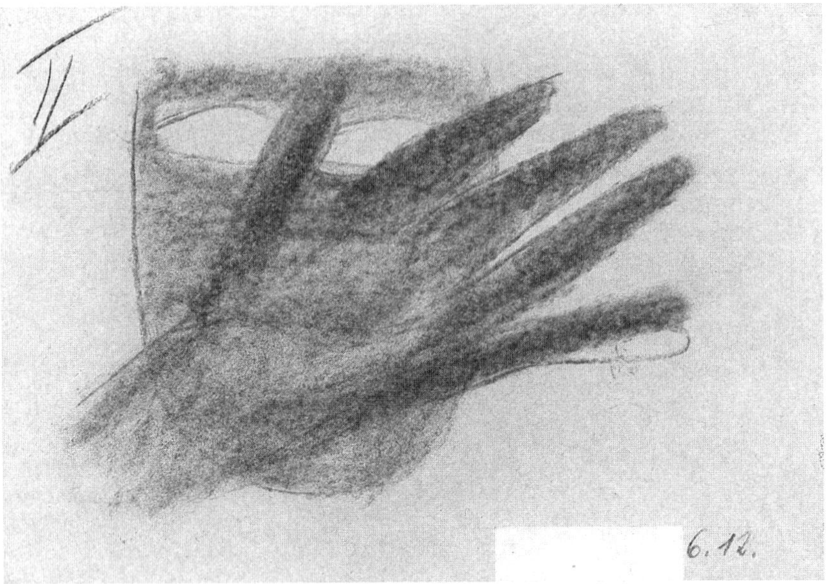

Abb. 3. Hand vor dem Mund II (Kohlezeichnung), siehe S. 26, 59, 198, 227.

Abb. 4. Betende – Mutter und Kind, en face (Ton), siehe S. 29, 41, 50, 71, 73, 89, 158.

Abb. 5. Betende – Mutter und Kind, Profil (Ton), siehe S. 29, 41, 71, 73, 89, 158.

Abb. 6. Ferienlandschaft (Bleistift), siehe S. 31, 55.

Abb. 7. Bild nach Gruppensitzung (Wasserfarben), siehe S. 32, 46, 58, 158, 171, 182, 189, 227, 230.

Abb. 8. Ausgebrannter Wald (Bleistift), siehe S. 41, 50, 73.

Abb. 9. Der Angst ins Auge schauen (Wasserfarben), siehe S. 45, 59, 79.

Abb. 10. Der Angst ins Auge schauen, Detail (Wasserfarben) siehe S. 46, 59, 79.

Abb. 11. Die Flamingos (Aquarell), siehe S. 41, 50, 74.

Abb. 12. Verschiedene Köpfe, en face (Ton), siehe S. 51, 89.

Abb. 13. Verschiedene Köpfe, Profil (Ton), siehe S. 51, 89.

Abb. 14. Friedvolle Landschaft (Bleistift), siehe S. 53.

Abb. 15. Heiler Baum I (Bleistift), siehe S. 54.

Abb. 16. Heiler Baum II (Bleistift), siehe S. 54.

Abb. 17. Katze und Maus (Wasserfarben), siehe S. 57, 238.

Abb. 18. Der Troll (Aquarell), siehe S. 58, 182, 227.

Abb. 19. Ich bin so schwach und klein I (Wasserfarben), siehe S. 61, 197.

Abb. 20. Ich bin so schwach und klein II (Wasserfarben), siehe S. 61, 197.

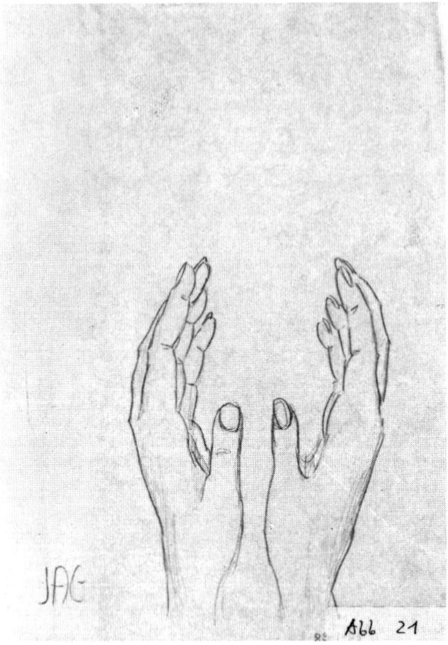

Abb. 21

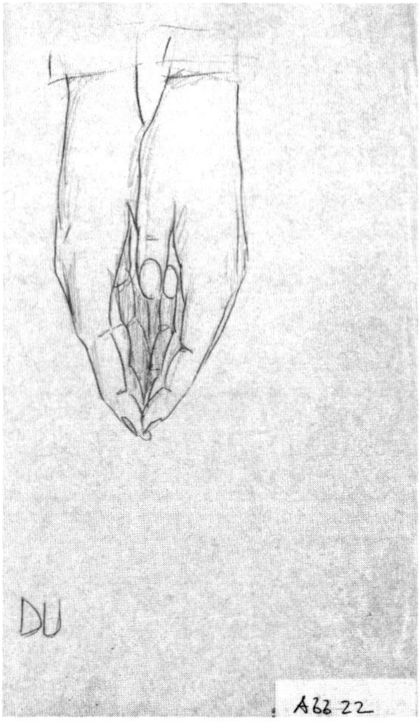

Abb. 22

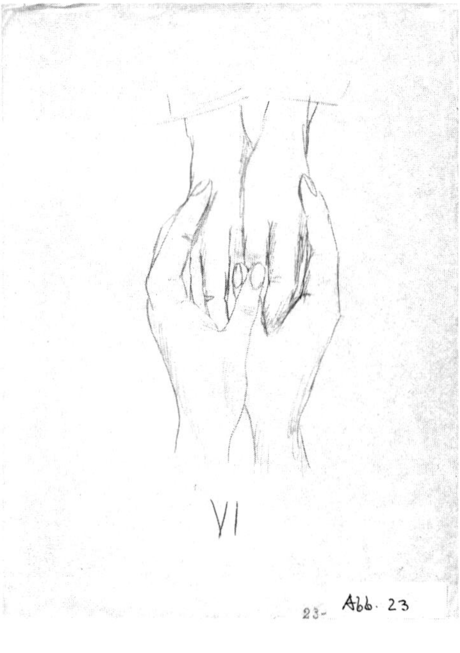

Abb. 21. Ich (Bleistift), siehe S. 73.

Abb. 22. Du (Bleistift), siehe S. 73.

Abb. 23. Wir (Bleistift), siehe S. 73.

Abb. 24. Ich (Plakatfarbe), siehe S. 73.

Abb. 25. Du (Plakatfarbe), siehe S. 73.

Abb. 26. Wir (Plakatfarbe), siehe S. 73.

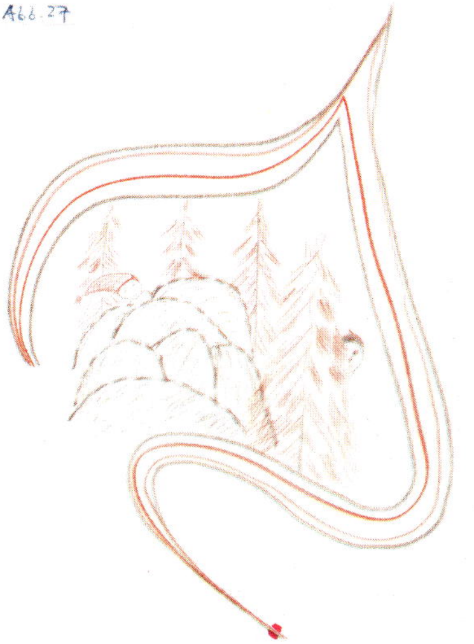

Abb. 27. Ein Zauberwald (Buntstift), siehe S. 81, 235.

Abb. 28. Sträucher (Buntstift), siehe S. 81, 235.

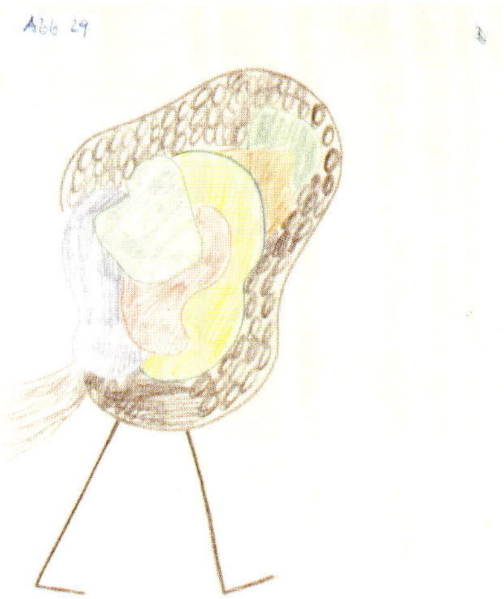

Abb. 29. Komische Figur (Buntstift), siehe S. 81, 235.

Abb. 30. Segelboote (Buntstift), siehe S. 81, 235.

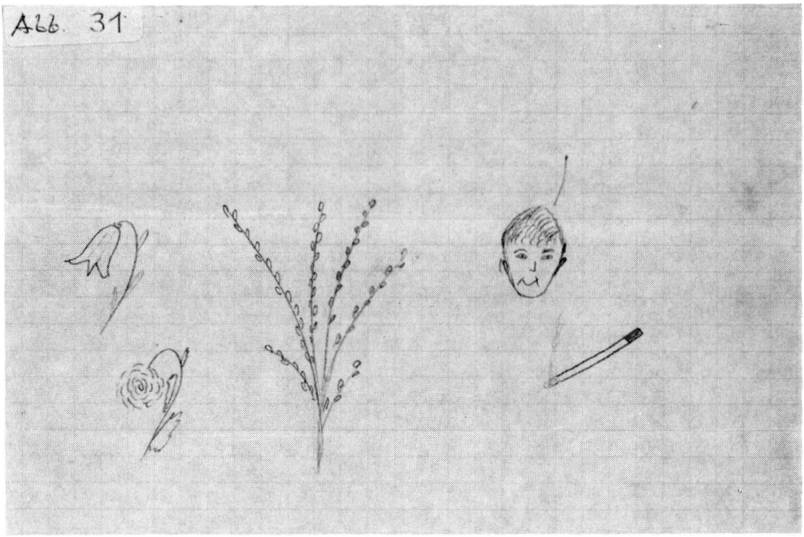

Abb. 31. Rauchen (Bleistift), siehe S. 81, 235.

Abb. 32. Meine Bauernhütte (Bleistift), siehe S. 81, 235.

Abb. 33. Fehlen der Mitte (Aquarell), siehe S. 82.

Abb. 34. Fuchs - Troll (Wandbehang), siehe S. 85, 182.

Abb. 35. Rönnedal (Wandbehang), siehe S. 85, 182.

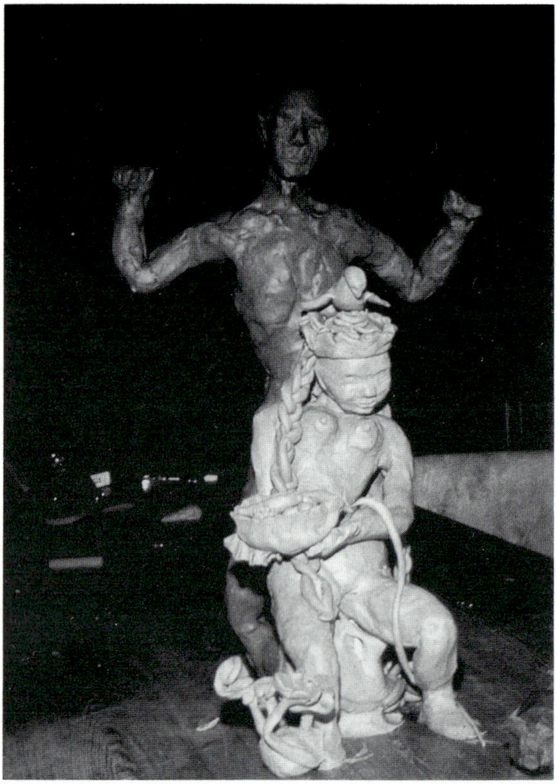

Abb. 36. Ein Mann und eine Frau (Plastillin), siehe S. 87.

Abb. 37. Ihr Mann ist ausserhalb (Szenospiel), siehe S. 113.

Abb. 38. Ruhebank (Aquarell), siehe S. 63, 136.

Abb. 39. Kontaktmalen I (Wasserfarben), siehe S. 74, 156, 266.

Abb. 40. Kontaktmalen II (Wasserfarben), siehe S. 74, 157, 266.

Abb. 41. Kontaktmalen III (Wasserfarben), siehe S. 74, 157, 266.

Abb. 42. Kontaktmalen IV (Wasserfarben), siehe S. 74, 157, 266.

Abb. 43. Die Woge I (Keramik), siehe S. 89, 197.

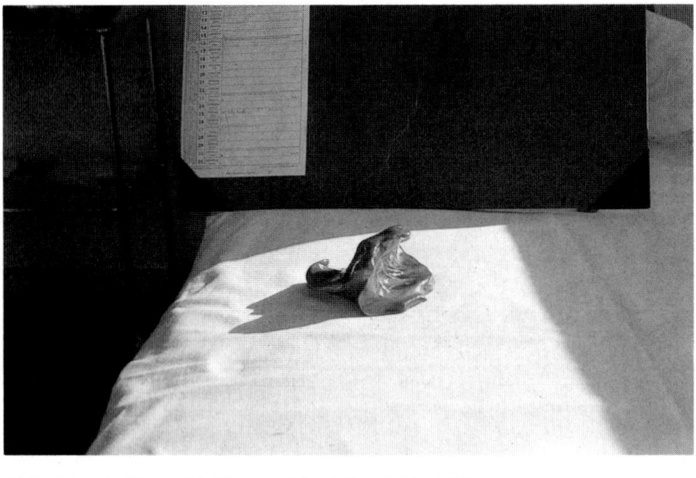

Abb. 44. Die Woge II (Keramik), siehe S. 89, 197.

Abb. 45. Eine Rose ohne Dornen (Plakatfarben), siehe S. 201.

Abb. 46. Vulkan (Aquarell), siehe S. 238.

Abb. 47. Schaukel (Wasserfarben), siehe S. 238.

Abb. 48. I/1 Ich (Wasserfarben), siehe S. 66, 261, 272.

Abb. 49. I/2 Haus ohne Tür (Wasserfarben), siehe S. 272.

Abb. 50. I/3 Stilleben (Wasserfarben), siehe S. 273.

Abb. 51. I/4 Ein Weg (Wasserfarben), siehe S. 273.

Abb. 52. I/5 Ein Zaun (Wasserfarben), siehe S. 273.

Abb. 53. I/6 Eine leere Vase (Wasserfarben), siehe S. 273.

Abb. 54. I/7 Weiche, farbenfreudige Gefühle (Buntstift), siehe S. 83, 273.

Abb. 55. I/8 Hastige Striche (Kreide), siehe S. 274.

Abb. 56. I/9 Eingerahmte Blumen (Kreide), siehe S. 274.

Abb. 57. I/10 Es kann eine Blume sein (Kreide), siehe S. 274.

Abb. 58. I/11 Es bläst im Gebirge, es ist kalt (Buntstift), siehe S. 274.

Abb. 59. I/12 Katzen in Grenzen (Buntstift), siehe S. 274.

Abb. 60. I/13 Der Weg durchs Leben (Buntstift), siehe S. 275.

Abb. 61. I/14 Drei Vasen (Buntstift), siehe S. 275.

Abb. 62. I/15 Tosender Bach (Buntstift), siehe S. 275.

Abb. 63. I/16 Die Brücke (Buntstift), siehe S. 275.

Abb. 64. I/17 Schwarzer Himmel (Plakat- und Wasserfarben), siehe S. 83, 276.

Abb. 65. I/18 Gestutzte Bäume schlagen wieder aus (Buntstift), siehe S. 276.

Abb. 66. I/19 See mit Entenfamilie (Buntstift), siehe S. 276.

Abb. 67. Regen (Aquarell), siehe S. 83, 277.

Abb. 68. Gegensätzliche Kräfte (Kreide), siehe S. 83, 277.

Abb. 69. II/1 Heideweg (Plakatfarben), siehe S. 277.

Abb. 70. II/2 Verschlossenheit (Plakatfarbe), siehe S. 62, 278.

Abb. 71. II/3 Sonnenuntergang (Wasserfarbe), siehe S. 278.

Abb. 72. II/4 Alleingelassen (Wasserfarbe), siehe S. 59, 278.

Abb. 73. II/5 Weg – Schlange (Wasserfarbe), siehe S. 278.

Abb. 74. II/6 Die Spinne (Plakatfarben), siehe S. 279.

Abb. 75. II/7 Explosive Kräfte (Plakatfarben), siehe S. 279.

Abb. 76. II/8 Niedrigere Hügel, leuchtende Farben (Plakatfarben), siehe S. 279

Abb. 77. II/9 Erste Strichmännchen (Kohle), siehe S. 279.

Abb. 78. II/10 Aggressive Tendenzen (Plakatfarben), siehe S. 59, 62, 200, 280.

Abb. 79. II/11 Zwei Köpfe (Plakatfarben), siehe S. 280.

Abb. 80. II/12 Der gestrandete Fisch (Wasserfarben), siehe S. 280.

Abb. 81. II/13 Die Isoliertheit (Kreide-Kratztechnik), siehe S. 66, 280.

Abb. 82. II/14 Schwerhörigkeit (Kreide), siehe S. 62, 281.

Abb. 83. II/15 Hügelmotiv (Nass in Nass, Wasserfarben), siehe S. 281.

Abb. 84. II/16 Ferne Stadt vor den Hügeln (Wasserfarben), siehe S. 281.

Abb. 85. II/17 Statt Masken Gesichter (Fingerfarben), siehe S. 281.